国家出版基金项目
NATIONAL PUBLICATION FOUNDATION

新中国经济发展70年丛书

70 Years of Rural Development and Institutional Changes
in the People's Republic of China

新中国70年农村发展与制度变迁

韩 俊 ◎ 主 编

宋洪远 ◎ 副主编

人民出版社

目　　录

总论　谱写新时代农业农村现代化新篇章

——70 年农业农村发展与制度变迁

农业、农村、农民问题是关系党和国家事业发展全局的根本性问题。在新中国成立以来的各个历史时期，我们党始终高度重视、认真对待、着力解决农业、农村、农民问题，领导亿万农民谱写了农村改革发展的壮丽篇章。党的十八大以来，在以习近平同志为核心的党中央坚强领导下，我国农业农村发展取得了历史性成就、发生了历史性变革，为党和国家事业全局提供了有力支撑。在中国特色社会主义新时代，乡村是一个大有作为的广阔天地，迎来了难得的发展机遇。必须坚持不懈实施乡村振兴战略，推动农业全面升级、农村全面进步、农民全面发展，加快推进农业农村现代化。

一、新中国 70 年农村发展成就辉煌

新中国成立以来，我们党立足国情农情，尊重基层实践创造，领导亿万农民群众在农业农村现代化的道路上阔步前进，成功探索出了一条中国特色农业农村现代化道路。

（一）粮食和重要农产品生产不断跃上新台阶，成功解决了近 14 亿人口的吃饭问题

新中国成立以来，党和政府高度重视粮食生产，始终把解决好吃饭问题作为治国安邦的头等大事。农业综合生产能力得到根本提升，粮食和重要农产品供给得到有效保障。粮食总产量从 1949 年的 11318 万吨增加到 2018 年的 65789 万吨，增长了 4.81 倍，年均增长 2.58%，远高于同期世界粮食平均增速。在人口增长了 1.57 倍的情况下，人均粮食占有量从 1949 年的 209 公斤增长到 2018 年的 472 公斤，增长了 1.26 倍。肉、

蛋、菜、果、鱼等重要农产品产量稳居世界第一,2018年畜产品人均占有量达到61公斤,超过世界平均水平;禽蛋人均占有量22.4公斤,超过发达国家水平。中国农业已彻底告别了长期短缺的历史,用占世界9%的耕地解决了世界近20%人口的吃饭问题,这是个了不起的成就。我们主要依靠自己的力量牢牢把饭碗端在自己的手中,为世界粮食安全作出了重要贡献。

(二)农业结构逐步优化,极大提升了我国农业综合效益和竞争力

新中国成立后相当长一段时期,为解决吃饱饭问题,我们注重粮食生产,强调"以粮为纲",形成了单一型农业产业结构。改革开放以来,我国不断调整优化农业结构和区域布局,由以粮食生产为主的种植业经济向多种经营和农、林、牧、渔业全面发展转变。党的十八大以来,我们着力推进农业供给侧结构性改革,加快农业高质量发展。从农业内部结构看,种植业产值占第一产业增加值比重从1978年的80%下降到2018年的53%、林业从3.4%提高到4.6%、畜牧业从15%提高到26.8%、渔业从1.6%提高到10.6%。从农业区域布局看,主产区优势逐渐彰显,形成了多个主产区和产业带:长江流域和东北三省水稻面积占全国的62%,冀鲁豫小麦面积占全国的46%,东北玉米占全国的32.8%,西北内陆棉花面积占全国的70.3%,西北地区和渤海湾两大苹果产业带的面积和产量均占全国的80%以上,全国十三个粮食主产省粮食产量占全国的70%、提供商品粮占全国的80%以上。从农业产业链拓展延伸看,2017年农产品加工业与农业总产值比达2.2:1,主要农产品加工转化率超过65%,休闲农业、乡村旅游营业收入超过7400亿元,全国规模以上农产品加工业企业主营业务收入19.4万亿元,农产品电子商务交易额超过2500亿元。农业由增产导向转向提质导向,农业转型升级进展明显,农业发展质量、效益和整体素质全面提升。

(三)农业物质装备技术条件极大改善,根本改变了千百年来农业"靠天吃饭"的局面

新中国成立以来,我国投入大量人力、财力、物力,组织广大农民兴修水利、平整农田、改良土壤,强化农业科技创新驱动作用,农业物质技术装备水平不断提高,为农业现代化发展提供了坚实有力的物质支撑。农田水利条件显著改善,据水利部统计,2018年我国耕地灌溉面积10.2亿亩,比1952年增长2.4倍,年均增长1.9%。持续开展水土流失治理和农业综合开发,推进高标准农田建设,全国累计建成高标准农田6.4亿亩,完成9.7亿亩粮食生产功能区和重要农产品生产保护区划定任务,一大批中低产田改造成了旱能灌、涝能排、田成方、路成行、渠相连、高产稳产的高标准农田,大大改善了农业生产条件。农业机械化快速发展,全国农机总动力由1952年的18万千瓦提高至2018年的10亿千瓦,农作物耕种收综合机械化率达到67%,其中主要粮食作物耕种收综合机械化率超过80%,农民逐步从传统的"面朝黄土,背朝天"的高强度农业生产劳动中解放出来。农业科技创新和应用能力显著提升,2018年农业科技进步贡献率达到58.3%,主要农作物良种覆盖率超过96%。随着现代农业技术的快速普及和运用,农业生产方式深刻转变,农业基础更加稳固,农业劳动生产率不断提高。

(四)农村基础设施显著改观,农村面貌发生了翻天覆地的变化

新中国成立以来,党和政府逐年加大农民最急需的基础设施建设投入,大力改善农村交通、饮水安全、电力等基础设施条件,农村面貌大为改观。党的十八大以来,中央连续推出一系列扶持农村发展的战略举措,加快补齐农村基础设施短板,大力推进农村环境综合整治,建设了一大批美丽宜居的现代化乡村。据测算,2018年,全国农村地区有99.9%的农户所在自然村通公路、99.9%的农户所在自然村通电、99.7%的农户所在自然村通电话、98.1%的农户所在自然村能接收有线电视信号、95.7%的农户所在自然村已通宽带。与此同时,以垃圾处理、污水治理为重点的农村人居环境整治全面提速,农民生活和居住条件大为改善。农村居民人均住房建筑面积达到45.8平方米,农村地区65.3%的农户所在自然村饮用水经过集中净化处理,49.3%的农民做饭取暖主要使用煤气、天然气、液化石油气,83.6%的农户所在自然村垃圾集中处理,53.5%的行政村完成或部分完成集中改厕,许多村庄配上了垃圾桶,修建了排水沟,基本实现了垃圾统一收集、污水有序排放,告别了"垃圾靠风刮,污水靠蒸发"的时代。

(五)农村社会事业快速发展,亿万农民的获得感和幸福感显著增强

新中国成立以来,我们党始终高度重视农村社会事业发展,大力推进农村教育文化、医疗卫生、社会保障等各项事业建设,带领亿万农民为创造美好生活不懈奋斗。经过70年的努力,农村教育发展彻底扫除了农村青壮年文盲,基本实现九年义务教育,农村人口素质全面提升;农村医疗卫生事业彻底改变了农村缺医少药、瘟疫肆虐、死亡率高的状况,农民健康水平和人均寿命大幅提高;农村社会保障经历了从无到有、标准逐步提高的发展历程,基本实现幼有所育、学有所教、老有所养、病有所医、弱有所扶的社会保障总体目标。截至2016年年末,98.6%的乡镇有图书馆、文化站,96.5%的乡镇有幼儿园、托儿所,98%的乡镇有小学,81.9%的村有卫生室。建立统一的城乡居民基本养老保险制度和基本医疗保险制度,城乡居民基本养老保险参保人数达到5.24亿人,其中农村居民占比95%,实际领取待遇人数达到1.6亿人,城乡居民基本医保覆盖13.5亿人,大病保险覆盖10.5亿人;全国农村最低生活保障平均标准超过4300元/人·年,农村社会制度的兜底保障能力明显提升。农村社会事业全面进步,不断满足着亿万农民日益增长的美好生活需要。

(六)农民生活水平实现了历史性跨越,向全面建成小康社会迈出了关键一步

新中国成立以来,我们党带领广大农民自力更生、艰苦奋斗,农民生活有了很大改善。进入21世纪特别是党的十八大以来,农民增收渠道不断拓宽,收入持续增加,生产生活条件极大改善。农民人均纯收入由1949年的44元增加到1978年的134元,2018年农村居民人均可支配收入达到14617元,扣除物价因素,改革开放以来实际增长了108倍多,增速连续9年超过城镇居民,城乡居民收入比由最高年份的3.33∶1下降到2.69∶1。农村消费支出在改革开放后由116元增至2018年的12124元,恩格尔系数从67.7%降至30.1%,新中国成立初收入支出主要用于基本生活保障和购买生产资料,现在衣食住行用全面改善。彩电、冰箱等家用电器基本普及,约 1/3 的家庭有了电脑,成年人基本上人人有手机。

(七)农村扶贫事业取得巨大成就,走出了一条具有中国特色减贫之路

新中国成立以来,我们党始终把解决贫困问题放在重要位置,从救济式扶贫到开发式扶贫再到精准扶贫,探索出一条符合中国国情的农村扶贫开发道路,为全面建成小康社会奠定了坚实基础。特别是党的十八大以来,以习近平同志为核心的党中央把扶贫开发工作摆到治国理政的重要位置,提升到事关全面建成小康社会、实现第一个百年奋斗目标的新高度,纳入"五位一体"总体布局和"四个全面"战略布局进行决策部署,出台精准扶贫、精准脱贫方略,全面打响了脱贫攻坚战,取得了世界瞩目的减贫成就。在贫困标准不断提高的情况下,1978—2018 年,我国贫困人口由 2.5 亿人减至 1660 万人,贫困发生率由 30.7% 降至 1.7%,80% 的贫困村实现脱贫,超过 50% 的贫困县摘帽,贫困群众生活水平大幅提高,贫困地区面貌明显改善,为全面建成小康社会添足了成色,为共同富裕打好了基础,为全球减贫事业贡献了中国方案。

(八)城乡关系发生深刻变革,城乡融合发展的新格局正在形成

新中国成立之初,我国产业基础十分薄弱,农业在国民经济中占有较高的比重。改革开放后,随着经济体制改革深入推进,劳动力、资金、技术等要素在城乡之间加快流动,经济结构战略性调整和转型升级加快推进,城乡产业结构、就业结构等也随之发生深刻变化。从工农、城乡关系的新要求出发,我们党持续推动统筹城乡发展,加快建立健全城乡融合发展体制机制和政策体系,推动城乡关系发生了深刻变革。从产业结构看,1952 年,农业增加值占 GDP 比重为 50.5%;到 2018 年,第一产业占 GDP 的比重下降到 7.2%,第二、三产业占比则分别上升到 40.7%、52.2%。从就业结构看,1949 年我国人口的城镇化水平仅为 10.6%,乡村从业人员占从业人员总数的 88%;改革开放后,我国城镇化进入快速发展时期,城乡劳动力实现了大规模转移就业,农民工数量由改革开放初期不到 200 万人

迅速增加到 2018 年的 2.88 亿人,第一、二、三产业的就业比重分别为 26.1%、27.6%、46.3%,每年有约 1000 万农业转移人口市民化。2018 年,我国常住人口城镇化率达到 59.58%。总体上看,经过新中国 70 年的发展,城乡发展差距逐渐缩小,城乡结构进一步优化,城镇化质量明显提高,城市和乡村携手并进、深度融合的发展格局正在形成。

二、符合我国国情农情的农村制度体系基本建立

在农村改革发展的长期实践中,我们党带领亿万农民群众不断深化对农村发展客观规律的认识,巩固和完善中国特色社会主义农村基本经济制度,健全保障国家粮食安全、促进农业可持续发展和农民持续增收的体制机制,着力破除城乡二元结构的体制障碍,探索形成了符合我国国情农情的农村制度体系。这是中国特色社会主义制度的重要组成部分,为加快推进中国特色农业农村现代化提供了坚实的制度保障。

(一)农村基本经营制度不断巩固完善

新中国成立后,农业合作化和人民公社化运动迅速推进,在全国普遍确立了集体所有、统一经营、共同劳动、统一分配的农村基本经营制度。在人民公社"政社合一"、高度集中的管理体制下,农业生产经营中"瞎指挥""大呼隆""大锅饭"等弊端难以避免,农民的生产积极性长期受到压抑,极大地影响了农村生产力发展。1978 年年底,党的十一届三中全会开启了农村改革的大门。安徽凤阳小岗村 18 户农民在全国率先实行大包干,并逐步推向全国,废除了已实行 20 年的人民公社"一大二公"体制,确立了以家庭承包经营为基础、统分结合的双层经营体制,形成了适应社会主义市场经济体制、符合农业特点的农村基本经营制度,极大地解放了农村生产力。这是农村改革最重要的成果,为农业农村的持续快速稳定发展奠定了坚实的制度基石。2008 年,党的十七届三中全会明确要毫不动摇地坚持这一基本经营制度,推进农业经营体制创新,加快农业经营方式转变,家庭经营向采用先进科技和生产手段的方向转变,统一经营向发展农户联合与合作,形成多元化、多层次、多形式经营服务体系的方向转变。党的十八大以来,不断创新农业经营体系,稳定土地承包关系并

保持长久不变,按照依法自愿有偿原则,推动土地经营权有序流转,促进承包地适度规模经营,大力培育以家庭农场、农民合作社为主体的新型农业经营主体,发展农业社会化服务体系,推进农业产业化经营,促进小农户和现代农业发展有机衔接,农业经营形式更加丰富和完善。截至2018年,全国流转土地的农户有7000万户,流转面积占承包耕地面积的38%,家庭农场、农民合作社等各类新型农业主体达300多万家,农业的规模化、集约化、专业化、组织化、社会化程度不断提高,农村基本经营制度更加充满持久的制度活力。

(二)农村产权制度改革深入推进

新中国成立以后,党和国家迅速开展了以消灭封建剥削为宗旨的土地改革运动,实现了农民的土地所有制,全国近3亿农民分得了7亿亩土地和大批生产资料。此后,过渡时期总路线提出了逐步实现国家对农业、对手工业和对资本主义工商业的社会主义改造的任务,广大农村从1953年到1956年基本完成了农业生产合作社从初级社到高级社的转变。初级社的特点是"土地入股、统一经营",高级社则将农民土地转为合作社集体所有,完成了土地私有向集体所有的转变。此后,人民公社时期进一步明确了土地集体所有的产权边界,最终确立了"三级所有,队为基础"的农村集体土地所有制。改革开放以来,为解决平均主义和低效率等突出矛盾和问题,实行土地集体所有权和承包经营权分离,强化对家庭承包经营权的法律和政策保障,延长土地承包期,稳定农村土地承包关系并保持长久不变,探索建立土地流转制度,全面推进集体林权制度改革,确立林地承包经营权。《民法通则》《土地管理法》《农村土地承包法》《物权法》《农村土地承包经营纠纷调解仲裁法》等涉及农村土地制度安排的法律法规相继出台,初步建立了比较健全的农村土地承包法律法规体系。党的十八大以来,中央对深化农村土地制度改革作出了一系列重大决策部署,明确第二轮土地承包到期后再延长30年,实行农村承包土地所有权、承包权、经营权"三权分置"制度,落实集体所有权,稳定农户承包权,放活土地经营权,开展农村土地承包经营权确权登记颁证,继续深化集体林权制度改革,推进农村土地征收、集体经营性建设用地入市和宅基地制度改革试点,农村土地制度改革不断走向深化。农村集体经济是社会主义公有制经济在农村的重要体现,在2016年出台了《中共中央国务院关于稳步推进农村集体产权制度改革的意见》,作出了全面开展农村集体资产清产核资、全面开展集体成员身份确认、加快推进股份合作制改革等重大改革部署。截至2018年年底,全国已有47.8万个村完成清产核资工作,有3亿多农民确认为集体经济组织成员,超过15万个村完成股份合作制改革,全国农业农村部门累计发放集体经济组织登记证3.9万个。改革摸清了集体家底,明晰了农村产权关系,探索了集体经济新的实现形式和运行机制,使广大农民群众在物质利益和民主权利两方面都有了更多获得感。

(三)发挥市场决定性作用和更好发挥政府作用的制度体系基本形成

新中国成立后很长一段时间,国家实行的是农产品统购统销政策。从1953年年底中共中央出台《关于实行粮食的计划收购与计划供应的决议》到1985年合同定购取代统购派购政策为止,统购统销制度实行了32年,成为计划经济体制的一个重要标志和特征,由此形成的工农产品"剪刀差"为国家经济建设提供了重要的积累。实行家庭联产承包经营后,农民洗脚上田发展多种经营,个体、私营等非公有制经济快速发展,乡镇企业异军突起,市场主体日益多元化,农产品流通领域的市场化改革加快推进。1985年农村集贸市场和鲜活农产品购销首先放开,2004年全面放开粮食购销市场,并不断推进粮食等重要农产品价格形成机制和收储制度改革,农产品批发市场和鲜活农产品运输"绿色通道"等流通基础设施日趋健全,布局不断优化,农民经纪人、合作社、专业协会等各类流通主体快速发展,农村经济活力不断增强。在探索建立农村市场体系的过程中,党和国家不断加强对农业的支持和保护,陆续出台了种粮农民直接补贴、良种补贴、农机购置补贴、农资综合直补等"四补贴"政策,实行粮食最低收购价、重要农产品临时收储、农业保险保费补贴等措施。党的十八大以来,党国家进一步改革完善农业支持保护制度,探索建立生产者补贴,开展耕地地力保护和休耕轮作,健全山水田林湖草等重点农业生态系统的资源管护和补偿机制,逐步形成了与市场经济体制相适应的农业支持保护政策体系。总体上看,适合我国国情和社会生产力发展要求的农村市场体系和与之相应的支持保护政策体系已经基本形成,为探索中国特色社会主义市场经济体制作出了重要贡献。

(四)城乡融合发展的体制机制初步建立

新中国成立以来,我国实行城乡分割的二元体制,依靠农业为工业化和城市化提供积累。改革开放后,城乡分割的二元体制逐渐打破,这首先表现在农村劳动力流动上。从改革开放初期的"离土不离乡"到 20 世纪90 年代中后期的"离土又离乡",再到现在的"进城又落户",农民外出务工的权益得到保障。城乡关系的深刻调整,还体现在农村公共财政从"取"到"予"的转变上。新中国成立后很长一段时期,农民要承担名目繁多的农业税费,农民负担一度畸重。为此,国家从 2000 年开始启动农村税费改革试点,2006 年在全国范围内全面取消农业税,彻底终结了 2600多年来农民交"皇粮国税"的历史,每年为农民减负 1200 亿元。更重要的是,以农村税费改革为契机和突破口,深入推进了以乡镇机构、农村义务教育和县乡财政管理体制改革为主要内容的农村综合改革,逐步建立了覆盖城乡的公共财政制度,使国家、集体与农民的分配关系发生根本性变化。党的十八大以来,中央作出了建立健全城乡融合发展体制机制和政策体系的重大决策部署,明确提出要走城乡融合发展之路,着力推动城乡基础设施一体化和基本公共服务均等化,财政投入向农业农村倾斜,社会公共服务向乡村延伸,推动资源要素城乡双向流动和均衡配置,"工农互促、城乡互补、全面融合、共同繁荣"的新型工农城乡关系正在加快形成。

(五)乡村治理的体制机制不断完善

新中国成立后,党领导的土地改革运动,不仅彻底铲除了封建的地主土地所有制,也彻底改变了千百年来"皇权不下县""吏治不下乡"背景下以封建礼教和宗法制度为核心的乡村传统宗族治理体系,迅速建立起了"政社合一"的人民公社体制。改革开放以后,党领导亿万农民开始了建设新型乡村社会治理体系的探索。1984 年撤销人民公社,建立乡镇政府,重新构建基层政权,重塑国家和农民的基本关系。1987年《中华人民共和国村民委员会组织法(试行)》实施,建立村民自治机制,形成"乡政村治"体制,重新构造村庄内部权力关系。随着改革开放的深入,国家深入推进乡镇机构改革,完善村民自治机制,加强和创新农村社会治安综合治理,加强农村基层党的建设,发展和完善了乡村治理机制。1998年全国人大常委会修订通过《中华人民共和国村民委员会组织法》,加快完善村民自治机制,以"民主选举、民主决策、民主管理、民主监督"为主要内容的村民自治机制的规范化、程序化水平明显提高。党的十九大以来,新时代乡村治理体系和治理机制不断健全,全面强化基层组织建设,强化党对农村各类组织的领导,巩固农村基层党组织在农村工作中的领导核心地位;坚持自治、法治、德治相结合,完善村民自治机制;推动治理重心下移,打通乡村治理"最后一公里";探索多元化的乡村纠纷解决机制,实行调解、仲裁、行政裁决、行政复议、诉讼等有机衔接,开展扫黑除恶专项行动,促进乡村社会和谐;强化乡村治理保障机制,加强人才队伍建设,聚合激活各类人才资源,充实基层治理力量,健全以财政投入为主的稳定的村级组织运转经费保障机制,乡村治理的能力和水平不断提高,党委领导、政府负责、社会协同、公众参与、法治保障的现代乡村社会治理体制初步形成。

三、新中国70年农村改革发展经验弥足珍贵

回顾新中国成立以来农村改革发展历程,70年的农村发展成就是全方位的、开创性的,70年的农村改革是深层次的、根本性的。新中国70年农村改革发展实践,为推进国家治理体系和治理能力现代化进行了创造性探索,为实现人民生活从温饱不足到总体小康的历史性跨越、决胜全面建成小康社会作出了巨大贡献,为战胜各种困难和风险、保持社会大局稳定奠定了坚实基础,为成功开辟中国特色社会主义道路、形成中国特色社会主义理论体系积累了宝贵经验。

(一)始终坚持加强和改善党对农村工作的领导

党管农村工作是我们党在长期的革命与建设中形成的优良传统。要

办好农村的事,关键在党。在革命、建设、改革各个历史时期,我们党始终坚持和加强对农村工作的领导,领导亿万农民开展农村经济建设、政治建设、文化建设、社会建设、生态文明建设,不断健全党领导农村工作的组织体系、制度体系和工作机制,在全党全社会形成关心和支持"三农"发展的良好氛围与强大合力。特别是党的十八大以来,以习近平同志为核心的党中央加强党对农村工作的全面领导,始终把解决好"三农"问题作为各项工作的"重中之重",坚持农业农村优先发展的总方针,强化实施乡村振兴战略的党的组织保障,确保新时代农村工作始终保持正确政治方向。实践证明,只有坚持加强和改善党对农村工作的集中统一领导,我们才能战胜各种困难挑战,把握"三农"工作乃至全局发展的主动性。当前正处于决战决胜脱贫攻坚、推动新时代乡村全面振兴的关键时期,必须继续坚持加强和改善党对农村工作的领导,提高党把方向、谋大局、定政策、促改革的能力和定力,提高新时代党全面领导农村工作能力和水平,为农村改革发展稳定提供坚强的政治和组织保证。

(二)始终坚持巩固和加强农业基础地位

民为国基,谷为民命。务农重本,国之大纲。农业农村农民问题是关系国计民生的根本性问题,农业是关系国计民生的基础性、战略性产业。手中有粮,心中不慌。我国始终把解决好十几亿人口的吃饭问题作为治国安邦的头等大事,把保障国家粮食安全和主要农产品有效供给作为现代农业建设的首要任务,把中国人的饭碗牢牢端在自己手中,中国人的饭碗主要装中国粮。特别是党的十八大以来,我国深入实施"藏粮于地、藏粮于技"战略,加大农业支持保护力度,确保谷物基本自给,口粮绝对安全。随着经济社会的不断发展,我国农业产值占国内生产总值的比重和农业人口占全国总人口的比重都在下降,但农业作为基础性、战略性产业的地位没有改变,农业保供给、保收入、保生态、保稳定的功能没有改变,任何时候都不能忽视农业、忘记农民、淡漠农村。在当前面临国内外复杂多变的形势下,应对乡村千年未有之大变局,更需要守好"三农"这个战略后院,发挥农业农村稳定器、压舱石的作用,为经济健康发展和社会大局稳定增添底气。

（三）始终坚持保障农民基本权益

农民群众对切身利益的追求、对美好生活的向往,是推动社会历史的发展和进步的重要力量。我们党成立以后就一直把依靠农民、为亿万农民谋幸福作为重要使命,把"保障农民经济利益,尊重农民民主权利"作为对待农民的基本准则和制定党的农业农村政策的出发点和落脚点,有效保护和调动了广大农民的积极性、主动性和创造性,紧紧依靠农民的智慧和力量推动了农业农村的改革发展。新民主主义革命时期,我们党领导农民"打土豪、分田地",带领亿万农民求解放,为革命胜利提供了重要力量。社会主义革命和建设时期,我们党领导农民改变农村贫穷落后面貌,取得了了不起的成就。改革开放以来,我们党领导农民率先拉开了改革序幕,确立家庭联产承包责任制,实行家庭承包经营为基础、统分结合的双层经营体制,废除两千多年的农业税,统筹城乡发展,改善农村基础设施,发展农村社会事业,农业农村发生了翻天覆地的巨变。党的十八大以来,我们全面深化农村改革,加快推进农业现代化,加快建设美丽宜居的乡村,加快推进城乡发展一体化,农业农村发展取得了有目共睹的成就,广大农民得到了实实在在的实惠。党的十九大提出,必须始终让改革发展成果更多更公平地惠及全体人民,朝着实现全体人民共同富裕不断迈进。在实现中华民族伟大复兴中国梦的历史进程中,我们必须牢固树立以人民为中心的发展思想,发挥农民的主体作用,提高农民综合素质,促进农民全面发展,确保农村社会既充满活力又和谐有序。

（四）始终坚持解放和发展农村社会生产力

生产力是社会发展的最终决定力量。坚持解放和发展社会生产力是社会主义的本质要求,是中国特色社会主义的根本任务。新中国农村70年改革发展历程,就是不断解放和发展农村生产力的光辉历程。围绕解放和发展生产力这一根本任务,我们坚持不懈地推进农村改革和制度创新,不断破除阻碍发展的体制机制障碍,使生产关系适应生产力发展的要求。改革开放以来,我们废除了人民公社体制,实行家庭承包经营制度,促进土地流转与适度规模经营,培育新型农业经营主体和服务主体,完善农村产权制度,调整不适应生产力发展要求的生产关系,打破了制约生产力发展的桎梏。特别是党的十八大以来，我们按照"扩面""提速""集成"的要求，从深度和广度上全面推进农村改革，培育农业农村发展新动能。在新的历史时期，实施乡村振兴战略，依然需要坚持解放和发展农村生产力这一根本任务，围绕当前农业农村发展亟待破解的关键性问题，在政策上作出前瞻性安排，在工作中拿出创新性举措，不断释放农村经济社会发展的体制动力和内生活力。

（五）始终坚持统筹城乡经济社会发展

城镇和乡村是互促互进、共生共存的。在现代化进程中，如何处理好工农关系、城乡关系，在一定程度上决定着现代化的成败。坚持统筹城乡经济社会发展，推进城乡发展一体化，是工业化、城镇化、农业现代化发展到一定阶段的必然要求，是国家现代化的重要标志。新中国成立70年来，我国广大农民为推进工业化、城镇化作出了巨大贡献，农业农村发展也取得了显著成就。特别是党的十八大以来，我国提出加快推进城乡发展一体化，把着力构建新型工农、城乡关系作为加快推进现代化的重大战略，推动城乡规划、基础设施、基本公共服务等一体化发展，不断加大强农惠农富农政策力度，农业基础地位得到显著加强，农村社会事业得到明显改善，统筹城乡发展、城乡关系调整取得重大进展。目前我国农村有6亿常住人口，即使将来城镇化率达到70%，也还将有4亿多人口生活在农村。如果一边是繁荣的城市，一边是凋敝的农村，就不能算是实现了现代化。实现乡村全面振兴，必须重塑城乡关系，走城乡融合发展之路，建立健全城乡融合发展的体制机制和政策体系，打通城乡要素双向流动与平等交换的渠道，必须推进以工促农、以城带乡、工农互动、融合发展，构建新型工农、城乡关系。

四、绘就乡村全面振兴宏伟蓝图

站在新中国成立70周年这个新的历史起点上，我们为已经取得的成就感到自豪，但也必须清醒地认识到，我国发展最大的不平衡是城乡发展不平衡，最大的不充分是农村发展不充分，农业农村发展的短板仍然突出，距离实现我国农业农村现代化的目标还任重道远。党的十九大提出实施乡村振兴战略,作为新时代"三农"工作总抓手和关系全面建设社会主义现代化国家的全局性、历史性任务,明确到2020年,乡村振兴取得重要进展,制度框架和政策体系基本形成;到2035年第一个百年奋斗目标实现时,乡村振兴取得决定性进展,农业农村现代化基本实现;到2050年第二个百年奋斗目标实现时,乡村全面振兴,农业强、农村美、农民富全面实现。为此,要强化乡村振兴政策供给,坚持农业农村优先发展,在组织领导、资金投入、要素配置、基础设施、公共服务、干部配备等方面进一步向农村倾斜,为加快农业农村现代化提供强有力的制度保障。展望未来,我们坚信,在中国共产党强有力的领导下,我们完全有能力、有信心实现乡村全面振兴,为顺利推进我国社会主义现代化进程奠定坚实基础。

(一)让农业成为有奔头的产业

实现乡村全面振兴,基础在产业。必须着眼于农业全面升级,不断提高农业质量、效益和竞争力,实现由农业大国向农业强国的跨越。要着力夯实农业基础,实施"藏粮于地、藏粮于技"战略,落实最严格的耕地保护制度,建设高标准农田,强化创新驱动发展,确保国家粮食安全和重要农产品有效供给。落实高质量发展要求,着力调整优化农业结构,大力发展紧缺和绿色优质农产品生产,实现由增产导向向提质导向转变,促进农村新产业新业态异军突起,让乡村呈现五谷丰登、六畜兴旺、三产深度融合的新景象,让农业成为有奔头的产业。坚持以绿色发展为引领,依托乡村生态资源打造循环农业、休闲旅游、健康养生等乡村绿色产业,促进生态和经济良性循环。要把带动农民增收致富作为发展乡村产业的目的,不断探索完善利益联结机制,使农民更多分享产业发展增值收益,让农村越来越能留得住人,也让农业越来越吸引人。

(二)让农民成为有吸引力的职业

农民是实施乡村振兴战略的主体,是乡村振兴的直接参与者和受益者。新时代乡村全面振兴,要以农民的全面发展为宗旨,让农民成为吸引力的职业。要通过健全农业社会化服务体系和培育发展各类新型经营主体,完善农村双层经营体制,实现小农户和现代农业发展有机衔接,推动农民组织化程度和农业经营效率不断提高。要培养一大批爱农业、懂技术、善经营的农业经营管理人才,使之成为现代农业建设的骨干力量;鼓励各类人才返乡下乡创业兴业,给农业农村发展注入新的要素和动能。加强和完善农业支持保护,使农民获得更多实惠。持续深化农村产权制度改革,稳定和完善农民的土地承包经营权、宅基地使用权、集体收益分配权,建立健全"归属清晰、权责明确、保护严格、流转顺畅"的农村产权制度,持续释放改革红利。

(三)让农村成为安居乐业的美丽家园

农村是农民聚居的家园,是都市人"记得住乡愁"的心灵归处。新时代乡村全面振兴,要以农村的繁荣兴旺为目标,让农村成为安居乐业的美丽家园。要完善城乡融合发展的体制机制和政策体系,落实农业农村优先发展政策导向,彻底破除城乡二元结构。深入推进农村水、电、路、气、房和信息化等基础设施建设,推动城乡基础设施实现互联互通。全面发展农村教育、文化、医疗卫生等社会事业,逐步实现城乡基本公共服务均等化。加快农业转移人口市民化步伐,引导农民在城镇落户并享受基本公共服务覆盖。从根本上改变农村要素单向流出的格局,推动人才、土地、资本等要素在城乡间双向流动。显著提高农村生态环境建设水平,抓好农村生态保护、修复和建设,统筹推进山水林田湖草系统治理,大力推行绿色生产生活方式,让绿色成为乡村的底色。切实加强乡村治理,引导农民建设美丽家园,提高农民群众在乡村振兴中的主体地位,进一步增强农民获得感和幸福感。全面振兴的乡村,既会展现出新时代与时俱进的崭新面貌,也会散发着传统农耕文化的风绪余韵。

70年风雷激荡,70年砥砺前行。站在新时代,开启新征程,乡村全面振兴的宏伟蓝图已经绘就,实现农业农村现代化的冲锋号角已经吹响。我们要更加紧密地团结在以习近平同志为核心的党中央周围,高举中国特色社会主义伟大旗帜,不忘初心、牢记使命,不断实现广大农民群众对美好生活的向往,坚持农业农村优先发展,建立健全城乡融合的体制机制和政策体系,全面实施乡村振兴战略,走中国特色的乡村全面振兴之路,谱写农业农村现代化新的历史篇章。

第一章　粮食安全与现代农业发展

新中国成立 70 年来,中央始终高度重视粮食安全和现代农业发展,巩固和加强农业基础地位,加大强农惠农富农政策力度,保护和调动广大农民种粮和地方重农抓粮的积极性,农业综合生产能力显著提高,彻底告别了农产品短缺时代,农业发展取得了举世瞩目的历史性成就。特别是党的十八大以来,以习近平同志为核心的党中央坚持把确保粮食安全作为治国理政的头等大事,坚持农业农村优先发展总方针,不断完善农业支持保护制度,持续深化农业供给侧结构性改革,农业生产跃上新台阶,现代农业发展开创新局面,为党和国家开启全面建设社会主义现代化国家新征程提供了重要支撑。

第一节　粮食安全和现代农业发展的成效

一、粮食生产不断迈上新台阶

新中国成立以来,中央高度重视粮食问题,千方百计促进粮食生产,实行了一系列支持政策,加强农田基础设施建设,大规模改造中低产田,加快科技创新和应用,探索创新农业组织方式,显著提高粮食综合生产能力,主要依靠自己的力量解决了十几亿人的吃饭问题,取得了举世公认的成就,为世界粮食安全作出了巨大贡献。从发展历程看,我国粮食生产发展大体可以分为三个阶段。

新中国成立后的 30 年,国家改革土地所有制关系,引导农民走互助合作道路,鼓励和支持开垦荒地扩大耕地面积,推广良种良法,大兴农田水利建设,改善农业物质技术装备条件,大幅提高了粮食生产水平。1949年粮食产量为2000多亿斤,1952年超过3000亿斤,1966年超过4000亿斤,1978年达到6096亿斤,比1949年增长2倍,全国粮食产量跨越了4个千亿斤台阶。同期,粮食单产大幅提高,从1949年的68.6公斤/亩提高到1978年的168.5公斤/亩,增长了1.46倍。

改革开放以来,国家实施的一系列改革措施和惠农政策措施,激发了农业发展和粮食生产的活力。1978年,安徽省凤阳县梨园公社小岗生产队的18户农民在"大包干"契约上摁下18颗鲜红的手印,点燃了农村改革的星星之火,第二年小岗村就实现了大丰收,解决了吃饭问题。随后,全国推行家庭联产承包责任制,建立以家庭承包经营为基础、统分结合的双层经营体制,这是农村经营管理体制的一个重大变革,极大地调动了农民种粮积极性,实现了新中国成立以来粮食产量的第一次大飞跃。1984—1998年实行第一轮土地承包,中央明确到期后再延长30年,粮食产量在周期性波动中逐步提高。2006年后,国家取消农业税,直接补贴种粮农民,大幅增加农业投入,全面放开粮食购销市场,先后出台最低收购价、临时收储、目标价格等收购政策,实施产粮大县奖励政策,激发了农民积极性,释放了农业生产力,促进了粮食产量快速增长。我国粮食总产量接连跨上新台阶,进入历史上少有的粮食连续增产阶段,打破了"两丰一平一歉"的周期循环,从根本上扭转了粮食长期短缺的局面,实现了粮食供求基本平衡、丰年有余,确保了国家粮食安全,创造了世界赞叹的中国奇迹。1978—1984年的6年时间大幅增产,粮食产量分别在1982年、1984年迈上7000亿斤和8000亿斤两个大台阶。之后,粮食产量稳步上升,分别在1993年、1996年突破9000亿斤、1万亿斤大关,达到9129.8亿斤和10090.7亿斤。同期,粮食单产分别在1982年突破200公斤/亩、1998年突破300公斤/亩,到2012年达到353.3公斤/亩,比1978年增长了1.1倍。

党的十八大以来,习近平总书记对保障国家粮食安全作出了一系列重要论述,提出必须"实施以我为主、立足国内、确保产能、适度进口、科技支

撑的国家粮食安全战略"①,强调"十三亿多人的饭碗必须牢牢端在自己
手里"②,"饭碗里必须主要装我们自己生产的粮食"③。立足世情国情农
情,国家确立"谷物基本自给、口粮绝对安全"的国家粮食安全新目标,深
入推进"藏粮于地、藏粮于技",实施重要农产品保障战略,将稻谷、小麦
作为必保品种,稳定玉米生产,全面落实永久基本农田特殊保护制度,划
定和建设粮食生产功能区和重要农产品生产保护区,深化农村改革,完善
农业支持保护制度,不断提高粮食综合生产能力,粮食生产再上新台阶,
取得新突破。2012年,我国粮食产量突破12000亿斤,比1949年增长5
倍。2015年登上13000亿斤的新台阶,之后持续稳定在这一水平。2018
年全国粮食产量达到13158亿斤,比2012年增长9.7%,连续7年稳定在
1.2万亿斤以上,连续4年稳定在1.3万亿斤以上。粮食单产达到375公
斤/亩,比2012年增长了6.1%。

（单位：亿斤）

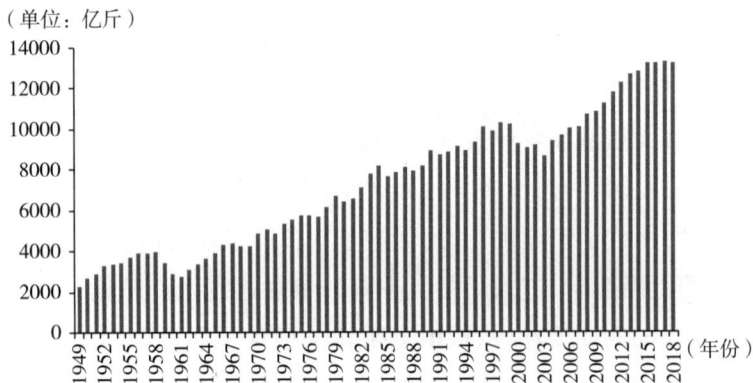

图1-1 1949—2018年我国粮食总产量

资料来源:国家统计局。

二、粮食安全保障水平明显提升

人均粮食占有量不断提高。新中国成立70年来,我国的粮食产量增

---

① 《十八大以来重要文献选编》(上),中央文献出版社2014年版,第703页。
② 《十八大以来重要文献选编》(上),中央文献出版社2014年版,第596页。
③ 《十八大以来重要文献选编》(上),中央文献出版社2014年版,第662页。

长了5倍,同期人口增长了1.6倍,粮食产量增幅明显高于人口增幅,粮食人均占有量大幅增长,满足了人们日益增长的粮食消费需求。1949年,人均粮食占有量仅为209公斤,1978年达到317公斤,比1949年增长51.7%。此后,我国人均粮食占有量波动上升。1996年人均粮食占有量首次高于国际公认的400公斤粮食安全线。2008年后,人均粮食占有量持续超过国际粮食安全线。2010年以后,我国人均粮食占有量持续高于世界平均水平[①]50公斤左右。2018年,我国人均粮食占有量为472公斤,比1949年增长了1.26倍。

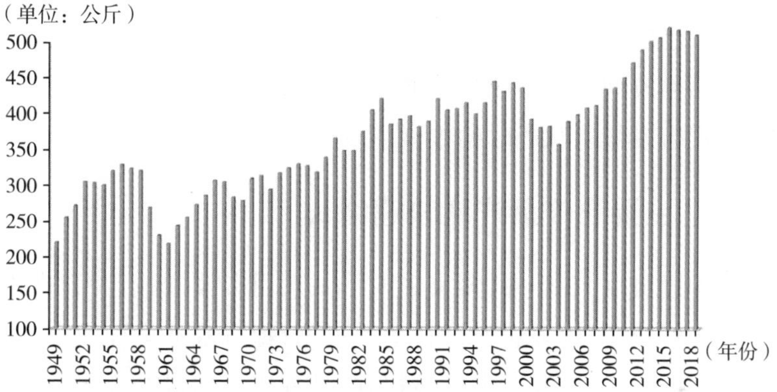

（单位：公斤）

图1-2　1949—2018年我国粮食人均占有量

资料来源:国家统计局。

粮食总消费量持续增长。新中国成立70年来,随着工业化、城镇化的发展以及人口增加和人民生活水平提高,粮食总消费量呈现持续上升态势。我国粮食总消费量由1978年的6066亿斤增至2018年的13600亿斤,累计增长了1.2倍。居民对绿色生态优质农产品需求不断增加,粮食消费结构加快升级,人均口粮消费量持续下降,饲用、工业用粮快速增加。稻谷供大于求,小麦产需平衡有余、专用优质品种供给不足,玉米产需出现缺口并呈扩大趋势,大豆产需缺口较大,稻谷和小麦两大口粮自给率达

---

① 由于我国粮食的计算口径与世界不同,此处参考张云华(2018)的处理方法,统一换算成谷物进行比较。

到100%,稻谷、小麦、玉米三大谷物自给率超过95%,实现了口粮绝对安全、谷物基本自给。

粮食储备和应急供应保障体系更加健全。新中国成立以来,我国构建了一套层次分明、职能各异且相对完善的粮食储备体系,中央和地方两级储备联动机制、储备粮吞吐调节机制不断健全完善,粮食市场宏观调控能力明显增强,对稳定粮价水平和促进经济持续发展起到了"调节器""蓄水池"作用。各地按照"粮食产区保持3个月销量、粮食销区保持6个月销量"的标准,充实地方储备规模。目前我国粮食库存处于历史高位,库存消费比远高于联合国粮农组织提出的17%的安全水平。建设布局合理、设施完备、运转高效、保障有力的粮食应急供应保障体系,大中城市和价格易波动地区的成品粮油储备达到10—15天市场供应量,确保严重自然灾害或紧急状态时的粮食供应。

三、主要农产品产量快速增长

新中国成立70年来,国家采取了一系列有效措施,大力推进农业市场化改革和建设,增强农业综合生产能力,促进农业全面发展,主要农产品产量快速增长,实现了由供给短缺、品种单一向供给充足、种类丰富的转变,食不果腹、凭票供应的时代一去不复返,人民群众衣食无忧,正在由吃得饱向吃得好、吃得健康转变。

经济作物产量快速增长。从棉花生产看,1949年我国棉花产量仅为45万吨,改革开放以后,国家实行一系列政策鼓励种植棉花,棉花生产迅猛发展。2012年产量达到661万吨,比1949年增产616万吨,增长13.7倍。在农业供给侧结构性改革进程中,我国棉花生产平稳发展,2018年产量为610万吨。从油料生产看,1949年我国油料产量仅为256万吨,2012年达到3286万吨,增产3030万吨,增长11.8倍,年均增长4.1%。党的十八大以来,油料生产保持稳定增长态势,2018年产量达到3439万吨。从糖料生产看,1949年我国糖料产量仅为283万吨,2012年达到12452万吨,增产12169万吨,增长43.0倍,年均增长6.1%。此后产量高位小幅波动,2018年全国糖料产量为11937万吨。

（单位：万吨）

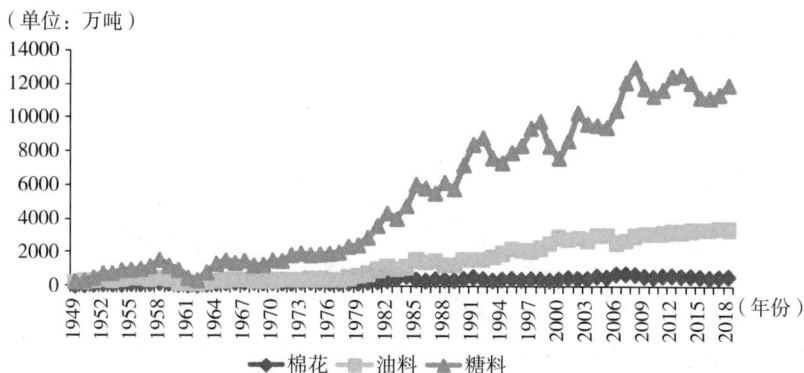

图 1-3 1949—2018 年我国经济作物产量

资料来源：国家统计局。

畜产品产量大幅增长。新中国成立初期，我国畜产品供应总体不足，改革开放以后，畜牧业快速发展，畜产品产量增长迅速，主要畜产品产量持续稳居世界第一。从猪肉生产看，1980 年我国猪肉产量为 1134 万吨，2012 年增加到 5444 万吨，增长 3.8 倍，年均增长 5.0%。近年来猪肉产量保持在 5400 万吨以上，2018 年产量为 5404 万吨。从牛羊肉生产看，1980 年我国牛肉和羊肉产量分别为 27 万吨和 44 万吨，2012 年分别增加到 615 万吨和 404 万吨，分别增长 21.7 倍和 8.2 倍，年均增长 10.3% 和 7.1%。近年来牛肉产量稳定增长，羊肉生产水平大幅提升，2018 年牛肉和羊肉产量分别达到 644 万吨和 475 万吨。从奶类生产看，1980 年牛奶产量为 114 万吨，2012 年增至 3175 万吨，增长 26.9 倍，年均增长 11.0%。党的十八大以来大力实施奶业振兴计划，牛奶品质明显提升，产量稳定在 3000 万吨以上，2018 年产量为 3075 万吨。从禽类生产看，1982 年禽蛋产量为 281 万吨，2012 年增至 2885 万吨，增长 9.3 倍，年均增长 7.8%。此后禽蛋产量稳中有增，2018 年产量为 3128 万吨，比 2012 年增长 8.4%。

水产品生产快速发展。新中国成立 70 年来，我国渔业生产快速发展，水产品产量由总体匮乏向总体充足转变。1949 年我国水产品产量仅为 45 万吨，2012 年达到 5502 万吨，增产 5457 万吨，增长 121.3 倍，年均增长 7.8%。党的十八大以来，渔业减量增效积极推进，海洋捕捞产量逐

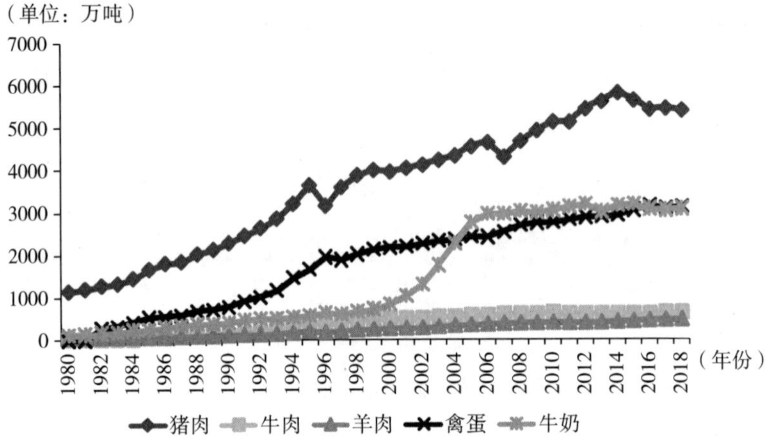

（单位：万吨）

图1-4　1980—2018年我国主要畜禽产品产量

资料来源：国家统计局。

步下降,渔业资源利用强度有所降低,我国渔业进入绿色发展期。2018年全国水产品产量6458万吨,比1949年增长143倍,年均增长7.5%。

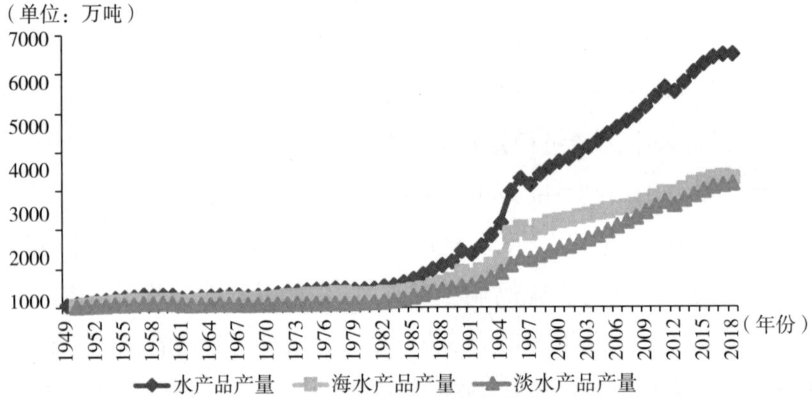

（单位：万吨）

图1-5　1949—2018年我国主要水产品产量

资料来源：国家统计局。

四、农业结构和区域布局逐步优化

农业产业结构调整成效显著。新中国成立以来,随着农田水利基本建设大规模展开、耕作制度改革和良种推广,以粮食为主的农业生产力水平大幅度提高。2012 年农业产值占农林牧渔业产值的比重为 51.9%[①],比 1952 年下降 34 个百分点;林业占 3.9%,比 1952 年提高 2.3 个百分点;畜牧业占 30.7%,比 1952 年提高 19.5 个百分点;渔业占 9.7%,比 1952 年提高 8.4 个百分点。改革开放以后,农林牧渔业多种经营、全面发展,产业结构趋于合理。2018 年农业产值占农林牧渔业产值的比重为 57.1%,比 1952 年下降了 28.8 个百分点;林业占比 5.0%,提高了 3.4 个百分点;畜牧业占比 26.6%,提高了 15.4 个百分点;渔业占比 11.3%,提高了 10 个百分点。

农业生产力布局日趋优化。改革开放以来,立足各地资源禀赋条件和市场需求,国家先后实施《优势农产品区域布局规划（2003—2007 年）》《全国优势农产品区域布局规划（2008—2015 年）》《特色农产品区域布局规划（2013—2020 年）》,打造“三区”,即粮食生产功能区、重要农产品生产保护区和特色农产品优势区,在全国范围内加快形成区域化、规模化、专业化、集约化的农业生产力布局。粮食主产区[②]稳产增产能力日益增强。2012 年粮食主产区产量合计 8922 亿斤,比 1949 年增长 4.8 倍;占全国粮食总产量的比重为 72.9%,比 1949 年提高 4.3 个百分点。党的十八大以来,国家加大对粮食主产区支持力度,划定和建设粮食生产功能区,粮食主产区优势更加凸显。2018 年粮食主产区产量合计达到 10354 亿斤,比 2012 年增长 16.1%;占全国粮食总产量的比重为 78.7%,比 2012 年提高 5.8 个百分点。经济作物生产呈现向优势产区集中的趋势。新疆棉区地位日益突出,1949 年新疆棉花产量仅为 0.5 万吨,占全国总产量的 1.1%;2012 年增至 354 万吨,占全国的比重上升至 53.6%。近年来,国家在新疆开展棉花目标价格改革试点,新疆棉花产量占比进一步提升,2018 年产量为 511 万吨,占全国总产量的 83.3%,较 2012 年提高 29.7 个百分点。糖料生产进一步向广西、云南和广东三省区集中。2012 年三省区糖

---

① 2007 年全国农、林、牧、渔业产值根据第三次全国农业普查结果进行了修订。

② 粮食主产区包括:辽宁、河北、山东、吉林、内蒙古、江西、湖南、四川、河南、湖北、江苏、安徽、黑龙江等十三个省区。

料总产量增至 11343 万吨,占全国的比重也上升至 91.1%。2018 年三省区糖料总产量 10346 万吨,占全国总产量的 86.7%。此外,蔬菜、水果、中药材、花卉、烟叶、茶叶等也都形成了各自的优势产区和地区品牌。

一二三产业融合发展。融合载体不断拓展,国家批准创建了 114 个国家现代农业产业园、首批认定了 20 个国家级产业园,带动各地创建 1800 多个省级和一大批市县级产业园,形成国家、省市县梯次推进的产业园建设体系。推进镇域产业聚集,建设农业产业强镇 552 个。促进镇村联动发展,认定"一村一品"示范村镇 2400 个。创建国家农业科技园 32 个、农产品加工园 1600 个,创建农村产业融合示范园 148 个。乡村产业形态不断丰富。特色产业快速发展,截至 2018 年年底,创响特色品牌约 10 万余个。农产品加工深入推进,2018 年规模以上农产品加工企业 7.9 万家、营业收入 14.9 万亿元。休闲农业和乡村旅游蓬勃兴起,2018 年休闲农业和乡村旅游接待游客 30 亿人次、营业收入超过 8000 亿元。农村电子商务高速发展,农村网络销售额突破 1.3 万亿元,其中农产品网络销售额达 3000 亿元。农村创新创业日渐活跃。2018 年,各类返乡下乡创新创业人员累计达 780 万人,"田秀才""土专家""乡创客"等本乡创新创业人员达 3100 多万人。

五、物质技术装备条件显著改善

新中国成立初期,我国农业生产基础较为单薄,随着综合国力提升,国家持续加大投入,开展了规模空前的农业基础设施建设,农业物质技术装备条件极大改善,扭转了长期以来"靠天吃饭"的局面。

农田水利基础设施日益完善。党和政府始终把农田水利建设作为农业基本建设的重点,建成了一大批重大水利骨干工程和现代种养基地,改善了农业生产条件。从 1952 年到 2012 年,我国农田有效灌溉面积由 3 亿亩增加到 9.4 亿亩,增长 2.1 倍,年均增长 1.9%。党的十八大以来,国家继续加大农田水利建设力度,2018 年有效灌溉面积增至 10.2 亿亩,比 2012 年增长 8.5%,农田灌溉水有效利用系数达到 0.53,一半农田实现了"旱能灌、涝能排"。同时,深入实施耕地质量保护与提升工程,加快推动高标准农田建设,截至 2018 年年底,全国已建成高标准农田 6.4 亿亩。当前,已完成 10.58 亿亩粮食生产功能区和重要农产品生产保护区划定任务。

农业机械化快速发展。国家持续加大农业机械化发展支持力度,实施农机具购置补贴政策,推动农业机械保有量快速增加,我国农业生产方式实现以人畜力为主向以机械作业为主的历史性跨越,农民"面朝黄土背朝天,插秧割麦腰累弯"正在成为历史。从 1952 年到 2018 年,我国农业机械总动力由 18.4 万千瓦增加到 10 亿千瓦,年均增长 13.5%;先后研制开发的耕整地、种植、田间管理、产后处理和加工等机械装备超过 4000 种,"东方红"200 马力拖拉机填补了国内大功率拖拉机空白。2018 年,全国主要农作物耕种收综合机械化率超过 67%,小麦生产基本实现全程机械化,水稻、玉米耕种收综合机械化率超过 80%,油菜、花生、大豆、棉花机械化作业水平均大幅提高。

信息化基础设施建设取得新进展。中央高度重视农业农村信息化建设,作出实施大数据战略、数字乡村战略、大力推进"互联网+"现代农业等一系列重大部署安排,出台相关支持政策,加强信息化基础设施建设,加快新一代信息技术在农业农村领域的融合应用。2018 年,全国行政村通光纤、通 4G 网络比例均超过 98%,农村地区互联网普及率为 38.4%,农业遥感、导航和通信卫星应用体系初步确立,高分辨率农业遥感卫星"高分六号"成功发射。全国有 20.4 万个村建立了益农信息社,占全国行政村的 1/3。2018 年我国智能农机与机器人、无人机植保服务、农业物联网、植物工厂和农业大数据等板块占全球农业科技市场比例分别达到 34%、45%、34%、30%、30%。

农业科技水平显著提高。新中国成立以来,我国农业科技原始创新能力、成果转化能力、技术推广能力不断增强,农业科技创新整体水平已进入世界第二方阵,2018 年农业科技进步贡献率达到 58.3%,比 2005 年提高了 10.3 个百分点。科技体制机制改革取得新进展,集聚中央和地方优势科技资源,建设国家农业科技创新联盟和 50 个现代农业产业技术体系。农业育种创新取得突破性进展,建立了超级稻、矮败小麦、杂交玉米等高效育种技术体系,成功培育出数千个高产优质作物新品种新组合,实现多次大规模更新换代,主要农作物良种基本实现全覆盖率,自主选育品种占比达 95%。

六、农产品质量安全水平不断提升

民以食为天,食以安为先。新中国成立以来,国家高度重视农产品质量安全工作。20 世纪 80 年代中期,在有效解决温饱问题的基础上,国家采取优化作物结构、推广优质品种、生产绿色特色农产品等一系列有效措施,大力发展"两高一优"农业,不断提升农产品质量安全水平。党的十八大以来,各地深入贯彻落实习近平总书记"用最严谨的标准、最严格的监管、最严厉的处罚、最严肃的问责,确保广大人民群众'舌尖上的安全'"①的重要指示精神,坚持"产出来""管出来"两手抓、两手硬,大幅提升农产品质量安全水平,蔬菜、畜产品、水产品质量安全抽检合格率由 21 世纪初的 60% 提高到 97% 以上。

农业标准化生产加快推进。制定发布了农业国家标准和行业标准 13742 项,其中,农业国家标准 7326 项、行业标准 6416 项。建设农业标准化示范县 600 多个,创建蔬菜水果茶叶标准园近 6000 个、畜禽养殖标准化示范场 4179 家、水产健康养殖场示范场 6218 家、农垦现代化养殖示范场 111 家,"菜篮子"产品生产重点县龙头企业、合作社和家庭农场基本实现"按标生产"。

大力推进农产品品牌建设。加快发展绿色食品、有机农产品、地理标志农产品,涌现出一批知名度美誉度高、市场竞争力强的农产品品牌,培育了一批环境良好、生产规范、质量受控、品质优异的农产品区域公用品牌,2018 年年底全国绿色食品、有机农产品和农产品地理标志产品总数达 12.2 万个。

质量安全监管能力显著增强。监管法规体系不断健全,先后制修订《中华人民共和国食品安全法》《中华人民共和国农产品质量安全法》《国务院关于加强食品等产品安全监督管理的特别规定》《中华人民共和国

---

① 《十八大以来重要文献选编》(上),中央文献出版社 2014 年版,第 673 页。

农药管理条例》等十多部法律法规,为保障农产品质量安全奠定了法律基础。牢固树立依法监管、全程监管理念,严防、严控、严管农产品质量安全风险。全面加强执法监管条件建设,提升农产品源头控制、风险防控和执法监管能力。开展农产品质量安全专项整治行动,强化问题发现机制,严厉打击违法犯罪行为。完善应急机制,妥善处置农产品质量安全突发事件。推广运用国家农产品质量安全追溯管理平台,实行农产品追溯与农业项目安排、农业品牌推选、农产品认证、农业展会等工作挂钩,建立"从农田到餐桌"全链条监管体系。创建国家农产品质量安全县,推行农产品质量安全社会共治。

七、中国为全球粮食安全作出重要贡献

新中国成立以来,党和政府始终把发展农业、建设农村、造福农民作为头等大事来抓,推动农业和粮食生产稳定发展,用占世界9%的耕地、6.4%的淡水资源,解决了占世界近20%人口的吃饭问题,为世界粮食安全贡献了中国智慧和中国方案。在实现粮食自给的基础上,我国始终积极参与粮食安全国际合作,先后向非洲、亚洲、南太平洋、拉丁美洲和加勒比地区派出1000多名专家和技术员,成为对联合国粮农组织南南合作出资最大、派出专家最多、成效最显著的发展中国家。我国超级杂交稻研究和新品种选育水平世界领先,已在印度、越南、缅甸、巴西等40多个国家推广应用,杂交稻装进了世界人民的"米袋子",为全球消除饥饿作出了重要贡献。

第二节　保障粮食安全和建设现代农业的主要经验

新中国成立70年来,党中央高瞻远瞩、总揽全局,始终坚持农业基础地位,正确把握农业发展的现代化方向,把发展粮食生产、保障粮食安全摆在突出重要位置上,发展农业,繁荣农村,富裕农民,积累了宝贵经验。

一、坚持立足国内保障粮食安全

国以民为本,民以食为天。我国是人口大国、粮食生产大国,同时又是粮食消费大国。由于国际粮食贸易量很小、中国大国效应明显,依靠国际市场保障我国粮食安全靠不住,必须立足国内保障供给,把中国人的饭碗牢牢端在自己手上,这是新中国成立以来解决好十几亿人口的吃饭问题的基本方针。新中国的成立,极大地激发了亿万农民群众的生产积极性,粮食产量迅速恢复增长。20世纪50年代中期,国家引导农民发展互助合作,走集体化道路,加强农田水利基本建设,挖掘现有耕地单位面积产量的潜力,为粮食增产奠定了物质基础。20世纪七八十年代,国家推动家庭承包经营,大幅提高粮食收购价格,为发展粮食生产创造了有利的体制和政策环境,从根本上扭转了我国粮食长期严重短缺的局面。从20世纪80年代中期开始,大规模改造中低产田,深化粮食购销市场化改革,实行粮食安全省长责任制。2004—2012年,以农民种粮补贴、重点粮食品种最低收购价制度、种粮大县奖励等政策举措为标志,构建起农业支持保护政策体系,大规模开展粮食高产创建,挖掘政策激励和科技驱动增产潜力,实现了粮食连年增产。党的十八大以来,各地坚决贯彻落实习近平总书记"中国人的饭碗任何时候都要牢牢端在自己手上"[1]"我们的饭碗应该主要装中国粮"[2]等重要指示精神,坚持新形势下国家粮食安全战略,推进"藏粮于地、藏粮于技",严守耕地红线,提高粮食产能,确保了谷物基本自给,口粮绝对安全,为争取经济社会发展全局主动发挥了压舱石作用。历史经验告诉我们,对于我国这样一个人口大国,如果粮食生产出了问题,任何国家也帮不了我们,把希望寄托在进口粮食上是很危险的,也是不现实的。解决十几亿人吃饭问题,必须坚持立足国内实现自给,牢牢把握国家粮食安全主动权,才能保持经济持续健康发展和社会大局稳定。

---

[1] 《十八大以来重要文献选编》(上),中央文献出版社2014年版,第660页。
[2] 《十八大以来重要文献选编》(上),中央文献出版社2014年版,第661页。

二、坚持强农惠农富农政策不动摇

我们党始终坚持从国情农情出发,正确处理工农、城乡关系,立足于加强农业支持保护,与时俱进推进政策创新。新中国成立后,中央提出要正确处理农轻重的关系,实行以农业为基础、以工业为主导的经济建设方针。1982—1986 年,中央连续印发 5 个一号文件,改革农产品流通体制,取消价格管制,放开农产品市场贸易,发挥市场机制作用,激发农村要素活力。进入新世纪,中央连续出台 16 个指导"三农"工作的一号文件,出台系列覆盖面广、含金量高的政策措施,全面取消农业税,终结了 2600 多年农民种地交纳"皇粮国税"的历史;实行农业"四补贴",开启了政府直接补贴农民的历史;彻底放开粮食收购市场,实施价格支持政策;建立健全生态保护补偿机制,推动农业高质量发展。党的十八大以来,着力深化农村改革,赋予农民更多财产权利,加大就业创业支持力度,拓宽农民增收渠道,亿万农民群众获得感幸福感安全感不断提高。实践表明,农业形势好,农民日子好,根本是党的政策好。

三、坚持强化科技支撑

农业的根本出路在科技。我们党始终注重加强对农业科技工作的领导,遵循农业科技发展规律,推进农业科技自主创新和推广应用,推动农业发展由依靠物质要素驱动向依靠科技创新转变。1954 年,中央提出建设现代农业的方向目标,20 世纪 50 年代末毛泽东同志亲自总结了土、肥、水、种、密、保、管、工的农业"八字宪法",提倡科学种田。党的十一届三中全会提出要"走出一条适合我国情况的农业现代化的道路",对农业科教、机械化、专业化、农用工业、农产品加工业等作出全面部署,大力支持农业科技发展。1989 年中央首次提出要把科技兴农作为振兴农业的重大战略措施,党的十三届八中全会进一步强调,推进农业现代化必须坚持科教兴农战略。党的十八大以来,国家实施科技创新驱动发展战略,加大对农业科技创新的支持力度,深化农业科技体制改革,加快构建适应农业高质量发展的科技创新体系,农业科技创新能力稳步提升,科技对农业转型升级的贡献日益彰显。实践表明,科学技术是第一生产力,是农业发展的主要驱动力,必须给农业插上科技的翅膀,持续强化农业科技支撑作用,才能引领农业高质量发展,加快实现农业农村现代化。

四、坚持强化投入保障

现代农业建设离不开强有力的资金支持,建设现代农业必须持续加大投入。在新中国初创、财力十分紧张的情况下,国家仍然安排财政资金支持人民公社发展农业生产,组织动员广大农民投工投劳,自己动手改善农业生产条件。1979—1993 年,国家设立农业发展专项资金和农业综合开发资金,发行特别建设国债和充分利用外资投入农业,扩大银行的农业信贷资金规模,多渠道增加农业基础设施建设和生态建设投入。1993 年通过的《中华人民共和国农业法》明确要求,财政对农业投入的增长幅度应高于财政经常性收入的增长幅度,1998 年党的十五届三中全会首次提出多予少取的政策取向。进入新世纪,中央作出我国总体上已经进入以工促农、以城带乡发展阶段的重要判断,新增财政支出和固定资产投资不断向"三农"倾斜。以习近平同志为核心的党中央大力推动财政支农管理体制机制创新,健全财政投入农业的保障制度,国家持续加大对农业产业发展和生态环境建设的支持力度,投入不断增加、总量持续扩大,2018 年公共财政用于农林水支出超过 2 万亿元。实践表明,必须落实农业农村优先发展总方针,坚持资金投入优先保障,发挥财政资金投入的杠杆作用,才能让更多真金白银投入农业,加速农业现代化进程。

第三节　粮食供求和现代农业发展趋势

展望今后一个时期,我国农业发展环境将发生深刻变化,现代农业产业体系、生产体系和经营体系将加快建立,生产设施化、经营规模化、产业融合化、发展绿色化水平将显著提高,农业现代化将全面推进、重点突破、梯次实现。

一、粮食消费需求刚性增长，供求关系将长期处于紧平衡状态

我国是粮食生产大国，也是粮食消费大国。当前及今后一个时期，人口增长和消费升级决定了我国粮食消费将保持刚性增长。预计未来我国每年新增人口在 500 万人左右，人口数量 2029 年将达到 14.42 亿人的峰值；随着生活水平提高、农产品深加工产业发展，消费结构升级拉动粮食消费需求加快增长，综合两方面因素影响，全国每年大体增加粮食需求 200 亿斤。同时，我国粮食生产面临的耕地、水资源约束持续加剧。我国人均耕地和水资源不及世界平均水平的 1/2 和 1/4，随着工业化、城镇化快速推进，每年将占用 300 万—400 万亩耕地，城市生活用水、工业用水还将挤压农业用水空间，农业水土资源硬约束将趋紧。长期以来，相对粗放的农业发展方式造成耕地质量下降，东北黑土层变薄，南方土壤酸化，华北平原耕层变浅等问题严重影响了耕地的产出。综合研判，我国粮食消费增长将快于生产增长，产需缺口不断扩大，粮食供求"紧平衡"将呈常态。据专家测算，到 2025 年和 2035 年我国粮食总消费量将分别达到 1.68 万亿斤和 1.85 万亿斤左右，产需缺口分别为 3300 亿斤和 4000 亿斤。

二、绿色发展引领农业转型升级，农业发展方式由增产导向到提质导向的转变进一步加速

习近平总书记指出，推进农业绿色发展是农业发展观的一场深刻革命，也是农业供给侧结构性改革的主攻方向①。近年来，国家专门出台关于创新体制机制推进农业绿色发展的意见，实施畜禽粪污资源化利用、果菜茶有机肥替代化肥、东北地区秸秆处理等绿色发展五大行动，创建 80 个绿色发展先行区，完善绿色发展支持政策体系，加快转变农业发展方

---

① 《习近平主持召开中央全面深化改革领导小组第三十七次会议》，新华社，2017 年 7 月 19 日。

式。当前及今后一个时期,我国人均 GDP 将超过 10000 美元,迈向高收入国家行列,居民消费结构进入快速转型期,改善型、发展型、享受型消费将逐步增加,绿色化、优质化、品牌化农产品的需求快速上升,精致化、个性化、功能化农产品消费潜力将不断释放,这种趋势随着农民收入的提高还将更加明显。农业供给侧结构性改革将持续推进,绿色、有机、地理标志农产品加快发展,农产品品牌、企业品牌、区域品牌加快培育,农产品真正实现优质优价;农业绿色生产方式将广泛推行,化肥农药等投入品利用更加科学合理,病虫害统防统治和全程绿色防控不断强化,资源利用更加高效,产地环境更加清洁。

三、科技加速向农业全面渗透和集成应用,高新技术成为农业发展的强大动力

当前,新一轮世界科技革命和产业变革孕育兴起,高新技术对农业发展的驱动作用更加直接,正在深刻改变传统农业发展方式。现代生物学和生物技术突破了动植物和微生物的物种界限,为人类利用整个生物界的种质优势、获得更优良品种创造了可能。细胞和胚胎工程育种、分子标记技术、转基因技术等已趋成熟,并得到日益广泛的应用。随着大科学时代的来临,分子育种技术进入崭新阶段,全基因组选择技术、基因组编辑技术、合成生物技术还将不断取得重大突破,实现动植物新品种选育精准定向,大幅提升育种效率。现代信息技术日新月异,大数据、云计算、物联网、5G 等信息技术加速向农业全方位渗透和深度融合。新一代传感器的快速检测、连续监测、实时反馈能力大幅提高,推动农业物联网加快发展。智能手机日益普及,成为农民获取信息、网络交易、农事管理的"新农具"。智慧农场、智慧植物工厂、智慧牧场、智慧渔场、智慧果园等加快建设,农业发展的数字化、网络化、智能化水平将全面提升。随着人工智能技术快速发展,机器人将日益广泛应用于农业各个领域。越来越多的机器人开始"务农",从田间到棚舍,从种植业到养殖业、加工业,无论土壤监测、奶牛管理还是投入产出整体优化,都有农业机器人的用武之地。统防统治无人机、GPS 驱动的智能拖拉机、无人驾驶喷射直升机将越来越受

欢迎,"机器换人"步伐明显加快。

四、农村一二三产业加快融合,新产业新业态新模式不断涌现

一二三产业融合互动是未来农业发展的一大趋势,发掘乡村资源多种功能价值,培育农村新产业新业态新模式,也是我国农业产业发展的一大方向。新产业蓬勃兴起,农产品加工业向精深化发展,食品工业将迅速壮大,休闲农业与乡村旅游、农业生产性服务业快速发展,小宗类、多样化的乡土特色产业加快形成。新业态不断催生,通过"农业+"跨界配置现代生产要素,发展稻田养鱼、林下养鸡等循环农业,创意设计、教育农园、民宿旅游、健康养生等体验型农业,储藏保鲜、中央厨房、个人定制等延伸型农业。新模式加速涌现,产业上下游各主体有效联结,形成协同发展、合作共赢的产业联盟发展模式;建设前端仓储分发基地和后端取件终端平台,形成从田头到餐桌的物流宅配模式;整合土地、农房等各种资源,形成产权人和消费者资源共享模式。

五、统筹利用两个市场两种资源,农业对外开放新格局加快形成

我国农业已深度融入国际市场,已经是全球第一大农产品进口国和第二大农产品贸易国。今后一个时期,我国农业对外开放将不断深化,农业国际合作渠道日趋多样,合作领域不断拓展,合作内容日益丰富,与"一带一路"沿线国家农业合作机制更加成熟,贸易往来更加热络,营商环境更加优化,科技交流更加深入,进一步形成全方位、多层次、宽领域的农业对外开放新格局。农产品贸易是农业对外开放的重要内容,在我国综合国力不断提升、农产品需求数量刚性增长、资源环境约束日益趋紧的背景下,我国将有能力也有必要通过国际市场进口更多优质农产品,建立更加多元、稳定的进口渠道。同时,我国优势农产品的出口也将进一步扩大。农业"走出去"步伐将更加坚定,化肥农药等生产资料、农业技术、人才等不断输出,大粮商、大农商在农产品加工、仓储、物流等环节加大投

入,境外重要农产品生产、流通设施及境内配套设施加速布局,我国对国际资源的掌控能力将大大提高。我国将更加积极参与联合国粮农组织等国际农业组织事务,不断拓展多边、双边合作,在世界农业治理舞台上、农业贸易规则重构中,不断发挥更加重要的作用。

第二章　农村居民收入和生活消费

新中国成立 70 年来,党中央、国务院高度重视改善人民生活,始终把提高人民生活水平作为一切工作的出发点和落脚点。70 年来,在中国共产党的坚强领导下,农村居民生活实现了从温饱不足到迈向全面小康的历史性跨越,农村居民收入大幅增长,消费水平大幅提升,生活质量显著改善,农村居民的生活发生了翻天覆地的变化。小康不小康,关键看老乡。特别是党的十八大以来,以习近平同志为核心的党中央坚持以人民为中心,出台实施了一系列惠民政策措施,农村居民收入继续快速增长,城乡居民收入差距进一步缩小,消费水平和生活质量进一步提高,为全面建成小康社会奠定了坚实的基础。

第一节　农村居民生活实现历史性跨越

新中国成立 70 年来,农村居民收入实现了跨越式增长,取得了举世瞩目的骄人成绩。1949 年农村居民人均可支配收入[①]仅为 44 元,至 2018 年增加到 14617 元,名义增长 331.2 倍,扣除物价因素实际增长 40.0 倍,年均实际增长 5.5%;1949 年农村居民人均消费支出仅 40 元,至 2018 年增加到 12124 元,名义增长 302.1 倍,扣除物价因素实际增长 32.7 倍,年

[①] 从 2013 年起,国家统计局对分别进行的城镇住户调查和农村住户调查实施了一体化改革,建立了城乡统一的全国住户收支和生活状况调查,规范了城乡划分范围,统一了城乡居民收入指标名称、分类和统计标准,并据此采集和发布全国和分城乡居民的可支配收入和消费数据。2013 年及之后的农村居民可支配收入和消费支出数据来自全国住户收支与生活状况调查,2013 年之前的农村居民可支配收入和消费支出数据为按照新口径重新回溯的历史数据。

均实际增长 5.2%。改革开放以后,农村居民收入增长进入快车道,为我国向全面小康跨越奠定了坚实的基础。从 1978 年至 2018 年,农村居民人均可支配收入实际增长 18.5 倍,年均实际增长 7.7%;农村居民人均消费支出实际增长 15.8 倍,年均实际增长 7.3%(见图 2-1)。

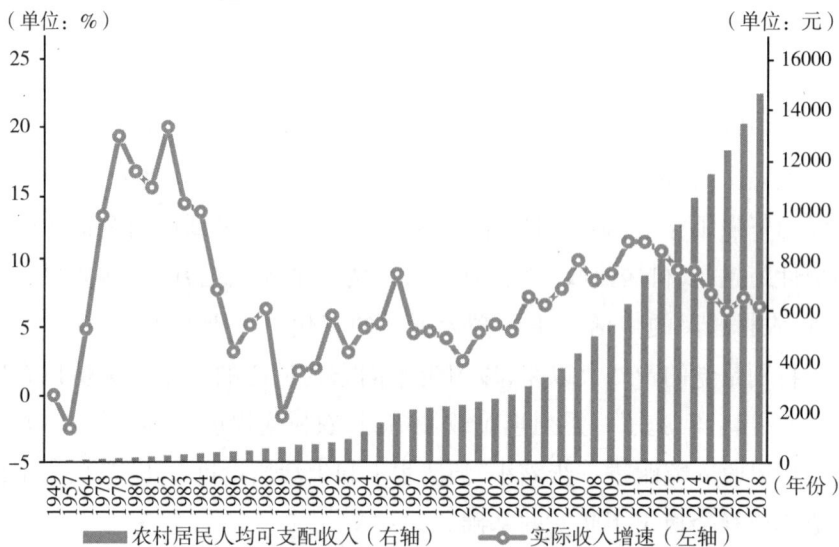

图 2-1　1949—2018 年农村居民人均可支配收入及实际收入增速

一、1949—1978 年:奋力争取温饱

新中国成立初期,面对战争留下的满目疮痍,党和政府采取一系列措施,进行土地改革、兴办农业合作社等,使农业生产得到恢复,农村居民收入增加,生活水平得到较大提高。到 1957 年"一五"时期结束时,农村居民人均可支配收入从 1949 年的 44 元增加到 1957 年的 73 元,年均实际增长 3.5%;农村居民人均消费支出从 1949 年的 40 元增加到 1957 年的 71 元,年均实际增长 4.3%。

此后的二十多年间,受多种因素影响,农村经济进入了曲折发展阶段,农村居民生活水平缓慢提升。到 1978 年,农村居民人均可支配收入为 134 元,比 1949 年名义增长 83.7%,年均实际增长 2.3%;农村居民人

均消费支出为 116 元,比 1949 年名义增长 63.7%,年均实际增长 1.7%
(见表 2-1)。改革开放前 30 年,农村居民的生活水平虽然明显改善,但
温饱问题仍没有得到完全解决。1978 年农村居民恩格尔系数①为
67.7%。按照 2010 年农村贫困标准,1978 年年末我国农村贫困人口 7.7
亿人,农村贫困发生率高达 97.5%。

表 2-1　1949—1978 年农村居民人均可支配收入和消费支出情况

年份	农村居民人均 可支配收入(元)	农村居民人均 消费支出(元)	农村居民 恩格尔系数(%)
1949	44	40	—
1957	73	71	65.7
1964	102	94	67.1
1978	134	116	67.7

资料来源:国家统计局农村住户调查和城镇住户调查,并根据新的可支配收入和消费支出口径计算
得到②。

二、1979—1991 年:稳定解决温饱

党的十一届三中全会以后,全党的工作重点转移到社会主义现代化建
设上来。随着农村家庭联产承包责任制在全国的推行,农村居民收入和生
活水平均较改革开放初期有了明显提高。农村居民人均可支配收入从
1979 年的 160 元增加到 1991 年的 709 元,年均实际增长 13.29%;农村居民
人均消费支出从 1979 年的 135 元增加到 1991 年的 620 元,年均实际增长
7.5%;农村居民恩格尔系数从 1979 年的 64.0% 下降到 1991 年的

---

① 恩格尔系数为人均食品烟酒消费支出占人均消费支出的比重。
② 根据新的可支配收入口径,居民可支配收入是指居民可用于最终消费支出和储蓄的
总和,即可用于居民自由支配的收入。既包括现金收入,也包括实物收入。按照收入的来源,
可支配收入包含四项,分别为:工资性收入、经营净收入、财产净收入和转移净收入。根据 2013
年起开展的住户收支与生活状况调查,新口径的城镇和农村居民人均可支配收入等数据的覆
盖人群主要变化:一是计算城镇居民人均可支配收入时分母包括了在城镇地区常住的农民工,
计算农村居民人均可支配收入时分母不包括在城镇地区常住的农民工;二是由本户供养的在
外大学生视为常住人口。

57.6%,下降6.4个百分点,农村居民基本解决了温饱问题(见表2-2)。

表2-2　1979—1991年农村居民人均可支配收入和消费支出情况

年份	农村居民人均 可支配收入(元)	农村居民人均 消费支出(元)	农村居民 恩格尔系数(%)
1979	160	135	64.0
1980	191	162	61.8
1981	223	191	59.8
1982	270	220	60.6
1983	310	248	59.4
1984	355	274	59.3
1985	398	317	57.8
1986	424	357	56.5
1987	463	398	55.8
1988	545	477	54.0
1989	602	535	54.8
1990	686	585	58.8
1991	709	620	57.6

资料来源:国家统计局农村住户调查和城镇住户调查,并根据新的可支配收入和消费支出口径计算得到。

在1979—1984年之间,随着家庭联产承包责任制的推行,粮食、棉花、油料等初级农产品大幅度增产,带动农村居民收入高速增长。1984年,我国粮、棉、油料的总产量分别比1978年增长了33.6%、188.8%和128.2%。1984年我国人均粮食占有量比1978年增加了77公斤,增长24.3%。1985年中央一号文件提出对粮食统派购制度改革的前后,放开了多种农副产品的购销和价格,对农业生产经营起到了很大的激励作用。1985年猪牛羊肉、水产品和水果的产量大幅增长,分别比1984年增产220.1万吨、86万吨和194万吨。粮、棉、油和农副产品产量的大幅增长,为基本解决农村温饱问题奠定了坚实基础。

三、1992—2012年:实现总体小康

1992年,邓小平同志南方谈话的旋风席卷全中国,又掀起了改革开

放的新热潮,带动非公有制经济迅速发展。进入 21 世纪,党中央、国务院不断调整国民收入分配格局,落实一系列农村居民增收政策。国家先后出台了粮食最低收购价政策、减免农业税、实行粮食直补等一系列惠农措施,大批农村富余劳动力向二三产业转移,为农村居民增收提供重要支撑。农村居民人均可支配收入从 1992 年的 784 元增加到 2012 年的 8389 元,年均实际增长 6.7%;农村居民人均消费支出从 1992 年的 659 元增加到 2012 年的 6667 元,年均实际增长 6.9%;农村居民恩格尔系数从 1992 年的 57.5% 下降到 2012 年的 35.9%,下降 21.6 个百分点(见表 2-3)。农村贫困人口大幅减少,按照 2010 年农村贫困标准,2012 年年末我国农村贫困人口降至 9899 万人,农村贫困发生率降至 10.2%。

表 2-3　1992—2012 年农村居民人均可支配收入和消费支出情况

年份	农村居民人均可支配收入(元)	农村居民人均消费支出(元)	农村居民恩格尔系数(%)
1992	784	659	57.5
1993	922	770	58.1
1994	1221	1017	58.9
1995	1578	1310	58.6
1996	1926	1572	56.3
1997	2090	1617	55.1
1998	2171	1604	53.2
1999	2229	1604	52.0
2000	2282	1714	48.3
2001	2407	1803	46.7
2002	2529	1917	44.9
2003	2690	2050	43.9
2004	3027	2326	45.3
2005	3370	2749	43.3
2006	3731	3072	40.7
2007	4327	3536	40.5

续表

年份	农村居民人均 可支配收入(元)	农村居民人均 消费支出(元)	农村居民 恩格尔系数(%)
2008	4999	4054	40.9
2009	5435	4464	38.0
2010	6272	4945	37.9
2011	7394	5892	37.1
2012	8389	6667	35.9

资料来源:国家统计局农村住户调查和城镇住户调查,并根据新的可支配收入和消费支出口径计算得到。

四、2013—2018年:迈向全面小康

党的十八大以来,在以习近平同志为核心的党中央坚强领导下,各地区各部门坚持以人民为中心的发展思想,把保障和改善民生作为工作的根本出发点和落脚点。完善各项民生制度安排,加快基本公共服务体系建设,在学有所教、劳有所得、病有所医、老有所养、住有所居等方面持续取得进展,使改革发展的成果更多地、更公平地惠及全体人民。收入分配制度改革全面深化实施,重点群体收入增长措施持续发力,精准扶贫、精准脱贫政策深入推进,对农村居民的收入增加起到至关重要的作用。农村居民人均可支配收入从2013年的9430元增加到2018年的14617元,年均实际增长7.7%;农村居民人均消费支出从2013年的7485元增加到2018年的12124元,年均实际增长8.5%;农村居民恩格尔系数从2013年的34.1%下降到2018年的30.1%,下降4个百分点(见表2-4)。

表2-4 2013—2018年农村居民可支配人均收入和消费支出情况

年份	农村居民人均 可支配收入(元)	农村居民人均 消费支出(元)	农村居民 恩格尔系数(%)
2013	9430	7485	34.1
2014	10489	8383	33.6
2015	11422	9223	33.0

续表

年份	农村居民人均 可支配收入(元)	农村居民人均 消费支出(元)	农村居民 恩格尔系数(%)
2016	12363	10130	32.2
2017	13432	10955	31.2
2018	14617	12124	30.1

资料来源:国家统计局农村住户调查和住户收支与生活状况调查。该调查自2013年正式开展,每年向社会公布全国及城乡居民人均可支配收入和消费支出数据。

这一时期,我国取得了举世瞩目的减贫成就。按照2010年农村贫困标准计算,2018年年末我国农村贫困人口减少至1660万人,比2012年年末减少8239万人;农村贫困发生率降至1.7%,比2012年年末下降8.5个百分点。我国农村从普遍贫困走向整体消灭绝对贫困,成为首个实现联合国减贫目标的发展中国家,对全球减贫贡献超过70%。

第二节 农民收入来源和分配格局显著变化

伴随着农村居民收入的跨越式增长,农村居民的收入来源也日益丰富,收入构成从单一走向多元。党的十八大以来,党和国家高度重视收入分配问题,着力深化收入分配制度改革,城乡收入差距和农村内部收入差距持续缩小,收入分配格局明显改善。

一、农村居民收入来源日益多元化

农村居民收入来源由主要是集体工分收入和家庭经营收入转为家庭经营、工资和转移收入并驾齐驱。改革开放之前,农村居民从集体所得的工分收入是最主要的收入来源,1956年,农村居民从集体得到的收入为45.5元,占全年可支配收入的比重为62.4%;农村居民家庭经营净收入为17元,比重为23.3%;其他非生产性收入为10.4元,比重为14.3%。改革开放以后,家庭联产承包责任制的实行使得农户成为独立的经营单位,家庭经营收入比重急剧上升。1985年,农村居民人均经营净收入占人均可支配收入的比重为74.4%,比1978年提高47.6个百分点。从

1990 年开始,随着工资性收入的比重上升,经营净收入的比重随之下降,但农村居民人均经营净收入仍持续增长。2018 年,农村居民人均经营净收入达到 5358 元,比 1985 年增长 17.1 倍;占农村居民人均可支配收入的比重为 36.7%,比 1985 年下降 37.7 个百分点(见表 2-5)。

表 2-5　1978—2018 年农村居民人均可支配收入构成　　(单位:%)

年份	工资性收入占比	经营净收入占比	财产净收入占比	转移净收入①占比
1978	66.1	26.8	—	7.1
1980	55.6	32.7	—	11.7
1985	18.1	74.4	—	7.4
1990	20.2	75.6	—	4.2
1995	22.4	71.4	2.6	3.6
2000	31.2	63.3	2.0	3.5
2005	36.1	56.7	2.7	4.5
2010	41.1	47.9	3.4	7.7
2015	40.3	39.4	2.2	18.1
2018	41.0	36.7	2.3	20.0

资料来源:国家统计局农村住户调查和住户收支与生活状况调查。其中,2013 年以前数据是根据新的可支配收入口径进行历史回溯得到。

随着大量农村富余劳动力向第二三产业转移,工资性收入成为拉动农村居民收入快速增长的重要来源。1984 年中央一号文件肯定了乡镇企业是"国民经济的一支重要力量",以乡镇企业为主体的农村非农产业如雨后春笋般发展起来;1992 年邓小平同志发表南方谈话以后,中国城乡个体私营经济出现高速发展的态势,吸纳了大量农村劳动力就业。同时,改革开放以后,农民具有了自由配置劳动力的自由。为了增加收入,大量农村居民走上了"离土又离乡"的外出务工经商之路。2018 年,农民工总量达到 28836 万人,其中在乡内就地就近就业的本地农民工 11570 万人,到乡外就业的外出农民工 17266 万人,为农村居民工资性收入的快

---

① 1978—1990 年的转移净收入为财产净收入和转移净收入的合计数。

速增长提供了支撑。2018 年农村居民人均工资性收入达到 5996 元,比 1985 年增长 82.3 倍;占农村居民人均可支配收入的比重为 41.0%,比 1985 年提高 22.9 个百分点。

进入 21 世纪后,随着农业税的取消、各种惠农补贴的发放和农村社会保障体制的完善和脱贫攻坚政策的深入推进,农村居民人均转移净收入得到快速增长。2018 年年末,3520 万人享受农村居民最低生活保障,455 万人享受农村特困人员救助供养。从 2003 年开始,农村居民人均转移净收入占人均可支配收入的比重稳步上升,逐渐成为支撑农村居民收入快速增长的重要因素。2018 年农村居民人均转移净收入达到 2920 元,比 2003 年增长 29.1 倍;占农村居民人均可支配收入的比重为 20.0%,比 2003 年提高 16.3 个百分点。

同时,随着市场经济的发展,农村居民收入中以实物收入为主的状况基本上被货币收入所取代。1949—1978 年,由于农村经济的半自给状态,农村居民现金收入很少。改革开放之后,随着货币收入来源渠道的多元化,农村居民现金收入的比重快速增加,农村居民购买能力和改善生活的能力极大提高。1978 年农村居民人均可支配收入中的现金可支配收入为 56 元,占可支配收入的比重为 41.8%;到 2018 年,农村居民人均可支配收入中的现金可支配收入为 13913 元,占可支配收入的比重达到 95.2%,比 1978 年提高 53.4 个百分点。

二、城乡区域收入分配格局明显改善

城乡居民收入差距不断缩小。党和政府一直高度重视"三农"问题。新中国成立后,广大农民成为土地的主人,农村生产力得到解放。党的十一届三中全会之后,家庭联产承包责任制的实行极大地激发了农民的生产积极性,农村居民的收入得到较快增长。党的十六大首次提出统筹城乡经济社会发展,开启了破除城乡二元体制的历史进程。特别是党的十八大以来,党和国家高度重视收入分配问题,充分发挥再分配的调节功能,持续推动城乡发展一体化,城乡居民收入差距不断缩小。1956 年城镇居民人均可支配收入为 243 元,农村居民人均可支配收入为 73 元,城乡居民人均可支配收入倍差为3.33。之后,城乡居民收入差距缩小主要是在两个阶段。第一个阶段是改革开放之初,随着农村家庭联产承包责任制的实施,农产品产量的快速增加和农产品收购价格的提高,城乡收入差距不断缩小。第二个阶段是2008—2018年,尤其是党的十八大以来,随着一系列惠农政策和脱贫攻坚政策的深入推进,农村居民收入增速明显快于城镇居民,城乡居民收入差距逐年缩小。2018年城乡居民人均可支配收入倍差为2.69,比2008年下降0.42,比2012年下降0.19。

地区收入差距不断缩小。2018年农村居民人均可支配收入最高省份与最低省份的收入倍差为3.45,比2000年的4.19下降了0.74。2018年,东部、中部、西部和东北地区农村居民人均可支配收入分别为18286元、13954元、11831元和14080元。以西部地区人均可支配收入为1,2018年东部地区与西部地区居民人均可支配收入之比为1.55∶1,中部地区与西部地区居民人均可支配收入之比为1.18∶1,东北地区与西部地区居民人均可支配收入之比为1.19∶1。东部、中部、东北地区与西部地区人均可支配收入相对差距分别比2013年缩小0.05、0.03和0.12。

贫困地区农民收入增长明显加快。从2013年到2018年,农村居民人均可支配收入从9430元增加到14617元,年均名义增长9.2%。其中农村居民按五等份分组的中间偏下收入组和低收入组在这五年间年均名义增长5.8%,低于农村居民整体增长速度。但是,随着脱贫攻坚力度的加大和政策的落实,贫困地区农村居民人均可支配收入增速较快。从2013年到2018年,贫困地区农村居民人均可支配收入名义增长达11.3%,明显快于农村居民整体增长速度。

第三节　农民消费水平和生活质量显著提升

新中国成立70年来,在农村居民收入实现了跨越式增长的同时,农村居民的消费水平也得到大幅提升。特别是改革开放以后,农村居民的消费结构明显升级,生活质量得到显著改善。在解决了温饱问题之后,农村居民发展和享受型消费支出比重稳步上升,恩格尔系数持续下降。同时,随着消费环境不断完善,产品市场优化升级,公共服务更加全面,农村居民从吃穿住用行的品质提升,到能够享受医疗教育文化服务内容的扩大,都朝着更加现代化的方式发展,生活质量不断改善。

一、农村居民消费水平和消费结构升级

（一）农村居民人均消费支出大幅提升

1949—2018年,农村居民人均消费支出从40元增加到12124元,名义增长302.1倍,年均增长8.6%,扣除物价因素后年均实际增长5.2%。其中,1949—1978年,农村居民人均消费支出名义增长1.9倍,年均增长3.7%,扣除物价因素后年均实际增长2.4%;1978—2018年,农村居民人均消费支出名义增长103.5倍,年均增长12.3%,扣除物价因素后年均实际增长7.3%,比1949—1978年的年均实际增长速度高出4.9个百分点。党的十八大以后,农村居民收入保持较快增长,带动农村居民人均消费支出快速提高,2012—2018年农村居民人均消费支出扣除物价因素后年均实际增长8.5%。

（二）农村居民恩格尔系数持续下降

食品支出在总消费支出中的比重明显下降。食品支出比重,即恩格尔系数是国际通用的从消费结构衡量一个国家或地区人民生活水平高低的重要指标。在新中国成立之初,农村居民普遍贫困,生活水平低下,1954年农村居民恩格尔系数高达68.6%。此后的二十多年间,由于多种因素影响,农村居民生活水平徘徊不前,1978年农村居民恩格尔系数仍高达67.7%,仅比1954年下降0.9个百分点。改革开放之后的40年,农村居民收入快速增长,生活质量显著改善,恩格尔系数不断下降。1978年党的十一届三中全会后,农村率先实行了以家庭联产承包责任制为核心的经济体制改革,农村经济迅速摆脱了较长时间的徘徊局面,1983年农村居民恩格尔系数首次下降到60%以下。之后,随着农村居民收入的快速增长和生活水平的不断提高,农村居民恩格尔系数相继在2000年首次下降到50%以下,在2009年首次下降到40%以下。到2018年,农村居民的恩格尔系数已经降至30.1%,比1978年下降了37.6个百分点,标志

着农村居民正稳步迈向全面小康。

（三）发展和享受型消费支出比重不断提高

在改革开放之初,农村居民生活消费结构尚具有明显的满足生存需要的"一吃二穿三住"特征。1980 年在农村居民消费支出结构中,食品支出占 61.7%、衣着支出占 12.3%、居住支出占 13.9%、家庭设备及用品支出占 2.5%、交通通信支出占 0.4%、文教娱乐支出占 5.1%、医疗保健支出占 2.1%、其他消费支出占 2%。1980 年食品、衣着和居住支出三项合计占到 87.9%。随着农村居民收入的快速提高,在农村居民生活消费支出中,发展和享受型消费支出的比重不断提高。同时,农村居民的消费观念逐渐从"占有商品"到"享受服务"转变,餐饮、教育文化、旅游、交通、通信、医疗保健等服务供给水平持续提升,带动农村居民服务性消费支出快速增长。2018 年在农村居民消费支出结构中,食品支出占 30.1%、衣着支出占 5.3%、居住支出占 21.9%、家庭设备及用品支出占 5.9%、交通通信支出占 13.9%、文教娱乐支出占 10.7%、医疗保健支出占 10.2%、其他消费支出占 1.8%。2018 年食品、衣着和居住支出三项合计占到 57.3%,比 1980 年下降 30.6 个百分点;交通通信、文教娱乐和医疗保健支出三项合计占到 34.8%,比 1980 年提高 27.2 个百分点。

二、农村居民生活质量显著改善

（一）食品从短缺到富足,食品质量显著提高

民以食为天。"食"的变化最能反映一个社会的发展变迁。新中国成立初期,农村居民生活比较贫困,食品匮乏。到改革开放前,虽有很大改善,但还没有完全解决温饱问题。改革开放之后,不仅可以吃饱,而且逐渐能够吃好,食品消费开始多样化,粮食消费减少,肉禽蛋奶消费逐年增多,营养结构更加均衡。1954 年农村居民人均食品支出为 40.9 元,到 2018 年人均食品支出增加到 3646 元,增长 88.1 倍,年均增长 7.3%。其中,从 1954 年到 1978 年,农村居民人均食品支出增长 0.92 倍,年均增长 2.8%;从 1978 年到 2018 年,农村居民人均食品支出增长 45.4 倍,年均增长 10.1%。

农村居民人均粮食消费量从 1954 年的 221.7 公斤减少到 2018 年的 148.5 公斤,下降 33%。农村居民人均猪肉消费量从 1954 年的 3.7 公斤增加到 2018 年的 23 公斤,增长 5.2 倍;人均牛羊肉消费量从 1954 年的 0.9 公斤增加到 2018 年的 2.2 公斤,增长 1.4 倍;人均禽类消费量从 1978 年的 0.3 公斤增加到 2018 年的 8 公斤,增长 25.7 倍;人均鱼虾消费量从 1954 年的 1.4 公斤增加到 2018 年的 7.8 公斤,增长 4.6 倍;人均蛋类消费量从 1954 年的 0.8 公斤增加到 2018 年的 8.4 公斤,增长 9.5 倍;人均奶类消费量从 1983 年的 0.7 公斤增加到 2018 年的 6.9 公斤,增长 8.9 倍。改革开放以前,农村居民基本上以在家用餐为主。改革开放之后,随着收入的提高和生活观念的转变,在外饮食消费逐年增多。2018 年农村居民人均在外饮食消费支出为 394 元,比 1983 年增长 145 倍,占食品消费支出的比重为 10.8%。

(二)衣着从穿暖到穿美,实现成衣时尚化

新中国成立初期到改革开放之前,"新三年、旧三年、缝缝补补又三年"是农村居民穿着状态的真实写照。农村居民对衣着的需求较为简单,主要以保暖御寒为主,一般是购买布料自己制作服装。1978 年农村居民人均购买的棉布和化纤布为 18.2 尺,人均购买的呢绒和绸缎为 0.1 尺,人均购买的棉花为 0.4 公斤,人均购买的胶鞋、球鞋和皮鞋为 0.3 双。改革开放以后,农村居民的衣着消费发生了三个转变,即从"保暖御寒"向"美观舒适"转变,从"一衣多季"向"一季多衣"转变,从"做衣"向"购衣"转变。人们的穿着更加注重服装的质地、款式和色彩搭配,服装的名牌化、时尚化和个性化成为人们的共同追求,衣着消费支出大幅增长。

2018 年农村居民人均衣着支出为 648 元,比 1954 年增长 82.0 倍,年均增长 7.1%。其中,1954—1978 年,农村居民人均衣着支出从 7.8 元增加到 14.7 元,增长 0.88 倍,年均增长 2.7%;1978—2018 年,农村居民人均衣着支出从 14.7 元增加到 648 元,增长 43.1 倍,年均增长 9.9%。

(三)耐用消费品从无到有,不断升级换代

农村居民生活最显著的变化体现在耐用消费品的拥有上。新中国成立初期,农村居民家庭基本没有像样的耐用消费品。改革开放之初,自行车、手表、缝纫机和收音机"三转一响"老四件开始步入农村居民家庭。1979年,农村居民平均每百户拥有自行车36.2辆、手表27.8只、缝纫机22.6架、收音机26.1部。当时,电视机还属稀缺消费品。直到1980年,农村居民平均每百户拥有黑白或彩色电视机仅为0.4台。

20世纪80—90年代,随着农村居民收入的快速增长,家庭耐用消费品开始进入电气化消费时代。居民青睐的"三大件"变成了冰箱、洗衣机和彩色电视机。1989年,农村居民平均每百户拥有冰箱0.9台、洗衣机8.2台、黑白电视机33.9台,彩色电视机仅为3.6台。90年代末,"三大件"在农村逐渐普及,农村居民拥有的耐用消费品更加丰富,生活质量大幅提升。1999年,农村居民平均每百户拥有冰箱10.6台、洗衣机24.3台、彩色电视机38.2台、空调0.7台、照相机2.7台、摩托车16.5辆。

进入高科技飞速发展的21世纪,耐用消费品进入信息化消费时代,移动电话、计算机、汽车迅速普及,家庭消费向现代化和科技化迈进,生活更加便捷和舒适。2018年,农村居民平均每百户拥有移动电话257部、计算机26.9台、汽车22.3辆、空调65.2台、冰箱95.9台、洗衣机88.5台、彩色电视机116.6台、热水器68.7台、微波炉17.7台(见图2-2)。

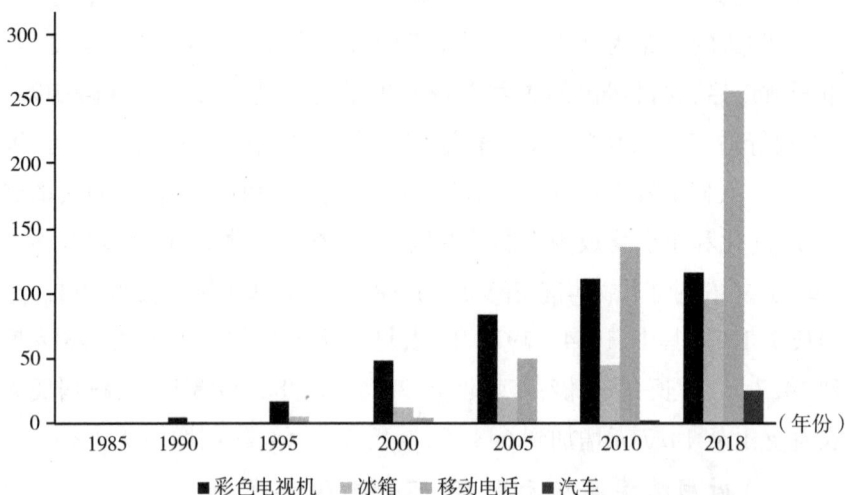

图 2-2　1985—2018年农村居民平均每百户主要耐用消费品拥有量

（四）居住条件从简陋到舒适，居住质量极大改善

在新中国成立之初，农村居民主要居住在平层土坯房中。到了 20 世纪 80 年代，随着农民收支结余的增加，农村掀起了盖房的高潮，砖混结构住房开始普及。现在农村居民盖房，不仅在面积上要满足需要，而且注重安全、舒适和美观。为解决农村居民的住房问题，国家大力实施农村危房改造项目，尤其是"十三五"时期，党和政府集中力量支持 1600 万经济困难农户进行危房改造，基本消除农村危房问题。农村居民住房面积不断增加，居住质量得到显著提升。1978 年农村居民人均住房建筑面积为 8.1 平方米；到 2018 年农村居民人均住房建筑面积达到 47.3 平方米，比 1978 年增加 39.2 平方米，增长 4.8 倍。2018 年，农村居民居住在钢筋混凝土或砖混结构住房的农户比重为 71.2%，比 2013 年提高 15.5 个百分点。

党的十八大以来，乡村振兴战略稳步实施，美丽宜居乡村建设步伐加快，农村人居环境明显改善。2018 年农村居民住宅外道路为水泥或柏油路面的农户比重为 75.4%，比 2013 年提高 24.0 个百分点。农村居民有管道供水入户的农户比重为 79.7%，比 2013 年提高 18.8 个百分点。83.6% 的农户所在自然村实现了垃圾集中处理，比 2013 年提高 34.9 个百分点。65.3% 的农户所在自然村实现了饮用水集中净化处理，比 2013 年提高 19.7 个百分点。65.4% 的农户所在自然村主要道路有路灯，比 2013 年提高 26.3 个百分点。在习近平总书记就"厕所革命"作出重要指示后，农村居民的厕所卫生条件显著改善。2018 年，农村居民使用卫生厕所户比重为 56.0%，比 2013 年提高 20.4 个百分点。

（五）交通通信方式从落后到现代，出行交流更加便捷

改革开放前，农村居民远距离出行较少，就近出行主要依靠自行车、人力板车。新中国成立 70 年来，交通基础设施建设取得巨大成就，为农村居民的便捷出行奠定了基础。2018 年年底，铁路、公路里程分别达到 13.1 万公里和 485 万公里，是 1949 年的 5.6 倍和 60.6 倍。其中，高速铁路、高速公路里程 2018 年分别达到 2.9 万公里、14.3 万公里，均创造了从无到有，再到里程世界第一的壮举。在农村地区，农村公路网的建设也取

得了历史性的突破。在改革开放之前,农民和集体是农村公路的建设主体,主要通过劳动积累的方式组织建设,国家很少对农村公路进行投资。1978年我国农村公路中的县道和乡道,总里程仅为58.6公里。改革开放之后,政府对农村公路的投入持续加大,农村交通基础设施得到极大改善。截至2018年年底,全国农村公路总里程达到405万公里,通硬化路乡镇和建制村分别达到99.6%和99.5%,建制村通客车率达到96.5%。农村居民的出行选择更加多样便捷,交通支出占消费支出的比重不断增加。1985年农村居民人均交通支出仅为5.4元,占消费支出的比重为1.7%。2018年农村居民人均交通支出为1220元,比1985年增长225倍;占消费支出的比重为10.1%,比1985年增加8.4个百分点。

改革开放前,农村居民的通信方式主要是书信。随着科学技术的日新月异,现代化的通信工具逐渐进入农村居民家庭,人们之间的联系更加高效便捷。农村地区通信基础设施不断完善。2018年,95.7%的户所在自然村通宽带,99.7%的户所在自然村通电话,70.3%的户所在行政村到最近的快递收发点的距离不超过5公里。农村居民通信支出大幅增加,通信支出在消费支出中的比重不断提高。1995年农村居民人均通信支出为3.5元,占消费支出的比重为0.3%。2018年农村居民人均通信支出为470元,比1995年增长133倍;占消费支出的比重为3.9%,比1985年增加3.6个百分点。

(六)文教娱乐消费从单一到丰富,精神生活日益充实

新中国成立之初,中国适龄儿童小学入学率不到20%,初中入学率仅为6%,80%以上的人口是文盲,农村的文盲率更是高达95%以上。新中国成立后,党和国家高度重视农村教育。1949年,全国农村青壮年中约有文盲1.65亿人。到1959年,全国2亿青壮年农民中,文盲下降到8600万人。改革开放之后,农村教育迎来新局面。1986年开始施行的《中华人民共和国义务教育法》要求全国有计划地逐步实施九年制义务教育;2006年《国务院关于深化农村义务教育经费保障机制改革的通知》明确要求将农村义务教育全面纳入公共财政保障范围。由于坚持把农村教育作为优先领域,促进公共教育资源向农村倾斜,推进城乡基本公共教

育服务均等化,农村教育取得了显著成效。九年制义务教育全面普及,贫困地区义务教育薄弱学校办学条件不断改善,农村儿童上学的便利性不断提高。2018年,87.9%的户所在自然村上小学较为便利、85.4%的户所在自然村上幼儿园或学前班较为便利。除了政府持续的教育投入外,农村居民的教育投资理念也不断增强,农村居民的教育支出大幅增长。1994年农村居民人均教育支出为47元,占消费支出的比重为4.6%。2018年农村居民教育人均支出为1022元,比1994年增长20.7倍;占消费支出的比重为8.4%,比1994年增加3.8个百分点。

随着农村居民物质生活水平的提高,人们更加重视精神文化生活。改革开放以后,我国对农村文化建设的力度逐年加大,农村文化事业得到明显进步。1998年中央宣传部、中央文明办和文化部共同实施的"百县千乡宣传文化工程",对欠发达地区农村宣传文化设施建设起到重要的推动作用。从2002年开始,国家开始明显加大对农村文化设施项目的投资力度,用于扶持县级文化馆、图书馆设施建设。2006年中共中央、国务院下发《关于深化文化体制改革的若干意见》,要求促进文化资源配置向农村和中西部地区倾斜,大力培育和开拓农村文化市场。经过持续努力,农村公共文化服务体系初步形成。2018年,98.1%的户所在自然村能接收有线电视信号,64.1%的户所在自然村有健身器材,84.6%的户所在行政村有政府组织的文艺演出下乡、电影放映等文化服务。同时,一些商业文化设施从无到有,不断增加,娱乐方式更加多样化。咖啡屋、电影院、网吧、书吧、酒吧等场馆如雨后春笋般呈现在人们的面前,各种个性化、多样化的文娱产品和服务极大地丰富了居民的生活。2018年农村居民人均文化娱乐支出280元,比1994年的29元,增长8.7倍。

（七）医疗卫生服务从缺乏到普惠,健康水平大幅提高

新中国成立初期,百废待兴,我国的医疗机构和医疗人员比较紧缺,医疗设备简陋,农村居民的医疗卫生保障水平较低。改革开放前,"赤脚医生"、合作医疗制度和农村保健站成为解决我国农村缺医少药问题的三件法宝。进入21世纪后,新型农村合作医疗制度逐步实现农村地区全覆盖。县、乡、村三级医疗卫生服务网建设全面加强,医疗卫生资源总量和质量、医疗服务水平和服务能力、公共卫生服务水平、群众就医便利程度等方面都发生了显著的变化。2017年年底,全国共有县和县级市医院1.36万个,普遍达到二级以上水平。2017年全国有乡镇卫生院3.65万个、村卫生室63.2万个,基本实现了乡乡有卫生院、村村有卫生室。2018年,88.6%的户所在行政村有拥有合法行医证的医生。

随着新型农村合作医疗在全国的推广建立以及近年来基本医保和大病保险的覆盖面扩大,农村居民医疗保障水平不断提高,农村居民看病得到更多实惠。2018年,97.8%的农村居民参加了新型农村合作医疗或其他基本医疗保障制度。随着居民生活水平的提高,农村居民对自身健康问题日益重视,"花钱买健康,健康是财富"已成为人们的共识。2018年农村居民人均医疗保健消费支出1240元,比1985年增长162倍;人均医疗保健消费支出在消费支出中的比重达到10.2%,比1985年提高7.8个百分点。

第三章　农村扶贫开发和脱贫攻坚

经过新中国成立 70 年的努力,中国基本消除了农村绝对贫困和区域性整体贫困。这是共和国彪炳青史的丰功伟绩,是中国对人类减贫事业的巨大贡献。中国特色扶贫开发道路,为全球贡献了中国智慧和中国方案,坚定了我们的道路自信、理论自信、制度自信和文化自信。

第一节　农村扶贫的历史进程

新中国成立后,党和政府始终把消除贫困、改善民生、实现共同富裕作为根本目标,始终坚持以人民为中心的发展理念,根据国民经济社会发展的不同阶段和造成贫困的主要原因,组织实施适合本国国情的减贫战略,为缓解和消除贫困持续奋斗。

一、通过制度改革消除普遍贫困

中华人民共和国成立前,农村普遍处于贫困状态。大部分农民没有土地或只有很少土地是造成贫困的主要原因。据估计,占农村户数 4% 的地主占有 50% 的可耕地,而占农业户数 70% 的贫雇农只拥有 17% 的可耕地。同时,农业基础设施薄弱、生产技术落后、土地产出率极低,加上长期的社会动荡和战乱破坏,造成农村经济凋敝。

中华人民共和国的成立,实现了国家独立、人民解放,结束了长期动荡战乱,为国家发展、人民幸福创造了基本条件。1950 年,中国实施土地改革,废除地主阶级封建剥削的土地所有制,实行农民的土地所有制,使 3 亿多无地农民获得土地,基本消除了这个大部分发展中国家农民贫困的制度障碍,为后来农村开展专项扶贫计划奠定了财产制度基础。1950—1955年,农业总产值年均增长9.8%。

土地改革后到20世纪70年代,中国政府通过"三级所有,队为基础"的集体所有制,在增加农业产出、改善农民生活方面作出努力。一是提高农业生产能力。利用土地和劳动力使用方面的优势,在全国农村开展了大规模的基础设施建设,改善了农村的水利条件和基础设施,全国农村公路通车里程增加了9倍,灌溉面积增加了125%。二是改善基础教育和基本医疗服务体系。1949—1978年,中国小学数量增加1.6倍,小学入学率从不到50%提高到90%以上。改善和建立了5万多所乡级卫生院,60多万家村级诊所,覆盖全国总村数的68.8%。土生土长的"赤脚医生"为农民提供初级的医疗服务。三是建立以集体经济为基础的初级社会保障体系。"五保户"①制度为不具备劳动能力又无法定赡养人、抚养人的农村人口提供基本生活保障。遭受自然灾害或其他原因造成的短期极端贫困,则由财政提供生活救济救助。四是探索建立农业服务体系。中国政府建立了延伸到生产大队的农业技术推广体系,负责推广良种、化肥、农药、农机、土壤改良等方面的服务。建立全国农村信用合作社,为农民提供小额贷款服务。建立全国供销合作社网络,促进城乡商品交流。

通过上述制度改革和重大政策,1949—1978年,中国粮食总产量增加1.69倍;农村人口摄入的热量平均增加1.69倍;得不到基本温饱的农村贫困人口从80%以上减少到30%;婴儿死亡率下降四分之三;人口预期寿命提高了30岁,农民的生产生活条件都有了比较明显的改善。但是,按照世界银行的标准,中国农村仍然有2.5亿人口处在国际贫困线以下。

1978年,中国的改革是从农村开始的。一是建立以家庭联产承包责任制为基础的经营体制。农民获得了对承包土地的使用权、经营权、收益权,极大地解放了农村生产力。1978—1985年,全国农用化肥施用量翻

---

① 《农村五保供养工作条例》:农村中无劳动能力、无生活来源、无法定赡养、抚养、扶养义务人的老年人、残疾人和未成年人,保吃、保穿、保住、保医、保葬(保学)。2016年后,该项制度发展成农村特困人员供养制度。

了一番,农业机械总动力增加了78%,粮食单位面积产量提高了40%,农业劳动生产率提高了43%。二是提高农产品价格。1978—1985年,中国农产品综合收购价格指数提高66.8%,远高于同期农民生活消费价格指数的增幅。三是解放农村剩余劳动力。限制劳动力自由流动的人民公社制度解体,农村4150万劳动力在这个时期转向乡镇企业和城镇就业,成为农民收入最强劲的增长点。在以上因素的共同作用下,1979—1984年,农业总产值平均每年增长7.6%,农民人均货币收入年均增长15%,农民人均纯收入增加了132%。农村50%的贫困人口在这个时期解决了温饱,按照世界银行的标准,中国农村贫困人口减少到1.25亿人。

在中国农村大多数人解决了温饱、部分农民开始走向富裕的时候,因为地理位置、资源禀赋和个人能力的不同,农村居民的收入差距开始拉大,基尼系数从1978年的0.21扩大到1985年的0.28,少数农民仍然过着"食不果腹、衣不蔽体、屋不避风雨"的生活。中国政府针对贫困问题的主要成因由制度约束转向区域约束和能力约束的基本国情,根据贫困人口主要分布在革命老区、民族地区、边疆地区和贫困地区的特征,开始实施国家专项减贫计划。

二、通过专项减贫计划缓解区域性贫困

中国政府专项减贫计划是以"三西"地区农业建设为先导的。"三西"是指甘肃的定西、河西和宁夏西海固的47个县市区,1982年的农业人口约1200万人。这里气候干旱,土地贫瘠,人称"苦瘠甲天下"。那一年大旱,农民一年的口粮人均仅88公斤,人均纯收入只有44元,80%的农户不得温饱。危机倒逼改革,1982年,国家设立国务院"三西"地区农业建设领导小组,组织实施专项扶贫计划,拉开开发式扶贫的序幕。领导小组由农业部、国家经委、水电部、财政部等十多个部门的负责人组成,下设办公室。主要任务是组织各方面力量,制定建设规划,使用专项资金,协调解决"三西"地区农业建设中的关键问题,消除贫困,遏制生态恶化。

1984年9月,中共中央、国务院发布《关于帮助贫困地区尽快改变面貌的通知》,要求党委和政府必须高度重视革命老区、民族地区、边疆地

区的贫困问题,采取十分积极的态度和切实可行的措施,帮助这些地区的群众首先摆脱贫困,进而改变生产条件,提高生产能力,依靠当地人民自己的力量,按照当地的特点,发展商品生产,增强地区经济的内部活力,改变贫困地区面貌,赶上全国经济发展的步伐。《关于帮助贫困地区尽快改变面貌的通知》提出对贫困地区和贫困人口要进一步放宽政策,提供支持,减轻负担,搞活流通,增加智力投资,加强领导。这是我们党的历史文献中第一次直面贫困问题,第一次对支持贫困地区、贫困人口发展作出制度安排。《关于帮助贫困地区尽快改变面貌的通知》特别要求,有关省、自治区要成立贫困山区工作领导小组,负责检查督促各项措施的落实。《关于帮助贫困地区尽快改变面貌的通知》实际上是1986年全国大规模扶贫开发的开端和政策起点。

1986年5月,成立国务院扶贫开发领导小组,制定国家扶贫标准,划定重点扶持区域,确立开发式扶贫方针,设立专项扶贫资金,实施优惠政策,开始实施有组织、有计划、大规模的国家扶贫行动。此后,随着国民经济和社会事业发展,国家分阶段制定实施中长期减贫计划:1994年,组织实施《国家八七扶贫攻坚计划(1994—2000年)》;2001年,组织实施《中国农村扶贫开发纲要(2001—2010年)》;2011年,组织实施《中国农村扶贫开发纲要(2011—2020年)》。每一个规划都确定了扶贫标准和对象,明确了奋斗目标和基本途径,加大了政策支持和组织保障,将扶贫开发不断推向前进。

三、通过脱贫攻坚战胜农村绝对贫困和区域性整体贫困

党的十八大以来,以习近平同志为核心的党中央把贫困人口脱贫作为全面建成小康社会的底线任务和标志性指标,作出一系列重大部署,扶贫开发进入脱贫攻坚新阶段。

2014年1月,中共中央办公厅、国务院办公厅《关于创新机制扎实推进农村扶贫开发工作的意见》,提出精准扶贫的基本方略,创新机制,进行六个方面的改革:一是改进贫困县考核机制,由主要考核地区生产总值向主要考核扶贫开发工作成效转变,引导贫困地区党政领导班子和领导

干部把工作重点放在扶贫开发上。二是建立精准扶贫工作机制,按照县为单位、规模控制、分级负责、精准识别、动态管理的原则,对每个贫困村、贫困户建档立卡,建设全国扶贫信息网络系统。三是健全干部驻村帮扶机制,确保每个贫困村都有驻村工作队(组),每个贫困户都有帮扶责任人。四是改革财政专项扶贫资金管理机制。逐步增加财政专项扶贫资金投入,加大资金管理改革力度,增强资金使用的针对性和实效性。五是完善金融服务机制。充分发挥政策性金融的导向作用,引导和鼓励商业性金融机构创新金融产品和服务,增加贫困地区信贷投放。六是创新社会参与机制。充分发挥定点扶贫、东西部扶贫协作在社会扶贫中的引领作用。支持各民主党派中央、全国工商联和无党派人士参与扶贫开发工作,鼓励引导各类企业、社会组织和个人以多种形式参与扶贫开发。

在制定国民经济和社会发展第十三个五年规划过程中,中央研究认为,贫困现象的存在是到 2020 年全面建成小康社会最突出的短板问题,从而作出全面打赢脱贫攻坚战的战略决策。2015 年 11 月印发的《中共中央国务院关于打赢脱贫攻坚战的决定》,对“十三五”期间的扶贫工作作出全面部署。一是目标任务。确保到 2020 年我国现行标准下农村贫困人口实现脱贫,贫困县全部摘帽,解决区域性整体贫困。脱贫标准是农民人均纯收入超过国家扶贫标准,到 2020 年大约是 4000 元。稳定实现贫困人口“两不愁三保障”,即不愁吃、不愁穿,义务教育、基本医疗、住房安全有保障。二是基本方略。坚持因人因地施策、因贫困原因施策、因贫困类型施策,解决好扶持谁、谁来扶、怎么扶、如何退的问题。实施“五个一批”工程,即发展生产脱贫一批、易地搬迁脱贫一批、生态补偿脱贫一批、发展教育脱贫一批、社会保障兜底一批。实施精准扶贫、精准脱贫,注重扶贫对象精准、项目安排精准、资金使用精准、措施到户精准、因村派人精准、脱贫成效精准。三是政策举措。中央在财政、金融、土地、交通、水利、电力、住房、教育、健康、科技、人才、宣传和社会扶贫等方面,出台了一系列含金量极高的政策和超常规举措。四是组织保障。充分发挥中国共产党领导的政治优势和社会主义制度优势,加强党对脱贫攻坚的全面领导,为脱贫攻坚提供坚强政治保证。为了贯彻落实中央的决策部署,国务院组织编制印发了《"十三五"脱贫攻坚规划》。

2017年10月，党的十九大把打好精准脱贫攻坚战作为决胜全面建成小康社会的三大任务。2018年6月，根据党的十九大精神和《中共中央国务院关于打赢脱贫攻坚战的决定》贯彻落实中出现的新情况、新问题，印发《中共中央国务院关于打赢脱贫攻坚战三年行动的指导意见》，进一步完善顶层设计、强化政策措施、加强统筹协调，推动脱贫攻坚工作更加有效开展。

第二节　农村扶贫的主要成就

新中国成立70年来，党中央、国务院高度重视减贫扶贫，出台实施了一系列中长期扶贫规划，从救济式扶贫到开发式扶贫再到精准扶贫，探索出一条符合中国国情的农村扶贫开发道路，为全面建成小康社会奠定了坚实基础。特别是党的十八大以来，以习近平同志为核心的党中央把扶贫开发工作纳入"五位一体"总体布局和"四个全面"战略布局，全面打响了脱贫攻坚战，农村贫困人口大幅减少，区域性整体减贫成效明显，贫困群众生活水平大幅提高，贫困地区面貌明显改善，脱贫攻坚取得历史性重大成就，为全球减贫事业作出了重要贡献。

一、农村贫困人口大幅减少，脱贫攻坚取得巨大成就

新中国成立时，国家一穷二白，人民生活处于极端贫困状态。社会主义基本制度的确立，以及农村基础设施的建设、农业技术的推广、农村合作医疗体系的建立等，为减缓贫困奠定了基础。改革开放以后，农村率先进行经济制度改革，实行家庭联产承包经营责任制，生产力得到极大解放，农民收入大幅提高，农民温饱问题逐步得以解决。以当时的农村贫困标准[①]衡量，我国农村贫困人口从1978年年末的2.5亿人减少到1985年年末的1.25亿人；农村贫困发生率从1978年年末的30.7%下降到1985

_____

①　指按1984年价格确定的每人每年200元的贫困标准，是较低水平的生存标准。

年年末的 14.8%。

20 世纪 80 年代中期开始,我国针对区域发展不均衡问题,确立以贫困地区为重点,实施有计划、有针对性的扶贫开发政策,先后实施了《国家八七扶贫攻坚计划(1994—2000 年)》和两个为期 10 年的《中国农村扶贫开发纲要》,农村贫困程度进一步减轻,贫困人口继续大幅减少。以现行农村贫困标准衡量,2012 年我国农村贫困人口为 9899 万人,比 1985 年减少 5.6 亿多人,下降 85.0%;贫困发生率下降到 10.2%,比 1985 年下降 68.1 个百分点。

党的十八大以来,我国实施精准扶贫、精准脱贫,全面打响脱贫攻坚战,扶贫工作取得决定性进展。按照现行农村贫困标准,2013—2018 年我国农村减贫人数分别为 1650 万人、1232 万人、1442 万人、1240 万人、1289 万人、1386 万人,每年减贫人数均保持在 1000 万人以上。六年来,农村已累计减贫 8239 万人,年均减贫 1373 万人,六年累计减贫幅度达到 79.9%,贫困发生率从 2012 年年末的 10.2% 下降到 2018 年年末的 1.7%,其中,10 个省份的农村贫困发生率已降至 1.0% 以下,中华民族千百年来的绝对贫困问题有望得到历史性解决。

二、区域扶贫力度持续加大,整体减贫成效明显

新中国成立 70 年来,各地区社会经济不断发展,民生逐步改善。受自然、历史等诸多因素影响,我国贫困具有区域性特征,中西部地区,尤其是革命老区、民族地区、边疆地区等整体性贫困相对突出。20 世纪 80 年代中期,我国聚焦贫困区域,实施以提高贫困人口集中区域自我发展能力和推动区域经济发展来实现稳定减缓和消除贫困的战略,党的十八大以来,党中央、国务院加大对贫困地区尤其是深度贫困地区的政策力度,推进东西部地区协作扶贫,区域性整体减贫成效明显。

从东、中、西部地区①看,东部地区已基本率先脱贫,中、西部地区贫

---

①　东部地区包括:北京、天津、河北、辽宁、上海、江苏、浙江、福建、山东、广东、海南等 11 个省份。中部地区包括:山西、吉林、黑龙江、安徽、江西、河南、湖北、湖南等 8 个省份。西部地区包括:内蒙古、广西、重庆、四川、贵州、云南、西藏、陕西、甘肃、青海、宁夏、新疆等 12 个省份。

困程度极大减轻。2018年年末,东部地区农村贫困人口147万人,比2012年年末减少1220万人,六年累计下降89.2%;农村贫困发生率由2012年年末的3.9%下降到2018年年末的0.4%,累计下降3.5个百分点,已基本率先实现脱贫。中部地区农村贫困人口由2012年年末的3446万人减少到2018年年末的597万人,累计减少2849万人,下降幅度为82.7%;农村贫困发生率由2012年年末的10.5%下降到2018年年末的1.8%,累计下降8.7个百分点。西部地区农村贫困人口由2012年年末的5086万人减少到2018年年末的916万人,累计减少4170万人,下降幅度为82.0%;农村贫困发生率由2012年年末的17.6%下降到2018年年末的3.2%,累计下降14.4个百分点(见图3-1)。

（单位：万人）

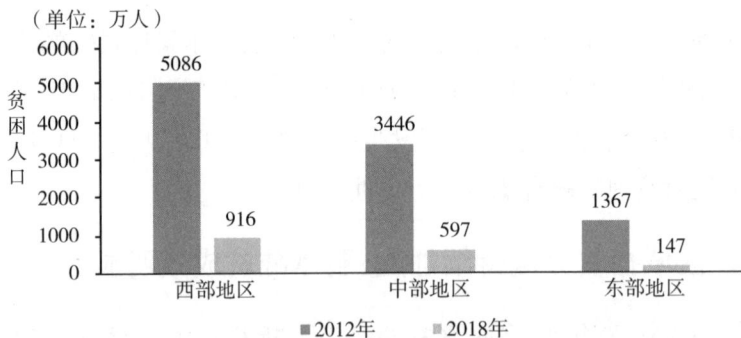

图3-1 2012年和2018年东、中、西部地区农村贫困状况

分贫困区域看,贫困地区、集中连片特困地区、国家扶贫开发工作重点县、民族八省区减贫成效明显,区域性整体贫困极大缓解。2018年年末,贫困地区①农村贫困人口1115万人,比2012年年末减少了4924万人,六年累计减少81.5%,减贫规模占全国农村减贫总规模的59.8%;农村贫困发生率从2012年年末的23.2%下降至2018年年末的4.2%,六年累计下降19.0个百分点,年均下降3.2个百分点。集中连片特困地区农

---

① 贫困地区,包括集中连片特困地区和片区外的国家扶贫开发工作重点县,共832个县。2017年将享受片区政策的新疆阿克苏地区1市6县也纳入了贫困监测范围。下同。

村贫困人口 935 万人,比 2012 年年末减少 4132 万人,六年累计减少 81.5%;农村贫困发生率从 2012 年年末的 24.4% 下降至 2018 年年末的 4.5%,累计下降 19.9 个百分点,年均下降 3.3 个百分点。592 个国家扶贫开发工作重点县农村贫困人口 915 万人,比 2012 年年末减少 4190 万人,六年累计减少 82.1%;农村贫困发生率从 2012 年年末的 24.4% 下降到 2018 年年末的 4.3%,累计下降 20.1 个百分点,年均下降 3.4 个百分点。民族八省区①农村贫困人口 602 万人,比 2012 年年末减少 2519 万人,六年累计减少 80.7%;农村贫困发生率从 2012 年年末的 21.1% 下降至 2018 年年末的 4.0%,累计下降 17.1 个百分点,年均下降 2.9 个百分点(见图 3-2)。

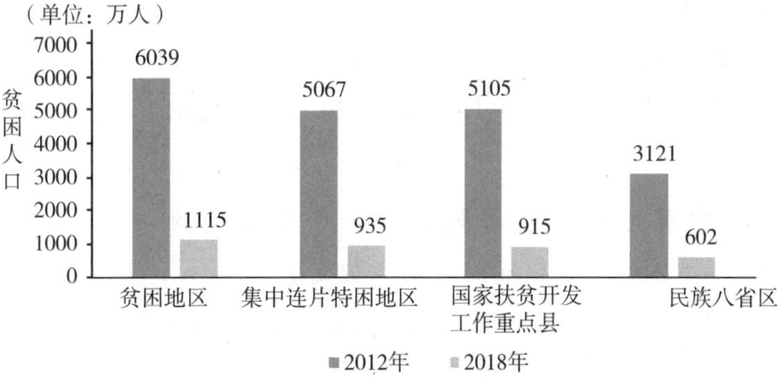

图 3-2　2012 年和 2018 年不同区域农村贫困人口下降情况

三、贫困地区农民收入快速增长,消费水平大幅提高

新中国成立初期,农村居民生活困苦,收入消费水平低下。改革开放以来,农村居民收入消费进入快速增长期,2012 年全国农村居民人均收入和消费水平分别比 1978 年实际增长 11.5 倍和 9.3 倍。党的十八大以来,农村居民收入消费继续保持较快增长,尤其是贫困地区农村居民收入消费实现快速增长,与全国农村平均水平差距缩小,贫困人口发展能力持

---

①　民族八省区包括内蒙古、广西、贵州、云南、西藏、青海、宁夏、新疆等 8 个省份。

续提升。

（一）贫困地区农村居民收入保持快速增长

2018 年,贫困地区农村居民人均可支配收入 10371 元,是 2012 年的 1.99 倍,年均增长 12.1%;扣除价格因素,年均实际增长 10.0%,比全国农村平均增速快 2.3 个百分点。其中,集中连片特困地区 2018 年农村居民人均可支配收入为 10260 元,扣除价格因素,实际水平达到 2012 年的 1.77 倍,年均实际增长 10.0%,比全国农村平均增速高 2.3 个百分点。国家扶贫开发工作重点县 2018 年农村居民人均可支配收入为 10284 元,扣除价格因素,实际水平是 2012 年的 1.81 倍,年均实际增长 10.4%,比全国农村平均增速高 2.7 个百分点。2018 年贫困地区农村居民人均可支配收入是全国农村平均水平的 71.0%,比 2012 年提高了 8.8 个百分点,与全国农村平均水平的差距进一步缩小。其中,集中连片特困地区是全国农村平均水平的 70.2%,比 2012 年提高 8.7 个百分点;国家扶贫开发工作重点县是全国农村平均水平的 70.4%,比 2012 年提高 9.8 个百分点。

（二）贫困地区农村居民消费水平不断提升

2018 年贫困地区农村居民人均消费支出 8956 元,与 2012 年相比,年均增长 11.4%,扣除价格因素,年均实际增长 9.3%。其中,集中连片特困地区农村居民人均消费支出 8854 元,年均增长 11.3%,扣除价格因素,年均实际增长 9.3%;国家扶贫开发工作重点县农村居民人均消费支出 8935 元,年均增长 11.6%,扣除价格因素,年均实际增长 9.5%。2018 年贫困地区农村居民人均消费支出是全国农村平均水平的 73.9%,比 2012 年提高了 3.4 个百分点。集中连片特困地区农村居民人均消费支出是全国农村平均水平的 73.0%,比 2012 年提高了 3.1 个百分点。国家扶贫开发工作重点县农村居民人均消费支出是全国农村平均水平的 73.7%,比 2012 年提高了 4.3 个百分点。

四、贫困地区生活环境明显改善,生活质量全面提高

新中国是在战争的废墟和极度贫苦的环境中成立的,70 年来,党和

政府始终致力于农村基础设施建设和农村公共服务改善。党的十八大以来,各级政府继续加大对农村尤其是贫困地区建设的投入力度,贫困地区农村居民生活条件和生活环境明显改善,享有的公共服务水平不断提高,生活质量得到全面提高。

(一)贫困地区农村居民生活条件不断改善

从居住条件看,2018 年贫困地区居住在钢筋混凝土房或砖混结构房的农户比重为 67.4%,比 2012 年提高 28.2 个百分点;居住在竹草土坯房的农户比重为 1.9%,比 2012 年下降 5.9 个百分点;使用卫生厕所的农户比重为 46.1%,比 2012 年提高 20.4 个百分点;使用清洁能源的农户比重为 48.0%,比 2012 年提高 30.3 个百分点;饮水无困难的农户比重为 93.6%,比 2013 年提高 12.6 个百分点。从家庭耐用消费品情况看,贫困地区农村居民家庭耐用消费品从无到有,产品升级换代。2018 年贫困地区农村每百户拥有电冰箱、洗衣机、彩色电视机等传统耐用消费品分别为 87.1 台、86.9 台和 106.6 台,分别比 2012 年增加 39.6 台、34.6 台和 8.3 台,拥有量持续增加,与全国农村平均水平的差距逐渐缩小;每百户拥有汽车、计算机等现代耐用消费品分别为 19.9 辆、17.1 台,分别是 2012 年的 7.4 倍和 3.2 倍,实现快速增长。

(二)贫困地区基础设施条件不断改善

截至 2018 年年末,贫困地区通电的自然村接近全覆盖;通电话、通有线电视信号、通宽带的自然村比重分别达到 99.2%、88.1%、81.9%,比 2012 年分别提高 5.9 个、19.1 个、43.6 个百分点。2018 年,贫困地区村内主干道路面经过硬化处理的自然村比重为 82.6%,比 2013 年提高 22.7 个百分点;通客运班车的自然村比重为 54.7%,比 2013 年提高 15.9 个百分点。

(三)贫困地区公共服务水平不断提高

2018 年,贫困地区 87.1% 的农户所在自然村上幼儿园便利,89.8% 的农户所在自然村上小学便利,分别比 2013 年提高 15.7 个和 10.0 个百分点;有文化活动室的行政村比重为 90.7%,比 2012 年提高 16.2 个百分点;贫困地区农村拥有合法行医证医生或卫生员的行政村比重为 92.4%,

比 2012 年提高 9.0 个百分点；93.2% 的农户所在自然村有卫生站，比 2013 年提高 8.8 个百分点；78.9% 的农户所在自然村垃圾能集中处理，比 2013 年提高 49.0 个百分点。

五、中国是世界减贫人口最多的国家，为全球减贫事业作出重大贡献

按照世界银行每人每天 1.9 美元的国际贫困标准及世界银行发布的数据，我国贫困人口从 1981 年年末的 8.78 亿人减少到 2013 年年末的 2511 万人，累计减少 8.53 亿人，减贫人口占全球减贫总规模超七成；中国贫困发生率从 1981 年年末的 88.3% 下降至 2013 年年末的 1.9%，累计下降了 86.4 个百分点，年均下降 2.7 个百分点，同期全球贫困发生率从 42.3% 下降到 10.9%，累计下降 31.4 个百分点，年均下降 1.0 个百分点，我国减贫速度明显快于全球，贫困发生率也大大低于全球平均水平。中国已成为全球最早实现联合国千年发展目标中减贫目标的发展中国家，为全球减贫事业作出了重大贡献。

第三节　农村扶贫的基本经验

我国之所以取得如此辉煌的减贫成就，最根本的原因是发挥了党的领导的政治优势和社会主义制度的优势，探索了中国特色的扶贫开发道路。

一、坚持中国共产党领导，强化组织保证

扶贫开发，加强党的领导是根本。建立"中央统筹、省负总责、市县抓落实"的扶贫体制机制，强化各级党委总揽全局、协调各方作用，要求省、市、县、乡、村五级书记抓扶贫，要求中央和国家机关有关部门根据职能承担脱贫攻坚任务，为扶贫开发提供了坚强政治保证。实施脱贫攻坚行动以来，中央强化了组织领导措施，要求中西部 22 个省份党政主要负责同志向中央签署脱贫攻坚责任书、立下"军令状"。要求保持贫困地区

党政正职稳定,贫困县党政正职在脱贫攻坚期内要保持稳定,已经摘帽的县也要稳定。集中连片特困地区党政的市党政正职,在本省区脱贫攻坚任务完成前不得调离,集中精力抓好所辖贫困县脱贫攻坚相关工作。省、区、市党政领导班子成员脱贫攻坚工作分工要保持稳定,分管负责同志要熟悉"三农"和扶贫工作,具有丰富的经验,层层压实工作责任。开展抓党建促脱贫攻坚,着力配强乡村两级领导班子,夯实农村基层党组织。党的十八大以来,党中央选派300多万名县级以上机关、国有企事业单位的干部到贫困村开展驻村帮扶,他们与数百万乡镇扶贫干部和村干部一起,在扶贫开发中得到锤炼,农村基层党组织凝聚力和战斗力、农村基层治理能力和管理水平明显增强,提高了做群众工作和处理复杂问题的能力。通过组织开展贫困识别、精准帮扶、贫困退出等基础工作,党群、干群关系不断改善,党与人民群众血肉联系更加紧密。

二、坚持以人民为中心,促进发展成果共享

改革开放以来,我们成功战胜各种风险和挑战,国民经济保持平稳较快发展。这不仅创造了大量就业机会,使千百万农民通过转移就业增加了收入、解决了温饱问题,还为各级财政增加扶贫投入提供了有力保障。国家在制定国民经济和社会发展中长期规划时,把扶贫开发作为重要内容,放在突出位置,带动贫困地区、贫困人口参与发展过程。我们不断丰富和完善区域发展总体战略,推动区域协调发展,为贫困地区发展创造有利条件。西部大开发战略安排的生态建设、产业发展、基础设施、社会事业项目优先在贫困地区布局。实施振兴东北地区等老工业基地、促进中部地区崛起等战略,把促进农业农村发展、带动贫困人口脱贫致富放在重要位置,为贫困人口发展创造条件。

三、坚持开发式扶贫,激发内生动力

中国坚持开发式扶贫方针。对贫困地区,加强基础设施建设,提升公共服务水平,健全社会保障体系,培育特色优势产业,加大生态保护和修复力度,全方位改善发展环境,增强活力和动力。对贫困人口,加强劳动

技能培训,提升整体素质,摆脱思想贫困、意识贫困、能力贫困,依靠自己辛勤劳动实现脱贫致富。同时,对于丧失劳动能力的贫困人口,国家逐步建立了农村最低生活保障制度、养老保险制度、医疗保障制度、农村特困群体保障制度和临时救济救灾制度,加大对残疾人的扶持力度,为贫困人口编织起社会安全网。

四、坚持精准方略,提高脱贫实效

改革开放初期,针对农村普遍贫困的状态,中国实行普惠性的政策措施,使大部分地区和群众受益。党的十八大后,针对农村扶贫形势变化,确定精准扶贫、精准脱贫基本方略,解决扶持谁、谁来扶、怎么扶、如何退的问题,因人因户因村施策,扶贫扶到点上、扶到根上。一是开展建档立卡,解决"扶持谁"的问题。2014年,全国组织80多万人逐村逐户开展贫困识别,共识别出12.8万个贫困村、2948万贫困户、8962万贫困人口,基本摸清了我国贫困人口分布、致贫原因、脱贫需求等信息,建立起全国统一的扶贫信息系统。2015—2018年,国务院扶贫开发领导小组组织开展建档立卡"回头看"和动态调整,完整记录贫困人口识别、帮扶、退出全过程。建档立卡使我国贫困数据第一次实现了到村到户到人,为实施精准扶贫政策措施打下了坚实基础。二是开展驻村帮扶,解决"谁来扶"的问题。全国累计选派300多万名县级以上机关、国有企事业单位干部参加驻村帮扶,目前在岗的第一书记20.6万人、驻村干部70万人,加上近200万名乡镇扶贫干部和数百万名村干部,一线扶贫力量明显加强。三是实施"五个一批"工程,解决"怎么扶"的问题。贫困地区特色种养业较快发展,电商扶贫、光伏扶贫、乡村旅游扶贫等新模式成效显现。易地扶贫搬迁已完成870万贫困人口的建设任务。就业扶贫累计帮助960万贫困劳动力转移就业。生态扶贫选聘50万贫困人口为生态护林员。教育扶贫完成9.7万所义务教育薄弱学校改造,控辍保学力度明显加大。健康扶贫大病累计救治1200多万贫困人口,贫困患者个人自付比例进一步下降。扶贫与低保两项制度衔接进一步加强。四是严把贫困退出关,解决"如何退"的问题。中央建立贫困退出机制,明确贫困县、贫困村、贫困人口退出标准和程序,指导各地科学合理制定脱贫滚动规划和年度计划,对拟退出的贫困县组织第三方进行严格检查评估,确保退出结果真实。

五、坚持加大投入,强化资金监管

资金投入是扶贫开发的重要保障。中国坚持发挥政府投入主体和主导作用,增加金融资金对扶贫的投放,发挥资本市场支持贫困地区发展作用,吸引社会资金广泛参与脱贫攻坚,形成脱贫攻坚资金多渠道、多样化投入。一是财政专项扶贫投入。1980 年国家设立的"支援经济不发达地区发展资金",当时为 5 亿元。1986 年改为财政专项扶贫资金,增加到 10 亿元。随着扶贫工作进展,财政专项扶贫资金逐年增长。脱贫攻坚以来,财政专项扶贫资金投入大幅度增长。2013—2019 年,中央财政专项扶贫资金年均增长 21%,总额达到 3850 亿元。2018 年,中央财政专项扶贫资金支出占到中央财政总支出的 1.04%。省、市、县三级的投入也有大幅增加。此外,脱贫攻坚以来,国家允许统筹贫困县财政涉农资金用于脱贫攻坚,2016—2018 年,贫困县累计整合财政涉农资金 8200 亿元。二是金融扶贫资金。改革开放初期,国家先后以优惠利率设立了老少边穷地区发展经济贷款、贫困县县办工业贷款和扶持贫困地区专项贴息贷款、发展少数民族地区经济贷款等,支持贫困地区发展。20 世纪 90 年代引进孟加拉乡村银行模式,推广到户的小额信贷,开发贫困村村级发展互助资金。脱贫攻坚以来,扶贫小额信贷实现了井喷式增长,累计发放 5600 多亿元。同时,银行业、证券业、保险业、土地政策等支持脱贫攻坚力度都在不断加大。三是强化资金监管。推进扶贫资金项目审批权限全部下放到县,加快扶贫资金拨付进度,全面加强扶贫资金项目监管,建立县级脱贫攻坚项目库,健全扶贫资金公告公示制度,严肃查处违纪违规案件,违纪违规问题明显减少。

六、坚持社会动员,凝聚各方力量

扶贫开发,各方参与是合力。中国坚持发挥政府和社会两方面力量作用,组织开展东西部扶贫协作、党政机关和国有企事业单位定点扶贫,支持军队参与驻地扶贫,动员民营企业、社会组织和公民个人参与扶贫,形成扶贫开发的强大合力。一是东西部扶贫协作。这是党中央、国务院根据邓小平同志"两个大局"、共同富裕战略思想作出的重大战略部署,1996年,中央确定北京、上海、天津、辽宁、山东、江苏、浙江、福建、广东、大连、青岛、宁波、深圳等13个东部省市与西部10个省区开展扶贫协作。此后,在东西部扶贫协作基础上,中央陆续部署对口支援西藏、新疆、四省藏区、革命老区等工作,逐步形成了多层次、多形式、全方位的扶贫协作和对口支援格局。脱贫攻坚以来东西部扶贫协作进一步拓展范围,明确了产业合作、劳务协作、人才支援、资金支持、社会动员五个方面的任务。国务院扶贫开发领导小组连续三年每年召开工作会议进行安排部署,指导东西部省市每年签订扶贫协作协议书,把党中央的部署要求变为可量化、可考核的刚性任务。组织开展东西部扶贫协作成效考核,压实帮扶双方责任。二是机关定点扶贫。20世纪80年代中期中央决定组织中央和国家机关、国有企业和部属大专院校开展定点扶贫,这是中央单位践行扶贫初心使命的重要举措。1994年实施"国家八七扶贫攻坚计划"时,有120个单位帮扶330个国定贫困县。目前,参与定点扶贫的单位增加到320个,实现了对592个贫困县的全覆盖。军队和武警部队也在驻地参与扶贫工作。在中央单位的示范带动下,有28个省(区、市)层层组织开展了定点扶贫工作。中央单位定点扶贫的主要任务包括:宣传党和政府脱贫攻坚政策、督促定点县落实脱贫攻坚主体责任、协助定点县做好精准扶贫重点工作、监督定点县管好用好扶贫资金、指导定点县加强基层组织建设、总结宣传定点县脱贫先进典型。国务院扶贫开发领导小组组织中央单位签署定点扶贫责任书,对各单位定点扶贫工作每年开展一次考核。三是民主党派参与。20世纪80年代开始,民主党派和工商联利用社会联系广泛、知识智力密集等优势,开展了智力支边、光彩事业、同心工程等多种形式的扶贫工作,帮助贫困地区发展教育、卫生、文化、科技等事业,提升产业发展水平。脱贫攻坚以来,受中共中央委托,各民主党派中央开展脱贫攻坚民主监督,一个党派中央对应一个重点贫困省区,一盯五年,贯穿打赢脱贫攻坚战的始终,取得了可圈可点的成绩。四是广泛社会动员。2014 年,国家确定 10 月 17 日为扶贫日,号召民间组织、民营企业和公民个人参与扶贫济困事业。脱贫攻坚期内,设立全国脱贫攻坚奖,每年进行评选表彰和宣传,设立全国脱贫攻坚模范,每年进行表彰。

七、坚持从严要求,促进真抓实干

扶贫开发,从严从实是要领。把全面从严治党要求贯穿脱贫攻坚全过程各环节。党中央将脱贫攻坚作为巡视工作重要内容,开展脱贫攻坚专项巡视。中央出台省级党委和政府扶贫开发工作成效考核办法、东西部扶贫协作成效评价办法、中央单位定点扶贫工作成效评价办法,扶贫领导小组每年组织开展一次考核,党中央、国务院审定考核结果,较真碰硬促进真抓实干。国务院扶贫开发领导小组每年组织开展脱贫攻坚督查巡查,纪检监察、检察、审计和社会各方面都加大了监督力度。扶贫办设立 12317 扶贫监督举报电话,把各方面的监督结果运用到考核评估和督查巡查中。通过经常性的监督检查和最严格的考核评估,确保脱贫过程扎实、脱贫结果真实,使扶贫成效经得起实践和历史检验。

八、坚持减贫国际交流合作,携手共建人类命运共同体

中国在致力于自身消除贫困的同时,积极开展南南合作,力所能及地向其他发展中国家提供不附加任何政治条件的援助,支持和帮助广大发展中国家特别是最不发达国家消除贫困,为全球减贫事业贡献中国智慧和中国力量。2004 年 5 月 26—27 日,中国政府与世界银行在上海举办了全球扶贫大会,推广中国"政府主导大规模减贫计划"的经验。包括发展中国家和发达国家的国家元首、部长及代表、国际机构的负责人和代表,以及私营部门和公民社会的各界人士 1000 多人参加会议,产生广泛影响。此后,中国减贫国际合作从以引进资金项目技术为主转向双向交流。一是继续加强与国际组织的合作,交流减贫政策和经验,借鉴国际减贫理念和实践,助力国内脱贫攻坚。二是打造了"减贫与发展高层论坛""中国—东盟社会发展与减贫论坛""中非合作论坛——减贫与发展会议"等品牌性活动,为来自 120 多个国家(地区)的 3200 多名减贫工作者进行了

专题培训,并在坦桑尼亚、老挝、柬埔寨、缅甸等国家开展了减贫试点项目合作。三是支持发展中国家加强减贫能力建设,为发展中国家官员举办减贫与发展方面的培训,邀请广大发展中国家的减贫工作者来华参观访问,共享中国减贫经验。

第四节　决战决胜脱贫攻坚

经过党的十八大以来的持续努力,脱贫攻坚已经取得决定性进展。到 2018 年年底,全国现行标准下农村贫困人口减少到 1660 万人,全国 832 个贫困县中已有 436 个宣布摘帽。计划 2019 年再完成减贫 1000 万人以上、摘帽 330 个县的任务,到 2020 年年初预计全国只剩下 600 万左右贫困人口和 60 多个贫困县。只要我们保持现有工作力度,就能够如期打赢脱贫攻坚战。

一、加大深度贫困地区脱贫攻坚力度

以"三区三州"[①]和 98 个贫困发生率在 10% 以上的贫困县为重点,加强工作指导和技术服务,推进深度贫困地区交通、水利、电网、通信网络等建设,强化教育、医疗卫生等公共服务,落实精准扶贫"五个一批"项目。对深度贫困县、深度贫困村进行跟踪监测评估,扎实开展工作督导,严防出现扶贫"死角"。

二、集中力量解决"两不愁三保障"突出问题

贫困人口义务教育有保障,主要是指除身体原因不具备学习条件外,贫困家庭义务教育阶段适龄儿童、少年不失学辍学,保障有学上、上得起学。贫困人口基本医疗有保障,主要是指将贫困人口全部纳入基本医疗保险、大病保险和医疗救助等制度保障范围,常见病、慢性病能够在县、

---

① "三区三州"的"三区"是指西藏、新疆南疆四地州和四省藏区(青海、四川、云南、甘肃);"三州"是指甘肃的临夏州、四川的凉山州和云南的怒江州。

乡、村三级医疗机构获得及时诊治,得了大病、重病基本生活有保障。贫困人口住房安全有保障,主要是指对于现居住在 C 级和 D 级危房的贫困户等重点对象,通过进行危房改造或采取其他有效措施,保障其不住危房。贫困人口饮水安全有保障,主要是指贫困人口有水喝,饮水安全达到当地农村饮水安全评价标准。

坚持"中央统筹、省负总责、市县抓落实"的体制机制,上下共同努力解决问题。国务院扶贫开发领导小组各成员单位负责加强统筹协调和对地方工作指导。教育部、住房和城乡建设部、水利部、国家卫生健康委、国家医疗保障局等主管部门负责制定工作方案,明确工作标准和支持政策,加强对地方工作的指导。各省、区、市对解决本行政区域内"两不愁三保障"突出问题负总责。加强组织领导,逐级落实责任。制定工作方案,倒排工期,强力推进。各市县是责任主体,负责全面摸清全部农户"两不愁三保障"情况,逐村逐户逐人逐项开展核查,确保不漏一户、不落一人。制定实施方案,建立工作清单,明确时间表、路线图,细化实化帮扶举措。按照政策标准和实施方案,统筹做好项目落地、资金使用、人力调配、推进实施等工作,逐村逐户逐人逐项对账销号。

三、牢牢把握脱贫攻坚的正确方向

坚持目标标准,既要尽力而为,绝不能降低标准;也要量力而行,绝不能擅自拔高标准、提不切实际的目标。坚持精准方略。做到扶持对象精准、项目安排精准、资金使用精准、措施到户精准、因村派人(第一书记)精准、脱贫成效精准。对症下药、分类施策,按照贫困人口致贫原因,把各项脱贫措施精准落实到户到人。坚持扶贫扶志相结合。贫困群众是帮扶对象,更是脱贫攻坚的主体。要充分尊重贫困群众意愿,广泛调动他们的积极性、主动性、创造性,坚决防止包办代替、越俎代庖甚至强迫命令,坚决防止政策养"懒汉"、助长"不劳而获""等靠要盼"等不良风气。

四、切实加强脱贫攻坚的组织保障

全方位压实攻坚责任。强化"中央统筹、省负总责、市县抓落实"的工作机制,坚持脱贫攻坚"一把手"责任制,坚持省、市、县、乡、村五级书记一起抓。各级党委和政府要把打好脱贫攻坚战作为重大政治任务,层层传导压力,真抓实干、埋头苦干。打造过硬的攻坚队伍,把最会打硬仗、最能打胜仗的精锐部队派上去,对不能胜任的要坚决予以撤换。加强驻村干部选派管理,建好建强贫困村党支部,充实基层一线帮扶队伍。关心爱护各级扶贫干部,尽可能为他们的工作生活排忧解难,落实好干部选拔任用等方面的激励政策。分级分类组织好扶贫干部培训,采取多种形式交流经验做法,培养懂扶贫、会帮扶、作风硬的扶贫干部队伍。

五、强化脱贫攻坚保障措施

打好脱贫攻坚战,必须要有坚强的资金保障和政策举措作后盾。强化财政投入保障,发挥政府投入的主体和主导作用,资金和项目向贫困地区倾斜。加大金融扶贫力度,创新支持模式。用好用足土地支持政策,城乡建设用地增减挂钩节余指标、新增耕地指标跨省域调剂机制等,抓紧建立和完善,尽快在脱贫攻坚中发挥作用。切实加强扶贫资金使用管理,强化查处问责,提高资金使用效率和效益,对闲置、挪用甚至贪污扶贫资金的行为,坚决纠正、严肃处理,绝不能让宝贵的扶贫资金趴在账上睡大觉,影响脱贫攻坚进程。

2020年全面建成小康社会,我们将消除绝对贫困,但相对贫困仍将长期存在。到那时,现在针对摆脱绝对贫困的脱贫攻坚举措,要逐步调整为针对相对贫困的日常性帮扶措施,并将其纳入乡村振兴战略架构下统筹安排。

第四章　农村土地制度改革

土地是财富之母、农业之本、农民之根。土地制度是一个国家最为重要的生产关系安排,是一切经济制度中最为基础的制度。新中国成立 70 年来,我国逐步确立了以家庭承包经营为基础、统分结合的双层经营体制。党的十八大以来,以习近平同志为核心的党中央对深化农村土地制度改革作出了一系列重大决策部署,建立了承包地"三权分置"制度,明确了保持农村土地承包关系稳定并长久不变、第二轮土地承包到期后再延长 30 年的政策,构建了农村土地制度的"四梁八柱",为农业农村现代化奠定了坚实的制度基础。

第一节　农村土地制度的变迁及其特点

一、改革开放前的农村土地制度变迁

(一)新中国成立初期的土地改革

新中国成立初期,中国面临着国内外各种威胁和挑战,推行土地改革,满足农民的土地诉求,让广大农民在经济上获得独立,在政治上推翻地主阶级获得解放,有助于提升人民群众对国家的拥护和支持。1949 年 9 月通过的《中国人民政治协商会议共同纲领》强调"要有步骤地将封建半封建土地所有制改变为农民土地所有制",同时明确规定了土地改革为发展生产力和国家工业化的必要条件。1950 年 6 月,中央人民政府正式公布了《中华人民共和国土地改革法》,为土地改革提供了法律依据,土地改革法中明确规定:"废除地主阶级封建剥削的土地所有制,实行农

民的土地所有制"。同时还规定,将过去征收富农多余土地财产的政策转变为保存富农经济政策。自此之后,土地改革运动陆续在华东、中南、西南和西北等新解放区有计划、大面积地铺开,到1953年春,全国除一部分少数民族地区外,土地改革都已完成,至此,"耕者有其田"的农民土地所有制正式确立。

经过土地改革,全国3亿多无地少地的农民无偿地获得了约7亿亩土地和大量生产资料,免除了过去每年向地主缴纳的约700亿斤粮食的沉重地租,在我国延续了几千年的封建制度的基础——地主阶级的土地所有制,至此彻底被消灭了,农民成了土地的主人,成为独立的个体生产者。与封建统治下的农民个体经济相比,土地改革后,农民既是土地的所有者,又是土地的自由经营者,土地所有权和经营权高度地统一于农民;土地产权可以自由流动,允许买卖、出租、典当、赠与等交易行为;国家通过土地登记、发证、征收契税对土地进行管理。这一时期的农业生产力较为落后,实行农民土地所有制可以调动农民的劳动积极性,从而促进农业生产并推动国民经济的恢复和发展。

(二)农村土地集体所有、集体统一经营制度的形成

农村土地改革运动之后,广大农民从封建土地制度下解放出来,生产积极性大为提升,然而当时的农业生产力依然非常落后。一是生产规模狭小、分散,生产资金短缺,生产资料不足,抵御自然灾害能力弱,在农田基本建设、兴修水利、采用新技术等方面投入匮乏,部分农民因此重新陷于贫困。二是农村劳动生产率低、种植结构单一,基本上是自给自足或半自给自足的自然经济,难以满足国民经济发展对粮食和原料的需求,不利于为当时工业生产发展提供充足的后备物资支撑。

为了克服农民在分散经营中的困难,使贫困农民增加生产,走上丰衣足食的道路,并使国家储备更多的粮食和原料,党和政府进行了一系列艰难的探索和实践。开展农业合作化运动,实现了农村土地由农民所有、农民经营转变为农民所有、集体经营,这次农村土地制度变革是在不改变土地私有制的基础上进行的一次土地使用制度的变革,它使农村土地制度具有了半社会主义性质。之后,随着国家"一五"计划目标的实现,国民

经济状况有了很大的改善,中共党内开始出现急于向全民所有制和向共产主义过渡的倾向,经过"大跃进"运动,建立以"一大二公""政社合一"为特征的人民公社体制,形成了农村土地集体所有、集体统一经营的制度。

二、改革开放后的农村土地制度创新实践

改革开放之初,在小岗村等地农民的创新实践基础上,国家逐步确立了以家庭承包经营为基础、统分结合的双层经营体制,实现了所有权和承包经营权"两权分离",充分调动广大农民生产的主动性、积极性和创造性,对粮食等农产品持续稳定增长发挥了重要作用。随着工业化、城镇化的深入推进,大量农业人口转移到城镇,农村土地流转规模不断扩大,新型农业经营主体蓬勃发展,土地承包权主体同经营权主体分离的现象越来越普遍。顺应农民保留土地承包权、流转土地经营权的意愿,把农民土地承包经营权分为承包权和经营权,实现承包权和经营权分置并行,我国农村土地改革又一次实现重大创新。

(一)从"大包干"到农村土地承包法颁布

农村基本经营制度的确立从探索"包产到户""包干到户"的农村土地经营方式开始。"包产到户"起源于农业合作化时期,"包干到户"则创新于改革开放之后,制度层面对"包产到户""包干到户"的认识以及对家庭联产承包经营责任制的确立经历了一个渐进的过程。[①] 1978 年,安徽省凤阳县梨园公社小岗村 18 户农民的"保证书"拉开了"大包干"的序幕,也掀开了中国农村土地制度改革的新篇章。[②] 随后,四川、贵州、甘肃、内蒙古和河南等省份一些生产发展较差的社队也逐步开展"包产到户"。正如广大农民所说"大包干,大包干,直来直去不拐弯,交够国家的,留足集体的,剩下都是自己的"。但是,这种做法在当时引发了热议。

[①] 王骏、刘畅:《我国农村基本经营制度的历史进程与基本启示》,《农村经济》2018 年第 3 期。

[②] 毕国华、杨庆媛、张晶渝、程小于:《改革开放 40 年:中国农村土地制度改革变迁与未来重点方向思考》,《中国土地科学》2018 年第 10 期。

有的省份相邻的两个县,一个县认为"包产到户"是发展农业的好办法,允许搞;另一个县却认为"包产到户"是"单干""倒退",不准搞。① 为此,1980年5月31日,邓小平同志在一次谈话中指出:"农村政策放宽以后,一些适宜搞包产到户的地方搞了包产到户,效果很好,变化很快。""有的同志担心,这样搞会不会影响集体经济。我看这种担心是不必要的。"② 1980年9月,中央在北京召开各省区市党委第一书记座谈会,专题讨论加强和完善农业生产责任制,并批准印发了会议纪要《关于进一步加强和完善农业生产责任制的几个问题》。会议纪要指出:"在那些边远山区和贫穷落后的地区,长期'吃粮靠返销、生产靠贷款、生活靠救济'的生产队,应当支持群众的要求,可以包产到户,也可以包干到户,并在一个较长的时间内保持稳定。"此后,"包产到户""包干到户"广泛推开。1982—1986年,连续5年在中央一号文件中强调稳定和完善家庭联产承包责任制的重要性。其中,1982年中央一号文件对农业生产责任制进行了总结,将目前存在的责任制概括为小段包工定额计酬,专业承包联产计酬,联产到劳,包产到户、到组,包干到户、到组等,并指出这些责任制都是社会主义经济的生产责任制。到1986年年初,全国超过99.6%的农户参与了大包干。至此,家庭联产承包责任制在中国农村全面确立。1991年党的十三届八中全会又提出,把以家庭承包经营为基础、统分结合的双层经营体制,作为我国乡村集体经济组织的一项基本制度长期稳定下来。

农村土地双层经营制度的实施,改变了人民公社时期农民与土地的关系,把集体所有的土地长期包给各家各户使用,实现了土地所有权与经营权的分离,农民获得了土地的经营权,农业的经营方式变为分户经营、自负盈亏的形式。这种经营方式把农民的权、责、利紧密结合起来,调动了农民的生产积极性,受到了广大农民的普遍欢迎。它一方面克服了农业合作化以来农业分配中的平均主义、"吃大锅饭"等弊端,纠正了管理过分集中、经营方式过分单一等缺点;另一方面又发扬了农业合作化以来

---

① 秦其明:《包产到户的缘起、争论和发展》,《农业经济丛刊》1981年第4期。
② 1980年5月,邓小平《关于农村政策问题的讲话》。

的集体经济的优越性,实现了有统有分、统分结合的双层经营,这样既发挥了集体经济的优越性,又发挥了农民家庭经营的积极性。这种经营模式符合我国国情,解放和发展了农村生产力,激发了广大农民的生产热情,使农业生产得到迅速发展。1978—1990 年,农业生产总值从 1288.7 亿元增加到 5062.0 亿元,增长 192.8%。

20 世纪 90 年代初,国家开始从法律层面明确家庭联产承包责任制的地位。1993 年通过的《中华人民共和国宪法修正案》指出农村的以家庭联产承包为主的责任制,是社会主义劳动群众集体所有制经济。1999 年通过的《中华人民共和国宪法修正案》又明确指出"农村集体经济组织实行家庭承包经营为基础、统分结合的双层经营体制"。这表明以家庭承包经营为基础、统分结合的双层经营体制为特征的农村基本经营制度的法律地位正式确立。2002 年 8 月 29 日,第九届全国人民代表大会常务委员会第二十九次会议正式通过了《中华人民共和国农村土地承包法》。该法从家庭承包的权利、义务关系、承包原则和程序、承包期限和承包合同、承包经营权的保护和流转等方面对家庭承包关系作出了详细的规定。《中华人民共和国农村土地承包法》是一部直接关系亿万农民群众切身利益、生存发展的重要法律,对稳定农村土地基本经营制度,赋予农民长期而有保障的土地使用权,维护农村土地承包当事人的合法权益,促进农业、农村经济发展和农村社会稳定具有重要意义。

(二)从承包关系"长久不变"到土地确权登记颁证

2008 年以前,农村土地承包期不断变化:1984 年中央一号文件规定土地承包期一般应在 15 年以上;1993 年《中共中央、国务院关于当前农业和农村经济发展的若干政策措施》决定耕地承包期到期之后,再延长 30 年不变;1997 年《中共中央办公厅　国务院办公厅关于进一步稳定和完善农村土地承包关系的通知》指出在第一轮土地承包到期后,土地承包期再延长 30 年。2008 年,党的十七届三中全会作出《中共中央关于推进农村改革发展若干重大问题的决定》,强调现有土地承包关系要保持稳定并"长久不变",赋予了农民更加充分而有保障的土地经营权,由此拉开了新一轮农村土地制度改革的序幕。该决定对双层经营提出"两个转变"思想:一方面,"家庭经营要向采用先进科技和生产手段的方向转变,增加技术、资本等生产要素投入,着力提高集约化水平";另一方面,"统一经营要向发展农户联合与合作,形成多元化、多层次、多形式经营服务体系的方向转变,发展集体经济、增强集体组织服务功能,培育农民新型合作组织,发展各种农业社会化服务组织,鼓励龙头企业与农民建立紧密型利益联结机制,着力提高组织化程度"。土地承包关系从长期稳定到长久不变转变,给农民吃了"定心丸",也彰显了党中央坚持农村基本经营制度的决心。

长期以来,一些地方存在承包地块面积不准、四至不清、空间位置不明、登记簿不健全等问题,导致农民土地权益依法保障程度低。为把农户承包地搞准、搞清、搞实,2011 年 5 月,国土资源部联合财政部、农业部下发《关于加快推进农村集体土地确权登记发证工作的通知》。2013 年中央一号文件要求 5 年内完成全国农村土地确权登记颁证工作,这一阶段农村土地制度改革的重点均放在土地确权上。[①] 习近平总书记在 2013 年中央农村工作会议上明确提出,建立土地承包经营权登记制度,是实现土地承包关系稳定的保证,要把这项工作抓紧抓实,真正让农民吃上"定心丸"[②]。李克强总理在 2014 年《政府工作报告》中要求,抓紧土地承包经营权确权登记颁证工作。土地确权对规范土地产权、促进土地流转、保护农民利益、提高农民流转意愿和推动土地经营权抵押融资等具有重要作用,是解决农村人地矛盾和发展问题的重要手段。2014 年,中央选择在山东、四川、安徽 3 个省和其他省、区、市的 27 个县进行整体试点。2017 年,试点省份增加到 28 个,2018 年,土地确权颁证工作在全国推广。目前,国家已基本摸清承包耕地底数,也让农民明确了自家承包耕地数量。承包地确权工作共涉及 2838 个县(市、区)及开发区、3.4 万个乡镇、55 万多个行政村;实测承包地面积 16.7 亿亩,确权面积 14.8 亿亩,超过

---

① 王水英:《农村土地承包经营权确权与流转的问题与对策》,《农村工作通讯》2013 年第 20 期。

② 《坚持和完善农村基本经营制度》(2013 年 12 月 23 日),载习近平:《论坚持全面深化改革》,中央文献出版社 2018 年版,第 70—71 页。

二轮家庭承包地(账面 13.8 亿亩)面积;完善土地承包合同 2 亿多份,建立健全土地承包经营权登记簿 1.99 亿份,给确权农户颁发了农村土地承包经营权证书。妥善解决了约 54 万起土地承包纠纷,化解了大量久拖未决的历史遗留问题。但是,部分地区土地确权工作进展仍然缓慢,土地权属争议、土地征占用和无地农户要地等问题频发。解决好这些问题对推进土地确权工作、进一步巩固农村基本经营制度至关重要。

(三)从加快土地流转到推行"三权分置"改革

1993 年《中共中央、国务院关于当前农业和农村经济发展的若干政策措施》明确规定"在坚持土地集体所有和不改变土地用途的前提下,经发包方同意,允许土地的使用权依法有偿转让"。党的十四届三中全会进一步肯定土地使用权的依法有偿转让。1998 年,党的十五届三中全会再次明确,农户承包地使用权可以自愿、有偿流转。但是,政策文件对土地流转相关问题未作出明确规定,农村土地流转的合法性和流转形式等都还存在很大疑问。直到 2003 年《中华人民共和国农村土地承包法》出台,才明确规定土地承包经营权可以采取转包、出租、互换、转让或者其他方式流转。但是,土地流转中出现了转变土地用途的行为。《中共中央、国务院关于 2009 年促进农业稳定发展农民持续增收的若干意见》规定"土地所有权流转不得改变土地集体所有的性质,不得改变土地用途,不得损害农民土地承包权益"。在国家农村土地流转政策的引导下,2011 年年底,土地流转面积占家庭承包总面积的 17.8%。

2012 年以来,为加快土地流转进程,国家印发了《关于加强对工商资本租赁农地监管和风险防范的意见》《农村土地经营权流转交易市场运行规范》,指导各地加强对工商资本租赁农地监管和风险防范,健全土地经营权流转市场,规范市场运行机制,引导土地流转双方签订书面流转合同。截至 2018 年年底,全国家庭承包耕地流转面积 5.39 亿亩,流转出承包耕地的农户达 7200 多万户。此外,国家加大对新型农业经营主体的培育力度。2017 年,中共中央办公厅、国务院办公厅印发《关于加快构建政策体系培育新型农业经营主体的意见》,对构建新型农业经营主体扶持政策体系作出了系统的部署和安排。农业部会同有关部门也印发了《农业部关于促进家庭农场发展的指导意见》和《关于引导和促进农民合作社规范发展的意见》，支持新型农业经营主体的发展。国家鼓励新型农业经营主体发挥对小农户的带动作用，引导各类新型经营主体通过"公司+农户""合作社+农户""公司+合作社+农户""农户+社会化服务"等组织形式，不断完善与农户的利益联结机制，带动农户对接市场，使农民获得产品销售、土地租金、务工报酬、股份分红等收入，有效促进了农民就业增收。

2018年12月29日，第十三届全国人大常委会审议通过了关于修改《中华人民共和国农村土地承包法》的决定，修改后的土地承包法明确了承包方承包土地后，享有土地承包经营权，可以自己经营，也可以保留土地承包权，流转其承包地的土地经营权，由他人经营。明确对土地经营权流转的保护，国家保护承包方依法、自愿、有偿流转土地经营权，保护土地经营权人的合法权益，任何组织和个人不得侵犯。农村土地流转规模的扩大为"三权分置"的制度创新奠定了基础。"两权分离"制度曾有效激发了农民农业生产的积极性，提高了农业生产效率。随着农村大量劳动力进城务工以及农业企业、农业合作社和种粮大户等新型农业经营主体发展，农村土地"三权分置"成为现实所需。"三权分置"制度是适应农业生产适度规模经营的现实需要，是农村基本经营制度自我完善的需要。2013年7月，习近平总书记在武汉农村综合产权交易所调研时指出，深化农村改革，完善农村基本经营制度，要好好研究农村土地所有权、承包权、经营权三者之间的关系。[①] 2014—2016年，中共中央办公厅、国务院办公厅陆续印发《关于全面深化农村改革 加快推进农业现代化的若干意见》《关于引导农村土地经营权有序流转发展农业适度规模经营的意见》《深化农村改革综合性实施方案》等文件，提出落实集体所有权，稳定农户承包权，放活土地经营权，实行"三权分置"。但是，上述文件未从制度层面对"三权分置"进行系统性论述。2016年10月，中共中央办公厅、国务院办公厅印发的《关于完善农村土地所有权承包经营权分置办法的

---

① 陈锡文、赵阳、罗丹：《中国农村改革30年回顾与展望》，人民出版社2008年版。

意见》正式从制度层面对"三权分置"进行系统性概述。① 2017—2019年,中央一号文件再次强调完善农村承包地"三权分置"制度,并针对农村宅基地问题提出要开始探索宅基地所有权、资格权、使用权"三权分置"。②

"三权分置"制度是"两权分离"制度的延续,"三权分置"制度实现了农民集体、承包农户和新型农业经营主体对权利的分享,为发展多种形式适度规模经营奠定了基础。"三权分置"的本质就是重构集体所有制下的农村土地产权结构,包括产权主体结构、产权形态及其职能结构、物权结构,并具有"归属清晰、权责明确、保护严格、流转顺畅"的特点。③ 具体而言,"三权分置"制度的优越性主要表现在三个方面:其一,"三权分置"制度有利于落实农村集体土地所有权,推动土地资源的规范使用;其二,"三权分置"制度有利于保障承包农户的土地承包权,促进土地资源的优化配置;其三,"三权分置"制度有利于保护经营主体的土地经营权,提高其从事农业活动的积极性。"三权分置"制度的全面实施还有许多难点需要不断突破。首先,"三权分置"的法律保障还不完善。法学界对农村土地承包权是否从承包经营权分离出来的权利和经营权权能如何界定一直争论不休。法律法规的不完善制约了农村土地"三权分置"改革的推进和发展。其次,各地"三权分置"改革进展不均衡。尤其是土地确权工作,各地的推进情况差异较大。最后,农村土地流转的监管还不健全。农地流转后"去粮化"和低效率问题并存。除此之外,"三权分置"制度的实施还需户籍制度改革、土地产权交易和农业技术进步等体制机制配套。因此,"三权分置"制度的全面实施任重道远。

(四)土地承包期再延长30年,农民吃下"长效定心丸"

党的十九大报告提出"保持土地承包关系稳定并长久不变,第二轮

---

① 唐忠:《改革开放以来我国农村基本经营制度的变迁》,《中国人民大学学报》2018 年第 3 期。

② 许明月:《改革开放 40 年我国农地制度的变迁与展望》,《东方法学》2018 年第 5 期。

③ 肖卫东、梁春梅:《农村土地"三权分置"的内涵、基本要义及权利关系》,《中国农村经济》2016 年第 11 期。

土地承包到期后再延长三十年"。习近平总书记在参加党的十九大贵州省代表团审议时进一步指出,确定三十年时间,是同我们实现强国目标的时间点相契合的。到建成社会主义现代化强国时,我们再研究新的土地政策。这给亿万农民吃了"长效定心丸"。农民既可以沉下心来搞生产,又可以放心流转土地经营权,还可以安心进城务工。新型农业经营主体的预期也更稳定了,可以放心投入、扩大生产,改善农田设施条件,有利于形成多种形式的适度规模经营,推进中国特色农业现代化。新一轮的承包期再延长30年,是农村集体产权制度改革的"活络丹"。稳定土地承包权,让深化农村集体产权制度改革更活。新一轮的承包期再延长30年,时间大体是在2050年前后,那时新中国成立100周年,我国将建成富强民主文明和谐美丽的社会主义现代化强国,国家经济和社会结构、城乡人口和劳动力结构、城乡关系、工农关系将会发生巨大变化,也将给进一步完善农村土地政策创造更好条件,留下重要时间窗口。

下一阶段,为确保第二轮土地承包到期后再延长30年政策平稳过渡,要继续做好土地确权颁证工作的开展和"三权分置"政策的推行。此外,中央要指导各地明确第二轮承包到期延保30年的具体办法,制定配套政策,健全土地承包经营纠纷调解仲裁体系,为保证土地承包关系长久不变提供支撑。只有土地承包关系的长久稳定,才能真正地确保农民在乡村振兴中有更多的获得感。

三、当前农村土地制度的主要特点

(一)坚持农村土地集体所有

土地制度是国家一项基础性制度安排,事关农民权益保护、新型工农城乡关系构建与社会和谐稳定大局。现行《中华人民共和国宪法》第十条规定:"城市的土地属于国家所有。农村和城市郊区的土地,除由法律规定属于国家所有的以外,属于集体所有;宅基地和自留地、自留山,也属于集体所有。"这是我国农村和城郊土地集体所有制的宪法依据。正是根据这一宪法规定,现行《中华人民共和国土地管理法》第八条规定:"城市市区的土地属于国家所有。农村和城市郊区的土地,除由法律规定属于国家所有的以外,属于农民集体所有;宅基地和自留地、自留山,属于农民集体所有。"农村土地属于农民集体所有是我国农村经济的根本制度,农地集体所有不仅是公有制的重要组成部分,也是我国农村社会治理机制的基础。因此,必须始终坚持农村土地集体所有、不搞私有。

农村土地集体所有是我国农村土地制度的根本特点。不管土地制度怎么改革完善,坚持土地公有制不能变。正如2019年中央一号文件《中共中央国务院关于坚持农业农村优先发展做好"三农"工作的若干意见》提出以土地制度改革为牵引推进农村改革,但明确了深化农村土地制度改革要坚守的底线:农村土地不搞私有化。农村土地集体所有就是集体成员所有,不是村民委员会所有,更不是村干部控制。落实集体所有权,就是落实《中华人民共和国物权法》第五十九条第一款"农民集体所有的不动产和动产,属于本集体成员集体所有"的规定。农村土地集体所有就是集体成员所有,这意味着"既不是个人所有权基础上的共有,也不是股份制基础上的法人所有",是归某一农村集体经济组织的全体农民集体共同共有。从我国立法上看,关于集体土地所有权的主体,《中华人民共和国民法通则》第七十四条规定:"集体所有的土地依照法律属于村农民集体所有,由村农业生产合作社等农业集体经济组织或者村民委员会经营、管理。已经属于乡(镇)农民集体经济组织所有的,可以属于乡(镇)农民集体所有";现行《中华人民共和国土地管理法》第十条规定:"……已经分别属于村内两个以上农村集体经济组织的农民集体所有的,由村内各该农村经济集体组织或者村民小组经营、管理……"

新中国成立以来的实践证明,坚持农村土地集体所有对中国农村经济发展起到了积极的推动作用,符合中国特色社会主义发展需要,在深化农村土地改革中的根本方向就是要坚持农村土地集体所有性质不变的前提下,完善落实农村土地集体所有权。

(二)坚持稳定土地承包关系

以家庭承包经营为基础、统分结合的双层经营体制,是我国农村经济的一项基本制度。稳定土地承包关系,是党的农村政策的核心内容。

继 1982 年到 1986 年 5 个中央一号文件之后,国家多次强调要进一步稳定土地承包关系。1991 年中国共产党第十三届中央委员会第八次全体会议提出,把以家庭承包经营为基础、统分结合的双层经营体制,作为我国乡村集体经济组织的一项基本制度长期稳定下来。1993 年,国家出台政策,进一步明确在原定的耕地承包期到期之后,再延长 30 年。2002 年,《中华人民共和国农村土地承包法》将农地的集体所有权和农户的承包经营权"两权分离"改革实践用法律规范加以明确。2007 年颁布实施的《中华人民共和国物权法》明确了土地承包经营权的用益物权性质。2008 年,中国共产党第十七届中央委员会第三次全体会议强调,现有土地承包关系要保持稳定并长久不变。土地承包关系从长期稳定到长久不变,凸显了国家坚持农村基本经营制度、稳定农村土地承包关系的决心。

新时期,坚持稳定土地承包关系达成党内共识,成为国家意志。党的十九大报告《决胜全面建成小康社会　夺取新时代中国特色社会主义伟大胜利》明确"保持土地承包关系稳定并长久不变,第二轮土地承包到期后再延长三十年"。2019 年新修正的《中华人民共和国农村土地承包法》也规定,农户享有土地承包权是农村基本经营制度的基础,要稳定现有土地承包关系并保持长久不变;土地承包权人对承包土地依法享有占有、使用和收益的权利;农村集体土地由作为本集体经济组织成员的农民家庭承包,不论经营权如何流转,集体土地承包权都属于农民家庭;任何组织和个人都不能取代农民家庭的土地承包地位,都不能非法剥夺和限制农户的土地承包权。

(三)坚持农村土地制度改革法治化

1993 年《中华人民共和国宪法修正案》指出,农村中的以家庭联产承包经营为主的责任制,是社会主义劳动群众集体所有制经济。2002 年颁布的《中华人民共和国农村土地承包法》,对土地承包经营权的取得、保护、流转,以及发包方和承包方的权利和义务等作出了全面规定。2007 年颁布的《中华人民共和国物权法》,将土地承包经营权确定为用益物权,明确承包农户对承包土地依法享有占有、使用、流转、收益等权利。

2009 年颁布的《中华人民共和国农村土地承包经营纠纷调解仲裁法》,对农村土地承包经营纠纷进行调解和仲裁作出规定。2019 年,新修正的《中华人民共和国农村土地承包法》明确了农村集体土地所有权、土地承包权、土地经营权"三权分置",对承包农户的权益给予足够保护,同时,也对各种新型经营主体流转的土地经营权予以足够保护,更加有利于促进土地适度规模经营的发展,推进农业现代化进一步向前发展。明确了农村土地承包关系保持稳定并长久不变,在农村土地二轮承包到期以后要继续延长 30 年,给农民吃了一颗"长效定心丸"。明确了维护进城落户农民的土地承包经营权,就是不能要求他必须退出承包经营权才能进城落户。明确了土地经营权可以融资担保和承包经营权的入股权能。明确工商企业流转土地经营权的准入监管,总的要求是不得改变土地集体所有权性质、不得改变土地用途、不得损害农民土地承包权益。进一步明确,农户内家庭成员依法平等享有承包土地的各项权益,加强对妇女土地承包权益的保护。目前,我国已建立了比较健全的农村土地承包法律法规体系。

第二节 深化农村土地制度改革的探索与实践

一、开展农村土地三项改革

(一)征地制度的演变与改革

新中国成立以来,我国的征地制度有过多次改变。但目前来看,尽管我国已建立起了社会主义市场经济体制,但征地及其补偿制度依然沿用了计划经济时期的做法,农村集体和农民对土地征收的发言权仍较小,征地补偿安置方式的演进体现出极强的路径依赖性。[1]

在 1950 年 6 月通过的《中华人民共和国土地改革法》第二章中,规定了土地没收和征收的范围,例如地主的土地和在农村中多余的房屋应予

---

[1] 陈锡文、赵阳、陈剑波、罗丹:《中国农村制度变迁 60 年》,人民出版社 2009 年版。

以没收,农村中祠堂、庙宇、寺院、教堂、学校等公共团体的土地及其他公地应予以征收。当时没收或征收的土地,主要用于分配给无地的贫苦农民,但也有一部分收归国家所有。没收和征收这两种方式的主要区别在于,被没收的土地被视为非法占有,被征收的土地则不被视为非法占有。1950年11月,政务院第五十八次政务会议通过了《城市郊区土地改革条例》,其中第十三条规定:"国家为市政建设及其他需要收回由农民耕种的国有土地时,应给耕种该项土地的农民以适当的安置,并对其在该项土地上的生产投资(如凿井、植树等)及其他损失,予以公平合理的补偿。"《城市郊区土地改革条例》第十四条还规定:国家为市政建设及其他需要征用私人所有的农业土地,须给以适当代价,或以相等之国有土地调换之。这里提出了土地"征用"的概念,并规定了相应的补偿方式。新中国成立后,第一部比较系统的征地法规是1953年12月政务院通过的《国家建设征用土地办法》,该办法对土地征用的用途、原则、程序、补偿标准及安置办法等都作出了规定。这一阶段国家征用的对象主要是农民的私有土地,在征用土地及补偿问题上一个突出的特征就是强调土地征用及补偿标准的协商性,而不突出土地征用的"强制性",强调对失地农民补偿要"公平合理",相对体现了农民作为土地产权主体的地位和农民利益的保护。

随着农村合作化运动在全国的推开,农村土地迅速地由农民私有变为集体所有,这使得原有的征地办法在某些方面已不适应新形势下国家经济建设的要求。于是,《国家建设征用土地办法》在1958年1月作了修订,修订的主要内容是:征用土地的补偿费,由当地人民委员会会同用地单位和被征用土地者共同评定。这一阶段由于受"左"倾思想的影响,对被征地群众利益考虑较少,甚至出现了不发补偿费的现象,征地过程的协商性基本上已经消失。"文化大革命"期间,征地制度基本上没有变化。1973年6月,发布了《国家计划革命委员会和国家基本建设革命委员会关于贯彻执行国务院有关在基本建设中节约用地的指示的通知》,要求各地区和各部门在基本建设征用土地的过程中,严格执行征地审批制度。

党的十一届三中全会以来,经济建设全面复苏,对建设用地的需求也大幅增加。在这种新形势下,1982 年 5 月,国务院公布了《国家建设征用土地条例》。该条例同 1958 年修订的《国家建设征用土地办法》相比,无论政策的深度、广度,还是内容上均有大幅度增加。关于征用补偿费,该条例规定了三种形式:(1)土地补偿费;(2)青苗及地上附着物补偿;(3)劳动力安置补助费。1986 年制定的《中华人民共和国土地管理法》采纳了 1982 年《国家建设征用土地条例》中关于征地的大部分规定,将其上升为法律。1998 年修订的《中华人民共和国土地管理法》,将过去征地的分级限额审批制度,改为依据土地利用规划的审批制度。

2004 年 8 月再次修订的《中华人民共和国土地管理法》重新界定了征收与征用这两个概念,将原来土地所有权关系(即由私人所有或集体所有转为国家所有)的征用,称为征收;将不改变土地所有权关系,而仅改变土地使用权关系的,称为征用,一般来说,只有在紧急状态下才会发生土地征用。当然,目前不少人仍习惯于将新的法律概念上的土地征收称作"土地征用"。2004 年通过《国务院关于深化改革严格土地管理的决定》,在完善土地补偿安置制度上作出了一些创新:在征地补偿方面提出了确保被征地农民生活水平不降低的精神。

2006 年 9 月出台的《国务院关于加强土地调控有关问题的通知》提出,被征地农民的社会保障费用,按有关规定纳入征地补偿安置费用,不足部分由当地政府从国有土地有偿使用收入中解决,社会保障费用不落实的不得批准征地;土地出让中价款必须首先足额支付土地补偿费、安置补助费、地上附着物和青苗补偿费、拆迁补偿费以及补助被征地农民社会保障所需资金的不足。2007 年 10 月 1 日起施行的《中华人民共和国物权法》虽然强调恢复农民的原有生活水平,但对土地征用的补偿计算大体上仍保持不变。

2008 年,党的十七届三中全会明确指出,严格界定公益性和经营性建设用地,按照同地同价原则及时足额给农村集体组织和农民合理补偿,解决好征地农民就业、住房、社会保障。同期,原国土资源部印发的《关于切实做好扩大内需促进经济平稳较快发展的用地保障和管理的通知》强调,严格履行征地程序,地方各级国土资源管理部门要认真做好征地告知和征地调查结果,维护征地农民知情权、参与权和申诉权。2010 年,国土资源部印发《关于进一步做好征地管理工作的通知》提出,全面实行征地统一年产值标准和区片综合地价,宅基地征收按当年规定的征地标准补偿。

2012 年,党的十八大强调要提高农民在土地增值收益中的分配比例,征收制度改革内容首次写入中共党代会工作报告。2013 年,党的十八届三中全会明确了征地制度改革的方向和任务,要求扩大国有土地有偿使用范围,减少非公益性用地划拨,建立兼顾国家、集体、个人的土地增值收益分配机制。

但从实际情况来看,征地制度仍然存在着征地范围过大、征地程序不规范、土地增值收益分配不平衡、被征地农民权益保障机制不完善等问题,迫切需要改革完善。为此,国家开展了征地制度改革试点。2014 中共中央办公厅、国务院办公厅下发了《关于农村土地征收、集体经营性建设用地入市、宅基地制度改革试点工作的意见》,明确在全国选取 33 个县(市)行政区域进行土地征收、集体经营性建设用地入市、宅基地制度改革试点,计划于 2017 年年底完成;2017 年,经中央同意,试点延期一年,并将三项改革试点扩展到全部 33 个县(市)。4 年来,试点工作取得积极成效。截至 2018 年 8 月底,33 个试点地区已按新办法实施征地 1275 宗合计 18 万亩,征地补偿标准普遍提高 30%—50%。下一步深化征地制度改革,要缩小征地范围,完善土地增值收益分配机制,维护被征地农民合法权益。

(二)农村宅基地制度的演变与改革

宅基地是指农民依法取得的、用于建造住宅及其生活附属设施的集体建设用地。新中国成立以来,在不同的历史时期,随着我国土地制度的变化,农村宅基地制度也不断调整,宅基地制度的特殊性因此而生,宅基地制度改革的复杂性也因此而来。

新中国成立及之后的土地改革时期,国家明确提出保护农民包括宅基地在内的私有财产。土地改革完成后,人民政府对土改后农民获得的土地专门颁发了土地所有证。1950 年 6 月颁布的《中华人民共和国土地改革法》强调了农民对土地拥有所有权。这一时期农村宅基地的性质为农民个体所有,宅基地及其上面的房屋和其他生产生活资料是农民私产,受国家法律保护,可以买卖、出租、继承等。

1953 年起,中国农村进入社会主义改造时期。在合作化初期,农民虽名义上保有对土地的所有权,但实际上由合作社进行统一规划、统一管理、统一生产,最终按照平均原则进行分配,其土地所有权趋于名存实亡。而对于农民宅基地,1956 年 6 月《高级农业生产合作社示范章程》规定,"社员原有的坟地和房屋地基不必入社。社员新修房屋需用的地基和无坟地的社员需用的坟地,由合作社统筹解决。"这一时期尽管土地所有权经历了农民私有向合作社集体所有的转变,但是农民的房屋仍然保持了私有属性。这一时期的法律中并未直接出现"宅基地"一词,也未对宅基地和宅基地上的房屋及其他附着物严格区分。因此,农民拥有房屋所有权的同时也即意味着拥有宅基地的所有权。同时农民买卖、抵押、租赁房屋的权利受到保护。

1962 年,党的八届十中全会出台了《农村人民公社工作条例》,明确规定社员的宅基地属于集体所有,一律不准出租和买卖。对于农民房屋权利的规定则非常详尽,且极具排他性:"社员的房屋永远归社员所有","社员有买卖或者租赁房屋的权利。社员出租或者出卖房屋,可以经过中间人评议公平合理的租金或者房价,由买卖或者租赁的双方订立契约。任何单位、任何人,都不准强迫社员搬家。不得社员本人同意,不付给合理的租金或代价,任何机关、团体和单位,都不能占用社员的房屋。如果因为建设或者其他的需要,必须征用社员的房屋,应该严格执行国务院有关征用民房的规定,给以补偿,并且对迁移户作妥善的安置。"《农村人民公社工作条例》不仅在我国政策文件中第一次使用"宅基地"一词,而且开创了宅基地与其上的房屋相分离的制度安排。

1963 年,出台《中共中央关于各地对社员宅基地问题作一些补充规定的通知》,除了强调"社员的宅基地归生产队集体所有,一律不准出租和买卖"外,同时明确宅基地使用权"归各户长期使用,长期不变,生产队应保护社员的使用权,不能想收就收,想调剂就调剂"。对宅基地上的附着物,"包括房屋、树木、厂棚、猪圈、厕所等永远归社员所有,社员有买卖或租赁房屋的权利"。还进一步规定:"房屋出卖以后,宅基地的使用权即随之转移给新房主,但宅基地的所有权仍归生产队所有。"该通知还第一次提出了农民宅基地的取得方式:"社员需新建房又没有宅基地时,由本户申请,经社员大会讨论同意,由生产队统一规划,帮助解决……社员新建住宅占地无论是否耕地,一律不收地价。"

由此可见,这一阶段基本形成了中国宅基地制度的雏形,一是宅基地的所有权归生产队集体所有,社员禁止出租和买卖;二是宅基地所有权与使用权实行"两权分离",农户拥有宅基地长期使用权,并受法律保护;三是宅基地与其上的房屋权利安排相分离,农户对房屋有排他性所有权,可以买卖、租赁、抵押、典当;四是确立了宅基地的依申请无偿取得、无期限使用的制度,宅基地已经成为集体给予农民居住需求的保障品,体现为一种社会福利。

改革开放以后,相继出台了一系列加强农村宅基地管理的法律和指导文件,基本形成现行比较独特的宅基地权利体系和管理制度。

从宅基地权利体系看,即"集体拥有所有权、成员拥有使用权"。1982年《中华人民共和国宪法》和1986年、1988年、1998年的《中华人民共和国土地管理法》皆规定"宅基地属于集体所有",禁止组织和个人非法转让土地,但依法保护农民对宅基地之上的附着物(包括房屋在内的其他财产)的所有权和继承权。1995年颁布的《中华人民共和国担保法》明文禁止将集体土地用作财产抵押。直到2007年颁布的《中华人民共和国物权法》,基本形成了对宅基地权利的制度体系,具体而言就是,宅基地集体所有;宅基地使用权人依法对集体所有的土地享有占有和使用的权利,有权依法利用该土地建造住宅及其附属设施;对失去宅基地的村民,应当重新分配宅基地;宅基地使用权不得抵押。

从宅基地管理制度看,即"一户一宅、限定面积、规划管制、无偿取得、长期占有、内部流转"。1997年《中共中央、国务院关于进一步加强土地管理切实保护耕地的通知》、2004年国土资源部《关于加强农村宅基地管理的意见》均规定"严格宅基地申请条件。坚决贯彻'一户一宅'的法律规定。农村村民一户只能拥有一处宅基地，面积不得超过省（区、市）规定的标准"。1982 年《村镇建房用地管理条例》、1998 年《土地管理法》、2004 年国土资源部颁发《关于加强农村宅基地管理的意见》，均强调加强农村宅基地用地计划管理。农村宅基地占用农用地应纳入年度计划。省（区、市）在下达给各县（市）用于城乡建设占用农用地的年度计划指标中，可增设农村宅基地占用农用地的计划指标。农村宅基地占用农用地的计划指标应和农村建设用地整理新增加的耕地面积挂钩。

从实施情况看，这一制度安排在保障农村"户有所居、民不失所"等方面发挥了重要作用，促进了农村经济发展和社会稳定。据原国土部统计，截至 2013 年年底，全国宅基地总面积约 1.7 亿亩，占集体建设用地的54%。据第三次全国农业普查数据，2016 年年末，全国 95.5% 的农户拥有自己的住房。其中，拥有 1 处住房的农户占比为 87%，拥有 2 处和 3 处住房的农户占比分别为 11.6% 和 0.9%。

2015 年，按照党中央、国务院的部署，在 15 个县（市、区）启动了农村宅基地制度改革试点，2017 年扩大至 33 个县（市、区），期限到 2018 年年底，第十三届全国人大常委会第七次会议表决通过改革试点再延长一年至 2019 年年底。试点地区按照"依法公平取得、节约集约使用、自愿有偿退出"的目标要求，在探索宅基地有偿使用制度、探索宅基地自愿有偿退出机制、完善宅基地权益保障和取得方式、完善宅基地管理制度等方面开展了改革试点，形成了一批可复制、可推广、利修法的制度创新成果。截至 2018 年年底，试点地区共腾退出零星、闲置的宅基地约 14 万户、8.4 万亩，办理农房抵押贷款 5.8 万宗、111 亿元。但试点地区反映，改革的制约因素较多、阻力较大、风险不容忽视，深化改革的任务较为艰巨。

（三）农村集体经营性建设用地入市改革

20 世纪 90 年代以来，我国在工业化、城镇化快速发展过程中，需要占用大量土地。解决城镇发展所需土地，主要途径是征收农村集体土地。现行征地制度存在许多缺陷，比如，征地范围过大、程序不够规范、被征地农民保障机制不完善等问题日益突出，这些问题不利于保护农民的土地权益和财产权利，容易引发一系列经济社会问题，这一直是社会关注的热点焦点问题,原有征地制度难以为继。

进入21世纪以后,为拓展工业化、城镇化供地渠道,化解供需矛盾,减少占用耕地,2005年,国土资源部印发《关于规范城镇建设用地增加与农村建设用地减少相挂钩试点工作的意见》,开展城乡建设用地增减挂钩试点工作。但是,随着试点范围不断扩大,一些地方出现片面追求增加城镇用地指标、擅自扩大试点、突破周转指标、违背农民意愿强拆强建等问题。为扼制这些现象,有关部门对增减挂钩试点政策逐步进行了规范。与此同时,许多地方自发探索开展了农村集体经营性建设用地入市改革。

农村集体建设用地是农村集体经济组织及其成员兴办乡镇企业、乡(镇)村公用设施和公益事业以及村民建设自用住宅等经依法批准使用的农民集体所有的土地。农村集体建设用地从用地性质和用地主体看,包括宅基地、公益事业和公共设施建设用地、集体经营性建设用地三种类型。据统计,全国农村集体经营性建设用地约为4200万亩,占集体建设用地总量的13.3%,相当于近年国家每年供地总量的6倍左右。

《中华人民共和国土地管理法》第六十三条规定:"农民集体所有的土地的使用权不得出让、转让或者出租用于非农业建设;但是,符合土地利用总体规划并依法取得建设用地的企业,因破产、兼并等情形致使土地使用权依法发生转移的除外。"2004年出台的《国务院关于深化改革严格土地管理的决定》明确要求,"禁止农村集体经济组织非法出让、出租集体土地用于非农业建设"。在现行法律框架下,农村集体建设用地权能受到严格的限制。让符合规划和用途管制的集体经营性建设用地直接进入市场,以公开规范方式流转,有利于维护农民土地权益,增加工业化、城镇化土地供给,达到多赢的效果。

党的十八届三中全会对推进农村集体经营性建设用地入市改革提出了明确要求。2014年12月2日,习近平总书记主持召开中央全面深化改革领导小组第七次会议审议《关于农村土地征收、集体经营性建设用地入市、宅基地制度改革试点工作的意见》时强调:"坚持土地公有制性质不改变、耕地红线不突破、农民利益不受损三条底线,在试点基础上有序推进"。同年年底,中共中央办公厅、国务院办公厅印发《关于农村土地征收、集体经营性建设用地入市、宅基地制度改革试点工作的意见》，对农村集体经营性建设用地入市改革提出了全面要求，即完善农村集体经营性建设用地产权制度，赋予农村集体经营性建设用地出让、租赁、入股权能；明确农村集体经营性建设用地入市范围和途径；建立健全市场交易规则和服务监管制度。2015 年 1 月，国土资源部牵头，部署在全国 15 个县（市、区）开展农村集体经营性建设用地入市改革试点，在推动建设城乡统一的建设用地市场、增加农民土地财产收入等方面进行了很好的探索。2016 年 11 月，经中央全面深化改革领导小组批准，这项改革试点扩展到全国 33 个试点县（市、区）。同时，按照《中共中央国务院关于稳步推进农村集体产权制度改革的意见》要求，积极推进农村集体资产清产核资，确保实现中央提出的"到 2019 年年底前基本完成清产核资"目标，为集体经营性建设用地入市奠定坚实基础。当前，集体经营性建设用地入市仍存在一些问题，如，集体建设用地产权归属不清；集体经营性建设用地权能不完整；国家、集体和个人的土地增值收益分配机制还不健全；等等，需要进一步深入总结试点经验，强化政策举措。

二、开展"两权"抵押试点

农村承包土地的经营权和农民住房财产权（以下简称"两权"）是农村经济主体最重要的存量资产。当前，我国正处于由传统农业向现代农业转变的关键时期，农村土地经营权流转明显加快，传统农户和家庭农场等新型农业经营主体对盘活"两权"存量资产存在现实需求。近年来，在地方政府及有关部门组织推动下，金融机构采取多种灵活方式，因地制宜探索开展农村"两权"抵押贷款业务，部分地区制定了制度办法，积累了经验。但是，各地"两权"抵押贷款业务标准不一、做法不同，缺乏完善的法律法规及制度保障，需要通过改革试点逐步完善。

2015 年，印发《国务院关于开展农村承包土地的经营权和农民住房财产权抵押贷款试点的指导意见》，以落实农村土地的用益物权、赋予农民更多财产权利为出发点，深化农村金融改革创新、稳妥有序开展"两权"抵押贷款业务。2015 年 12 月 27 日，第十二届全国人民代表大会常务委员会第十八次会议通过了关于授权国务院在北京市大兴区等232个试点县（市、区）、天津市蓟县等59个试点县（市、区）行政区域分别暂时调整实施《物权法》和《担保法》中关于集体所有的耕地使用权、宅基地使用权不得抵押的规定的决定，在两年的授权期限内，试点地区可暂时调整实施《物权法》《担保法》的有关规定，开展农村承包土地的经营权和农民住房财产权抵押贷款试点。试点开展以来，在盘活土地资源、增加农民收益、激活"两权"融资功能、带动产业发展等方面取得了积极成效。同时，也存在一些需要通过进一步深化试点解决的问题。为了进一步深入推进农村土地制度改革试点，更好地总结试点经验，为完善土地管理法律制度打好基础，2017年12月27日，第十二届全国人民代表大会常务委员会第三十一次会议通过了关于延长授权国务院在北京市大兴区等232个试点县（市、区）、天津市蓟州区等59个试点县（市、区）行政区域分别暂时调整实施有关法律规定期限的决定，决定将两项试点期限予以延长。延长期满，国务院应当就暂时调整实施有关法律规定的情况向全国人民代表大会常务委员会作出报告，对实践证明可行的，国务院应当提出修改相关法律的意见，对实践证明不宜调整的，恢复施行有关法律规定。

截至2018年9月底，试点地区承包土地的经营权抵押贷款余额520亿元，同比增长76.3%，累计发放964亿元；农房抵押贷款余额292亿元，同比增长48.9%，累计发放516亿元。232个开展农村承包土地的经营权抵押贷款试点县（市、区）中，有222个建立了农村产权流转交易平台，占95.7%，八成以上（190个）设立了风险补偿基金，六成（140个）发挥政府性担保公司风险分担功能。从试点情况看，各地在制定配套措施如农村产权价值评估办法、农村产权交易平台建设、风险补偿机制完善、贷款抵押物处置等方面做了许多工作，试点较为顺利。2019年1月1日正式实施的新修订的《土地承包法》明确规定，承包方可以用承包土地经营权向金融机构融资担保，并向发包方备案。受让方通过流转取得的土地经营权，经承包方书面同意并向发包方备案，可以向金融机构融资担保。农地抵押贷款业务法律障碍基本消除。

第三节 全面深化农村土地制度改革的思路和措施

一、制定第二轮土地承包到期后衔接配套政策

巩固和完善农村土地承包经营制度,核心是稳定农村土地承包关系,这是农村政策的基石。为确保延包政策平稳过渡,一是贯彻落实保持农村土地承包关系稳定并长久不变政策,指导各地明确第二轮土地承包到期延长 30 年的具体办法,选择若干县先行先试承包期再延长 30 年政策。二是落实新修订的《农村土地承包法》,建立健全工商资本租赁农地的资格审查、项目审核和风险防范制度。三是完善农村土地承包经营纠纷调解仲裁考评细则,加强对各级调解仲裁人员培训,进一步健全土地承包经营纠纷调解仲裁体系。

二、落实宅基地"三权分置"改革

按照 2018 年中央一号文件关于探索宅基地"三权分置"和 2019 年中央一号文件关于拓展改革试点、丰富试点内容、完善制度设计的要求,在现有 33 个试点县(市、区)基础上,再选择一批县(市、区),以探索宅基地"三权分置"为核心,在落实宅基地集体所有权、保障宅基地农户资格权和农民房屋所有权、适度放活宅基地和农民房屋使用权等方面开展试点。通过试点,探索"三权"的内涵、权利边界、相互关系及实现形式,总结形成一批可复制、能推广、利修法、惠群众的改革成果,并在对相关法律法规进行修订完善后,在全国范围内全面推开农村宅基地制度改革。

三、建立农村集体经营性建设用地入市制度

一是加强试点经验的总结提炼,全面推开农村集体经营性建设用地入市改革。二是落实《土地管理法》修正案的相关规定。三是完善入市改革配套制度和监管措施。加快建立健全城乡统一建设用地市场,做好市场服务和市场监管。四是建立健全入市收益再分配平衡机制。规范土

地增值收益调节金的提取和使用,明确提取的依据、原则、主体、标准、比例等。五是统筹推进农村土地制度改革及其他改革试点工作。深入研究各项土地制度改革之间的关联性和耦合性。

四、改革完善土地出让收入使用制度

习近平总书记指出,要解决土地增值收益长期"取之于农、用之于城"的问题,强调现在到了该把土地增值收益更多用于"三农"的时候。推动这项改革,一是提高土地出让收益用于农业农村的比例,用5年时间,将土地出让收益直接用于农业农村的比例提高到60%左右。二是建立健全以省级统筹为主、中央统筹为辅的土地出让收益资金调剂机制,适当加大土地出让收益中央和省级统筹力度。

五、强化农村土地法制化管理

要加强改革与立法的衔接,对于目前看不透、吃不准的,可以采取局部试点方式,同时得到法律授权,按照法定程序进行。要适应农村土地制度改革进程,加快将一些成熟的试点经验、基层做法和改革成果上升为法律安排。当前,重点要抓好《土地承包法》《土地管理法》等法律修正案的宣传贯彻工作,抓紧完善承包地"三权分置"、农村土地征收、集体经营性建设用地入市和宅基地管理等方面的具体措施。此外,还要加快推动完善《物权法》《担保法》等相关法律法规。法律法规的修改都要进一步强调,依法加强耕地保护,防止耕地被违规占用。

第五章 农业经营制度变革

农村土地所有制是农村基本经营制度产生和演变的重要基础,农业经营制度是农村土地所有制的具体表现形式和实现方式。新中国成立以来,我国农村土地制度经历了由私有向集体所有的转变,农村基本经营制度也随之历经变迁。改革开放后,我国逐步探索形成了以家庭承包经营为基础、统分结合的双层经营体制,此后又在创新发展中不断巩固和完善。

第一节 农业经营制度变迁的过程及其特征

一、1949—1952 年:私有私营制

新中国成立之初,仍有 2.6 亿多农业人口的新解放区还没有进行土地改革,农村中的封建剥削制度依然存在。为了解放农业生产力,解救贫苦农民,必须彻底进行土地改革,推翻封建的土地所有制。

(一)开展土地改革、消灭封建土地所有制,建立农民个体土地所有制

1949 年 9 月,中国人民政治协商会议通过《中国人民政治协商会议共同纲领》(以下简称《共同纲领》),并于 10 月正式宣布成立中华人民共和国。依据《共同纲领》规定,"有步骤地将封建半封建的土地所有制改变为农民的土地所有制"。同年冬开始,土地改革运动自华北等老解放区向华东、华中、华南等新解放区拓展。根据新中国成立前中国共产党在解放区进行土地改革的经验,并结合新中国成立后的新情况,1950 年 6

月,中央人民政府颁布了《中华人民共和国土地改革法》(以下简称《土地改革法》),决定在全国范围内开展大规模的土地改革运动。《土地改革法》规定了土地改革的方针、政策和策略以及执行办法,核心是废除地主阶级封建剥削的土地所有制,实行农民的土地所有制,使"耕者有其田",解放农村生产力,发展农业生产。到 1952 年年底,全国除西藏、新疆等少数民族地区以及尚未解放的台湾省外,基本完成了土地改革任务。经过大规模的土地改革,全国 3 亿多无地或少地的农民无偿获得了 5000 多万公顷土地和其他生产资料①,免除了过去每年向地主缴纳的大约 350 亿公斤粮食地租,分得了耕畜 297 万头、农具 3954 万件、房屋 3807 万间、粮食 5.25 亿公斤。② 土地改革后,贫农、中农占有的土地占全部耕地的 90%以上,原来地主和富农占有的土地下降到 8%左右。③

(二)土地农民私有、家庭经营,满足了农民对土地的需求、促进了农业生产发展

土地改革的完成,标志着旧中国封建土地所有制的消亡和农民个体土地私有制的建立。这一制度的主要特点可以概括为"私有私营",即以土地农民私有制为基础的家庭经营制度,以家庭为基本经营单元,土地、生产资料和劳动所得归农民所有。这种经营制度改变了土地所有权和土地使用权相分离的状况,实现了农民和土地生产资料的直接结合,保护调动了农民群众的生产积极性,极大地释放了制度潜能。一是农业生产得到迅速发展。据统计,1952 年全国农业总产值达 483.9 亿元,比 1949 年增长了 48.3%,年均增长达 14.1%。粮食产量增长了 44.8%,棉花和油料分别增长了 193.4%和 168.1%。二是农民收入有了显著增长。土地改革的成功和农业的发展,为后来的农业合作化准备了制度条件和物质基础。但由于这种经营方式与生俱来的分散性、自给性,导致生产力水平低

---

① 中华人民共和国农业部政策法规司、中华人民共和国国家统计局农村司:《中国农村 40 年》,中原农民出版社 1989 年版,第 4 页。

② 平若媛:《建国后农村土地制度的变革》,首都师范大学 2000 年硕士学位论文。

③ 国家统计局编:《伟大的十年:中华人民共和国经济和文化建设成就的统计》,人民出版社 1959 年版,第 29 页。

下,难以扩大再生产,也难以有效防止农民两极分化。在当时农业生产力水平低和农业剩余有限的情况下,靠农户自身积累为国家建设提供支持将是一个漫长的过程。

二、1953—1956 年:私有合营制

土地改革后的"人人平等、户户种田"小农私人所有制,满足了农民对土地的需求,农民生产生活条件开始改善,农村经济日渐恢复。与此同时,这种高度分散的家庭经营也引发了一系列问题,弊端逐渐显现。为提高我国农业生产水平,为工业化发展提供支撑,国家再次利用行政力量把农民组织起来,谋求"共同富裕",这便是农业合作化的缘起。

(一)小农经济自给性与社会化大生产的矛盾,催生出土地私有基础上的农民互助合作运动

土地改革的胜利完成,为我国由农业国转变为工业国清除了根本性的社会制度障碍,但并没有改变我国小农生产性质,以土地私有制为基础的农民个体经济成为农村经济的基本形式。这种个体经济有别于土地改革前的农民个体经济,属于土地所有权与土地使用权相结合的个体经济,农民的生产积极性空前提高,大多数农民生活状况也由此得到改善。但是,在发展过程中也出现了一些问题。主要表现在:一是小农经济与生产社会化相矛盾。一家一户生产经营规模小,生产分散,不能合理利用土地、劳动力、牲畜以及农具,也无力采取新技术,抵御自然灾害能力弱,难以实现扩大再生产,造成生产力水平低下且发展缓慢。据对 23 个省15432 户农家的调查,土地改革结束时,贫雇农平均每户拥有耕地 12.46亩、耕畜 0.47 头、耕犁 0.41 张;中农平均每户拥有耕地 19.01 亩、耕畜0.91 头、耕犁 0.74 张。[①] 显然,在每家每户耕畜不足 1 头、耕犁不足 1 张的小农经济生产方式占主导地位的情况下,要想进一步提升农业生产力水平困难重重。从规模经济角度来说,分散而落后的小农经济所提供的生产率已经无法适应大规模经济建设的要求。二是小农经济自由发展产

---

① 苏星:《我国农业的社会主义改造》,人民出版社 1980 年版,第 50 页。

生了两极分化。由于小农经济生产力基础脆弱,农户抵御自然灾害能力有限,经常面临破产风险。任其自由发展,不可避免会出现两极分化的现象,而这与社会发展的整体目标是相悖的。据对江苏省10个县的调查,在完成土地改革后的一段时间内,出现了土地买卖现象,出卖土地的有2628户,其中雇农204户、贫农2117户、中农243户、其他64户。① 卷入租赁关系的农户也越来越多。1953年湖北、湖南、江西3省农村典型调查显示,出租土地的农户占当地农户总数的12.52%,租入土地的农户占当地农户总数的18.69%。② 在当时工业化、城市化水平很低的情况下,出卖土地的农民不能转移到城市中去,其结果必然是贫富差距逐步拉大,形成两极分化。小农土地私有制弊端逐步显现,也昭示着又一次制度变迁的到来。

为克服上述矛盾,全国许多地区的农民自发组织起来,开展各种互助合作运动,一些地方农民临时联合起来共同插秧、打谷;一些地方农民实行临时变工换工,合用牲畜和农具;还有一些地方农民索性成立了常年固定性质的互助组织,共同制订劳动、生产资料互换和互助计划,并定期记工算账。为指导各地农民的互助合作,中共中央于1951年12月发布了《关于农业生产互助合作的决议(草案)》,支持农民广泛开展互助合作运动,先是组织以农民个体经济为基础的农业生产互助组。互助组的特点是不触动农民个体所有制,根据农民固有的习惯,在农业生产的某个方面或者某个环节实行劳动上的互助合作,参加互助组的农民的土地和其他生产资料及产品都维持原来的私有关系不变,并独立经营。互助组有两种形式:一种是临时互助组,一般由几户农民在农忙季节临时组织起来,进行劳畜农具等换工互助,农忙过后即行解散,是互助组的初级形式;另一种是常年互助组,一般规模较大,组员比较稳定,有一定的组织制度和简单的互助分工,为长期的共同生产计划进行互助合作,是互助组的高级形式。

---

① 黄希源主编:《中国近现代农业经济史》,河南人民出版社1986年版,第410页。
② 苏星:《我国农业的社会主义改造》,人民出版社1980年版,第50页。

互助组是在生产资料私有基础上产生和发展起来的。它以自愿互利为原则,实行共同劳动、互换互用生产资料,是具有集体性质的劳动组织。这种部分的劳动合作和简单的生产资料合作,一定程度上消除了个人分散独立劳动时劳力、畜力和农具不足,以及力量分散的限制,解决了许多农户在农业生产中的困难,使农民获得了互助合作的好处。因此,在政策推动下,农业互助合作运动在全国迅速展开,到1953年年底,全国农业生产互助组约745万个,其中常年组181.6万个、季节组563.4万个。[①] 参加互助组的农户4536.4万户,占农户总数的40%左右。到1955年,参加互助组的农户增加到6038.9万户,占农户总数的50.7%。[②] 同时,一些老解放区还试办了农业生产合作社,1953年年底达到3634个,入社农户约5.7万户,1954年农业生产合作社又增加48万个。[③] 农业生产互助合作的发展,对农业生产的恢复和发展起到了重要推动作用。但是,互助组毕竟只是一种简单的劳动协作关系,在发展过程中不可避免地存在这样或那样的问题,比如劳动力有弱有强,耕畜农具有多有少、有好有坏,使得变工换工不对等;耕作和收获时间比较集中,而变工换工有先有后;等等,这些都成了产生矛盾的焦点所在。

(二)农业社会主义改造运动,推进了土地私有基础上的农业合作化进程

从1953年开始,我国进入了社会主义改造时期,首先开始的是农业的社会主义改造,广大农村掀起了声势浩大的农业合作化运动。1953年2月,中共中央印发了《关于农业生产互助合作的决议》,指出"根据我国经验,农民在生产上,逐步联合起来的道路,就是经过简单的、共同的、临时的互助组,和在共同劳动的基础上,实行某些分工、分业,而有某些少量公共财产的常年互助组,到实行土地入股、统一经营而有较多公共财产的

---

① 刘文璞等:《中国农业的社会主义道路再认识》,中国社会科学出版社1987年版,第74页。

② 郭书田主编:《毛泽东与中国农业——专家学者纪念毛泽东诞辰100周年文集》,新华出版社1995年版,第108—111页。

③ 王景新:《中国农村土地制度的世纪变革》,中国经济出版社2001年版,第10—11页。

农业生产合作社……",认为农业生产合作社"日益成为领导互助合作运动继续前进的重要环节"。并计划在第一个五年计划期间,全国农业生产合作社应争取发展到80万个左右,参加农户争取占到农村总户数的20%左右。此后,农村掀起了农业合作化运动的浪潮。1953年年底,全国初级社只有1.5万家,而到1955年夏季,初级社已发展到65万家,入社农户1690万户,约占全国农户总数的15%。① 到1955年年底,全国初级社发展到190万家,入社农户7500万户,约占全国农户总数的63%。② 1956年4月30日,《人民日报》发文宣布,全国农村基本上实现了初级形式的农业合作化。这样,从1953年到1956年,在不到三年的时间里,全国农村就基本实现了初级农业合作化。

初级社合作经营制实行"土地入股、统一经营、统一分配"制度,农民仍然拥有土地所有权,土地使用权从所有权中分离出来,统一由合作社集体行使,土地入股分红成为农民土地所有权的实现形式。同时,农民还拥有土地的处分权,退社自由,退社时可以带走入社时的土地,如果原土地不能退出,可用其他土地补偿或给予经济补偿。其基本做法是:在保持农户对其土地等生产资料所有权的基础上,将农民的土地、耕畜、大型农具等折价入股,交给合作社统一经营,收入按社员劳动和入社土地等生产资料的数量和质量进行分配。其中,按股份分配的比例约占分配总额的30%,按劳动数量和质量分配的约占70%。

初级农业合作化的一个直接后果就是推动了农村土地制度由"土地私有、家庭经营"向"土地私有、合作经营"转变。这次变革是在不改变土地私有制基础上的土地使用制度变革,这种经营方式一定程度上激发了农民合作意愿,调动了农民的生产积极性,适应了当时农村经济社会发展的需要,具有半社会主义性质。同时,由于过分强调共同劳动,没有注意发挥家庭经营的作用,在分配中又存在平均主义,也产生了一系列不利于经济发展的问题。

---

① 张庆忠:《马克思主义的合作制理论与中国农业合作制的实践》,《中国农村经济》1991年第10期。

② 平若媛:《建国后农村土地制度的变革》,首都师范大学2000年硕士学位论文。

三、1957—1978 年:公有公营制

在认识到合作社发展初期存在的问题后,中央作出一系列指示,以通过加强生产管理来调动社员的积极性,提高劳动生产率,发挥合作社的优越性。但由于急躁冒进的"左"倾思想影响,各地在初级社立足未稳的情况下纷纷向高级社过渡。在这期间,"左"倾思想进一步发展,刚刚由初级社转变而来的高级社,又被合并成立人民公社,建立起"政社合一"的人民公社体制。

(一)"左"倾思想推动土地私有的初级合作化向土地集体所有的高级合作化过渡

初级农业合作社最初基本上是由农民自愿、渐进式组织起来的,发展过程比较健康,效果也比较好。但是从 1955 年开始,农业互助合作运动出现了急躁冒进、强制命令的倾向。1955 年 7 月,毛泽东同志在中央全会上作了《关于农业合作化问题》的报告,把当时在农业生产上的合理措施当作"右倾保守思想"进行批判。同年 10 月,党的七届六中全会通过了《关于农业合作化问题的决议》,认为"在全国农村中,新的社会主义群众运动的高潮就要到来",提出在有些已经基本实现半社会主义合作化的地方,根据生产需要、群众觉悟和经济条件,从个别试办、由少到多,分批分期地由初级社转变为高级社,农业合作化运动自此转入以建设社会主义性质的高级农业生产合作社为中心的发展阶段。在此背景下,许多农村地区违背农民意愿,采取强制命令,要求农民加入高级社。[1] 全国农村高级合作社的发展速度出人意料。许多地方出现整村、整乡的农民加入高级社的情况,有的新建立的初级社在立足未稳的情况下纷纷转为高级社,有的互助组织超越初级社阶段直接成立或并入高级社,有的甚至没有经过互助组,也不经过初级社,在个体农民的基础上直接建立高级社。到 1956 年上半年,北京、天津、上海、河北等 12 个省市加入高级社的农户占本地农户总数的比重达 90% 以上;同年下半年,湖南、湖北、安徽 3 省加

---

[1] 王耕今等编:《乡村三十年》(内部发行),农村读物出版社 1989 年版,第 80 页。

入高级社的农户占全省农户的比重也分别达到90%、94%和97%;江苏、浙江、内蒙古等省区的比重也在80%以上。1955年,全国高级社只有1.7万家,入社农户占农户总数的比重只有4%,到1956年年底,全国高级社达54万家,入社农户1.2亿户,占农户总数的比重达到96%。① 至此,我国农村基本实现了由半社会主义性质的初级社向完全社会主义性质的高级社转变。原计划用15年或更长时间完成的农业社会主义改造,实际只用了不到5年时间就基本完成了。

高级农业生产合作社的主要特点是:土地和其他主要生产资料归合作社集体所有,以合作社为基本的劳动组织形式开展集体劳动,以社为单位统一计划进行生产,产品归合作社集体占有,其中用于合作社扩大再生产的积累基金,实行按需分配原则;而用于分配社员的个人消费基金,实行按劳分配原则。高级农业合作社制度的建立意味着中国农村土地制度的根本变化,延续了几千年的小农经济制度被废弃,社会主义农业集体经济组织正式建立,农村土地由农民私有制向集体公有制转变。从社员与生产资料的关系看,在初级社中,社员的土地所有权不变,土地使用权的分离也是初步的;而在高级社中,社员基本丧失了土地等生产资料的所有权。从合作社属性看,在初级社中,由于土地等生产资料所有权仍归社员家庭所有,所以初级社在性质上是个体农户的合作经济组织;在高级社中,土地所有权和经营权都归于合作社,社员只是合作社的劳动者,因而其性质不是真正的合作经济,而是一种集体经济组织。从这个意义上说,高级社建立后,作为一种基本经营单位和经营组织形式,取代了农民家庭作为农村经营主体的地位。在初级社向高级社的转变过程中,由于要求过急,一些初级社还没有完全巩固就升级为高级社,一定程度上超越了当时农民群众的认识水平。同时,受当时经济发展水平的制约,很多高级社经营规模与经营能力不相称,脱离了当时生产力发展水平的实际,使得农民生产积极性和农业生产受到极大影响。

---

① 陈吉元、韩俊等:《人口大国的农业增长》,上海远东出版社1996年版,第6页。

　　（二）"大跃进"运动推动农业合作化向人民公社化转变，形成农村土地集体所有、集体统一经营体制

　　就在农业合作化刚完成不久，经济建设中的"左"倾思想进一步发展，农村基本经营制度又进行了一次不切实际的大冒进，这就是"大跃进"和人民公社化运动。1958年年初，中央提出用15年或20年至30年时间，在工业生产和经济上"超英赶美"。1958年5月，党的第八次全国代表大会第二次会议通过了"鼓足干劲，力争上游，多快好省地建设社会主义"的总路线，认为全国社会主义建设高潮已经到来，提出了"大跃进"方针。在此背景下，农业合作社又发生了一些新变化。1958年年初，一些地区农村在农田基本建设和抗旱、抢种抢收过程中，打破原有合作社的界限开展联合协作，同时有不少地方还把小社并成规模大、集体化程度高的综合性合作社。各地合并起来的综合性合作社名称各不相同，有的叫"集体农庄"，有的叫"社会主义大院"或"社会主义大家庭"，有的叫"共产主义农场"，也有的叫"公社"。① 河南省有些地方将这些综合性合作社叫"人民公社"。1958年8月6日，毛泽东同志在考察河南新乡七里营人民公社时，充分肯定了这种组织和名称，指出"人民公社好"。同年8月29日，中共中央政治局通过了《关于在农村建立人民公社问题的决议》。在这个决议的指导下，人民公社化的浪潮很快就席卷全国，各地农村高级合作社加快向人民公社过渡。同合作化运动相比，人民公社化运动的发展速度更快。1958年9月底，全国已建立起人民公社23384个，加入的农户1.12亿户，占全国农户总数的90.4%。同年11月，参加人民公社的农户数达到1.27亿户，占全国农户总数的99.1%。短短几个月，我国农村就实现了人民公社化。

　　从人民公社发展历程看，主要经历了以"一大二公"为特点的人民公社到以生产大队为基础的"三级所有"人民公社，再到以生产队为基础的"三级所有"人民公社三个阶段。"一大二公"的人民公社阶段主要特点是实行公社一级所有制。从生产资料占有关系看，在公社范围内，将原属

---

　　①　罗平汉：《农村人民公社史》，福建人民出版社2003年版，第18—19页。

于各高级社的生产资料无偿收归公社所有、统一支配;劳动力和产品也由公社统一调配。社员个人的一些财产,包括自留地、家庭副业等也在消灭私有制残余的口号下收归公社所有。从劳动方式看,人民公社取消高级社时按生产队组织劳动的形式,不再实行生产责任制,而是将社员按军事化的形式组织起来,实行集中劳动。从分配制度看,人民公社由高级社时按劳动工分分配制度,改变为供给制与工资制相结合的分配制度。从生活方式看,人民公社推行生活集体化,家庭作为消费单位的职能被大大削弱。在"左"的错误思想指导下,脱离实际的人民公社化,加上当时的"大跃进"和"共产风",伤害了农民的感情,严重破坏了农村生产力。

面对人民公社化过程中出现的问题,中央出台了一系列文件进行纠正。1959 年 2 月,中央郑州会议起草了《关于人民公社管理体制的若干规定(草案)》,对人民公社实行统一领导、分级管理的制度做了界定和概括,提出人民公社应"统一领导,队为基础",指出生产大队规模相当于原来的高级社,是人民公社的基本核算单位,有权按照公社的计划和有关规定,统一安排本单位的农业生产、收益分配并搞好劳动管理。同年 4 月,中央又出台了《关于人民公社的十八个问题》,对人民公社存在的一系列具体问题做了原则性规定,规定人民公社实行三级所有,以生产大队为基本核算单位,基本核算单位下面的生产队是包产单位,对土地、生产资料和劳动力有固定的使用权,公社和生产大队都不能轻易调用。1960 年 11 月,中央发出了《关于农村人民公社当前政策问题的紧急指示信》(简称"农业十二条"),第一次明确指出,以生产大队为基本核算单位的三级所有制,是现阶段农村人民公社的根本制度。在中央的努力下,一些地方对人民公社化运动中的一些错误进行了纠正,形成了以生产大队为基础的"三级所有"人民公社制度。这种体制从 1959 年下半年开始,一直持续到 1962 年下半年,大约历时 3 年。

但是,由于许多地区对人民公社化运动中错误做法纠正不彻底,加之1959 年以后粮食连续三年减产,使得农业生产形势异常严峻。为此,1962 年 9 月,党的八届十中全会通过了《农村人民公社工作条例(修正草案)》(简称"人民公社六十条"),规定人民公社"三级所有,队为基础",

土地和其他主要生产资料分别由人民公社、生产大队、生产队三级集体经济所有和经营,并规定公社在行政上行使原乡(镇)政府职权,在经济上是各生产大队的联合组织,生产大队是独立经营的基本核算单位,生产队是直接组织生产和集体福利事业的单位,对一部分资金和资产有一定的所有权,在管理本队生产上有一定自主权。由于公社所有土地较少,生产资料主要是生产大队和生产队无力经营和不宜经营的较大工商以及农业基础设施等;生产大队所占土地等生产资料也比较少,主要经营生产队无力经营和不宜经营的公用型生产资料。这使得生产队成为农村土地的主要所有者,它占有90%左右的农村土地以及宜于经营的其他生产资料。①以生产队为基础的"三级所有"人民公社制度,从1962年开始,一直持续到1978年,经历了长达17个年头。

经过多次调整后形成的"三级所有,队为基础"的人民公社制度,比开始时要接近于农村实际。这种高度集中的集体统一经营模式,解决了家庭分散经营条件下农业公共产品供给不足的问题。但是,这种高度集中的计划管理体制和绝对平均主义背离了农民的意愿,挫伤了农民的生产积极性,农业生产力受到严重束缚,作出的调整无法从根本上革除人民公社制度本身的弊端。从1958年至1978年的20年,是新中国农业发展最为缓慢的时期,农业总产值年均增长率只有2.6%。相对于人口增长,人均主要农产品产量大多只停留在1957年的水平上,有的甚至比1957年还要低。在此期间,虽然农业生产条件有了很大改善,但大量劳动力被束缚在土地上,农业劳动生产率出现下降情况。同时,农民生活水平增长几乎陷入停滞,农民人均纯收入1957年为72.95元,1978年为133.57元,平均每年只增加2.88元;社员从集体分配得到的收入,人均每年只增加2元。20世纪70年代中期,全国504万个农村核算单位统计,人均收入100元以上的不到25%,50元以下的占27.3%,其余50%左右在50元至100元之间。到1978年,农村贫困人口达2.5亿,贫困发生率高达30.7%。

---

① 王景新:《中国农村土地制度的世纪变革》,中国经济出版社2001年版,第15—16页。

从新中国成立初期开展土地改革运动,实行土地私有、家庭经营的农业经营制度,到人民公社时期实行土地集体所有、集体统一经营,这两次农业经营制度变革,从正反两方面证明:高度分散的家庭经营和高度集中的统一经营,都有其局限性,急需通过变革农业经营制度,容纳不同层次的农村生产力,协调好集体利益与个人利益,使集体统一经营和劳动者自主经营两个积极性同时得到发挥。

四、1979—2018 年:以家庭承包经营为基础、统分结合的双层经营体制

1978 年,以党的十一届三中全会为标志,我国农村开始了一系列波澜壮阔的改革,农村基本经营制度也随之发生了根本性变化。在此后的 40 多年中,农村土地制度经历了集体所有、统一经营,到集体所有权、土地承包经营权"两权分离",再到集体所有权、农户承包权、土地经营权"三权分置"的转变。在土地制度变革基础上,农业经营制度也随之调整完善,经历了由生产责任制向以家庭承包经营为基础、统分结合的双层经营体制的转变,具体表现为"公有私营制"和"公有共营制"两种形式。特别是党的十八大以后,家庭经营、集体经营、合作经营、企业经营等多种经营形式共同发展,进一步丰富了双层经营体制的内容,赋予了双层经营体制新的内涵,使农业经营制度不断焕发出新的活力。

(一)逐步扩大农民生产经营自主权的生产责任制

计划经济体制下,农业农村发展严重受阻,广大农村地区普遍贫困,农民"吃不饱饭、穿不暖衣"。为解决温饱问题,1978 年前后,广大基层干部和农民在党的带领下打破思想意识的禁锢,冲破重重阻碍,进行了积极探索,农村地区定额包工、联产计酬、包干到户等多种形式的农业生产责任制蓬勃发展。

1.试图化解集体劳动弊端的不联产责任制

这是在生产队统一经营、统一核算的前提下,将农活分段或者分项包给作业组或个人,收益不与产量挂钩的一种农业生产责任制形式。对按期按质完成规定任务的计算工分,超额完成给予奖励,完不成任务或者

完成质量达不到要求的扣减工分。承包者只对具体承担的某项生产任务负责,具体包括定额管理、小段包工、季节包工、常年包工等形式。这种责任制形式贯穿了整个集体生产时期。党的十一届三中全会以后,全国多数农村实行了分组作业、小段包工、按定额计酬的不联产责任制,多干活多得工分,这是解决集体统一劳动中干活"大呼隆"等问题、实行按劳分配的积极探索,在一定程度上解决了集中统一劳动效率低下的问题,受到农民群众的欢迎。但是因为与产量相脱节,许多地区在实行过程中依然以人头为主,平均主义严重,没有从根本上解决劳动质量的问题。

2. 悄然萌芽发展的联产承包责任制

这是在生产队统一经营、统一核算的情况下,把承包者利益与生产结果挂钩,包产内的产量上缴生产队,再由生产队按工分统一分配,超产奖励、减产受罚的一种农业生产责任制形式。主要有"专业承包、联产计酬""包产到组""包产到户"等形式。联产承包责任制赋予了农民生产自主权,极大地调动了农户的生产积极性,但由于与"左"倾思想相悖,经历了曲折的发展过程,在思想意识斗争与现实需要中萌芽、发展和壮大。1978 年后,随着思想不断解放,多种形式的联产承包责任制不断发展完善,显现出各自的适应性和优越性,其中"包产到户"在"干部怕错、农民怕饿"的矛盾挣扎中复萌,并呈蓬勃发展之势,引发了社会的极大关注和从中央到地方的大争论。在中央层面,1978 年党的十一届三中全会通过了《中共中央关于加快农业发展若干问题的决定(草案)》,提出"可以包工到作业组,联系产量计算劳动报酬"。1979 年 3 月 29 日,中央下发全国参酌执行的《关于农村工作问题座谈会纪要》提出"不许包产到户",并指出"包产到户,是指把主要作物的全部农活由个人承担,产量多少也由个人负责。它失去了集体劳动和统一经营的好处,即使还承认集体对生产资料的所有权,承认集体统一核算和分配的必要性,但在否定统一经营这一点上,本质上和分田单干没有什么差别,所以是一种倒退"。由于政策上对"包产到户"的否定,许多地区名义上还是讲包产到组,实际上暗自搞"包产到户"。1979 年 9 月《中共中央关于加快农业发展若干问题的决定》提出,"除某些副业生产的特殊需要和边远山区、交通不便的单家独户外,不要包产到户",第一次承认包产到户可以作为例外存在。据1979年对479.6万个农村人民公社的基本核算单位的统计显示,实行各种形式的生产责任制的占84.8%,其中实行定额包工的占55.7%,实行联产到组的占24.9%,实行联产到劳的占3.2%,实行包产到户的占1%。

3. 在激烈争论中成长铺开的包干到户

这是农户自行安排生产经营活动,产品除向国家交纳农业税、向集体交纳积累和提留外,剩余产品全归农户所有的一种农业生产责任制形式。1978年,安徽省遭遇特大旱灾,大批农民背井离乡外出乞讨。面对生存危机,12月的一天夜里,梨园公社小岗生产队18户农民冒着生命危险,在分田到户"大包干"契约上摁下了血红的手印,拉开了中国农村经济改革的大幕。1979年,小岗生产队粮食产量达到6.6万公斤,相当于1955年到1970年粮食产量总和,人均收入达350元,相当于1978年的18倍,自1957年以来第一次向国家交售粮食和油料任务,用事实证明了该制度的优越性。这一探索得到了时任中共安徽省委书记万里的支持,但在1980年春万里同志调到中央工作后,围绕"大包干"的争论在全国展开。关键时刻,邓小平同志在关于农村政策问题的谈话中明确予以支持,"大包干"在激烈的争论中发展完善,政策也在争论中逐步放开。1980年中央75号文《关于进一步加强和完善农业生产责任制的几个问题》规定:"在那些边远山区和贫困落后的地区,长期'吃粮靠返销,生产靠贷款,生活靠救济'的生产队,群众对集体丧失信心,因而要求包产到户的,应当支持群众的要求,可以包产到户,也可以包干到户,并在一个较长的时间内保持稳定。"自此,"包产到户""包干到户"在全国全面推开。到1980年年末,全国实行包产到户或包干到户的生产队占全部生产队总数的比例上升到约20%。1982年的《全国农村工作会议纪要》指出:"目前实行的各种责任制,包括小段包工定额计酬,专业承包联产计酬,联产到劳,包产到户、到组,包干到户、到组,等等,都是社会主义集体经济的生产责任制。不论采取什么形式,只要群众不要求改变,就不要变动。"中央一号文件第一次明确肯定了包产到户、包干到户，为以家庭承包经营为基础、统分结合的双层经营体制的确立奠定了重要基础。

包干到户由包产到户发展演变而来，但又与包产到户不同。包产到户是一种联系生产责任制，是农户对所种植作物产量的承包，农户生产出来的农产品要全部上交生产队，由生产队按照征购任务上缴国家后统一分配，农户得到的是工分，并不掌握对农产品的分配权。包干到户是农户对经营土地的承包，"大包干、大包干，直来直去不拐弯，保证国家的，留足集体的，剩下的都是自己的"。包干到户实现了农户对农产品的实际和直接支配，完成了土地所有权和经营权的分离，是农民在基层实践中的伟大创造。

（二）发展完善以家庭承包经营为基础、统分结合的双层经营体制

在坚持土地集体所有的前提下，联产承包到户的生产责任制不断发展，并与集体统一经营相结合，最终形成了我国农村基本经营制度，即以家庭承包经营为基础、统分结合的双层经营体制。随着农村经济不断发展和农业分工分业日益深化，在"分"的层次，家庭承包期限从第一轮的15年到第二轮的30年再到长久不变，家庭经营形式不断创新完善；在"统"的层次，主体更加多元、内容更加丰富，不断赋予双层经营制度新的时代内涵。

1. 在小农户经营基础上，专业大户、家庭农场加快发展

家庭承包经营最初被称为家庭联产承包责任制，1998年党的十五届三中全会时正式改称家庭承包经营，其实质是包干到户，是农村双层经营体制中"分"的层次的基本单位。经过20世纪70年代末和80年代初的发展，包产到户、包干到户逐步得到各界的认可。1983年1月2日，《中共中央关于印发〈当前农村经济政策的若干问题〉的通知》充分肯定了联产承包责任制，认为分户承包的家庭经营不同于小农私有的个体经济，是合作经济中的一个经营层次，这种分散经营和统一经营相结合的经营方式具有广泛的适应性，既可适应当前以手工劳动为主的状况和农业生产的特点，又能适应农业现代化进程中生产力发展的需要，要求林业、牧业、

渔业等都要抓紧建立联产承包责任制。在中央政策的鼓励下,家庭承包经营迅速在全国推开。据统计,1983年全国589个基本核算单位18523.2万农户中,实行包干到户的基本核算单位达到576.4万个,占全国基本核算单位的97.8%;实行包干到户的农户17497.7万户,占全国农户总数的94.5%。到1986年年初,全国99.6%的农户实行了大包干,至此我国农村全面确立了家庭联产承包责任制度。这一制度克服了管理过于集中、平均主义严重的弊端,赋予了农民生产自主权,发挥了小规模经营的优势,极大地调动了农民生产的积极性,粮食等农作物产量大幅度上升。据统计,1987年我国粮食产量比1978年增加9996万吨,增长率达32.8%。

在最初的确立和发展过程中,家庭承包经营面临土地经营规模小、地块细碎、承包期短等问题,农民担心政策变动,不敢进行长期投入,影响了农业生产的进一步发展。为稳定农户预期,推动集约经营,中央多次对承包经营政策进行完善。1984年中央一号文件提出土地承包期一般应在15年以上,1993年《中共中央、国务院关于当前农业和农村经济发展的若干政策措施》提出,"在原定的耕地承包期到期之后,再延长三十年不变"。2003年《中华人民共和国农村土地承包法》出台,以法律的形式对家庭承包经营的方式方法、承包期限、承包户的权利义务等内容进行明确,家庭承包经营从此走上法制化轨道。2018年12月29日《中华人民共和国农村土地承包法修正案》审议通过,进一步巩固和完善了家庭承包经营制度的法律地位。

在政策引导下,家庭承包经营不断发展完善,表现形式更加多样,专业大户、家庭农场等新型经营模式纷纷涌现。家庭农场最早出现在经济发达的江浙地区,他们大多脱胎于普通农户,以家庭为基本生产经营单位,以家庭成员为主要劳动力,以农业经营收入为主要收入来源,利用家庭承包土地或流转土地,从事规模化、集约化、商品化农业生产,保留了农户家庭经营的内核,是农户家庭承包经营的升级版。党的十七届三中全会首次将家庭农场列为农业规模经营主体,2013年家庭农场首次写入中央一号文件。2014年,农业部印发《关于促进家庭农场发展的指导意见》,明确了家庭农场的认定标准,同年中央一号文件提出"按照自愿原则开展家庭农场登记"。近年来,家庭农场快速发展,正在成为引领农业适度规模经营、发展现代农业的重要力量。截至 2018 年年底,进入各级农业农村部门家庭农场名录的有 60 万家,经营耕地总面积 1.6 亿亩,年销售农产品总值达到 1946 亿元。

2. 在家庭承包经营基础上,各种类型合作经济组织加快发展

主要包括各类农民合作社、专业协会、专业联合会(社)等组织形式,是农户在家庭承包经营的基础上,通过多种形式联合起来组建的互助合作型组织。农业专业合作经济组织产生于 20 世纪 80 年代中后期,90 年代初至 90 年代末开始起步,在 21 世纪进入深化发展阶段。与 20 世纪五六十年代国家推行农业集体户经营和传统的供销合作社、信用合作社根本不同的是,这种新型合作经济组织的产生和发展,是我国农民作为独立经营的市场主体,面对日益激烈的市场竞争,所产生的内在合作需求的必然结果。目前,农村合作经济组织中,农民专业合作社成员间利益结合最为紧密,数量也最多。2007 年 7 月 1 日《农民专业合作社法》正式实施,自此我国农民合作社走上了依法发展的轨道。截至 2018 年年底,全国依法登记的农民专业合作社达 217.3 万家,辐射带动近一半农户,组建 1 万多家联合社。通过国家、省、市、县级示范社四级联创,县级以上示范社达到 18 万家,其中国家级示范社近 8500 家。农民合作社已成为农民群众的组织者、乡村产业发展的引领者和农民权益的维护者,在助力脱贫攻坚、实施乡村振兴战略、引领小农户步入现代农业发展轨道等方面发挥了重要作用。

3. 适应农业生产需要,农业社会化服务加快发展

随着农村多种经营的开展和联产承包制的建立,一家一户办不了、办不好、办起来不划算的事越来越多,社会化服务也由此应运而生。1983年中央一号文件《当前农村经济政策的若干问题》首次提出了社会化服务的概念,指出"当前,各项生产的产前产后的社会化服务,诸如供销、加工、贮藏、运输、技术、信息、信贷等各方面的服务,已逐渐成为广大农业生产者的迫切需要"。1991 年国务院印发了第一个有关农业社会化服务的

专门文件《国务院关于加强农业社会化服务体系建设的通知》,将农业社会化服务概念正式定义为包括专业经济技术部门、乡村合作经济组织和社会其他方面为农林牧副渔各业发展所提供的服务。特别是党的十八大以来,习近平总书记对发展农业社会化服务作出了一系列重要指示,为加快推进农业社会化服务发展提供了根本遵循。2013 年,习近平总书记在中央农村工作会议上指出,"要加快构建以农户家庭经营为基础、合作与联合为纽带、社会化服务为支撑的立体式复合型现代农业经营体系"[①]。2017 年,习近平总书记在党的十九大报告中指出,"健全农业社会化服务体系,实现小农户和现代农业发展有机衔接"[②]。这也是党的十九大作出的"三农"领域的一项重大决策部署。在政策支持和引导下,农业社会化服务进入了加快发展的关键时期,特别是面向小农户的农业生产托管服务取得了长足发展。截至 2018 年年底,全国农业生产托管服务面积达到 13.84 亿亩,提供托管服务的各类服务组织达到 37 万个,在促进农业提质增效和农民增收、实现小农户和现代农业发展有机衔接方面发挥出越来越重要的作用。

4. 适应农业市场化、集约化、规模化需求,农业企业经营加快发展

这是一种市场化程度较高的现代经营组织形式,具有产权明晰、治理结构完善、管理效率较高,以及技术装备先进、融资和抗风险能力较强等优势。农业产业化龙头企业是各类企业经营主体中的典型代表。发端于 20 世纪 80 年代中后期山东沿海地区的贸工农一条龙、农工商一体化,即是农业产业化经营的雏形,对于组织农户对接市场、建设高标准原料基地、发展农产品精深加工、提高农业附加值等产生了重要的示范带动作用。1995 年 12 月《人民日报》发表《论农业产业化》的社论,标志着农业产业化进入快速发展阶段。2012 年,国务院印发《国务院关于支持农业产业化龙头企业发展的意见》,从财政、税收、信贷、出口等方面明确了一

---

① 《关于引导农村土地经营权有序流转发展农业适度规模经营的意见》,人民出版社 2014 年版,第 2 页。

② 习近平:《决胜全面建成小康社会 夺取新时代中国特色社会主义伟大胜利——在中国共产党第十九次全国代表大会上的报告》,人民出版社 2017 年版,第 32 页。

系列扶持政策措施,龙头企业自此进入了创新提升的发展阶段。在组织模式上,"公司+农户""公司+合作社+农户""电商平台+公司+农户"等形式日益丰富,"公司+合作社+家庭农场"的农业产业化联合体取得快速发展;在利益联结机制上,龙头企业与农户之间不再局限于简单的农产品买卖和土地流转关系,土地入股、利润返回、综合服务等多种方式不断创新,进一步密切了企业与农户、合作社等经营主体的利益关系,在引领众多经营主体对接市场、促进现代农业发展、提升农业竞争力等方面发挥着不可替代的作用。截至2018年年底,经县级以上农业农村部门认定的龙头企业达到8.97万家,其中省级以上龙头企业近1.8万家,各类产业化组织辐射带动农户年户均增收超过3200元;全国有10个省份认定省级农业产业化示范联合体近1000个。

5. 统一经营的层次和内容不断丰富完善

双层经营体制中,家庭承包经营是基础,集体经营是重要组成部分。"统分结合"把集体统一经营和家庭分散经营有机结合起来,宜统则统、宜分则分,两个经营层次统一在集体经济组织中,相互依存、相互补充、相互促进。双层经营体制从建立之初就是"统分结合"的经营体制。1986年中央一号文件提出,"应当坚持统分结合,切实做好技术服务、经营服务和必要的管理工作",要求把一家一户办不好或者不好办的事认真抓起来。1991年11月,党的十三届八中全会通过的《中共中央关于进一步加强农业和农村工作的决定》首次明确提出,"把以家庭联产承包为主的责任制、统分结合的双层经营体制,作为我国乡村集体经济组织的一项基本制度长期稳定下来,并不断充实完善"。1998年10月党的十五届三中全会通过的《中共中央关于农业和农村工作若干重大问题的决定》提出,"长期稳定以家庭承包经营为基础、统分结合的双层经营体制"。1999年3月,第九届全国人民代表大会第二次会议通过的《中华人民共和国宪法修正案》规定,"农村集体经济组织实行家庭承包经营为基础、统分结合的双层经营体制"。至此,统分结合的双层经营体制正式确立。实践中,统分结合演进出多种表现形式。如20世纪90年代初出现的"统种分管制",即耕、播、割、脱等主要作业由集体农机统一进行,农户只负责补苗、除草、施肥等田间管理活动。

随着农业农村发展进入新阶段和农村改革不断深化,统分结合的双层经营体制也在实践中不断丰富完善。党的十八大报告明确提出,要坚持和完善农村基本经营制度,壮大集体经济实力,发展多种形式规模经营,构建集约化、专业化、组织化、社会化相结合的新型农业经营体系。习近平总书记强调,加快构建新型农业经营体系,推动家庭经营、集体经营、合作经营、企业经营共同发展,提高农业经营集约化、规模化、组织化、社会化、产业化水平。特别是承包地"三权分置"这一重大制度创新和理论创新的确立,为丰富统一经营层次的形式和内容、巩固完善农村基本经营制度奠定了重要的制度基础和理论支撑。在此背景下,各地积极探索农村基本经营制度的有效实现形式,不断创新农业经营方式,合作经营、企业经营蓬勃兴起,正日益发展成为统一经营的重要层次。

第二节　农业经营制度变迁的规律及其经验

农业经营制度是党的农村政策的基石。新中国成立后,我国农业经营制度在实践探索中不断丰富完善。特别是党的十八大以来,习近平总书记多次强调,坚持农村基本经营制度,不是一句空口号,而是有实实在在的政策要求,就是要坚持农村土地集体所有,坚持家庭经营基础性地位,坚持稳定土地承包关系。这为巩固和完善农村基本经营制度提供了关键路径和根本遵循。我国农村基本经营制度在不断实践中呈现出明显的发展规律,积累了丰富的发展经验。

一、坚持家庭经营基础性地位

新中国成立以来农业经营方式的演变和改革以来家庭承包经营的发展,充分证明了农业家庭承包经营符合我国生产力发展的实际,有利于提高资源利用效率、保障国家粮食安全和促进农民收入增长。以家庭承包经营为基础,种养大户、家庭农场和农民专业合作社等新型农业经营主体为补充的农业经营体系的建立和完善,也已成为我国农村基本经营制度的基础。因此,巩固和完善农业基本经营制度,必须坚持家庭经营基础地位。坚持家庭经营基础地位,关键是稳定和完善土地承包经营制度。当前和今后一段时期,要全面完成土地承包经营权确权登记颁证,落实二轮土地承包到期后再延长 30 年的政策,实行土地所有权、承包权、经营权三权分置,加强土地承包经营权流转规范化管理,依法保障农民土地承包权益。

二、坚持生产关系适应生产力发展

坚持生产关系适应生产力发展水平是确保农业经营制度生机和活力的重要保证。新中国成立初期,农业生产基础"一穷二白",为了尽快恢复农业生产,确立了土地私有、家庭经营制度,极大提升了农民生产积极性,农业生产水平得到大幅提升。改革开放后,为解放和发展农业生产力,建立了以家庭承包经营为基础、统分结合的双层经营体制,促进了农业生产飞跃式发展。党的十八大以来,为适应农业生产发展需要,推动了"两权分离"向"三权分置"转变,进一步释放了农业发展活力。实践表明,必须根据不同时期生产力水平,及时调整完善农业经营制度,可以有力推动农业经营制度与农业生产力水平相互适应、相互促进。

三、坚持农民主体地位

坚持农民主体地位是稳定和完善农业经营制度的根本。农民是农业农村发展的主体,是充满活力和创造力的群体。只有充分尊重农民意愿和首创精神,调动农民积极性、创造性、历史主动性,才能保证农业经营制度不断完善并发挥作用。从土地私有、家庭经营,到土地集体所有、家庭经营,再到土地集体所有、多元经营,都是农民创新探索的结果,农民始终是农业经营制度的实践者、维护者和推动者。实践表明,必须坚持农民的主体地位,顺应民心、尊重民意、关注民情、致力民生,让农民群众共享发展成果,才能激励农民更加自觉地投身农村改革和实施乡村振兴战略中。

四、妥善处理好稳定与完善的关系

处理好稳定与完善的关系是实现农村基本经营制度效率最大化的关键。党中央始终强调，必须坚持以稳定为基础，放活土地经营权，赋予农民更加充分而有保障的土地承包经营权，实现稳中求变、以活促稳。不论是"两权分离"还是"三权分置"，集体与农户家庭间的土地承包关系没有变，家庭经营的基础性地位没有变，土地经营权更加放活，农村基本经营制度不断焕发出新的活力。党中央强调新时期要继续稳定农村土地承包关系，作出第二轮土地承包到期后再延长30年的重大决策，赋予了农民更加充分而有保障的土地承包经营权。与此同时，积极探索放活土地经营权的有效路径，建立健全农村土地流转市场，进一步丰富和完善农村基本经营制度的内涵。实践表明，只有稳定的农村基本经营制度，才能为创新完善提供基础；只有持续不断地创新完善，才能为制度稳定提供坚实保障。

五、促进小农户与现代农业发展有机衔接

当前和今后很长一段时期，小农户家庭经营仍将是我国农业的主要经营方式，必须把小农户尽快引入现代农业发展轨道。要引导小农户加强联合与合作，鼓励小农户通过联户经营、联耕联种、组建合伙农场等方式联合开展生产，共同购置农机、农资，接受统耕统收、统防统治、统销统结等服务，降低生产经营成本。坚持农户成员在农民合作社中的主体地位，发挥农户成员在合作社中的民主管理、民主监督作用，让农民切实受益。鼓励龙头企业通过"公司+农户""公司+农民合作社+农户"等方式，延长产业链、稳定供应链、完善利益链，将小农户纳入现代农业产业体系。要大力发展面向小农户的社会化服务，积极培育适应小农户需求的多元化多层次农业生产性服务组织，不断创新服务方式和手段，加快发展农业生产托管服务，稳步提升对小农户生产服务的覆盖率。要完善对小农户的扶持政策，稳定现有对小农生产的普惠性补贴政策，创新补贴机制，提高补贴效率。发展农村普惠金融，不断扩大小农户贷款覆盖面，切实加大

对小农户生产发展的信贷支持。

巩固和完善农村基本经营制度,要以习近平新时代中国特色社会主义思想为指导,全面贯彻党的十九大和十九届二中、三中全会精神,牢固树立新发展理念,围绕处理好农民和土地关系这一主线,稳定土地承包关系,坚持农村土地归农民集体所有,坚持家庭经营基础性地位,赋予农民更加充分而有保障的土地权利,加快培育新型农业经营主体,发展壮大新型集体经济,赋予双层经营体制新的时代内涵,为加快推进农业农村现代化、实现乡村全面振兴、保持农村社会和谐稳定奠定扎实的制度基础。

第六章　农村集体产权制度改革

产权制度是社会主义市场经济的基石。以土地集体所有为基础的农村集体所有制,是社会主义公有制的重要形式,是实现农民共同富裕的制度保障。新中国成立70年来,逐步建立健全符合我国国情和社会主义初级阶段实际的农村集体产权制度,并不断探索农村集体所有制有效实现形式,是贯穿社会主义建设历程的一条重要脉络。本章从历史的维度梳理了我国农村集体产权制度的形成和演变历程,在深刻把握习近平总书记关于农村集体产权制度改革重要论述的基础上,阐释了新时代深化农村集体产权制度改革、发展壮大新型集体经济的总体方向、政策要求和工作任务。

第一节　农村集体产权制度的形成及演变

一、从合作化运动到人民公社的建立

新中国成立后,通过土地改革,亿万农民有了自己的土地。顺应农民开展互助合作的需求,从1951年开始,中央指导各地农民通过组建互助组、初级社,发展农业生产。1955年,毛泽东同志在《关于农业合作化问题》中指出,"我国的商品粮食和工业原料的生产水平,现在是很低的,而国家对于这些物资的需要却是一年年地增大,这是一个尖锐的矛盾"。[①]为提高农业生产力水平,中央决定促进高级社快速发展。1956年6月,

---

① 《毛泽东文集》第六卷,人民出版社1999年版,第431页。

第一届全国人大第三次会议通过《高级农业生产合作社示范章程》,规定"入社的农民必须把私有的土地和耕畜、大型农具等主要生产资料转为合作社集体所有……社员土地上附属的私有的塘、井等水利建设,随着土地转为合作社集体所有……农业生产合作社应该抽出一定数量的土地分配给社员种植蔬菜……社员原有的坟地和房屋地基不必入社"。自此,高级社在各地迅猛发展,到 1956 年 12 月底,全国农村已经基本实现高级形式的合作化,仅 1 年时间,高级社数量就从 1955 年的 500 个发展到 54 万个,入社农户从 4 万户增加到 1.07 亿户,占农户总数的 87.8%。[①] 在高级社中,社员私有的土地等生产资料已经转变为农民集体所有。

1958 年 8 月,中共中央政治局审议通过《中共中央关于在农村建立人民公社问题的决议》,明确要求"把规模较小的农业生产合作社合并和改变成为规模较大的、工农商学兵合一的、乡社合一的、集体化程度更高的人民公社"。随后,全国农村普遍实现了人民公社化,到同年 9 月底,已经把 74 万多个农业生产合作社改组为 2.4 万多个人民公社,入社农户占农户总数的 90%以上,平均每社耕地 6.4 万亩,农户 5000 户左右[②]。

针对人民公社建立初期因速度过快产生的诸多问题,中央发出一系列文件,着力在全党纠"左"。1959 年 4 月,中共中央印发《关于人民公社的十八个问题》,指出"除了公社直接所有的部分以外,还有生产大队和生产队所有的所有制;而且基本上是生产队的所有制"。1960 年 11 月,中共中央发出《关于农村人民公社当前政策问题的紧急指示信》,明确"三级所有,队为基础,是现阶段人民公社的根本制度"和"加强生产队的基本所有制"。1962 年 2 月,中共中央发布《关于改变农村人民公社基本核算单位问题的指示》,提出"在全国各地农村,绝大多数的人民公社,都宜于以生产队为基本核算单位"。同年 9 月,党的八届十中全会正式通过《农村人民公社工作条例修正草案》(简称"人民公社六十条"),成为指

---

① 农业部农村经济体制与经营管理司等编:《中国农村经营管理 50 年》,中国农业科技出版社 2000 年版,第 23 页。

② 农业部农村经济体制与经营管理司等编:《中国农村经营管理 50 年》,中国农业科技出版社 2000 年版,第 24 页。

导人民公社的纲领性文件,正式确立了"三级所有,队为基础"的人民公社体制。据统计,到1978年,全国共有社队企业152.4万个,拥有劳动力2826.6万人,拥有农用地面积1.25亿亩、固定资产原值229.6亿元、流动资金95亿元。

在"三级所有,队为基础"体制下,生产队是人民公社中的基本核算单位,组织规模一般为20—30户,实行独立核算,自负盈亏。生产队范围内的土地等生产资料都归生产队所有,生产队范围内的劳动力都由生产队支配,生产队对生产的经营管理和收益的分配具有自主权。生产队内部对社员劳动实行评工记分,分配粮食时实行基本口粮(按人口平均分配)和按劳动工分分配相结合的办法。

关于这段历史的评价,《关于建国以来党的若干历史问题的决议》指出,"社会主义改造基本完成以后,我们党领导全国各族人民开始转入全面的大规模的社会主义建设。直到'文化大革命'前夕的十年中,我们虽然遭到过严重挫折,仍然取得了很大的成就","党中央在调整国民经济过程中陆续制定的农村人民公社工作条例草案和有关工业、商业、教育、科学、文艺等方面的工作条例草案,比较系统地总结了社会主义建设的经验,分别规定了适合当时情况的各项具体政策","由于对社会主义建设经验不足,对经济发展规律和中国经济基本情况认识不足……急于求成,夸大了主观意志和主观努力的作用,没有经过认真的调查研究和试点,就在总路线提出后轻率地发动了'大跃进'运动和农村人民公社化运动,使得以高指标、瞎指挥、浮夸风和'共产风'为主要标志的'左'倾错误严重地泛滥开来"。

二、从包产到户到人民公社体制的废除

1978年冬,安徽省凤阳县梨园公社小岗村的18户农民以"托孤"的方式,冒着巨大风险在大包干协议上摁下鲜红的手印。此后,"包产到户""包干到户"逐渐推开,拉开了农村改革的序幕。到1986年年初,全国已有超过99.6%的农户实行大包干,家庭联产承包责任制在我国农村全面确立。

以家庭联产承包为主的生产责任制,极大地冲击着人民公社体制,经营制度层次的变革有力推动了组织制度和产权制度的变迁。1983年1月,中共中央印发《当前农村经济政策的若干问题》,决定改革人民公社体制,实行政社分设。同年10月,中共中央、国务院出台《关于实行政社分开,建立乡政府的通知》,要求把政社分开,以原人民公社的管辖范围为基础建立乡政府。相应地,各地在原生产大队、生产队范围内分别建立了村民委员会、村民小组。1984年1月,中共中央发出《关于一九八四年农村工作的通知》,对政社分开以后农村经济组织设置提出明确的指导方针,要求"为了完善统一经营和分散经营相结合的体制,一般应设置以土地公有为基础的地区性合作经济组织。这种组织,可以叫农业合作社、经济联合社或群众选定的其他名称;可以以村(大队或联队)为范围设置,也可以以生产队为单位设置;可以同村民委员会分立,也可以一套班子两块牌子"。到1985年,全国政社分开工作全部完成,大多数地方在原人民公社、生产大队和生产队解体后,组建起相应层级的集体经济组织,即乡镇集体经济组织、村集体经济组织和村内集体经济组织(组级集体经济组织)。但在实践中,很多地方的村集体经济组织没有同村民委员会分立,而是由村民委员会代行村集体经济组织经营管理集体资产的职能。

第二节　农村集体产权制度法律和政策演变

改革开放以来,在农村积累形成了大量集体资产。随着工业化、城镇化进程加快,农业人口大量流向城市,农村经济结构、社会结构发生深刻变化,农村集体资产产权归属不清晰、权能不完整、流转不顺畅、保护不严格等问题日益突出,成为制约农村集体资源有效利用、农民集体成员权益有效保障的制度性障碍,这些都对改革农村集体产权制度提出了客观要求。从20世纪80年代到党的十八大之前,中央逐步出台了农村集体产权方面的法律政策,广东、北京、上海、江苏、浙江等发达地区陆续进行了农村集体产权制度改革探索,并逐步扩展到全国各地,为探索农村集体所有制有效实现形式、创新农村集体经济运行机制、保护农民集体资产权益发挥了积极作用。

一、关于农村集体产权制度的法律规定

1978年12月召开的党的十一届三中全会作出"把全党工作的着重点转移到社会主义现代化建设上来"的重大决策,并提出"必须加强社会主义法制","做到有法可依,有法必依,执法必严,违法必究"。自此之后,全国人大全面加强立法工作,法制建设步伐加快,农村集体产权制度逐步走上法制化轨道。

(一)《中华人民共和国宪法》相关规定

1982年12月,第五届全国人大第五次会议通过并颁布新中国历史上的第四部宪法(以下简称"八二宪法")。该法第八条第一款规定"农村人民公社、农业生产合作社和其他生产、供销、信用、消费等各种形式的合作经济,是社会主义劳动群众集体所有制经济",第三款规定"国家保护城乡集体经济组织的合法的权利和利益,鼓励、指导和帮助集体经济的发展";第九条第一款规定"矿藏、水流、森林、山岭、草原、荒地、滩涂等自然资源,都属于国家所有,即全民所有;由法律规定属于集体所有的森林和山岭、草原、荒地、滩涂除外";第十条第二款规定"农村和城市郊区的土地,除由法律规定属于国家所有的以外,属于集体所有;宅基地和自留地、自留山,也属于集体所有";第十七条规定"集体经济组织在接受国家计划指导和遵守有关法律的前提下,有独立进行经济活动的自主权。集体经济组织依照法律规定实行民主管理,由它的全体劳动者选举和罢免管理人员,决定经营管理的重大问题"。

此后,"八二宪法"历经五次修订①,关于农村集体产权制度的条文表述也发生了一些变化。如第八条第一款修改为"农村集体经济组织实行家庭承包经营为基础、统分结合的双层经营体制。农村中的生产、供销、

---

① 第七届、第八届、第九届、第十届、第十三届全国人大分别于1988年、1993年、1999年、2004年、2018年通过宪法修正案对"八二宪法"进行修订。

信用、消费等各种形式的合作经济,是社会主义劳动群众集体所有制经济";第十七条修改为"集体经济组织在遵守有关法律的前提下,有独立进行经济活动的自主权。集体经济组织实行民主管理,依照法律规定选举和罢免管理人员,决定经营管理的重大问题"。

(二)相关法律规定

1986 年 4 月,第六届全国人大第四次会议通过《中华人民共和国民法通则》,该法第七十四条第一款规定"劳动群众集体组织的财产属于劳动群众集体所有,包括:(一)法律规定为集体所有的土地和森林、山岭、草原、荒地、滩涂等;(二)集体经济组织的财产;(三)集体所有的建筑物、水库、农田水利设施和教育、科学、文化、卫生、体育等设施;(四)集体所有的其他财产";第二款规定"集体所有的土地依照法律属于村农民集体所有,由村农业生产合作社等农业集体经济组织或者村民委员会经营、管理。已经属于乡(镇)农民集体经济组织所有的,可以属于乡(镇)农民集体所有";第三款规定"集体所有的财产受法律保护,禁止任何组织或者个人侵占、哄抢、私分、破坏或者非法查封、扣押、冻结、没收"。

2007 年 3 月,第十届全国人大第五次会议通过《中华人民共和国物权法》,该法第五十八条规定"集体所有的不动产和动产包括:(一)法律规定属于集体所有的土地和森林、山岭、草原、荒地、滩涂;(二)集体所有的建筑物、生产设施、农田水利设施;(三)集体所有的教育、科学、文化、卫生、体育等设施;(四)集体所有的其他不动产和动产";第五十九条第一款规定"农民集体所有的不动产和动产,属于本集体成员集体所有";第六十条规定"对于集体所有的土地和森林、山岭、草原、荒地、滩涂等,依照下列规定行使所有权:(一)属于村农民集体所有的,由村集体经济组织或者村民委员会代表集体行使所有权;(二)分别属于村内两个以上农民集体所有的,由村内各该集体经济组织或者村民小组代表集体行使所有权;(三)属于乡镇农民集体所有的,由乡镇集体经济组织代表集体行使所有权";第六十三条规定"集体所有的财产受法律保护,禁止任何单位和个人侵占、哄抢、私分、破坏。集体经济组织、村民委员会或者其负责人作出的决定侵害集体成员合法权益的,受侵害的集体成员可以请求人民法院予以撤销";第一百二十四条规定"农村集体经济组织实行家庭承包经营为基础、统分结合的双层经营体制。农民集体所有和国家所有由农民集体使用的耕地、林地、草地以及其他用于农业的土地,依法实行土地承包经营制度"。

二、关于农村集体产权制度的政策举措

到20世纪90年代,由于农村土地等集体资源性资产的开发利用,在一些发达地区村庄,农村集体资产已经形成相当规模。为加强集体资产管理、完善集体产权制度,国家出台了一系列政策措施。

(一)加强农村集体经济组织建设

1998年10月,党的十五届三中全会决定提出,"农村集体经济组织要管理好集体资产,协调好利益关系,组织好生产服务和集体资源开发,壮大经济实力,特别要增强服务功能,解决一家一户难以解决的困难","适应生产和市场需要,发展跨所有制、跨地区的多种形式的联合和合作","以农民的劳动联合和农民的资本联合为主的集体经济,更应鼓励发展","积极推进乡镇企业改革,放手让群众从实际出发,探索和选择企业的经营方式和组织形式,增强企业活力,调动投资者、经营者和劳动者的积极性,确保集体资产保值增值"。2008年10月,党的十七届三中全会决定提出,"统一经营要向发展农户联合与合作,形成多元化、多层次、多形式经营服务体系的方向转变,发展集体经济、增强集体组织服务功能","抓好以村党组织为核心的村级组织配套建设,领导和支持村委会、集体经济组织、共青团、妇代会、民兵等组织和乡镇企业工会组织依照法律法规和章程开展工作","健全农村集体资金、资产、资源管理制度,做到用制度管权、管事、管人"。

(二)强化农村集体资产资金资源管理

为指导地方管好用好农村集体资产,防止农村集体资产流失,1995年12月印发的《国务院关于加强农村集体资产管理工作的通知》指出,"农业部是国务院主管农村经济工作的职能部门,要认真履行对集体资产管理工作进行指导和监督的职责",并要求水利、林业、财政、监察、审

计等部门按照职责分工做好集体资产管理相关工作。按照国务院要求，农业部会同有关部门组织开展农村集体资产清产核资，建立健全集体资产管理各项制度，加强农村集体产权制度改革指导，不断推动农村集体产权制度创新。

从 1997 年开始，农业部、财政部在全国范围组织开展了改革开放后第一次农村集体资产清产核资工作，历时两年半，共对 29 个省（自治区、直辖市）5.1 万个乡级单位、67.9 万个村和 54.8 万个乡村办集体企业进行了清查。根据清产核资结果，截至 1998 年 3 月底，全国乡村两级集体账面资产（不包括土地等资源性资产，下同）总额为 25776.4 亿元，其中村级集体资产 12233.4 亿元，村均资产 180.2 万元。从地区看，东部地区村均资产 273.6 万元、中部地区 121.4 万元、西部地区 74.7 万元，东部地区分别是中部和西部地区的 2 倍和 4 倍。2010 年，农业部召开全国农村集体资金资产资源管理工作座谈会，要求各地自主开展农村集体资产清产核资，这是继 1997 年后的又一次农村集体资产全面清查，29 个省（自治区、直辖市）用三年左右时间完成清产核资工作，共对 59.2 万个村进行了清查。根据这次清查结果，截至 2012 年年底，全国村级集体账面资产总额为 21786.3 亿元，村均资产 369.3 万元，比 1998 年分别增长了 78% 和 105%，集体资产增长迅速。分地区看，东部地区村均资产 670.8 万元、中部地区 178.8 万元、西部地区 114.4 万元，东部地区分别是中部和西部地区的 4 倍和 6 倍，集体资产地区间差距进一步扩大。针对清产核资发现的问题，2009 年 6 月，《农业部关于进一步加强农村集体资金资产资源管理指导的意见》出台，明确提出农村集体经济组织要建立健全农村集体资金、资产、资源管理的 14 项制度，推进农村集体经济管理方式创新，逐步形成产权明晰、权责明确、经营高效、管理民主、监督到位的农村集体资产管理体制和运行机制。

（三）指导地方探索农村集体产权制度改革

20 世纪 90 年代，地处改革前沿的珠江三角洲一带，由于农村集体经济发展较快，农村社区居民结构日趋复杂，集体资产管理和收益分配矛盾日益突出。为切实维护农民群众的集体资产权益，这些地方率先开展了农村集体产权制度改革探索。此后,北京、上海、江苏、浙江等发达地区借鉴珠三角地区的经验,相继开展了农村集体产权制度改革。进入21世纪,伴随工业化、信息化、城镇化和农业现代化深入推进,农村集体产权制度改革的范围逐步扩展到全国各地。

2004年以来,为适应农村集体资产管理的新形势新要求,积极推进农村集体产权制度创新,增强农村集体经济发展活力,按照中央相关要求,农业部加强对集体成员身份确认、集体资产股权设置和管理等农村集体产权制度改革重大问题的研究,并组织地方进行试点探索。2007年10月,在总结各地实践和经验的基础上,出台《农业部关于稳步推进农村集体经济组织产权制度改革试点的指导意见》,引导有条件的地方推进以股份合作为主要形式,以清产核资、成员界定、资产量化、股权设置、股权管理、资产运营、收益分配等为主要内容的农村集体产权制度改革。

第三节　新时代农村集体产权制度改革的总体部署和进展成效

一、充分认识新时代推进农村集体产权制度改革的重大意义

新形势下推进农村集体产权制度改革,对于巩固和完善中国特色社会主义制度,对于实施乡村振兴战略、发展新型集体经济、走共同富裕道路、推进乡村治理能力和水平现代化具有重大而深远的意义。

（一）推进农村集体产权制度改革,是实施乡村振兴战略的必然要求

实施乡村振兴战略是关系全面建设社会主义现代化国家的全局性、历史性任务,是新时代"三农"工作总抓手。我们党提出和实施乡村振兴战略,最根本目的是让广大人民群众受益,尤其是要确保亿万农民充分享受乡村振兴的成果。农村土地等资产属于农民集体所有,是社会主义公有制经济在农村的重要体现,也是为广大农民谋利益的重要基础。确保

农村集体资产保值增值,是农民群众分享乡村振兴成果的重要路径。中央决定推进农村集体产权制度改革,就是要破除束缚集体经济发展的体制机制障碍,激活农村资源要素,进一步巩固和发展农村公有制经济,进一步激发亿万农民群众的积极性创造性,让最广大的农民群众成为集体经济发展的真正参与者和受益者,为乡村振兴提供坚定的政治保障。

（二）推进农村集体产权制度改革,是维护农民合法权益、促进农民增收的有效途径

引领广大农民逐步实现共同富裕,是中国特色社会主义的本质要求,也是推进农村集体产权制度改革的重要目标。截至2018年年底,全国农村集体账面资产总额4.24万亿元,集体所有的土地资源66.9亿亩。在社会主义市场经济体制下,要通过将集体资产以股份或者份额形式量化到本集体成员,建立健全产权明晰、运转高效的体制机制,为放活资源打下坚实的制度基础。这项改革,一方面,可以增加农民的财产性收入,使农民有更多的获得感;另一方面,可以赋予农民对集体资产更多权能,优化农村各类资源要素配置,使集体资产保值增值、集体经济实力不断壮大,带动亿万农民走上共同富裕道路。

（三）推进农村集体产权制度改革,是强化乡村治理体系和治理能力的重要举措

新中国成立后,农村逐步发展形成了以党组织为核心、集体经济组织和村民自治组织共同发挥作用的中国特色乡村治理框架。在这个治理框架中,集体经济是最重要的物质基础,集体手里有"一把米",农村的很多事办起来就容易。改革完善农村集体产权制度,发展壮大农村集体经济,不仅有利于改善农村基础设施和公共服务水平,夯实乡村治理的物质基础;也有利于建立农民之间的利益和情感纽带,增强集体的凝聚力和向心力,推动健全自治、法治、德治相结合的乡村治理体系。

二、牢牢把握农村集体产权制度改革的基本方向

党的十八大以来,习近平总书记在中央全面深化改革领导小组会议、中央政治局常务委员会会议、中央经济工作会议、中央农村工作会议、

2016年小岗村农村改革座谈会、2018年中央政治局第八次集体学习会等重要场合,对深化农村集体产权制度改革作出了一系列重要论述,为改革指明了前进方向、提供了根本遵循。当前和今后一个时期,全面深化农村集体产权制度改革,要以习近平总书记关于农村集体产权制度改革的重要论述为指导,按照"归属清晰、权能完整、流转顺畅、保护严格"的基本原则,着力发展新型农村集体经济,建立符合市场经济要求的农村集体经济运行新机制,形成有效维护农村集体经济组织成员权利的治理体系。

(一)归属清晰

明确农村集体资产的产权归谁所有,是实现产权保护、变更和交易的前提。农村集体资产包括经营性资产、非经营性资产、资源性资产,各类集体资产产权主体多元、利益关系复杂,在市场经济条件下,必须明确产权归属,确保产权关系清晰。推进农村集体产权制度改革,首先要明确集体资产产权的权利归属,科学合理界定集体资产的边界范围、认定集体成员身份,明确各主体享有的集体产权权利边界。

(二)权能完整

根据《中华人民共和国物权法》规定,所有权包括占有、使用、收益、处分四项权能,其中每项权能又可以进一步细分为更具体的权能。因此,推进农村集体产权制度改革,不是要改变农村集体所有制,而是要在坚持集体所有的前提下,选择更有效率的产权制度安排,把农村集体产权的各项权利归属界定清楚,把占有、使用、收益、处分的权能边界划分明白,赋予农村集体经济组织及其成员更充分、更完整的集体产权权能。

(三)流转顺畅

农村集体资产自由进入市场,是实现产权权能完整的重要条件,也是实现资源要素优化配置的必然要求,只有流转顺畅,才能促进集体资产保值增值。要在明晰产权的基础上,健全完善农村集体产权交易市场,支持集体产权进入市场交易,让集体产权流动起来,让农村各类资源要素活起来,让集体资产在流转中实现其应有价值,切实增加农村集体经济组织及其成员的财产性收入。

（四）保护严格

保护产权是坚持社会主义基本经济制度的必然要求。有恒产者有恒心,有效保障和实现农村集体经济组织及其成员的财产权利,是实现农业农村持续健康发展的重要基础。要通过推进农村集体产权制度改革,健全适应社会主义市场经济体制要求、以公平为核心原则的农村产权保护法律制度,依法维护农村集体经济组织及其成员的权益,保证农村集体经济组织平等使用生产要素,公平参与市场竞争,同等受到法律保护,切实增强农民群众的获得感、幸福感、安全感。

三、准确理解农村集体产权制度改革的政策要求

农村集体产权制度改革涉及面广、政策性强,新时代推进这项改革,要以《中共中央国务院关于稳步推进农村集体产权制度改革的意见》提出的改革任务为依据,确定改革的重点领域和关键环节,进一步明确各项改革任务的政策要求。

（一）全面开展农村集体资产清产核资

按照中央统一部署,对集体所有的各类资产进行全面清产核资,摸清集体家底。重点清查核实未承包到户的资源性资产和集体统一经营的经营性资产以及现金、债权债务等,查实存量、价值和使用情况,做到账证相符和账实相符。清产核资结果要向全体农村集体经济组织成员公示,并经成员大会或者代表大会确认。明确集体资产所有权,将集体资产的所有权确权到相应层级的农村集体经济组织成员集体。健全完善集体资产监督管理制度,建立集体资产登记、保管、使用、处置等制度,实行台账管理;健全年度资产清查制度和定期报告制度,以后每年末开展一次资产清查,清查结果及时上报。

（二）全面确认农村集体经济组织成员身份

按照尊重历史、兼顾现实、程序规范、群众认可的原则,统筹考虑户籍关系、农村土地承包关系、对集体积累的贡献等因素,做好各类人群的成员身份确认工作。以县或地市为单位统一制定农村集体经济组织成员身份确认的指导意见,明确政策底线,规范工作程序,建立健全集体经济组

织成员登记备案机制。指导集体经济组织在群众民主协商基础上，制定成员身份确认的具体程序、标准和管理办法。成员身份的确认既要得到多数人认可，又要注重保护外嫁女等特殊人群的合法权益。

（三）加快推进经营性资产股份合作制改革

在尊重农民意愿的前提下，将农村集体经营性资产折股量化到本集体经济组织成员，作为其参加集体收益分配的基本依据。明确政府拨款、减免税费等形成的资产归农村集体经济组织所有，探索将其量化为集体成员股份的具体办法。在股权设置方面，应以成员股为主，是否设置集体股由本集体经济组织成员民主讨论决定。指导改革后农村集体经济组织完善治理机制，制定组织章程，在涉及成员利益的重大事项上实行民主决策，防止少数人操控。

（四）探索赋予农民集体资产股份权能

积极探索赋予农民集体资产股份占有、收益、有偿退出及抵押、担保、继承权能。建立集体资产股权登记制度，向农村集体经济组织成员出具股权证书，把成员对集体资产股份的占有权落实到位。健全集体收益分配制度，把农民集体资产股份收益分配权落到实处。结合实际确定集体资产股份有偿退出的条件和程序，积极探索集体资产股份抵（质）押贷款办法，指导集体经济组织制定农民持有集体资产股份继承的办法。

（五）发挥农村集体经济组织功能作用

有集体统一经营资产的村（组），特别是城中村、城郊村、经济发达村等，应建立健全农村集体经济组织。县级农业农村部门负责向农村集体经济组织发放登记证，重点做好改革后集体经济组织的登记赋码工作，集体经济组织凭登记证到相关部门办理公章刻制和银行开户等手续，以更好发挥管理集体资产、开发集体资源、发展集体经济、服务集体成员等功能作用。依法维护农村集体经济组织及其成员的权益，保证集体经济组织平等使用生产要素，公平参与市场竞争，同等受到法律保护。在基层党组织领导下，探索明晰农村集体经济组织与村民委员会的职能关系，有需要且条件许可的地方可以实行村民委员会事务和集体经济事务分离。

四、农村集体产权制度改革工作部署和初步成效

党的十八大以来,中央高度重视农村集体产权制度改革。党的十八大和十八届三中、四中、五中全会,以及党的十九大,都对推进农村集体产权制度改革提出明确要求、作出具体部署。2016年12月26日,《中共中央国务院关于稳步推进农村集体产权制度改革的意见》正式发布,这是指导新时期农村集体产权制度改革的纲领性文件,对改革的目标方向、重点任务、推进原则、实施要求等进行了顶层设计、作出了全面部署。贯彻落实中央部署,中央农办、农业农村部等部门按照总体部署、重点推进、先行试点、由点及面的路径,积极稳妥有序地推动农村集体产权制度改革,已组织开展了四批试点。目前,中央试点单位扩展到15个省、89个地市、442个县,加上地方自主确定的省级试点单位,各级试点单位已经覆盖全国80%左右的县,农村集体产权制度改革已经取得阶段性成效,给集体和农民带来实实在在的好处。

(一)保障了农民集体成员权利

改革摸清了集体家底、厘清了成员边界,通过资产确权到户、成员民主决策,使广大农民群众在物质利益和民主权利两方面都有了更多获得感。截至目前,全国已有超过15万个村完成股份合作制改革,确认集体经济组织成员3亿多人。许多老百姓说,"改革让我们有了股权,一些大事还征求我们意见,觉得自己真正成了集体的主人"。

(二)提升了集体经济发展活力

改革明晰了产权关系,盘活了农村集体资产,激活了农村各类要素,提升了村集体的自我造血能力,促进了集体经济不断发展壮大。到2018年年底,全国农村集体经济组织总收入4912亿元,比上年增长了6.1%;年经营收益在5万元以上的村达到36.4%,比上年提高了7个百分点。

(三)释放了产权制度改革红利

改革密切了集体与农民的利益联结,拓宽了农民增收渠道,使集体成员既看得见集体资产,又摸得着改革红利。截至2018年,全国完成改革的集体经济组织累计向农民分红3738.7亿元,其中2018年当年分红

487.7亿元。

（四）提升了基层组织战斗力

改革让农民真正成为集体资产的所有者、管理者、受益者,改革后群众对集体家底更清楚了,对基层干部更信任了,农村干群关系也更和谐了。基层干部普遍反映,改革后集体的凝聚力和向心力增强了,以前"散"的农民又重新"聚"起来了,党在农村的执政基础也进一步夯实了。

下一步深化农村集体产权制度改革,主要从三个方面着力:一是提高集体产权制度改革制度化规范化水平。研究制定农村集体经济组织示范章程。深入开展集体资产股份有偿退出、抵押担保、继承等试点。积极探索股份抵(质)押贷款办法,建立股份价值评估体系和抵押担保风险防控机制。二是积极推进农村集体经济组织立法。按照第十三届全国人大常委会立法规划和中央文件要求,组织开展农村集体经济组织立法研究。指导有条件的地方开展成员身份确认、集体经济组织运营及治理机制等方面的立法探索,为国家层面立法提供更多实践支撑。三是加强农村集体资产监督管理。健全农村集体资产登记、保管、使用和处置等各项制度,修订完善农村集体经济组织财务会计制度,规范农村集体资产账务核算处理。加快农村集体资产监督管理平台建设,尽快建成各级农业农村部门及相关部门共享的农村集体资产大数据库,增强集体资产监管能力,开展集体经济运行分析,提高集体资产管理信息化水平。

第四节　发展壮大新型集体经济

发展壮大新型集体经济,增强集体经济组织服务成员的能力,增加农民财产性收入,是农村集体产权制度改革的出发点和落脚点。这里的新型集体经济,是成员边界清晰、产权关系明确的集体经济,是集体优越性与个人积极性有效结合的集体经济,是更具发展活力和凝聚力的、可持续的集体经济,而不是以前那种"吃大锅饭"、不可持续的集体经济。新时代发展壮大集体经济,必须赋予双层经营体制新的内涵,探索形成既体现集体优越性又调动个人积极性的体制机制,使农民有更多的知情权、参与权、表达权、监督权,充分激发集体经济的内生源动力。

一、发展壮大集体经济的重要意义

农村集体经济是社会主义公有制经济在农村的重要体现,也是农村统分结合双层经营的重要表现形式。发展壮大集体经济,对于完善农村基本经营制度,引领农民群众走共同富裕之路;对于打赢精准脱贫攻坚战,推动新时代乡村全面振兴;对于提升农村基层党组织的凝聚力、号召力,巩固党在农村的执政基础,具有重大意义。

习近平总书记高度重视发展壮大集体经济。早在 20 世纪 80 年代,就在《摆脱贫困》一书中指出,"加强集体经济实力是坚持社会主义方向,实现共同致富的重要保证;是振兴贫困地区农业的必由之路;是促进农村商品经济发展的推动力;是农村精神文明建设的坚强后盾","社会主义制度的优越性在农村经济上的体现,应该是集体优越性与个人积极性的完美结合","集体与个人,即'统'与'分',是相互作用、相互依赖、互为前提的辩证统一关系。只有使二者有机地结合起来,才能使生产力保持旺盛的发展势头,偏废任何一方,都会造成大损失"[①] 2017 年,在党的十九大报告中提出,"深化农村集体产权制度改革,保障农民财产权益,壮大集体经济"[②]。2018 年,在中央政治局第八次集体学习会上强调,"要把好乡村振兴战略的政治方向,坚持农村土地集体所有制性质,发展新型集体经济,走共同富裕道路"。2019 年,在参加河南代表团审议时进一步指出,"建立健全集体资产各项管理制度,完善农村集体产权权能,发展壮大新型集体经济,赋予双层经营体制新的内涵"。习近平总书记这些重要论述所蕴含的科学方法论、鲜明的人民立场和深厚的"三农"情怀,是发展壮大新型集体经济、探索集体经济新的实现形式和运行机制的行动指南。

---

① 习近平:《摆脱贫困》,福建人民出版社 1992 年版,第 144 页。
② 习近平:《决胜全面建成小康社会　夺取新时代中国特色社会主义伟大胜利——在中国共产党第十九次全国代表大会上的报告》,人民出版社 2017 年版,第 32 页。

二、发展壮大集体经济的实践探索

新中国成立70年来,我们在发展什么样的集体经济、如何发展好集体经济等方面进行了不懈探索,搞过"政社合一"的人民公社、高度集中的生产队,也发展过社队企业、乡镇企业、农村合作基金会,既有成功的经验,更有失败的教训。经过反复探索,我们认识到,发展集体经济不能搞大包大揽,必须从农村集体所有制、农村集体经济组织的本质特征出发,选择与其适应的领域和方向,才能充分发挥其制度优势,实现可持续发展。近年来,各地借助推进农村集体产权制度改革,探索了多种形式的集体经济发展路径。在总结地方实践的基础上,《中共中央国务院关于稳步推进农村集体产权制度改革的意见》明确提出了发展壮大集体经济的五条路径:一是利用未承包到户的集体"四荒"地(荒山、荒沟、荒丘、荒滩)、果园、养殖水面等资源,集中开发或者通过公开招投标等方式发展现代农业项目;二是利用生态环境和人文历史等资源发展休闲农业和乡村旅游;三是在符合规划前提下,探索利用闲置的各类房产设施、集体建设用地等,以自主开发、合资合作等方式发展相应产业;四是为农户和各类农业经营主体提供产前产中产后农业生产性服务;五是整合利用集体积累资金、政府帮扶资金等,通过入股或者参股农业产业化龙头企业、村与村合作、村企联手共建、扶贫开发等多种形式发展集体经济。

三、发展壮大集体经济的政策措施

贯彻中央精神,近年来农业农村部会同有关部门采取多种措施,支持和鼓励各地从实际出发,探索盘活集体资产,发展新型集体经济。

(一)开展扶持村级集体经济发展试点

为支持发展集体经济,财政部出台《关于印发〈扶持村级集体经济发展试点的指导意见〉的通知》,明确自2016年起,中央财政通过以奖代补的形式,支持部分省份开展扶持村级集体经济发展的试点工作。2018年,试点范围扩大至28个省份和4个计划单列市。2018年11月,中央组织部、财政部、农业农村部联合印发《关于坚持和加强农村基层党组织领导扶持壮大村级集体经济的通知》,计划到 2022 年,中央财政在全国范围内扶持 10 万个左右行政村发展壮大集体经济。

(二)实施贫困地区集体经济薄弱村发展提升计划

《中共中央国务院关于打赢脱贫攻坚战三年行动的指导意见》提出,"积极推广贫困地区农村资源变资产、资金变股金、农民变股东经验,制定实施贫困地区集体经济薄弱村发展提升计划"。2019 年 6 月,农业农村部在总结各地实践探索的基础上,印发《农业农村部关于进一步做好贫困地区集体经济薄弱村发展提升工作的通知》,对各地指导薄弱村发展集体经济提出了总体要求,要求各地加快推进薄弱村集体产权制度改革,积极推广资源变资产、资金变股金、农民变股东经验,实施好薄弱村壮大集体经济试点项目,因地制宜指导薄弱村产业发展,支持薄弱村盘活土地资源,加强薄弱村人才支撑。

(三)明确农村集体经济组织税收优惠政策

《中共中央国务院关于稳步推进农村集体产权制度改革的意见》提出,"农村集体经济组织承担大量农村社会公共服务支出,不同于一般经济组织,其成员按资产量化份额从集体获得的收益,也不同于一般投资所得,要研究制定支持农村集体产权制度改革的税收政策"。2017 年以来的中央一号文件明确提出要研究制定适合农村集体经济组织特点的税收优惠政策。2017 年,财政部会同税务总局印发《关于支持农村集体产权制度改革有关税收政策的通知》,明确在农村集体产权制度改革中免征有关契税、印花税。同时,为支持"三农"发展,国家出台了一系列税费支持政策,对于农村集体经济组织及其兴办的企业从事农业生产等相关经营活动,符合条件的即可按规定享受税收优惠政策。

下一步,要落实好中央组织部、财政部、农业农村部《关于坚持和加强农村基层党组织领导扶持壮大村级集体经济的通知》要求,指导地方组织好发展壮大集体经济试点,示范带动更多的集体经济组织实现可持续发展。总结推广资源变资产、资金变股金、农民变股东经验,指导各地不断丰富新型集体经济发展路径。推动落实《农业农村部关于进一步做好贫困地区集体经济薄弱村发展提升工作的通知》要求,指导各地通过盘活集体资源、入股或参股、量化资产收益等渠道增加集体经济收入。充分利用各项扶持政策,落实支持农村集体产权制度改革的有关契税、印花税政策,研究适合农村集体经济组织特点的所得税、增值税等税收优惠政策,用好政府拨款、减免税费等形成的资产归农村集体经济组织所有的政策,完善金融机构对农村集体经济组织的融资、担保政策,细化统筹安排农村集体经济组织发展所需用地政策,为发展新型集体经济营造良好的政策环境。

第七章　乡村治理机制变迁

本章从治理结构、治理主体、治理资源、治理文化四个维度,梳理我国乡村治理的历史沿革,分析新中国成立 70 年和改革开放 40 年乡村治理机制变迁的内在机理,总结新时期乡村治理机制创新的地方实践,讨论其模式选择、适用边界、治理绩效和创新路径,提出完善乡村治理机制的对策。

第一节　乡村治理的历史沿革

一百多年来,传统乡土中国发生了重大转变。新中国成立后,土地改革以及随后实行的人民公社制度,标志着国家政权建设进入新阶段。国家从农村土地关系的改革开始,对乡村社会权力进行重组,将政权直接延伸到村庄内部,自上而下建立起了"乡(村)政权""政社合一""三级所有,队为基础"的乡村治理模式。改革开放后,国家对人民公社的管理体制进行了改革,由"政社合一"的人民公社体制转变为政社分开的"乡政村治"结构(张厚安,1996),"村民自治"得以兴起。进入 21 世纪以来,农村税费改革对乡村治理带来了深远影响,重塑了基层治理形态,由"单中心治理"模式逐步走向党领导下的"多元共治"模式。当下中国正处在传统乡土中国向城乡中国的巨大历史转变之中,梳理五个不同历史时期的乡村治理体系,把握乡村治理体系的历史演变规律,可以为更好地诊断新时期的乡村治理问题提供基础和启示(见表7-1)。

表7-1　乡村治理体系历史演变一览表

历史阶段	治理结构	治理主体	治理资源	治理文化
传统乡土中国	"皇权不下县""县政村治"	士绅精英、家族宗族组织	乡村内生资源	"礼治",非正式制度起决定作用
近代以来	国家权力下乡,如保甲制度	地方精英,"赢利型经纪人"	内生资源遭破坏,外部资源匮乏	"礼治"退位,"自治""法治"远未形成
土地改革到集体化时期	"三级所有,队为基础"、政社合一	人民公社、生产大队、生产队三级组织,贫农中农成为草根积极分子	国家供给资源为主,但完全由基层政权支配	"力治",正式制度起决定作用
改革开放到农业税费改革前	"乡政村治"、政社分设,乡镇政权"汲取型"	乡镇政府、"村两委"	国家供给资源缺位、内生型资源开始萎缩	"自治"与"力治",正式制度为主,非正式制度式微
后税费改革时期至今	"乡政村治",多元共治,乡镇政权从"汲取型"到"悬浮型"	乡镇政府缺位,村委会、村干部"行政化",各类农村组织与新治理主体涌现	国家供给资源为主,集体所有资源盘活、乡村内生资源有待激活	"自治""法治"与"力治",正式制度式微,非正式制度有所回升

一、治理结构:从单向国家权力建设走向国家与乡村社会双向互动

从国家与社会关系角度来看,乡村治理结构大致经历了从单向国家权力建设走向国家与乡村社会双向互动的变迁过程(见图7-1)。新中国成立初的土地改革以及随后实行的互助组、合作社、人民公社制度,进入到新的"国家政权建设"阶段。国家政权直接延伸到村庄内部,自上而下建立起严格的支配体系。

改革开放以来,国家与乡村社会的关系走向双向互动。新中国成立以来,我国的乡村治理结构的演变大体可以划分为"区—乡(村)—组"结构(1950—1953年)、"区—乡镇—组"结构(1954—1958年)、"人民公社制"结构(1959—1982年)和"乡政村治"结构(1983年至今)四个阶段。

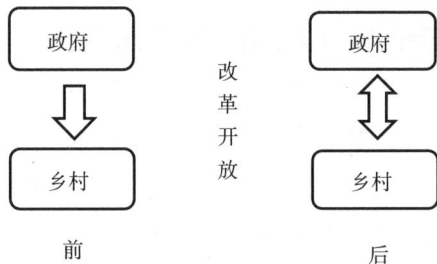

图 7-1　乡村治理结构演变图

1983 年 10 月,发布了《中共中央国务院关于实行政社分开、建立乡政府的通知》,在全国农村重新恢复乡镇政权建制,以"乡政村治"为特征的乡村治理模式形成并正式运行。这标志着,国家与乡村社会之间的关系,由国家政权自上而下的总体性支配体系走向以"乡政"为载体的国家政权与以"村治"为载体的乡村社会自治之间的双向互动。这里的"村民自治"并不是复归到传统乡土中国时期的"村治"。以"行政村"为基本单元的"村民自治"具有双重属性,作为人民公社组织的历史制度遗产,它需要承担一定的国家行政事务,尤其是在农业税费改革之前,收缴农业税费、抓计划生育成为村治的首要任务。农业税费改革后,乡村治理结构迎来一次嬗变,由"单中心治理"模式走向"多元共治"模式,以实现乡村社会的"善治"。"村民自治"的行政属性有所减弱,代行政事务与一般民事、公共服务及村民切身利益相关事务的治理之间的边界日渐清晰,不少地方采取了清单式管理。强化党建和村级组织建设,着力提高普通农民和农民组织的参与。国家与乡村社会的双向互动关系走向深入。

二、治理主体:从单一主体走向多元主体

从政治、经济、社会的关系看,乡村治理主体大致历经了从单一主体走向政、经、社分离的多元主体的变迁过程。从传统乡土中国一直到改革开放以前的三个历史时期,基本上是单一主体的乡村治理。传统乡土中国的治理主体是士绅精英,以家族、宗族为主要组织形式。士绅阶层具有经济和政治的双重含义,经济上他们占有土地,政治上他们以绅权与皇权

相并立,可以说,治理主体的政治与经济属性合一。随着近代以来现代国家政权的建设,为抵制国家向基层榨取税收,作为传统治理主体的士绅权威出现异化。作为这一时期的乡村治理主体,地方精英尽管出现异质性,但同时兼任"官"的角色,基本上仍是治理的单一主体。新中国成立初期至集体化时期,国家在村庄一级建立了党支部,积极为党工作的各种积极分子尤其是贫下中农成为这一时期乡村治理的主体。无论是党支部干部还是生产队长,都是代表国家对乡村行使权力,这一时期的治理主体依然是单一性的。

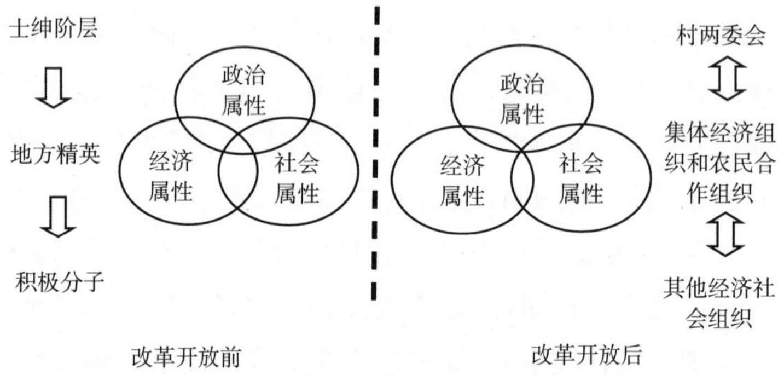

图7-2 乡村治理主体变迁图

改革开放以来至今,乡村治理逐步走向多元主体共治(见图7-2)。党的十一届三中全会后,国家决定停止"以阶级斗争为纲"的路线,农村社会成员一律视之为社员,其阶级身份淡化并终结消失。传统"政社合一"的人民公社体制转变为政社分开的"乡政村治"结构,村民自治兴起。政社分开主要体现在,乡级政权不直接从事生产管理,而是负责各项社会建设和行政事务。"生产大队"所对应的"村民委员会"成为村民自治的基本单元,但仍须承担一定的国家行政事务。这一时期的乡村治理主体仍是有限度的政社分离。农村税费改革可以说重塑了基层治理的形态,基层政府与村组之间的关系发生了深刻变化。一方面,基层党组织在乡村治理中的职能得到拓展;另一方面,集体经济组织和农民合作组织蓬勃发展,成为新时期乡村治理体系的重要纽带。作为治理主体之一,当前它们兼具经济属性、社会属性以及政治属性,如承担着村庄发展的经济功能、提供基本的公共服务等。组织形式与村两委会尚未分设、组织骨干与村两委干部"一肩挑"等现象仍较普遍。

三、治理资源：从固化的内部循环走向流动的内外交互循环

从乡村社会与外部尤其是国家的关系看，乡村治理资源方面大致历经了从固化的内部循环走向流动的内外交互循环的变迁过程。从传统乡土中国一直到农业税费改革以前的四个历史时期，治理资源基本上是固化的内部循环。新中国成立之初，乡村仍具有一个具有相对自主性的征税单位和相对独立的公共品供给单位的属性。治理资源是以国家供给的外部制度为主，乡村内生性资源的动员为辅的。国家对乡村治理的物质资源投入非常有限。乡村公共物品供给几乎都依赖于"政社合一"的制度安排，依靠行政力量充分调动村民或社员的投工投劳（张静，2000）。改革开放到农业税费改革这段时期，乡村社会依然没有摆脱治理资源匮乏的困境。

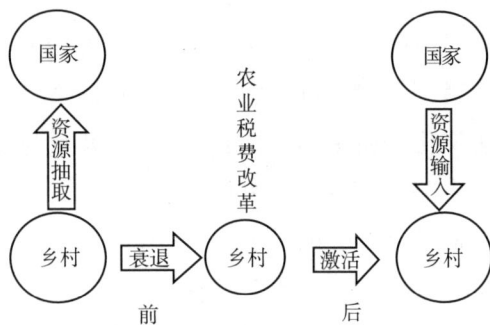

图7-3　乡村治理资源流变图

改革开放到农业税费改革这段时期，乡村治理资源逐步走向流动的内外交互循环。自农村税费改革以来，国家陆续出台了一系列惠农政策，向乡村社会输入了大量资源，农村与国家的资源输送关系发生了重要转向，从"多取"走向"少取、不取""多予"和"放活"。党的十八大以来，通过"放活"政策重新激活了以土地为标志的农村集体所有资源，成为新时

期乡村治理资源的重要补充。各地通过组建土地股份合作社、发展农村混合所有制经济、整合各级财政投入村集体的建设项目等多种形式发展壮大农村集体经济(张红宇,2018)。与国家注入资源和激活集体所有资源的大趋势相向而行的是,村庄内生治理资源持续衰退。如何重新激活乡村内生的治理资源,成为新时期乡村治理的重点任务。

四、治理文化:从"礼治"走向"自治、法治、德治"相结合

我国乡村治理文化大致历经了从"礼治"走向"自治、法治、德治"相结合的变迁过程。在传统乡土中国,乡村作为一个"天然共同体"既是人们的生活空间,也是人们的生产空间。在人与人、人与社会的长期互动中,乡村形成了独特的治理文化,即以儒家伦理为本位的、基于非正式制度(民间调解、乡规民约)的"礼治"文化。它所要求的正义观是讲求"人伦""德"和"礼",不同于法律依靠国家的权力来推行,维持"礼"的规范是传统和习俗,建立在一套信任机制的基础上。

改革开放以来,通过赋予农民政治主体地位和民主权利(民主选举、民主决策、民主管理、民主监督),吸纳农民自主参与村务管理。随着村民自治以成文法的形式被赋予了其合法性,以村规民约为主要形式的村民自治的制度规范也得到《中华人民共和国村民委员会组织法》的授权。这一时期的乡村治理文化开始了向民主自治转型,并且与法治建设相伴而行。通过国家开展自"一五普法"以来的"送法下乡"活动,使得法律作为一种通行而具有普遍约束力的规则步入"乡村社会",其意义不仅仅在于扫除"法盲",同时也改变了乡村社会原有的解纷机制,强化了国家政权在基层的作用(强世功,2009)。村内纠纷不再呈现"纠纷消解于村内"的状态,更多的民众选择了"信访""诉讼"等途径。伴随着他们的"依法维权"意识觉醒,农村传统的非正式制度所发挥的作用也日渐变小。村规民约为主要形式的制度规范,成为正式制度和非正式制度共同发挥作用的一个重要载体。

进入后税费改革时期,为有效化解法治与自治不同程度失灵的问题,各地也进行了不同的探索,可以概括为强化德治建设、法治建设、自治建

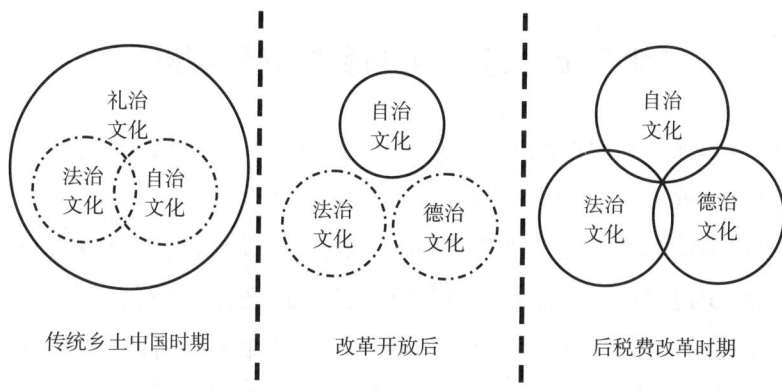

礼治
文化

法治
文化

自治
文化

自治
文化

法治
文化

德治
文化

自治
文化

法治
文化

德治
文化

传统乡土中国时期　　　　　　改革开放后　　　　　　后税费改革时期

图 7-4　乡村治理文化演变图

设三类（见图 7-4）。2019 年 6 月中共中央办公厅、国务院办公厅印发的《关于加强和改进乡村治理的指导意见》，分别列出德治建设、法治建设以及自治建设的主要任务。新时期强化法治建设的主要做法有：一是以修订村规民约为抓手，深层次推动村民自治法治化之路；二是综合施策，强化法治乡村、平安乡村建设；三是健全乡村矛盾纠纷调处化解机制，加大基层小微权力腐败惩治力度，加强农村法律服务供给。与此同时，德治建设也在同步强化。目前法律无法涵盖乡村社会生活的所有层面，为德治发挥作用留下了一定空间。有别于传统礼治，当代德治的意涵更为丰富，包括社会主义核心价值观、乡风文明培育以及农村文化建设等内容。新时期强化自治建设的主要做法有：一是完善村党组织领导乡村治理的体制机制，发挥党员在乡村治理中的先锋模范作用；二是规范村级组织工作事务，逐步理顺县乡村三级权责关系；三是增强村民自治组织能力，丰富村民议事协商形式，全面实施村级事务阳光工程；四是支持各方参与乡村治理，以政府购买服务等方式积极培育农村社会组织，积极发挥留守群体在治理中的作用；五是加大对乡村的基本公共服务投入，推动各级公共服务资源以乡镇、村党组织为主渠道落实等。

第二节　新时期的乡村治理创新

乡村治理是国家治理的基石。没有乡村的有效治理,就没有乡村的全面振兴。近年来,党中央、国务院作出一系列重大决策部署,加快推进乡村治理体系和治理能力现代化,取得显著成效。以党组织为核心的农村基层组织建设进一步加强,乡村治理内容逐步充实,乡村治理手段不断创新,乡村治理体系进一步完善,农村基本公共服务显著改善,农村社会保持和谐稳定,广大农民的获得感、幸福感、安全感不断增强。基于20个全国首批乡村治理典型案例[①]的比较分析(见表7-2),本部分梳理了新时期乡村治理创新的时代背景、条件优势、路径特征等。研究发现,各地在以县域为层面,自上而下借助行政力量推动的同时,也充分结合了自下而上的路径,以村或乡镇为单位,因地制宜、分类施策,在试点基础上再稳步推进,避免了行政指令"一刀切"的后果。构建现代化的乡村治理体系,行政力量的助推必不可少,尤其是在治理创新的初期。但从中长期来看,关键还是要靠"自治"来强化"法治""德治",或者说,探寻出三者相互增进的机制。

表7-2　20个全国首批乡村治理典型案例一览表

	编码	所属行政区	案例名称
1	SYQ	北京市顺义区	"村规民约"推进协同治理
2	BDQ	天津市宝坻区	深化基层民主协商制度
3	FXQ	河北省邯郸市肥乡区	红白喜事规范管理

---

① 本部分筛选的20个样本案例,选自2019年6月5日农业农村部下发通知推介的首批全国乡村治理典型案例。中央农办、农业农村部面向全国征集乡村治理的好做法好经验,并在各省推荐的基础上,从完善治理体制、健全治理体系、提升治理能力、实现治理有效等四个方面精选了20个案例,作为首批推介的典型供各地学习借鉴。其中,湖北大冶市、浙江桐乡市、浙江象山县、湖北秭归县、江西余江区、浙江宁海县等6个典型案例基于课题组调研及召开研讨会的一手资料,其他14个典型案例基于CNKI检索的二手资料及"全国加强乡村治理体系建设工作会议"内部资料。

续表

编码	所属行政区	案例名称
4	BSQ	上海市宝山区	"社区通"智慧治理
5	HTC	上海市金山区漕泾镇护塘村	村务工作标准化管理
6	TXS	浙江省嘉兴市桐乡市	自治法治德治融合
7	NHX	浙江省宁波市宁海县	小微权力清单"36条"
8	XSX	浙江省宁波市象山县	村民说事
9	TCS	安徽省滁州市天长市	"清单+积分"防治"小微腐败"
10	LXZ	福建省泉州市洛江区罗溪镇	构建党建"同心圆"
11	YJQ	江西省鹰潭市余江区	抓"宅改"促治理
12	YSX	山东省临沂市沂水县	殡葬改革破除丧葬陋习
13	DYS	湖北省黄石市大冶市	党建引领·活力村庄
14	ZGX	湖北省宜昌市秭归县	村落自治
15	YXQ	湖南省娄底市新化县吉庆镇油溪桥村	村级事务管理积分制
16	HZS	广东省惠州市	一村一法律顾问
17	NHQ	广东省佛山市南海区	织密三级党建网格
18	ZQC	四川省成都市郫都区唐昌街道战旗村	党建引领社会组织协同治理
19	HYX	陕西省安康市汉阴县	"三线"联系群众工作法
20	HSB	宁夏回族自治区吴忠市红寺堡区	规范村民代表会议制度

一、新时期乡村治理创新的时代背景

新时期乡村治理创新的背景,主要为应对现代化转型带来的"快速城镇化"和"农村空心化"两大趋势。随着城镇化的进程加快,给传统的农村社会进一步带来了巨大而深刻的变革。

一方面,农民离土离乡,封闭的村庄日益走向开放,破坏了村民间原有的社会联结,熟人社会也被半熟人社会甚至是陌生人社会取代。农村空心化带来了一系列乡村治理难题,包括村庄精英流失、村集体经济"空壳化"、"一事一议"无法满足村庄公共服务供给、村庄人居环境"散乱差""精准扶贫"、农村孝道衰落、"养老难"、宗教非法渗透、土地流转乱象等涉及治理主体、资源及文化的问题不一而足。样本案例中有 7 个案例的治理创新是为了应对农村空心化所带来的治理问题,包括乡村治理的各类人才缺乏,"一户多宅""一户一宅"面积超标等宅基地改革问题,基层组织软弱涣散、信访矛盾突出,"山大人稀、居住分散",特困地区群众"等靠要"思想严重、村民参与的积极性不足、乡村干部联系服务群众力量薄弱等突出问题。

另一方面,中国东中西部、城乡间、区域间发展呈现不均衡的态势,"快速城镇化"的村庄呈现出与"空心化"的农村相对的另一番景象,面临完全不同的乡村治理难题。包括村庄外来人口比例"倒挂"及带来的外来人口管理、租赁房屋管理问题,社会治安与秩序维护,征地拆迁问题,土地承包发包、入股入市问题,新建项目,村庄搬迁及带来的村庄规划、宅基地规划、财产分割、集体资产及福利分配、养老问题、"农民上楼"问题、人居环境问题等。我们很难用几个词汇全面概括农村发展的现状及乡村治理面临的挑战。样本案例中有 9 个案例是为了应对快速城镇化所带来的治理问题,占总数的近一半,包括:出租房屋租赁管理、社会秩序维护、村庄新建项目等重大事项决策,村改居后动迁安置问题,高速高铁征地拆迁,村集体经济壮大引发的"小微腐败"、法律纠纷频发,农村社区化、群体结构复杂、党的领导虚化,生态移民村治理等突出问题。

还有 4 个案例的创新是为了应对乡村治理中一些其他突出问题,包括应对天价彩礼、人情比附、殡葬乱象等婚丧陋习,水库引水工程造成的赔偿款分配问题等村级"小微腐败"现象,政府公共服务供给等问题。

从 20 个典型案例可以看出,在快速变革的浪潮中,乡村治理的创新正在积极应对这些变化和挑战。

二、新时期乡村治理机制创新的县域优势

新时期乡村治理创新以县域为单元的案例居多,且优势明显。县域是城市与乡村、传统与现代、中心与边缘地带的"接点"部位(徐勇,2009),是城乡统筹的一个支点(徐勇,2011)。2015 年 1 月 12 日,习近平总书记同中央党校县委书记研修班第一期学员座谈并发表重要讲话时强

调,"在我们党的组织结构和国家政权结构中,县一级处在承上启下的关键环节,是发展经济、保障民生、维护稳定、促进国家长治久安的重要基础"。以县域为单元的乡村治理创新,不乏有的案例是从一个村、一个乡镇的创新试点而起,推广至全县,它可以发挥县域承上启下"接点"部位的很多优势。梳理 16 个县域为单元的创新案例,可以归纳出至少五个方面的优势。

一是充分发挥自上而下、政策引导、制度保障的作用。如,在 BDQ 案例中,区政府出台政策,自上而下将民主政治建设程序化、规范化、制度化,并将以上内容纳入对区乡干部的年终考核。在 FXQ 案例中,县乡村三级成立移风易俗工作领导小组,三级书记任组长,层层签订责任状、制定方案、推动落实,并出台《移风易俗节约操办红白事参照标准》。在 TXS 案例中,区政府以一个村庄的德治创新为契机,出台政策在全区推广"三治"融合的治理创新,在治理模式、运转机制、基本保障等方面不断完善制度体系,累计出台 40 余个文件、制度和方案,打造出"一约两会三团"为组织载体的顶层设计。

二是充分统筹整合县域各类资源,搭建互联网智慧治理平台。如,在 FXQ 案例中,区政府将转变民风当作一项政治任务,整合县域资源开展宣传教育、公益服务,并出台优惠政策作为激励。在 YSX 案例中,县政府自上而下主导殡葬改革,以乡镇为主体建设公益性公墓,将殡葬过程中涉及的遗体运输费、火化费、公益性公墓使用费等全部免除,由县乡财政承担。在 DYS 案例中,向村民小组一级放权,并配合精神激励和物质保障,县财政按照1∶1比例配套奖补,先建后补,黄石市、大冶市每年 1 亿元财政奖补资金。在 ZGX 案例中,自治权下放到村民小组一级,开展"幸福村落"建设,每年每村从县财政安排 2 万元专项建设资金,"一事一议"财政奖补资金六年共计投入 10 多亿元。在 HZS 案例中,整合惠州市法律服务资源,推出"一村一法律顾问"制度,加强法治建设。在 HYX 案例中,依托手机 APP 为村民提供精细化服务,打造了村、组、组以下的三级网格化管理。

三是强化党的领导,实现坚持党的领导与落实基层民主有机统一。

如，在 BSQ 案例中，为及时有效预警社区舆情、提供精确服务，全区创立了以党建为引领、以移动互联网为载体、以村居党组织为核心、以城乡居民为主体的智能化治理系统——"社区通"，书记当"群主"，党员为中坚，志愿者作引导。在 NHX 案例中，成立以县委书记为组长的领导小组，制订县委"36 条"目标管理考核办法，纳入考核，加强日常工作监督指导。XSX 案例中，突出党建引领，自上而下构建了一套"说议办评"制度体系，选派"第一书记"，实现"村民说事"全县全覆盖。在 NHQ 案例中，区委推进基层党建三年行动计划，构建村、组、党小组三级党建网格组织体系，推出事权清单管理和党支部强基增能计划。全区党员以党小组网格为单元，以"户"为单位联系群众。为农村无职党员设岗定责，在乡村治理突出问题中主动担当。

四是有利于理顺县乡村权责关系，规范行政与自治的治理边界。如，在 SYQ 案例中，区、镇、村三级联动，区级层面发挥督导协调作用，镇级层面采取驻村挂点方式，"领导联村、干部入户"，将乡镇政府在村规民约审查监督中的法律责任落到实处。在 TXS 案例中，区县层面推出"依法行政指数"，捋清村级"36 项依法履职事项"和"40 项协助政府工作事项"，推动村自治单元"去机关化"。在 NHX 案例中，区县政府推出《宁海县村级权力清单 36 条》，其中 19 项公共权力事项和 17 项便民服务事项，并按照"最多跑一次"原则，修改了 28 项流程，归并取消了 11 项权力，完善了农村巡查等 24 项保障机制。在 TCS 案例中，市政府在街道试点基础上，全市推行"清单+积分"制度，梳理出权力清单、责任清单、负面清单"三项清单"，绘制流程图，出台《推行村干部积分制管理试点工作意见》。

五是有助于分类施策、各村试点、因地制宜、稳步推进。如，在 SYQ 案例中，区政府根据村情发展不同特点、所处地理位置和治理需要等因素，将各村划为社区平安建设型、村域环境优化型、村风民风引导型、浅山生态涵养型、流动人口调控型、民生服务保障型等六个类型，分类施策，避免一刀切。在 TCS 案例中，为对治"小微腐败"，出台"清单+积分"管理制度，首先在一个街道试点，总结经验，然后全市推行。在 YJQ 案例中，作为全国宅基地改革示范区，按照"产权"与"治权"对等原则，将自治权下放到村民小组一级,成立村民事务理事会,结合各村特点,成立了三种不同类型的理事会。

三、新时期乡村治理创新的路径特征

新时期乡村治理创新的路径以"自治"为主要抓手的居多,"三治"相结合的治理创新不足。

当前法治建设的主要做法有,新时期"送法下乡"以及村民自治"法治化"两类。在 HZS,通过整合县域法律服务资源,设置了"一村一法律顾问"制度,实行双向选择,明确法律顾问的六个角色及职责,即宣讲员、审查员、引导员、调解员、建设员、信息员。NHX 案例和 TCS 案例都是采取了将村民自治纳入法制轨道的做法,以县域为单位,自上而下进行顶层设计,构建责任传导工作机制。在 NHX,成立了县委书记任组长的领导小组,制订村级权力清单"36 条"、村级重大事项"五议决策法",归并取消了村级 11 项权力,完善了农村巡查等 24 项保障机制,推动村级自治组织从经验治理到依法治理的转变。在 TCS,自上而下推行"清单+积分"制度,与村干部绩效考核挂钩捆绑,列出权力清单、责任清单、负面清单,绘制流程图,出台《推行村干部积分制管理试点工作意见》《村务监督委员会工作指导手册》,形成"两书三单四报告"制度。

当前德治建设的主要做法有两类:一部分依靠"力治"强化"德治",如 YSX,县政府主导推行民风改革动员,作为一项自上而下的政治任务来抓;另一部分依靠传统"德治"强化新时期"德治",如培育和动员以新乡贤为主体的治理力量。在 YJQ,引入新乡贤参加村民事务理事会,各村均建立改革微信群,及时向在外工作人员、务工经商赤子、青年学子传达党和国家政策、改革动态、家乡变化。每年举办各类人才恳谈会,实地考察"宅改"试点先进村。先后 50 多位各类人才返乡担任理事长或理事,捐资垫资 5500 多万元支援家乡建设,促进了"宅改"工作顺利推进。

当前自治建设的主要做法有两种方式:一是调整治理半径;二是动员多元主体参与村民自治,其中以第一类做法居多。第一类自治建设的做法是调整治理半径,主要是将自治单元下沉到历史上的自然村落及以下,具体形式又分为两种:一种是完全下放,即设置村委会、党小组、理事会在村民小组一级。如 ZGX,在村民小组一级推进"幸福村落"建设,党小组村落全覆盖,村落理事会为自治主体。又如 NHQ,构建村、组、党小组三级党建网格组织体系,实行事权清单管理,党支部强基增能。另一种是补充性下放,即在村民小组一级组织村民议事会、党群圆桌会等活动。如 LXZ,在村民小组建立由党群、小组长、各类人才组成的"党群圆桌会"。在 DYS,村民小组一级建立村庄理事会,将六项自治事项推进理事会即"六进理事会",吸引理事会成员入党,并推出"理事会+合作社+基地+农户"治理模式。在 YXQ,以院落为单位,村干部直接挂点当院落院长,推行积分制管理,以院组为单位不定期开展积分分享活动。自治下沉的主要原则有:利益相关、地域相近、文化相连、群众自愿、便于自治(邓大才,2018)。它涉及产权关系、社会联系、文化认同、自治能力等深层领域的结构问题。

第二类自治建设的主要做法是动员多元主体参与村民自治,尤其农民社会组织,可以是专业社工组织或其他专门化组织,也可以是以留守妇女、老人等为主体的非专业社会组织。如 ZQC,引入专业社工,开展"促国学经典颂扬家风家训"和"老年人健康工程"两个社会工作项目,培育社区社会组织"舞蹈队""妈妈服务队"等,挖掘村民骨干,开办农民夜校,举行"实训+网络""课堂+现场""集中+流动"等多种形式的教育活动。又如 HYX,以村级治理平台为依托,依托手机 APP 提供精细化服务,充分发挥经济组织(村集体经济合作社、农民专业合作社)及志愿者服务队、红白理事会、文体协会等社会组织的带头作用。

总的来看,将"自治"与"法治""德治"相结合的创新做法目前还很不足。在 TXS,县域整合推进"自治""法治""德治"建设,成立领导小组,职责明确到部门,形成联动体系,并在县乡村三级打造"一约两会三团"的"三治"融合组织载体。在 XSX,以"村民说事"为依托,引导发动新乡贤等各类人才参与说事,强化"议事"的程序规范性、标准科学性、内容合法性,配合"一村一法律顾问"制度、"小微权力"规范化运行制度,并借助互联网打造线上线下融合的民情综合信息平台,融"自治""法治""德治"建设于一体。

四、以"三治"为抓手的治理创新比较分析

从当前的创新实践来看,无论是"自治""法治""德治",还是"三治"结合为抓手的治理创新,都离不开国家政权力量或行政力量自上而下的推动,尤其是县域层面的创新推动。从某种意义上,可以理解为以"力治"助推"三治"。通过对不同历史时期乡村治理机制变迁的梳理,可以看出,"自治"与"法治""德治"是相互依存的关系,即"自治"离不开"法治"或"德治"或"力治"作为基础,反过来,"法治""德治""力治"也离不开"自治"的基础。传统乡土中国时期可以说是基于德治的自治,即"德治+自治"。新中国成立初期的集体化时期可以理解为基于力治的自治,即"力治+自治"。改革开放以来的一段时期,"力治"式微,"德治"断层,国家大力推行村民自治与农村法治建设,寄望于打造基于法治的自治,即"法治+自治",但实践中却遭遇重重挑战。整体来看,当前我国乡村治理体系和治理能力现代化水平还不高,治理理念、治理方式、治理手段还存在着许多不适应的地方,乡村治理需要破解的难题还不少。巩固党在农村的执政基础,实现乡村全面振兴,满足农民群众美好生活需要,必须着力解决乡村社会治理中的突出问题。

2019 年 6 月,中共中央办公厅、国务院办公厅印发了《关于加强和改进乡村治理的指导意见》,提出了乡村治理现代化的总目标,明确了时间表和路线图,强调加强党对乡村治理的集中统一领导,健全自治、法治、德治相结合的乡村治理体系,提升乡镇和村为农服务能力,明确了当前和今后一个时期 17 个方面的重点任务。《关于加强和改进乡村治理的指导意见》指出,到 2020 年,现代乡村治理的制度框架和政策体系基本形成。到 2035 年,乡村治理体系和治理能力基本实现现代化。新时期乡村治理创新实践中涌现出了强化"自治""法治""德治"的创新做法,这些做法普遍是依靠行政力量来推动,即依靠"力治"强化"三治",前文也分析了其优势所在。现代化的乡村治理体系,力治与自治、法治、德治皆不可少。尤其是在治理创新初期,"力治"的助推必不可少。

第三节　乡村治理机制的变迁与完善

　　党的十九大报告首次提出实施乡村振兴战略,2018 年中央一号文件《中共中央国务院关于实施乡村振兴战略的意见》指出"治理有效"是基础。这一提法意味着对乡村治理的关注从过去的民主、自治或善治转向"治理有效"。何为治理有效? 在宏观的国家治理层面,考夫曼(Kaufmann)等创立的世界治理指数(WGI)最具代表性和影响力,主要指标包括表达与问责、政治稳定与暴力程度、政府效率、规制水平、法治、腐败控制(Kaufmann,2009),其中政府效率的指标维度通常被关注较多。主流观点认为,政府质量的高低可以客观地反映国家治理水平的高低(臧雷振,2016)。乡村治理是国家治理体系的有机组成部分,如何实现政党执政的权威性、国家治理的有效性、村民自治的参与性三者统一,成为一大关切(肖滨、方木欢,2016)。目前学界对乡村治理有效性的考虑,多侧重第三个方面,对于前两个方面的内容关注不足。

　　本部分纳入对治理的有效性的考量,结合不同历史时期乡村治理的主要内容,尝试构建一个乡村治理有效性的指标框架(见表7-3),包括:社会秩序稳定性、基本公共服务供需、行政管理事项、乡村经济社会发展四个指标领域。结合不同历史时期治理特征,以"+"或"-"来表示有效性强弱,"+"表示强,"-"表示弱,"+、-"的数量多少表示强或弱的程度高低。其中:"社会秩序稳定性"的衡量指标是纠纷调解等一般民事是否"小事不出村、大事不出乡",20 世纪 90 年代以来有统计数据"群体性事件"数量来间接反映;"基本公共服务供需"的衡量指标是国家投入与村民投入,国家投入用"农林水支出"的规模来反映;"行政管理事项"的衡量指标是村庄代理行政事务的数量,《中华人民共和国村民委员会组织法》试行后,依据法律规定而论;"乡村经济社会发展"的衡量指标是农民个体收入与集体经济发展情况,分别采用农民人均可支配收入与农村集体单位固定资产投资情况来反映。需要说明的是,以上各项指标只有1950 年以后的统计数据,此前两个历史阶段的情况只有通过定性描述来间接反映大致趋势。

表7-3 不同历史时期乡村治理有效性一览表

历史阶段	社会秩序稳定性	基本公共服务供需	行政管理事项	乡村经济社会发展
传统乡土中国	+++	+++	---	---
近代以来	---	---	++	--
土地改革到集体化时期	+++	+++	++	+
改革开放到农业税费改革前	-	+	+++	++
后税费改革时期至今	--	++	++	+++

一、不同历史时期乡村治理的有效性

首先,"社会秩序稳定性"。在传统乡土中国时期,乡村治理是以"礼治"文化为基础,民间纠纷一般均化解于乡村,皇权只有权力象征意义。这一时期的社会秩序稳定性非常强,标记为"+++"。近代以来国家政权建设时期,传统"礼治"文化遭到西洋文化的冲击,而现代国家政权建设过程异化,正式制度未能及时补位,外忧内患、战事不断,这一时期的乡村社会秩序稳定性非常弱,标记为"---"。新中国成立初的土地改革到集体化时期,形成了集体主义道德,有效弥补了"礼治"缺位,将民间纠纷化解于公社或生产队内部。这一时期的社会秩序稳定性非常强,标记为"+++"。改革开放以来,乡村传统的"礼治"文化进一步受到市场化改革对传统价值观念的冲击,大规模农民离土离乡进城务工。老百姓依法上访、依法维权、依法抗争致使基层治理面临巨大的维稳压力。社会秩序稳定性弱,农业税费改革前后分别标记为"-""--"。

其次,"基本公共服务供需"。衡量指标是国家投入与村民投入能否满足乡村基本公共服务需求。在传统乡土中国时期,乡村士绅作为社会管理的组织者,承担了诸多公益活动,如调解纠纷、兴修公共工程、组织团练等社会事务。乡村公共服务依靠士绅组织村民投入能得到基本满足,标记为"+++"。近代以来,传统士绅精英逃离乡村以抵制国家向基层榨取税收,登上历史舞台的新精英不再是代表乡民利益的"保护型经纪"而是谋取个人利益的"赢利型经纪人"(杜赞奇,2018)。这一时期,乡村治理的内外部资源都非常匮乏,基本公共服务不能得到满足,标记为"———"。新中国成立初的土改到集体化时期,国家对乡村治理的物质资源投入非常有限,乡村公共物品供给几乎都依赖于"政社合一"的制度安排,依靠党行政力量充分调动了村民投入,水利等公共基础设施等得到大幅改善,标记为"+++"。新中国成立初的改革开放到农业税费改革前,乡村面临缺失治理资源的困境,基本公共品供需难以维持平衡,标记为"+":一方面,国家延续了从乡村抽取资源的功能定位,对乡村投入有限;另一方面,乡村内生性资源萎缩,调动村民投入乏力。后税费改革时期至今,国家向乡村社会输入了大量资源,走向"少取、不取""多予"和"放活"。依靠国家投入、乡村集体投入的增强,乡村基本公共服务供需大为改善,标记为"++"(见图7-5)。

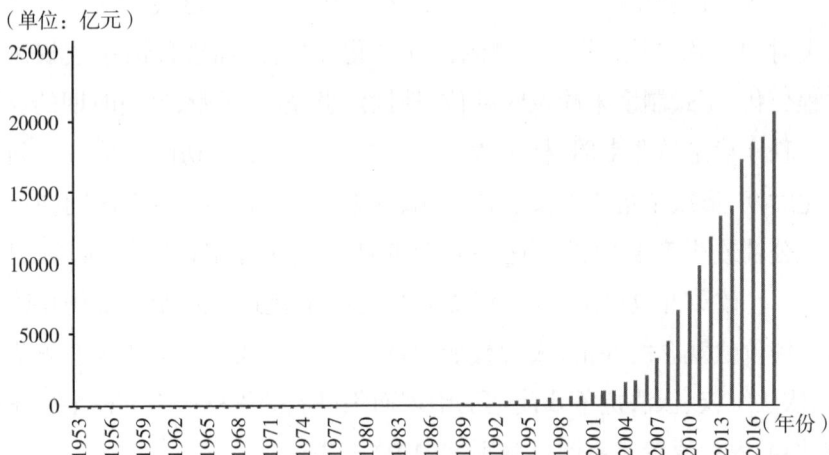

图7-5　1953—2016年国家财政农林水支出趋势

资料来源:《中国财政年鉴》。

再次,"行政管理事项"。在传统乡土中国时期,"皇权不下县"的郡县制以"家户"为基础,"户"是国家组织民众的政治单位,承担徭役税赋的责任。"士绅"联通"官"与"民",并从中斡旋,当衙门所下达的命令并不是人民乐于接受的时候,这些地方领袖就会利用他们非正式的关系与正式的行政机构协商,并期望最后达成一个双方都可以接受的协议。这一时期的行政管理事项强度不大,标记为"---"。近代以来,国家的行政权力深入基层社会,作为主要制度形式的保甲制度,承担维护乡村治安、承办公差、教化民众的职能。民国时期,企图通过乡村基层政权改革进一步实现政府对乡村的严密控制。这一时期的行政管理事项强度增加,标记为"++"。新中国成立初的土地改革到集体化时期,人民公社、生产大队和生产队分别为基层政权组织机构、上传下达的执行机关或中介组织、组织社员集体经济生活与政治活动的基本单位。这一时期的行政管理事项强度较之前并未减弱,仍标记为"++"。改革开放到农业税费改革前,"村民委员会"需要应对人民公社组织的历史制度遗产,承担国家行政事务,具有"准行政组织"的特点。与此同时,乡镇政府陷入"压力型体制"的困境,为完成上级下达的各项指标而采取数量化任务分解的管理方式,下派给村级组织,责令其在规定的时间内完成,然后根据完成的情况进行政治奖惩,标记为"+++"。后税费改革时期至今,国家大量支农资源注入,集体所有资源被盘活,与此同时新时期乡村治理,既要应对快速城镇化带来的冲击,又要解决乡村空心化遗留的问题,这一时期的行政管理事项强度较之前有所增加,标记为"++"。不少地方采取"清单式"管理,以法律、法规、规章为依据,列出依法履行的职责和协助政府工作的代行政事项。下面以《中华人民共和国村民委员会组织法》中所列事项为依据,对比分析了1987年、1998年及2010年的三个版本(见表7-4)。

表7-4　村委会的主要职能及变迁

1987 年	1998 年	2010 年
承担本村生产的服务和协调工作	(延续)	(延续)
教育村民合理利用自然资源,保护和改善生态环境	(延续)	(延续)

续表

1987 年	1998 年	2010 年
管理本村属于村民集体所有的土地和其他财产	（延续）	（延续）
宣传宪法、法律、法规和国家的政策	（延续）	（延续）
教育村民加强民族团结、互相帮助、互相尊重	（延续）	（延续）
支持和组织村民发展各种形式的合作经济	发展各种形式的合作经济和其他经济	（延续）
筹集本村的公共事务和公益事业所需的费用	村办学校、村建道路等村公益事业的经费筹集	本村公益事业的兴办和筹资筹劳
	国家计划生育政策的落实	（延续）
	调解民间纠纷，协助维护社会治安	（延续）
	水电费的收缴	遵守并组织实施村民自治章程、村规民约
	救灾救济款物的发放	政府拨付和接受社会捐赠的救灾救助、补贴补助等资金、物资的管理使用
		支持服务性、公益性、互助性社会组织依法开展活动，推动农村社区建设
		以借贷、租赁或者其他方式处分村集体财产

　　最后，"乡村经济社会发展"。衡量指标是农民个体收入与集体经济发展的情况。新中国成立之前，国家与乡村社会之间基本是资源"抽取"的关系，乡村经济社会只能维持一个低水平的均衡。新中国成立之后至取消农业税之前，尽管国家与乡村社会之间依然维持资源"抽取"的关系，但中国开启了始于农民与土地关系调整的改革，为农村经济社会发展提供了不竭的强大动力。尤其是发端于农村的改革开放，极大调动了亿万农民的生产积极性，大大解放了农村生产力，为农业农村发展提供了坚实的制度保障。党的十八大以来，以习近平同志为核心的党中央坚持把解决好"三农"问题作为全党工作重中之重，持续加大强农惠农富农政策力度，全面深化农村改革，坚持以农业供给侧结构性改革为主线，扎实推进乡村振兴战略，农业农村发展取得历史性成就。这一系列成就反映在

"乡村经济社会发展"指标上,标记为从弱到强,从"－－－"到"＋＋＋"的发展变化。新中国成立后的统计数据,分别采用农民人均可支配收入(1952—2018年)与农村集体单位固定资产投资额(1981—2011年)来反映(见图7-6和图7-7)。

（单位：元）

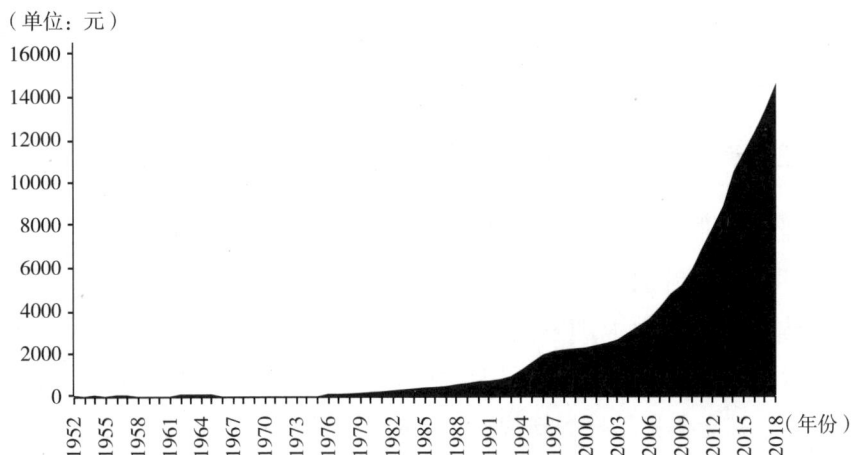

图 7-6 1952—2018 年农民人均可支配收入

资料来源:《中国财政年鉴》。

（单位：亿元）

图 7-7 1981—2011 年农村集体单位固定资产投资额

资料来源:《中国财政年鉴》。

在任何历史时期,乡村的有效治理都有赖于在国家权力下沉与乡村社会的自主性之间寻求一个适当的平衡点(曾庆捷,2018)。在新历史时期,要实现政党执政的权威性、国家治理的有效性、村民自治的参与性三者的内在统一,需要重点在以下方面创新治理机制:一是国家应加大对基层乡镇政权的赋权、赋能力度;二是加强党建引领,完善党组织领导乡村治理的体制机制;三是大力扶持普通村民的政治参与,丰富村民议事协商形式,建立日常化的参政机制,提升政治效能感。

二、"三治"结合乡村治理的创新发展

理解乡村治理机制创新的背景,需要从现代化的高度去把握。经过40 多年的改革开放,我国的城乡关系已进入城乡融合发展的历史新阶段。马克思主义认为,随着生产力进一步发展,城乡关系最终将由分离、对立走向城乡融合,并提出了城乡融合的重要条件。作为习近平新时代中国特色社会主义思想的新战略,实施乡村振兴战略,是城乡融合发展的必然要求,是解决我国社会主要矛盾的必然要求,是实现"两个一百年"奋斗目标的必然要求,是实现全体人民共同富裕的必然要求。进一步地,实现乡村有效治理是实施乡村振兴战略的重要内容和基础。农业税费改革以来,我国的城乡关系发生了重要转向,工业反哺农业、城市反哺乡村的制度体系正在形成。党的十八大以来,"三农"工作在农业生产经营方式、农村土地制度和集体产权改革、农民收入水平等方面取得了一系列成就与进展,党的十九大又提出"坚持农业农村优先发展",成为实施乡村振兴战略、实现乡村有效治理的新起点、新征程。从世界各国的现代化进程来看,迄今为止还没有任何国家能够带领数亿规模的农民群体实现现代化。当前我国正处在由乡土中国走向城乡中国的历史新阶段,快速城镇化和农村空心化同时发生,传统道德文化根基式微、现代法治体系建设滞后、村民自治制度运行不畅,乡村治理现代化转型面临重重困境与挑战。问题倒逼改革,有问题才有改革的动力。面对现代化转型带来的一系列治理难题与挑战,我们要谨慎乐观,与时俱进,积极探索乡村治理现代化的中国智慧和中国方案。

从历史维度和国际比较维度,我国健全以党组织领导的自治、法治、德治相结合的乡村治理体系创新至少具备以下五大优势:动力优势、制度优势、物质优势、文化优势及后发优势。第一,动力优势,体现在乡土中国向城乡中国的转型,时空压缩、矛盾重重,德治、自治、法治"三失灵",多重矛盾中心倒逼中国乡村治理走出一条以党组织领导的"三治"相结合的机制创新之路。第二,制度优势,即中国特色社会主义制度优势,一方面,新中国成立后农村经历了集体主义改造而形成了一种集体主义的道德文化,为当今行政村、村民小组一级的公共事务治理打下了基础;另一方面,农村土地集体所有制为乡村治理提供了得天独厚的内部资源。随着农村土地制度改革和集体产权制度改革的推进,土地的财产属性愈加凸显。盘活集体所有资源,壮大农村集体经济,将为乡村治理重新注入源源不断的内生动力。第三,物质优势,主要体现在城乡中国阶段,工业反哺农业、城市反哺乡村,国家实施乡村振兴战略将会进一步带来大量外部资源投入,为乡村治理创新提供强有力的外部支撑。第四,文化优势,主要体现在两方面:一方面我们有五千年传统"礼治"文化的根基。不同历史时期历经变迁,虽有式微但却并未曾断裂,为"德治"文化的重塑奠定了文化根基;另一方面我们有具百年历史的、规模最大的中国共产党的领导。自新中国成立以后,共产党就首次在农村建立党支部,为完善村党组织领导乡村治理的体制机制奠定了领导基础。第五,后发优势,带领数亿规模的农民群体实现现代化,实施乡村振兴战略是一条前无古人之路,西方发达国家没有给我们提供一条从城乡对立走向城乡融合的现代化之路。中国的乡村治理体系和治理能力现代化,既要充分吸收现代西方的治理理论与智慧,又要将之与中国优秀传统文化高度融合,并充分借助互联网技术兴起带来的治理变革,发挥后发优势,走出一条"党建+三治"相结合、"互联网+"的乡村治理现代化之路。

各地乡村治理创新的典型案例为下一步改革提供了一些成功经验,也暴露出一些问题,为全国性乡村治理机制创新奠定了实践基础。加强和完善乡村治理机制:首先,充分发挥国家自上而下制度保障的重要性,抓源头治理、系统治理,避免治理"碎片化"。与此同时,把握好国家与社会之间互构关系的平衡,划清行政与自治边界。在党组织的领导下,探索政经社适度明晰职责乃至分设的创新之路,优化各治理主体间的组合,达成政经社各类组织的协同治理;其次,以试点地区的先进经验作为参照,但切莫"一刀切",而应因地制宜,分类推进。依循"治权"与"产权"对等的原则,以及"自治"的有效半径原则,充分发挥村民自治单元,无论是行政村、社区还是村民小组及以下层面,作为整合内外部资源的平台作用,尤其是作为外部资源落实的主渠道;再次,积极动员各类社会力量参与乡村治理,既包括依靠行政力量动员的县乡村各级法律服务资源、德治文化资源,也包括村庄的党员代表、乡贤等各类精英、道德模范、留守群体、集体经济组织和农民合作组织、其他经济社会组织,还包括各类专门化的社工组织、社会组织,找回"自治"、让"自治"落地,带动"自治"与"法治""德治"走向真正融合;最后,充分发挥"互联网+治理"的技术优势,利用数字时代技术的关键机会,把众多分散治理元素整合为分立的合作科层,大幅度降低跨界资源配置的成本。推进基于需求的整体主义治理创新,力求简化并创建对社会环境各种变化作出迅速、灵活响应的治理机制,并且推动乡村治理过程的数字化。

第八章　农产品市场流通体制变迁

　　农产品市场流通是联系生产与消费的纽带和桥梁,对于农产品价值的实现、农民收入的提高、居民生活需求的满足等意义重大。新中国成立以来,随着我国农业生产的发展和经济社会阶段性任务的变化,农产品流通体制也不断演进,市场化程度不断提高、调控机制日益完善。特别是党的十八大以来,国家深化粮食等重要农产品价格形成机制和收储制度改革,健全农产品市场调控制度,合理利用国际农产品市场,强化农产品质量和食品安全监管,农产品市场流通体制逐步完善,农产品流通现代化水平日益提升。

第一节　统购统销制度的形成及其影响

　　农产品统购统销政策是中国农产品流通体系中的重要一环,是新中国经济史中最值得关注的事件之一,这一政策的推行和不断发展是新中国成立初期计划经济体制确立的一个重要标志,并对中国的工业化、合作化和二元经济结构的形成产生深远而长期的影响。统购统销和统一全国财经工作,以及对资本主义工商业、个体农业、个体手工业的社会主义改造被并称为新中国财经战线上的“三大战役”。统购统销一头在农村征收农民的粮食,对农民的日常生活、生活方式有很大的影响;另一头在城市,城市市民要凭票购买日常生活必需品,统购统销也深刻地影响着人们的生活。统购统销制度影响了那个时期整整一代中国人,无论是农民还是市民。统购统销制度为中国的工业化、中国的社会主义建设、中国的社会发展作出了巨大贡献,当然这一制度也有它的不足和缺点。

一、实行农产品统购统销制度的原因

(一)国内粮食供给紧张

新中国成立之初,农业生产恢复性增长,农产品产量快速提高,粮食、棉花等农作物产量均达到或超过战前最高水平。但是,1953年国内粮食市场出现了供给紧张、库存下降的现象。据统计,1952年7月1日至1953年6月30日,虽然国家收购的粮食比上年同期增长了8.9%,但供应增加了31.6%,赤字40亿斤,1953年6月30日的粮食库存由上年同期的145亿斤减为105亿斤(陈锡文等,2009)。造成这一现象的原因是多方面的:一是1953年全国出现了较大面积的灾荒,使得粮食产量下滑严重。据统计,1953年全国共有35463万亩农田受灾,其中成灾面积为10629万亩,无论是受灾面积还是成灾面积均大大超过了1952年。二是由于粮食征购量大幅增长,导致粮价快速上涨,粮食牌价和市价脱节,农民看涨心理较强、惜售情绪增加、存粮现象普遍。三是国家为了发展工业,农产品贸易政策以出口导向为主,在停止粮食进口的同时,通过出口农产品(尤其是粮食)来换取大量的工业设备。据统计,1953年出口的粮食达32亿斤,这进一步加剧了国内粮食短缺的局面。

(二)国内粮食需求量迅速增加

在国内粮食供给紧张的同时,粮食需求量迅速增加,进一步加剧了国内粮食市场供需紧张的状况。导致粮食需求迅速增加的因素主要有:一是农村自给性消费增加。新中国成立后,经过几年的经济恢复和生产发展,农民的消费量也相应增加。他们不仅要吃饱还要吃好,希望"家里有粮、心里不慌"。土地改革后中国粮食产量虽有大幅提高,但由于农民生活条件的改善,相当一部分粮食被农民自己消费了。据统计,1949年农村人均粮食消费量370斤,到1952年增加到440斤,人均消费量增加了70斤。二是工业化的发展和城镇人口的增加导致农产品需求量大幅提升。据统计,1949—1953年,我国城镇人口由5765万人增加到7826万人,增加了2061万人,年增长率达7.94%。新增加的人口在农村时吃粮问题靠自己解决,基本可以自给自足,但进城之后成为产业工人,他们就要消费商品粮,所以城市的粮食供应压力不断加大。

(三)粮食市场不稳定,价格波动剧烈

新中国成立初期,中国的粮食市场一直都存在并很活跃,农民可以在市场上自由交易粮食等物资,市民也可以在市场上自己购买生活资料。这时国家储备粮食有两种途径:一是向农民征购(征购价格低于市场价格);二是从粮食市场收购(以市场价收购)。粮食市场并没有被国家控制,农户和私商均可自由交易,国家在粮食市场上与私商属于竞争关系,国家只是众多的市场参与者之一,并没有表现出明显的优势,因此有时国家的收购价格不占优势时就会收购不到粮食。

由于这一时期粮食供应极不稳定,对国家的重工业发展战略和市场物价均造成较大负面影响。从 1949 年 4 月至 1950 年 2 月,在不到一年的时间里曾发生过四次大的物价波动(分别是 1949 年 4 月、1949 年 7 月、1949 年 11 月和 1950 年春节期间),其中前三次物价波动都是由粮食涨价开始的,粮食产、供、销的矛盾十分突出,市场粮价波动强烈,进而牵动其他物价全面上涨,使整个市场不断处于剧烈动荡之中。

二、统购统销制度的特点及内容

面对当时严峻的粮食危机,时任政务院副总理兼国家财经委员会主任的陈云临危受命,负责解决粮食问题。根据各方意见和当时的形势,陈云提出了只征不配(只在农村征购,不在城市配售)、只配不征(只在城市配售,不在农村征购)、原封不动(继续自由买卖)、"临渴掘井"(先自由买卖,买不到的时候再征购)、动员认购(中央把控制额下达到省、县、区支部,但不给农民交底,让农民认购,直到认购量达到控制额为止)、合同预购、地方各行其是、农村征购城市配售等 8 种解决方案。1953 年 10 月 10 日,全国粮食紧急会议召开,明确了农村征购、城市配售的方式,同时经会议讨论,将"征购""配售"改为"计划收购""计划供应",合称为"统购统销"。1953 年 10 月 16 日,中共中央政治局再次召开会议,讨论并通过了《中共中央关于实行粮食的计划收购与计划供应的决议》(以下简称《决议》)。1953 年 11 月 19 日,政务院第 194 次政务会议又通过了《中央

人民政府政务院关于实行粮食的计划收购和计划供应的命令》（以下简称《命令》）。1953年12月开始，除西藏和台湾地区外，粮食统购统销制度在全国开始实施。除粮食外，油料、棉花等也相继被列入统购统销范围，最多时列入国家统购统销的农产品品种达到180多种。

（一）统购统销制度的基本特点

1. 强制性

主要表现在对农民的统购是容不得对抗的，农户必须遵从，农民的余粮全部实行按国家制定的价格统一收购，全社会所需要的粮食也全部按国家规定的价格统一供应，而农民自己食用的粮食数量和品种也须由国家批准。农民的余粮只能卖给国有粮食机构，城镇居民也只能向国有粮食机构购买口粮。在统购统销初期，一些与政策对抗的农民曾受到过严厉惩罚。

2. 保障性

主要体现在对城镇居民低水平粮食需求的保障和部分农村地区的返销粮上。伴随着统购统销制度的实施，1955年5月16日，中共中央、国务院发出了《关于整顿城市粮食计划供应工作的指示》，决定全面实行"以人定量"和各种行业定量供应的计划供应制度。1955年8月25日，国务院公布《市镇粮食定量供应暂行办法》，该办法规定，所谓定量供应就是对市镇居民，包括不在市镇内的机关、企业、学校等的非农业人口采取口粮分等定量，工商行业用量按户定量、牲畜饲料用量分类定量的供应制度。此后，各地普遍根据劳动力差别、年龄大小、性别和粮食消费习惯等制定居民口粮标准，并以此为依据进行定量供应，粮票制度也应运而生。除了在城市通过定量供应来满足居民的生活需求外，在部分粮食产量较低、无法保障自给的农村地区，政府则通过返销的方式，把粮食卖给当地农民，从而为其提供基本生活保障。

（二）统购统销制度的主要内容

1. 对农村余粮户实行粮食计划收购（统购）

《命令》规定："生产粮食的农民应按照国家规定的收购粮种、收购价格和计划收购的分配数量将余粮售给国家。农民在缴纳公粮和计划收购粮以外的余粮,可以自由存储和自由使用,可以继续售给国家粮食部门或合作社,或在国家设立的粮食市场进行交易,并可在农村间进行少量的互通有无的交易。"粮种和价格由中央统一规定,统购价格的规定大体维持在当时城市出售价格的基础上,以不赔不赚为原则,统购价格必须固定,以克服农民存量看涨的心理。从以上规定可以看出,国家在农村实行粮食统购的对象是余粮户,也就是在缴纳公粮之后还有余粮的农民。

2. 对城市居民和农村缺粮户实行粮食计划供应(统销)

《命令》规定粮食统销的对象和办法是:在城市,对机关、团体、学校、企业等的人员,可通过其组织,进行供应;对一般市民,可发给购粮证,凭证购买,或暂凭户口簿购买。在集镇、经济作物区、灾区及一般农村,则应采取由上级政府颁发控制数字并由群众实行民主评议相结合的办法,使真正的缺粮户能够买到所需的粮食,而又能适当控制粮食的销量,防止投机和囤积。对于熟食业、食品加工业等所需粮食,旅店、火车、轮船等供应旅客膳食用粮以及其他工业用粮,应参照过去一定时期的平均需用量,定额给予供应,不许私自采购。对农村缺粮地区实行粮食计划供应。

3. 实行粮食市场严格管理,严禁私商自由经营粮食

《命令》规定:一切从事粮食经营、加工的国营、地方国营、公私合营、合作社营的商店和工厂,统一归当地粮食部门领导;所有私营粮商一律不许私自经营粮食,但在国家严格监督和管理下,可以由国家粮食部门委托代销粮食。所有私营粮食加工厂及经营性的土碾、土磨,一律不得自购原料,自销成品,只能由国家粮食部门委托加工或在国家监督和管理下,代消费户按照国家规定的加工标准从事加工。一切非粮食机构和私商,禁止跨行业经营粮食。农民运粮进城出售,由国营粮店或合作社收购。

4. 在中央统一管理下,中央与地方分工负责粮食体制

坚持实行以往"统一的管理、统一的指挥和调度"的原则。"所有方针政策的确定,所有收购量和供应量,收购标准和供应标准,收购价格和供应价格等,都必须由中央统一规定或经中央批准,地方则在既定的方针政策原则下,因地制宜,分工负责,保障实施。"

三、统购统销制度的作用及其影响

从 1953 年开始实施,到 1985 年被合同定购制取代,统购统销制度存续了 32 年。作为特殊历史背景下的产物,统购统销制度通过严格的计划性操作,基本保证了粮食在较低生产水平下的稳定供给,满足了人民群众的食物需求。在此过程中,农业、农民作出了巨大牺牲,通过城乡、工农关系之间"剪刀差"的不等价交换,支撑了新中国工业化、城市化的快速发展,保障了经济社会的稳定。

(一)统购统销保障了中国工业化的发展

新中国成立不久,就确立了重工业优先发展的战略思想。中国工业化的起步没有西方资本主义工业化资本积累的条件,而只能依靠农业。1952 年年底,农业产值占工农业总产值的 56.9%,轻工业产值占整个工业总产值的 64.4%,其中以农产品为原料的产值又占轻工业产值的87.5%。可见尽管农业相当落后,但在当时的条件下也只能依靠农业积累资金。

统购统销制度,首先稳定了全国的粮食市场,使工业工人和城市职工有了最基本的生活保障来源,各项工业化建设得以顺利推进。其次稳定了全国物价,避免了通货膨胀,使国家财政收支能够保持基本平衡,进而为大规模的工业建设投资计划提供了保障。此外,统购统销通过工农产品价格剪刀差为工业建设提供了大量资金。在中国,剪刀差可分为比价剪刀差和比值剪刀差两种。据统计,国家在 1953—1981 年间通过价格剪刀差的方式从农民手中筹集的工业化资金共 7000 多亿元,加上农业集体组织内部的积累 1000 多亿元,总计 8000 多亿元,相当于同期中国 15000多亿元积累资金的 50% 以上。可以说,没有中国的农业就没有中国的工业化,没有统购统销,工业对农业提取的剩余就不容易转移,就容易引起摩擦和矛盾,统购统销避免了矛盾的尖锐化,所以说统购统销为中国的工业化作出了不可磨灭的贡献。

(二)统购统销加快了农业合作化的进程

统购统销客观上推动了农业合作化的进程。国家向数以万计的农户统购统销,显然不如向组织起来的农业社实行起来那样简便易行、低成本。

一方面,国家推行合作化之后,政府不再跟农户之间直接发生粮食关系,而是以社为单位对农村进行统购统销,这在一定程度上简化了购销手续,加快了粮食收购进度,为购销在制度上提供了保证和便利。到实行"政社合一"的人民公社体制,更为统购统销提供了便利。人民公社时,国家控制着农村的一切生产、分配,国家可以直接计划如何生产、生产多少、生产什么等问题,实际上人民公社已经成为确保统购统销政策顺利实施的基层组织形式。农业生产合作社及后来的人民公社,无形中在国家与农民之间形成了一个利益缓冲体,既能在国家与农民之间发生利益冲突时起缓冲作用,又便于政府贯彻自己的意图,落实生产与收购计划。

另一方面,国家控制了最重要的农产品,有的直接进入了消费领域,这也为后来建立国家高度集权的计划经济体制奠定了基础。对农副产品统购统销既削弱了农村的市场经济,同时也割断了农村与城市之间的联系,从而迫使个体农户和资本主义工商业置于国家计划管理之下,在城市接受资本主义工商业的社会主义改造,在农村则只有接受合作化。统购统销促进了合作化的进程,同时粮食及其他主要农副产品统购统销的实施,使中国农业生产完全纳入了计划经济的轨道,并最终促成了中国计划经济体制的确立。

(三)统购统销造成了城乡分割的二元经济体制

统购统销政策对城镇居民的粮食消费采取定量供应的方式,为了保证供应的稳定,必须对城镇人口规模进行控制,这就客观上要求限制自由迁徙的政策方针或法律制度出台。1953年4月政务院发出《关于劝止农民盲目流入城市的指示》,规定未经劳动部门许可或介绍者,不得擅自去农村招收工人。1954年3月又发出《关于继续贯彻"劝止农民盲目流入城市"的指示》,再次重申限制农民向城市流动和迁徙。此后又接连出台几个关于限制农村人口迁移的文件。1958年国家出台了硬性的法律条文,1月9日全国人民代表大会常务委员会通过了《中华人民共和国户口登记条例》,该条例除了详细规定公民应进行各项基本情况的户口登记外,其第十条规定："公民由农村迁往城市,必须持有城市劳动部门的录用证明,学校的录取证明,或者城市户口登记机关的准予迁入证明,向常住地户口登记机关申请办理迁出手续。"这一规定以法律的形式限制了农民迁往城市,并且成为一种制度固定下来,这也是中国户籍制度的核心内容,这一制度一直延续多年,成为阻碍城乡之间人口流动的重要障碍。

(四)统购统销挫伤了农民的生产积极性

统购统销政策从根本上否定了农产品作为商品的基本属性,不承认价值规律对农业经济的指导作用,不按照价值规律的客观要求来组织农业生产和经营,其结果只能是农产品的价格严重地背离市场价格,其价格不能真实地反映其内在的价值。通常情况下,由政府制定的粮食征购价格比市场流通价格要低20%—30%,农民没有议价权,在农业生产和经营中完全依赖于行政命令,这严重挫伤了农民的生产积极性和自主创新性。在统购统销政策执行的过程中,经常会出现高估产、高征购等征购"过头粮"的行为,为了防止这种行为的蔓延,1955年中央实行了粮食定产、定购、定销的"三定"政策,但实际上农民在"三定"政策之后依然要被征走很多粮食,能留下来的非常少,仅够糊口之用。由于农民剩余粮食数量非常少,因此对农民的劳动积极性产生较大的负面影响。

第二节　粮食流通体制改革

在农产品严重不足的年代,统购统销制度在一定程度上起到了稳定农产品价格、保障城镇居民基本生活的作用,但同时造成了生产和需求的脱节,严重影响了农业生产的正常发展和农民收入的提高。1978年年底,党的十一届三中全会原则通过的《中共中央关于加快农业发展若干问题的决定(草案)》,确定了加快农业生产发展的目标要求,中国农产品价格和市场进入了全面改革的新阶段。通过20世纪80年代的改革,除粮食、棉花等少数农产品外,绝大多数农产品的市场已经完全放开,同时由于粮食收购价格不断提高,粮食购销价格倒挂的问题愈发严重,加上统销数量大于定购数量,给国家财政造成了沉重的负担,改革粮食统购统销制度,探索新的宏观调控手段迫在眉睫。

一、取消粮食统销制度

1990 年,我国粮食获得大丰收,粮食供求形势明显好转,为改革粮食统销体制创造了宽松的环境。1991 年 5 月,国家提高了城镇居民定量内口粮的销售价格,综合平均每 50 公斤提价 10 元,提价幅度平均达 67%。1992 年 2 月,国家再次提高定购粮价格,平均每 50 公斤小麦提价 6 元、粳稻提价 5 元、早籼稻提价 3 元、玉米提价 3 元。同年 4 月,又一次提高城镇居民定量内口粮的销售价格,平均提价幅度为 43%,基本上实现了购销同价,为进一步改革粮食购销体制创造了条件。

从 1988 年以来,山西省、河南省新乡地区、广西壮族自治区玉林地区、内蒙古自治区卓资县和贵州省湄潭县等地方在中央改革方针的指导下,已经因地制宜地进行了粮食购销体制改革的试验。1988 年,山西省率先压缩平价粮销售。1989 年,黑龙江、辽宁、河北、山东、河南、浙江、江西等省开始压缩平价粮销售。在总结国务院农村改革试验区和一些地区改革粮食统销制度的经验后,1991 年,国家作出了粮食购销体制改革可采取"分区决策、分省推进"的决定。1992 年,广东省率先实行了全面放开粮价的改革措施,1993 年 1 月,浙江放开粮价,江苏、安徽、福建、江西和上海于同年 4 月全面放开粮食购销价格,取消粮票,北京于同年 5 月也采取了类似措施。到 1993 年 6 月底,全国宣布放开粮价的县(市)已超过总数的 95%,粮食统销制度彻底解体。

二、提高粮食定购价格

为了保护农民的粮食生产积极性,国家根据市场粮价的变动,多次提高了粮食的收购价格。1994 年 6 月 10 日,国家将小麦、稻谷、玉米、大豆四种粮食的定购价格平均每 50 公斤提高到 52 元,定购粮综合收购价提高了 40%。1996 年,国家再次提高粮食定购价格,中等质量标准的小麦、稻谷、玉米、大豆四种粮食的定购价格,在 1995 年各省、自治区、直辖市平均收购价格(不含价外补贴,全国平均每 50 公斤 67 元)的基础上,每 50

公斤提高 15 元,并允许地方以此为基准价,在上浮不超过 10% 的范围内确定具体收购价格。据统计,当年全国平均每 50 公斤小麦由 51.8 元提高到 67.5 元,提高了 30.3%;早籼稻由 46.9 元提高到 67.5 元,提高了 43.9%;粳稻由 53.8 元提高到 76.9 元,提高了 42.9%;玉米由 40.8 元提高到 61.9 元,提高了 51.7%;大豆由 87 元提高到 111 元,提高了 27.6%,1996 年的粮食定购价格相当于在 1994 年的基础上再提高 42%。由于当年粮食产量大幅度增加,市场粮价有所下降,粮食定购价与市场价非常接近,个别地区的个别品种甚至出现了定购价高于市场价的现象。1997 年,国家采取了按保护价敞开收购农民余粮的措施,保护农民的粮食生产积极性。1997 年 7 月召开的全国粮食购销工作会议要求,各地区、各部门要按照国务院的部署一齐行动,所有粮食收购站都要迅速挂出定购价和保护价的牌子,全面敞开收购。

三、实行"米袋子"省长负责制

1993 年后,我国逐渐放开了粮食市场,粮食价格开始由市场供求关系决定。当时,我国尚处于市场经济体制初建时期,刚刚放开的粮食市场很不完善,不仅缺乏成熟的粮食市场交易主体,政府建立的粮食市场宏观调控体系也很不健全,不能有效地调控粮食市场价格的波动。1993 年年底,我国粮食价格开始上涨,并且引发了长达两年之久的粮食价格上涨风波。此后,国家一方面加强了对粮食市场的管理,另一方面加大了对粮食生产的支持力度。

1995 年,国家开始实行粮食地区平衡和"米袋子"省长负责制。早在 1982 年,中央就曾对各省、自治区、直辖市实行"粮食征购、销售、调拨包干一定三年"的管理办法。1993 年发布的《国务院关于加快粮食流通体制改革的通知》规定:各省、自治区、直辖市人民政府要切实加强粮食管理,搞好本地区粮食数量、品种平衡,确保城乡市场粮食供应。并且从这一年起取消省际计划调拨,省际粮食流通全部通过市场进行。1994 年,《国务院关于深化粮食购销体制改革的通知》,进一步明确规定:实行省、自治区、直辖市政府领导负责制,负责本地区粮食总量平衡,稳定粮食面积、稳定粮食产量、稳定粮食库存,灵活地运用地方粮食储备进行调节,保证粮食供应和粮价稳定。1995 年,《国务院关于深化粮食棉花化肥购销体制改革的通知》将坚持和完善省长负责制作为当时深化改革的重点之一,并进一步明确了省长负责制的内涵。

省长负责制的主要内容是:(1)稳定粮食播种面积和规定的库存数量;(2)完成国家下达的定购任务、储备粮收购计划及地方确定的市场收购计划;(3)按照国家核定的规模建立地方粮食储备风险基金;(4)粮食主产省要保质保量地完成国家规定的省际粮食调剂任务,并进一步提高粮食商品率,不能自给自足的省、自治区、直辖市必须完成粮食进口计划和调剂任务,并逐步提高粮食自给率,努力组织粮源,确保市场供应和粮价稳定。

实行"米袋子"省长负责制,一方面是因为我国财政制度改革后省级财政较为宽裕,特别是粮食供不应求的省区市多为经济增长较快的省区市,有能力负担起本省区市粮食的供需平衡;另一方面可以遏制东南沿海省区市因工业化、城市化和农业生产结构调整对粮田挤占过多,粮食产量下降过快的势头。同时,实行"米袋子"省长负责制打破了各省区市长期依赖中央解决粮食问题的思想,分散了全国粮食安全的风险。

四、粮食收储制度改革

为促进粮食产业健康发展,国家不断深化粮食收储制度改革。2004年国家出台《粮食流通管理条例》,从这一年开始,中国全面放开粮食收购市场,实行粮食购销市场化和市场主体多元化。2006 年,国务院出台《关于完善粮食流通体制改革政策措施的意见》,从加快国有粮食企业改革、建立粮食市场体系、完善粮食宏观调控等方面进一步完善政策措施。

为稳定市场预期、保护农民利益和促进粮食生产,中国逐步出台了粮食最低收购价政策,作为最低收购价政策的补充,国家开始启动临时收储政策。2006 年,国家印发了《国家临时存储粮食购销办法》,安排临时存储粮按照顺价销售的原则,在粮食批发市场上常年常时公开竞价销售。2008 年,国际粮价剧烈波动,国内粮价低于国际市场,为了保障农民利益,国家自 2008 年 10 月起先后下达四批稻谷、玉米、大豆收购计划。后来,临时收储品种已涵盖了稻谷、小麦、大豆、玉米、油菜籽、白糖等大宗农产品。此后,根据国内外粮食市场供求状况和粮食生产成本变化情况,国家多次提高粮食最低收购价格和临时收储价格水平,并对部分省区的玉米、大豆、油菜籽等品种实行临时收储政策。

党的十八大以来,按照市场化改革方向,按照分品种施策、渐进式推进的原则,针对粮食临时收储政策出现的新情况、新问题,粮食收储制度改革进一步深化。完善小麦、稻谷最低收购价政策,逐步下调最低收购价格水平,积极探索推进市场定价、价补分离政策,完善粮食价格形成机制。2015 年 6 月,取消油菜籽临时收储政策,启动东北和内蒙古大豆目标价格改革试点;2015 年,下调玉米临时收储价格;2016 年,下调早籼稻最低收购价格,取消玉米临时收储政策,实行"市场定价、价补分离","市场化收购+生产者补贴"的新机制,推进收购价格完全市场化,缓解了巨量玉米库存压力,理顺了产业链条,提升了产业竞争力。2017 年,中央政府下调中晚稻和粳稻最低收购价格,粮食去库存范围逐步扩大到稻谷,力度也在增大;2018 年全面下调稻谷、小麦最低收购价格,玉米、大豆继续实施生产者补贴政策,粮食收储制度日趋完善。

第三节　农产品流通体制改革

家庭联产承包责任制的实施使得农业生产大幅提升,改变了农产品供应紧张的局面,但由于农产品仓储设施不足、流通体制落后,导致部分地区出现了"卖粮难""卖棉难"等现象,农产品流通体制亟须改革。加入世界贸易组织后,农产品国内市场和国际市场完全接轨,国家对市场的宏观调控面临新的考验。进入 21 世纪以来,我国农业农村发展不断迈上新台阶,农业的主要矛盾由总量不足转为结构性矛盾,突出表现为阶段性供过于求和供给不足并存,农业生产一度出现成本不断攀升、价格持续低迷的"双重挤压"问题,重要农产品面临生产量、库存量、进口量"三量齐增"的困境,农产品流通体制继续在改革中不断深化。

一、培育农产品流通主体

（一）改革国营商业与供销社主导的农产品流通市场

随着农产品市场的建设和发展,国家开始改革与完善国营商业、供销社等国合商业组织,并开始允许社队集体商业、农民个人或合伙等多种经营形式进入一些农产品的流通领域,农产品流通主体开始朝着多元化的方向发展。到20世纪80年代后期,各地已出现了一批农民联合购销组织,不仅有乡、村合作组织兴办的农工商或多种经营服务公司,有同行业的专业合作社或协会,还有个体商贩、专业运销户自愿组成的联合商社等。

（二）社队集体商业与农民个体进入农产品流通领域

为更好地解决农产品生产与市场连接不够紧密的问题,国家开始注重引导和培育新型市场主体进入流通领域。1991年,国家要求在充分发挥国营商业和供销社主渠道作用的同时,要重视发挥乡村集体商业组织和个体运销专业户的作用,保护各种联合组织已形成的产供销关系,凡是放开实行市场调节的产品,都要允许它们经营。从1998年起,国家开始把重点放在大力培育能够真正代表农民自身利益的各种形式的农民运销组织上,并提出要积极发展产销一体化经营组织。

（三）农产品流通主体多元化格局基本形成

经过多年的不断改革,中国农产品市场流通主体已形成多元化格局。除粮食、棉花外,绝大部分农产品都是由国有商业组织、集体商业组织、个人及合伙、各种农民专业协会或销售合作社、私营企业甚至外资企业共同来经营与组织流通,其中在鲜活农产品的流通中,个人及合伙运销组织、龙头企业、各种农民专业协会或销售合作社等产供销一体化组织发挥着更为重要的作用,而且发展相当迅速,它们已经成为主要的鲜活农产品市场流通主体。

2001年以来,随着粮食收购市场的放开和中国加入世界贸易组织,虽然政府对粮食实行保护价收购政策,但市场供求关系已经成为影响农产品价格的主要因素,国内市场价格受国际市场的影响越来越大,主要农产品特别是粮食等的价格上涨空间越来越小。同期,中国农产品市场体系建设取得重大进展,市场主体多元化格局已经形成,国营商业和供销合作社等商业组织在农产品市场流通中仍然发挥着重要作用,农民个体运销户、经纪人日趋活跃,农民合作经济组织、农业产业化龙头企业日显重要;农产品市场体系逐步健全,农产品批发市场逐步完善,农产品零售市场逐步规范,农产品期货市场的导向作用开始发挥,连锁超市快速发展;农产品市场基础设施建设逐步完善,企业和社会资本也开始积极涉足农产品市场建设和管理;市场服务体系全面加强,农产品运销"绿色通道"逐步建立,市场信息体系日趋完善,农业信息组织机构体系逐步建立,农业信息采集系统初步形成。

经过多次的农产品流通体制改革,我国农产品市场主体已经从单一经营发展为多元化并进。市场主体有了长足发展,表现在参与主体增加,参与程度加强,农产品流通渠道多样化。市场主体主要包括农民、各种中介组织、国有流通企业等。市场主体的实力和发育水平是农产品市场整体功能发挥的关键。农民是农产品市场流通的第一环节主体,其生产行为和销售行为直接影响整个市场的发展状况。农产品流通体制放开后,允许各种具备资格的经营主体进入市场,从而催生了一大批中介组织,包括农民经纪人、农民协会、农产品流通龙头企业、代理商、私人商贩等。农民经纪人、协会、各种合作组织是农民为了抵御市场风险而成立的组织,在农产品流通中扮演着桥梁的作用。经过政策引导,农产品流通龙头企业凭借雄厚的资金、技术实力和网络优势,已经成为市场流通中的"领头羊"。而私人商贩则以机动灵活、服务较好成为农产品市场体系中的一员。农产品流通渠道日益多元化,包括零售商直接销售、依托大型农产品批发市场异地销售、通过农业产业化龙头企业加工并异地销售、依托各种中介组织异地销售等。

二、完善农产品市场体系

(一)农村集贸市场的恢复与发展

继 1979 年《中共中央关于加快农业发展若干问题的决定》允许农村

集市贸易作为社会主义经济的附属和补充存在后,为解决原有农产品流通体制不能满足快速发展的商品生产的要求,造成鲜活农产品大量积压与浪费等问题,1981 年的《全国农村工作会议纪要》专门提到了"关于改善农村商品流通"的问题,1983 年的《当前农村经济政策的若干问题》明确提出了农产品流通体制改革的方向,明确了坚持计划经济为主、市场经济为辅的方针,要求调整购销政策,改革国营商业体制,放手发展合作商业,适当发展个体商业,实现以国营商业为主导、多种商业形式并存的流通局面,提出要打破城乡分割和地区封锁,广辟流通渠道。

　　1979 年,在国家政策的鼓励下,全国各地的农村集市贸易迅速恢复和发展起来,到年底,全国农村集市贸易的数量和规模基本恢复到 1966 年的水平。1980 年,各地普遍恢复了传统的定期集、插花集、早晚集、庙会、骡马大会、物资交流会等交易形式,农村集市贸易的成交额在 1979 年大幅度增长的基础上又增长了 23.9%,成为农业合作化以后最高的年份。上市商品品种达二三百种,一些多年绝迹或少见的土特产品、传统产品又重新上市。集市贸易在农产品流通中发挥的作用越来越大,粮食集市贸易恢复后,全国集市粮食成交量由 1978 年的 25 亿公斤上升到 1984 年的 83.5 亿公斤。

(二)以批发市场为中心的农产品市场体系建设

　　随着农业生产的发展,我国刚刚开始改革的农产品流通体制、流通设施、流通格局已不能满足需要,1985 年前后,部分农产品开始出现"卖难"问题。从 1984 年起,国家加大了农产品市场体系改革和建设的力度。

　　这一时期,国家完全放开了初级农产品市场。1985 年发布的《关于进一步活跃农村经济的十项政策》要求敞开"城门",允许菜农、商贩进城卖菜,提倡国营基层食品站、集体经营户、个体经营户和农民直接进城卖肉,或搞城乡联营。至此,各地陆续取消了限制农民进城贩卖农产品的做法,农村和城市集贸市场完全放开,初级农产品市场开始进入一个快速发展的时期。此后,国家继续加强集贸市场的建设力度,完善市场的服务设施,到 1990 年,全国集贸市场数量和成交额分别达到 83001 个和 5343 亿元,比 1985 年分别增长 35.3% 和 745.0%。

国家加大了农产品批发市场的建设力度,初步形成了覆盖全国的农产品批发市场网络。继1984年提出建设农产品批发市场以后,1987年1月,中共中央发出《把农村改革引向深入》的通知,进一步提出要求抓紧农副产品批发市场建设,开拓远郊和外埠蔬菜基地和其他副食品供应基地。1988年,经国务院批准,农业部会同其他部委开始"菜篮子工程"建设,在各大中城市建立副食品批发市场。这一时期,农产品批发市场发展迅速,入市交易的农产品品种、规模迅速增加,除棉花等极少数几个品种外,批发市场成为农产品流通的主要通道。在产地批发市场蓬勃发展的同时,销地批发市场也日渐兴起,农产品批发市场体系雏形基本形成。

进入21世纪,党的十八大提出新型工业化、信息化、城镇化与农业现代化建设,给予了农产品批发市场升级改造的良好机遇,批发市场建设步入了由数量向质量转变,由单一市场向集团市场转变,并且以优化布局、提升质量档次为重点的新的阶段。随着工业化、城镇化进程的不断推进,消费人口逐渐向经济发达地区和大中城市集聚,同时商务部等部门实施的"双百市场工程""南菜北运""西果东送"等一系列工程也使得农产品批发市场有集中的趋势。大型农产品批发市场为促进全国农产品流通、稳定农产品供需平衡、保障居民生活水平发挥了重要作用。据国家统计局统计,截至2016年年底,亿元以上农产品专业批发市场有966家、摊位数52.29万个、营业面积达4371.83万平方米、年成交额16539.21亿元。

2014年,商务部会同国家发展改革委、财政部、农业部等13个部门出台了《关于进一步加强农产品市场体系建设的指导意见》,组织编制了《全国农产品市场体系发展规划(2015—2020年)》征求意见稿。此后,商务部、财政部选择了10个地方开展公益性农产品批发市场建设试点,着力在投资保障、运营管理、政府监管方面建立长效机制,增强政府在应对突发事件和市场异常波动时的宏观调控能力和民生保障能力;选择6个地方开展跨区域农产品流通基础设施建设,着力打造全国农产品流通骨干网。

2015年发布的《商务部办公厅关于印发〈公益性农产品批发市场标

准(试行)〉的通知》要求推动公益性农产品批发市场建设,完善公共加工配送中心、公共信息服务平台、检验检测中心、消防安全监控中心、废弃物处理设施等公益性流通基础设施建设和公益功能实现的长效机制。2016年,商务部等12个部门出台了《关于加强公益性农产品市场体系建设的指导意见》,公益性农产品批发市场建设进入快速发展新阶段。

(三)农产品期货市场的建设

随着农产品集贸市场与批发市场的发展,国家着手准备建立更高级形态的农产品期货市场,以便进一步完善中国农产品市场体系的建设。1984年,国家有关文件多次提出建立农产品期货市场的要求,直到1990年7月国务院批转了商业部等8个部门发布的《关于试办郑州粮食批发市场的报告》,决定成立由商业部和河南省政府合办的中国粮食批发市场,农产品期货市场正式开始筹建。

1990年10月12日成立的郑州粮食批发市场是现货批发市场,但其组织结构、交易规则参照期货市场的模式设立,实行会员制、保证金制等,并允许远期合约在场内转让,是首次引进期货机制的规范化交易市场。郑州粮食批发市场是中国第一个以期货业为目标的商品交易市场,主要经营小麦、玉米等产品的远期批发交易。1993年5月28日,郑州商品交易所成立,推出了大豆、绿豆、小麦、玉米、芝麻等5个商品的标准化期货合约,制定了符合国际通用原则的交易规则和经纪公司代理章程,并逐步发展成为国内具有影响力的期货交易所。

继郑州商品交易所推出期货交易后,上海粮油商品交易所、苏州商品交易所、华南商品交易所、海南中商期货交易所等先后成立,豆油、菜籽和菜籽油、生丝、坯绸、原糖、橡胶等期货交易相继推出。据不完全统计,截至1993年年底,全国期货交易所或商品交易所已达39家,其中专营或兼营农产品的有十几家,农产品期货市场发展迅猛。但农产品期货市场也出现了许多问题:各地盲目争办期货市场,结果出现"一个品种多家办",影响了期货市场的正常发育;期货市场投机成分多,套期保值者少;期货交易所自身管理不够规范,期货经纪业发展混乱;期货市场小品种交易活跃而大品种交易冷淡,不利于期货市场的发育;等等。

面对上述问题,国家在1995年对期货市场进行了整顿,经中国证监会审批,共有15家期货交易所被确定为试点单位,其中有12家专做或兼做农产品期货交易,被中国证监会确认上市和试运行的农产品期货共有25个品种。至此,中国农产品期货市场开始进入规范发展的阶段。我国的农产品期货主要集中在郑州商品交易所和大连商品交易所,截至2019年6月,在郑州商品交易所上市的农产品期货品种有白糖、棉花、普通小麦、优质强筋小麦、早籼稻、晚籼稻、粳稻、菜籽粕、油菜籽、菜籽油、棉纱、苹果、红枣等13个,在大连商品交易所上市的农产品期货品种有玉米、玉米淀粉、黄大豆1号、黄大豆2号、豆粕、豆油、棕榈油、纤维板、胶合板、鸡蛋等10个。

(四)农产品市场升级改造与农村流通体系建设

2002年农业部制定了《全国农产品批发市场发展规划纲要(2002—2005年)》,对批发市场的建设提出了新的目标。2004年,农业部印发了《农产品批发市场建设与管理指南》,对市场建设、交易、监管提出了具体规范,为市场的现代化升级改造提供了指导。2015年农业部出台《全国农产品产地市场发展纲要》旨在建立中国特色的农户营销服务体系,提升我国农产品流通能力与效率。同年,商务部等10部门联合发布《全国农产品市场体系发展规划》,提出将于2020年年初步建成中国特色农产品市场体系。

经过多年的发展,我国农产品市场体系逐渐完善,形成了由初级收购市场、零售市场、批发市场、期货市场等组成的多层次市场体系。以批发市场为中心,城乡集贸市场为基础,连锁超市、直销配送、期货市场等为重要补充的农产品市场体系初步形成,基本实现了全国大市场、大流通格局,奠定了我国农村市场体系的基本框架。

流通设施发展较快,为形成"大市场、大流通"格局创造了条件。据统计,我国大宗农产品的运输主要有铁路运输、水路运输和公路运输。改革开放以来,特别是近年来,我国公路、铁路、港口等交通基础设施建设发展很快。截至2017年年底,全国农村公路总里程达到400.93万公里,其中县道55.07万公里、乡道115.77万公里、村道230.08万公里;全国通公路的乡(镇)占全国乡(镇)总数的99.99%,其中通硬化路面的乡(镇)

占全国乡(镇)总数的 99.39%,比上年提高 0.38 个百分点;通公路的建制村占全国建制村总数的 99.98%,其中通硬化路面的建制村占全国建制村总数的 98.35%,提高 1.66 个百分点。[①] 乡村公路特别是柏油路的兴建,大大改善了行车环境,对疏通农产品流通渠道、减少运输过程中的损耗、降低流通成本、提高农产品市场竞争力起到了较好的作用。

经过多年的努力,粮油流通网络基本形成。我国在东北地区以大连北良港口为龙头,共建设 60 个现代化粮食中转库,形成了该地区的散粮流通网络;在长江中下游,从张家港到城陵矶,建设了 6 个现代化散粮流通港口库,形成了散粮流通的“长江走廊”;在广西,建成了 4 个现代化散粮流通港口库和内陆中转库。近年来,利用国债资金等又建设了拥有 500 亿公斤仓容的粮食仓库,这些粮食仓库都采用国际先进水平的散粮储运方式。至今,我国散粮流通体系已基本形成,极大改善了粮油流通的落后局面,缩小了与国际先进水平的差距。鲜活农产品的冷链流通也发展迅速,大大减少了农产品的在途损失和成本。

(五)市场信息体系与质量安全管理体系建设

1. 农产品市场信息体系建设

2001 年,农业部发布了《“十五”农村市场信息服务行动计划》,提出用 3 年到 5 年的时间,基本建立起覆盖全国省、市、县、大多数乡镇以及有条件的农业产业化龙头企业、农产品批发市场、中介组织和经营大户的农村市场信息服务网络;积极推进省、地(市)、县信息平台和乡镇信息服务站建设等发展目标。2004 年,又完善和推出了“金农工程”“三电合一”工程,加大了农产品生产信息体系建设的力度。目前,我国农业信息工作已初步完成了基本框架的构造阶段,开始步入健全完善和提高阶段。初步建成了以中国农业信息网为核心,集 20 多个专业网为一体的国家农业门户网站,各省级农业部门、80% 左右的地级和 40% 的县级农业部门都建立了局域网和农业信息服务网站。全国乡镇信息服务站中,有计算机并可以上网的约占 80%。农业信息服务网络正快速向中介组织、龙头企

---

① 交通运输部:《2017 年交通运输行业发展统计公报》。

业、批发市场、乡村以及农民经纪人、种养大户延伸。通过抽样调查、典型调查等方式,建立了基本覆盖农业、市场、资源等重要内容的信息采集系统36条,省级农业部门大都建立了定期的农业和农村经济形势会商制度,信息资源整合开发工作取得了较大的进展。从2003年起,农业部建立了以"信息发布日历"为主要形式的信息发布工作制度,形成了以部属中国农业信息网、中央电视台农业节目、农民日报、农村杂志社和中央农业广播学校等媒体为主,各相关媒体参与的信息发布系统,信息分布覆盖面逐步扩大。

2. 农产品质量安全管理体系建设

随着人民收入的提高,生活水平不断改善,对农产品质量安全的关注程度迅速提高。党的十六大以来,中央对农产品和食品质量安全问题给予了高度关注,重视程度不断提高。党的十六大明确提出要"健全农产品质量安全体系"。2004年发布《国务院关于进一步加强食品安全工作的决定》,确立了以分段监管为主、品种监管为辅的食品安全监管体系。2006年,《中华人民共和国农产品质量安全法》颁布实施,农产品质量安全依法监管进入了一个新阶段。2009年,《中华人民共和国食品安全法》颁布实施,标志着我国农产品质量安全与食品安全管理已经形成比较完善的法律法规体系,保障农产品质量安全和食品安全已成为我国农业政策乃至整个社会发展的重要目标。

2001年4月,经国务院批准,农业部启动了"无公害食品行动计划",准备通过建立健全质量安全体系,对农产品实行从产地环境、投入品、生产过程、加工储运到市场准入全过程的质量安全控制,力争用五年左右的时间,基本实现食用农产品的无公害生产,保障消费安全。"无公害食品行动计划"首先在北京、上海、天津、深圳4个城市进行试点,2002年上半年增加了兰州、南京、大连和寿光4个城市,同年7月开始在全国范围内推行。自2002年起,有关部门以产品认证为重点、体系认证为补充,积极开展农产品质量安全认证工作,共开展了无公害农产品认证、绿色食品认证和有机食品认证、水产品企业HACCP认证和兽药企业GMP认证。随着农产品供求形势的变化、人民生活水平的提高和农产品国际贸易的发展,国家开始全面加强农产品质量安全管理,以农产品生产源头污染控制为重点,通过健全农产品质量安全法律法规,建立农产品标准、检验检测、认证等保障体系,强化农产品质量安全监督,加强农业投入品监管和农业生产环境治理等措施,全面提高了农产品质量安全水平。

三、健全农产品市场调控

（一）农产品储备和临时收储

1. 粮食储备制度

1990 年,由于当年粮食丰收,国家粮食周转库和储备库存粮大幅度增加,国家决定建立专项储备制度。《中共中央国务院关于 1991 年农业和农村工作的通知》要求,除了中央建立专项粮食储备外,地方也要储备,建立多级粮食储备制度。同年 9 月制定的《国务院关于建立国家专项粮食储备制度的决定》对国家专项粮食储备制度作出了具体的规定。成立国家粮食储备局,该局为国务院直属机构;当年专项粮食储备计划重点照顾粮食调出省和地区,开始定为 175 亿斤,后来追加到 250 亿斤;国家专项储备粮由国务院统一调度。之后,国家根据粮食市场的变化和政策执行过程中出现的问题,对国家专项粮食储备制度进行了多次调整。1997 年 12月,国务院领导提出,加快完善粮食储备体系,建立中央专项储备粮垂直管理体制和高效灵活的调控机制。中央专储粮的规模和品种结构由国务院确定,并尽快建立起中央直属储备库体系,做到储得进、调得动、用得上。

1993 年,国家开始建立粮食风险基金。同年 11 月发布的《中共中央国务院关于当前农业和农村经济发展的若干政策措施》要求,从 1993 年起建立粮食风险基金。粮食价格放开后,中央和地方财政减下来的粮食加价、补贴款要全部用于建立粮食风险基金。并明确规定,中央储备发生的亏损由中央财政建立的风险基金解决,地方储备发生的亏损由地方财政建立的风险基金解决,中央财政对粮食主产区给予适当补助。1994 年5 月,发布《国务院关于印发〈粮食风险基金实施意见〉的通知》,明确了建立粮食风险基金的目的、内容、用途、资金来源等,为完善粮食宏观调控体系迈出了一大步。之后,中央积极落实粮食风险基金制度。到1995年,中央的粮食风险基金已经到位,同时,中央积极督促尚未完全到位的省区市按中央规定的比例及早落实,并从财政上单独划出来,建立由粮食、财政、物价、农业、计划等部门组成的风险基金管理使用小组,实行专管专用。

由于1993年全国从南到北发生了一次粮油与蔬菜、猪肉等副食品全面性价格上涨风波,国家为完善主要农产品的市场宏观调控体系,开始建立油、肉、糖等副食品的专项储备制度。1994年4月发布的《国务院关于加强"菜篮子"和粮棉油工作的通知》要求,建立油、肉、糖等主要农副产品的专项储备制度,实行旺吞淡吐,调控市场、平衡供求。国家储备肉15万吨,费用由中央财政负担,按实际结算;国家储备食糖160万吨,费用由中央财政垫付。把中央和地方减下来的粮、肉、菜等专项补贴,全额用于建立粮食和副食品风险基金,还要从其他方面筹集一些资金,充实风险基金,形成一定的规模。副食品风险基金主要包括:中央财政在3年内减下来的扶持生猪生产"议转平"饲料差价款3.83亿元,要全部转为中央副食品风险基金,1991年减了1.28亿元,安排其余2.55亿元继续用于发展生猪生产、生猪产销一体化和种猪场;副食品价格放开后地方财政对副食品企业减少的亏损补贴,要全部转为地方生猪、蔬菜等副食品风险基金,已收回或挪用的必须恢复。副食品风险基金制度要形成一种机制,滚动使用,不断有所增加。

2. 临时收储政策

临时收储政策是进入21世纪以来,继粮食最低收购价政策之后我国又一项为稳定粮食和其他重要农产品生产而出台的农业宏观调控政策。2004年以来,我国针对水稻和小麦两个主要口粮作物出台了最低收购价政策,但对玉米、大豆、油菜籽、棉花、食糖等其他关系国计民生的重要农产品缺乏有效调控政策。

从近年来的政策执行情况看,除个别年份、个别地区,粮食最低收购价执行预案、重要农产品临时收储预案基本都启动。2005—2010年和2013—2014年,均启动了早籼稻最低收购价执行预案;除2004年,均启动了中晚籼稻最低收购价执行预案;除 2011 年,均启动了小麦最低收购价执行预案;除 2011 年,均启动了玉米临时收储预案;2008—2013 年,均启动了大豆和油菜籽临时收储预案;2011—2013 年,均启动了棉花和食糖临时收储预案。

(1)玉米临时收储

2007 年,我国玉米获得丰收,新玉米上市后,价格持续走低,为此,2008 年 2 月,国家先后下达了两批中央储备和国家临时储存玉米收购计划,开启了我国粮食临时收储政策的序幕。临时收储政策既是我国粮食价格支持保护制度的有益探索,也是粮食最低收购价政策的重要补充。与最低收购价政策相比,临时收储政策更加灵活,可根据粮食市场变化随时出台和调整,因而更容易适应形势变化。

临时收储的玉米实行顺价销售原则,在粮食批发市场或网上公开竞价销售,销售底价按最低收购价加收购费用和其他必要费用确定。销售盈利上缴中央财政,亏损由中央财政负担。临时收储政策的执行主体为国家指定的收购企业,包括中储粮总公司及其分公司、中粮集团公司、中国华粮物流集团公司和各省省级地方储备粮公司等。

为了引导关内企业到东北地区采购粮食,国家在某些年份还鼓励南方销区部分地方储备粮公司和加工企业到东北产区收购,并对在执行期间到东北产区按不低于临时收储价收购粮食的企业给予一定的费用补贴。企业按临时收储价格收购所需贷款,由中国农业发展银行按照国家规定的最低收购价和合理收购费用及时足额发放。贷款利息、收购保管费用,地方储备粮公司发生的由省级人民政府从粮食风险基金中列支,不足部分可向中央财政借款,中储粮总公司发生的由中央财政拨付,所需补贴费用经中储粮总公司拨付给分公司。临时收储玉米价格由国家有关部门在政策出台时发布,收储价格根据玉米生产成本的变化情况以及合理的种植效益确定。

随着国内外市场的深刻变化,特别是国际大宗农产品价格走低,继续实施国家收储政策导致了市场价格信号的扭曲和市场机制的失灵。随着成本刚性上升,我国玉米收储价格呈逐年上升态势,从 2008 年的 70

元/50公斤上升到2014年的112元/50公斤,涨幅为60%。2015年,国内外玉米每吨价差在600元左右,国内玉米不仅丧失了国际市场竞争力,也丧失了国内市场竞争力,其结果是出现了玉米连年增产、库存高企、进口增多的"三高"现象。2007—2015年,我国玉米产量从1.52亿吨增加到2.25亿吨,各地粮库出现了"收不进、调不动、销不出、储不下"的尴尬局面,玉米加工、流通、贸易等产业链环节也由于玉米价格高企,呈现整体乏力不振的状态。双重挤压下,不仅国家背负了沉重的财政补贴负担,长期来看,也不利于国家的粮食安全和农民利益的保护,玉米临时收储制度改革势在必行。

2016年3月28日,国家发展改革委会同中央农办、财政部、农业部、粮食局等部门召开新闻通气会,明确取消在东北三省和内蒙古自治区实行了八年的玉米临时收储制度,按照市场定价、价补分离的原则,建立"市场化收购"加"补贴"的新机制。2016年6月,经国务院同意,财政部会同有关部门印发了《关于建立玉米生产者补贴制度的实施意见》,决定在东北三省和内蒙古自治区建立玉米生产者补贴制度。随着改革的推行,2017年玉米市场化收购进展顺利,粮食价格逐渐回归市场,产业链上的各个主体被激活,粮食加工、流通、贸易等环节出现了回暖,玉米收储财政压力明显减小。

(2)棉花临时收储

棉花是关系国计民生的重要农产品,长期以来一直受到了国家的高度重视。从1954年9月起,国家对棉花实行统购统销政策,并一直延续到1998年。1999年,国家对棉花流通体制进行改革,不再对棉花收购提供资金支持。2001年,发布了《国务院关于进一步深化棉花流通体制改革的意见》,决定彻底放开棉花市场,并要求棉麻企业与供销社脱离。2003年3月,由国务院批准成立了中国储备棉管理总公司(简称"中储棉公司"),将国家储备棉与棉花经营彻底脱离,主要目的则是减少国家储备棉对市场的干预。

然而,在2010年2月至2011年8月期间,国内外棉花价格经历了同步的剧烈波动,中国棉花价格指数(CC Index:328)先由2010年2月的

14905 元/吨上涨到 2011 年 3 月的 30733 元/吨,13 个月的时间价格就翻了一番;然后又从 2011 年 3 月开始迅速一路下跌,至 2011 年 8 月中国棉花价格指数(CC Index:328)下降到 19318 元/吨,短短 5 个月的时间就下降了 37.1%,每吨棉花价格下降了 11415 元。

为了防止棉花价格继续下跌,保护棉农的经济收益和种棉积极性,国家于 2011 年 9 月开始实施棉花临时收储预案,以每吨 19800 元的价格对棉花敞开收购,这一政策的实施,抑制了棉花价格的进一步下跌,使中国棉花价格指数维持在 19000 元/吨左右。2012 年、2013 年国家连续 2 年实施棉花临时收储预案政策,并且将临时收储价格提高到了 20400 元/吨。临时收储价格一旦敲定,对市场上的棉价就会产生强烈影响,引导市场价格沿着收储棉价的水平运行,这对平抑价格过度波动有一定作用,但是由于棉花临时收储价过高、储备量过大,导致进口与库存大幅增长,棉纺企业生存困难,财政负担骤增,在经济市场化和国际化程度不断提高的大环境下,给棉纺织企业和棉农带来了负面影响。

2014 年中央一号文件《关于全面深化农村改革加快推进农业现代化的若干意见》明确提出,要"科学确定重要农产品储备功能和规模"。从 2014 年 4 月开始,我国过去三年实行的棉花临时收储政策宣告结束。除将在新疆开展棉花"目标价格补贴"试点工作外,2014 年 11 月,有关部门确定内地棉花补贴范围为山东、湖北、湖南、河北、江苏、安徽、河南、江西和甘肃 9 省。2014 年度的补贴标准为 2000 元/吨,以后年度的补贴标准以新疆补贴额的 60% 为依据,上限不超过 2000 元/吨。因此,棉花市场运行环境发生重大变化,进入到"后收储时代",棉花价格也将逐步回归市场。

(二)农产品进出口调节

1.农产品贸易政策发展阶段

改革开放以来,为适应全球经济一体化和贸易自由化的国际经济合作趋势,中国加快了外贸体制方面的改革,外贸政策的统一性和透明度进一步增强,涉外法规日益健全,农产品外贸体制领域,进出口政策也不断调整,外贸环境大大优化。我国农产品贸易政策改革大致经历了以下几个阶段。第一,计划和市场双重管理阶段(1979—1991年),在这一阶段国家对农产品贸易开始实行计划和市场双重管理,计划成分明显。第二,"复关"和加入世界贸易组织准备阶段(1992—2001年),进一步规范了农产品进出口秩序。第三,加入世界贸易组织后的全面开放阶段(2002—2005年),加入世界贸易组织后我国在农业方面作出了巨大减让承诺。2005年我国农产品平均进口关税率已下降为15.3%,仅为世贸所有成员平均水平的1/4。第四,全面快速发展新阶段(2005年至今),2005年农业对外开放争取来的过渡期结束,为严格遵守世贸组织的规则,我国开始不断完善农业方面的法律法规,逐渐对外放开农业市场的准入条件,同时积极参与世界各国的交流与合作,使得对外交流的领域不断扩大和深入。

2. 进出口调节制度实施效果

改革开放以来,我国农产品贸易规模不断扩大,这一趋势在加入世界贸易组织以后表现得更为明显。1991—2001年我国农产品贸易总额从184.88亿美元增长到364.26亿美元,年均增长8.8%;2002—2015年农产品贸易总额则由403.65亿美元增长到1875.6亿美元;当前,我国已成为世界农产品贸易第四大国。另外,从2003年开始我国农产品贸易格局出现了重要变化,进口增长速度大于出口增长速度,最终在2004年出现了46.4亿美元逆差,开始进入农产品大幅进口和逆差的"新常态",并在2012年农产品进口额第一次超过美国,成为农产品第一大进口国。不过,随着工业化进程的加快,中国农产品贸易占整个贸易的比重呈快速下降的趋势,从20世纪80年代的20%以上下降到2001年的5%左右,2009年下降至3.87%。中国从一个农产品出口比重较大的国家转变为一个以非农产品出口占主导的国家,成为一个进出口双向大规模流动的农产品贸易大国,在国际农产品贸易中发挥着越来越重要的作用。

第四节 加快农村电商发展

农产品流通现代化是推动农业高质量发展,促进农业农村现代化的重要举措。党的十八大以来,国家加强农产品流通基础设施建设,培育壮大农产品市场主体,通过产业发展顶层设计、制定出台产业扶持政策,启动和助推电子商务发展,培育一批特色突出的电商平台,加快推进线上线下一体化发展,提高农产品流通的组织化、电商化水平,提升农产品流通现代化水平。

一、构建农村和农产品电商服务体系

2014 年后国家支持电子商务的政策密集出台,中央一号文件连续四年明确提出发展农村电子商务和农产品电子商务。2015 年,国务院办公厅印发了《关于促进农村电子商务加快发展的指导意见》,提出到 2020 年初步建成农村电子商务市场体系,农村电子商务与农村一二三产业深度融合,积极培育农村电子商务市场主体,扩大电子商务在农业农村的应用。2015 年,商务部等 19 部门出台《关于加快发展农村电子商务的意见》,提出培育一批具有典型带动作用的农村电子商务示范县。2016 年,农业部、发改委、中央网信办等 8 部门联合印发《"互联网+"现代农业三年行动实施方案》,指出大力发展农业电子商务,开展农业电子商务试点示范,加快推进农产品跨境电子商务发展,开展农业电子商务示范工程。国务院办公厅印发《关于深入实施"互联网+流通"行动计划的意见》,要求深入推进农村电子商务,鼓励电子商务企业拓展农村消费市场,鼓励邮政企业等各类市场主体整合农村物流资源,切实解决好农产品进城"最初一公里"和工业品下乡"最后一公里"问题。2016 年,商务部印发了《农村电子商务服务规范》(试行),明确提出了建设农村电子商务公共服务体系的具体建议,并对功能、建设和服务等要求进行了系统阐述,为发展农村电商提供了基本遵循。

(一)构建农村电商服务体系

坚持"企业为主、政府推动、市场运作、合作共赢"的原则发展农村电子商务,搭建综合性的县域农村电子商务公共服务体系,包括县级农村电子商务公共服务中心、农村电子商务物流体系、农村电子商务服务站体系建设。

1. 建立县级农村电子商务公共服务中心

功能完善的公共服务中心,对于推动农村电商的发展作用十分重要。在县域电商体系中,公共服务中心的建设,立足于整合各方资源,构建培训、物流、农村服务站、农村产品营销和供应链体系,力求解决理念、创业培训、氛围营造、农产品销售、O2O农村消费等问题,推动政府制定相关配套政策。一是承接政府公共服务职能,协助网商和农村居民对接政府相关职能部门及第三方服务商等,让有意参与农村电商发展的企业、农户等市场主体找到所需的相应服务;二是推动农村产品上行,提供公共仓储、代发货等基础服务;加强产品质量控制,制定标准,建立农村商品供应链上行体系。

2. 建设农村电子商务物流体系

整合县域现有的物流资源,建立县、乡、村三级物流体系,承担快递收发工作,为农村群众提供快递收发、本地物流配送等服务,解决农村物流配送"最后一公里"问题。一是建设农村物流仓储中心和物流运输体系,以农村电子商务服务站为基础,结合邮政现有的乡镇物流配送网络,交通运输部门的农村公交班线,以及本地货运等各种运输资源,解决物流服务缺失问题。二是建设农村物流信息管理平台,快递跟踪信息能够从县级物流仓储中心传达到农村,让农村群众实时查询到包裹在县域内的流转情况,享受包裹到达短信提醒等服务,解决农村物流资源的协调统筹,降低农村物流成本。三是建设冷链基础设施,一方面,支持产地预冷库建设,在县域内打造集农产品收购、农残检测、预冷加工、分拣包装等功能完备、具有现代企业管理模式的冷链系统,发挥产业聚集效应,提高冷库等基础设施的利用率;另一方面,引导电商企业,在批发市场冷藏、销地低温配送等方面,与冷链物流企业或平台实现无缝对接,减少运输、销售环节的损耗。

3. 建设农村电子商务服务站体系

通过建立村级服务站突破农村信息瓶颈,为农村群众提供在线购物、销售、缴费、出行、娱乐、资讯、创业等服务,方便农民生产生活,促进农村消费,带动农村产品销售。电子商务基础服务包括:一是入户宣传。向村民宣传服务站各项功能、电子商务行业相关资讯,提供农村电子商务普及培训,培育农村群众网上购物、商品销售、购买服务等习惯。二是网上代买代卖。帮助村民网上购物,并协助解决购物过程中产生的纠纷等问题。公共服务中心组织村级服务站收集当地特色农产品,汇总后对外发布信息、销售。三是便民服务。为村民提供水、电、宽带、话费等生活网上缴费,代收代发快递、车票代购、酒店预订、本地资讯等服务。与金融机构合作,提供小额取现、生产贷款等服务。四是对外发布村级各项服务内容。五是创业就业服务。组织当地青年参加网上创业就业学习、交流,营造氛围,并提供就业信息。六是生产服务。与种子、农药、化肥等农业生产资料企业合作,依托村级服务站网上销售,开展技术指导。

(二)构建农产品电商服务体系

依托县域公共服务体系,自建物流或整合利用第三方物流,改造县域产品供应链。借助平台电商、本地电商和核心企业自有网络,对接线上线下资源,实现农产品网络销售。

1. 建设农产品电子商务供应链体系

通过农产品供应链管理体系建设,为从事农村电子商务的群体,提供产地预冷、集货仓储、分拣包装、冷链运输、质检追溯等公共服务,指导农民开展标准化生产并根据消费需求变化及时调整生产结构。一是建设农产品开发体系,协助电商开发适宜的网货产品,推动农产品在线化、互联网化、品牌化。二是建立农产品溯源系统。健全"三品一标"等基础数据库,记录农产品种植、加工、包装、检测、运输、销售等关键环节的信息,设置系统预警,并通过互联网、手机 APP、电话等途径发布信息,实现质量可追溯、责任可追查。三是农产品电子商务标准化。鼓励带动涉农电商企业按照国际、国内相关标准,制定适应电子商务要求的农产品等级划分、包装、物流配送、流程规范等质量规范和要求,支持快递企业制定适应电子商务寄递需求的定制化包装、专业化服务等规范。

2. 建设农产品电子商务营销服务体系

通过农村电子商务营销体系建设,为农村群众提供活动策划、产品包装设计与视频拍摄、代运营、分销体系建设等服务,指导创建自有品牌,积极推动"三品一标"农产品网上营销。运用电子商务大数据引导农业生产，拓宽农产品、民俗产品、乡村旅游等市场，带动和扶持本地网商、农业和旅游企业参与到营销体系建设中来。运用多种电子商务营销手段，如微信、微博、手机 APP、农产品垂直营销平台等，提高农产品的产业化、组织化程度，让更多优质、安全的农产品以便捷的方式、通畅的渠道进入市场，促进农业增效、农民增收。积极组织、引导合作社与电商平台对接与合作，集中打造网上展示大厅，推动"农产品上网营销"。引导农民合作社与城市社区建立直供关系，共同设立农产品体验店、自提点和提货柜。

二、实施电商进村综合示范

2014 年起，财政部、商务部组织和实施了"电子商务进农村综合示范"。同期，淘宝、京东、苏宁等国内大型电商平台公司，甚至包括邮政和供销，也启动了各自的电子商务进农村工作。截至 2016 年年底，阿里巴巴"千县万村计划"已覆盖约 500 个县 2.2 万个村，合伙人超过 2 万人。京东在全国 1700 余个县建立了县级服务中心和京东帮扶店，培育了 30 万名乡村推广员，覆盖 44 万个行政村。苏宁在全国 1000 余个县建设了 1770 家直营店和超过 1 万家授权服务点。中国邮政集团的"邮掌柜"系统已覆盖 20 多万个农村邮政服务站点。2017 年电子商务进农村综合示范项目已经覆盖了 756 个县市。

国家财政部、商务部、扶贫办等部门于 2014—2017 年连续确立了四批电子商务进农村示范县，大力推动县域电子商务的发展。示范工作将示范县人民政府作为第一责任主体，在全国范围内，由省财政、商务、扶贫主管部门，以竞争性方式从经济条件、基础设施等条件相对较好、具备开展电子商务的县中选择示范县，组织和实施项目。示范工作要求示范县建立以县政府主要领导为组长的工作协调机制，制定本地电子商务进农村发展规划或实施方案，出台相应的财政、金融、土地、收费等配套扶持政策，从而推动农村电商和农产品电商的发展。

示范县的建设要求充分发挥市场机制作用，突出企业的主体地位。承办单位选择要求具有从事农村电子商务的经验，有较强业务拓展能力和投融资能力。县级政府一般采取专家评审或者竞争性选择方式选择承办企业,两者就项目具体建设内容和要求签订合作协议(或合同)。国家鼓励各地探索政府购买服务、政府股权投资或公私合营(PPP)、以奖代补、贴息等多种支持方式,通过财政资金引导带动社会资本共同参与农村电子商务工作。从实际操作的情况来看,各个示范县实现过程中采用了形式各异的政府工具支持县域电商项目,实施的效应也不尽相同。

示范工作要求示范县建立电子商务公共服务体系,提升农村流通现代化水平,加快推进农村电子商务应用和推广。财政资金支持重点主要这几个方面:支持县域电子商务公共服务中心和村级电子商务服务站点的建设改造,建立完善县、乡、村三级物流配送机制,农村电子商务培训、电商产业园区的建设。旨在通过中央财政资金支持,培育农村电子商务市场主体,扩大电子商务在农业农村的应用,改善农村电子商务发展环境。使电子商务在发展农村物流、促进农产品等网络销售、完善农村市场体系、提升农民生活品质、推动精准扶贫等方面取得成效。

项目设立之初就将着力点放在了支持农产品上行方面,且支持力度不断加大,2016年提出中央财政资金支持物流的比例原则上不低于30%,2017年更是明确中央财政资金支持农村产品上行的比例原则上不低于50%。

2014年,项目首先在河北、黑龙江、江苏、安徽、江西、河南、湖北、四川8个省份进行试点,并由各省级主管部门确定了56个示范县。2015年,综合示范工作扩大了支持范围,以中西部革命老区和贫困地区为主,由原来的8省56个县增加至26省200个县。2016年,为贯彻落实中央扶贫开发工作会议精神,综合示范工作重点向农村扶贫方面进行了倾斜,示范地区为国家级贫困县所在省份,包括中西部所有省份以及河北、海南等共计23个省份,确定了240个示范县,其中国家级贫困县158个,占示范县总数的65.8%。每个示范县的资金安排减少到1500万元,根据后续绩效评价结果再行调整。2017年综合示范项目支持范围进一步扩大,电子商务进农村综合示范县确定的260个示范县中国家级贫困县237个,占总数的91.2%。农村电商综合示范工作进一步向贫困地区和欠发达革命老区倾斜,电商示范正成为推进脱贫攻坚的重要组成部分。

三、创新发展农村电商产业园

2011 年商务部印发了《关于开展国家电子商务示范基地创建工作的指导意见》,开展国家电子商务示范基地创建工作,对示范基地建设给予必要的政策和资金支持。2011 年以来,示范基地建设在服务电子商务相关企业、支撑电子商务创业创新和推动传统产业转型升级等方面取得了积极成效,成为引领和推动我国电子商务创新发展的重要载体。

2017 年商务部出台了《关于进一步推进国家电子商务示范基地建设工作的指导意见》(商电发〔2017〕26 号),明确了"十三五"时期示范基地建设工作目标任务和重点,计划到 2020 年,示范基地内电子商务企业数量达到 10 万家,孵化电子商务企业数量超过 3 万家,带动就业人数超过500 万,形成园企互动、要素汇聚、服务完备、跨域合作、融合发展的电子商务集聚区,未来,电商产业园将逐渐形成促进区域电商创新发展的重要平台。

2017 年中央一号文件"鼓励地方规范发展电商产业园",要求电商产业园"聚集品牌推广、物流集散、人才培养、技术支持、质量安全等功能服务"。电商产业园属于电子商务示范基地建设范畴,在推动农村电商方面的作用日趋突出,据有关部门统计,2016 年我国已有各类农产品电商园区 200 家,占各类电商园区的 12%[①],并且呈现出快速增长的趋势,发展农村电商产业园适用于电商园区发展的一般规律,应从以下几个方面完善电商产业园区的功能和服务。

(一)强化承载能力,创新公共服务

一是强化园区载体功能。电子商务产业园区要进一步完善基础设施,构建支撑服务体系,创新运营服务模式,吸引发展理念良好、具备运营团队、业绩突出的电子商务服务企业、电子商务平台运营企业入驻。二是

---

① 中国国际电子商务研究院:《中国农村电子商务发展报告(2016-2017)》。http://www.100ec.cn/detail--6419058.html。

提升公共服务能力。整合政府和社会资源,建立完善电子商务产业园区公共服务平台,提供营销推广、技术运维、仓储物流、安全认证、交易追溯、数据存证、法律财税咨询、专利申请代理等服务。

(二)提高孵化能力,促进创业创新

一是营造创业创新环境。支持电子商务产业园区发挥配套优势,完善技术支撑服务和创业孵化服务,大力发展众创空间等新型孵化器,营造有利于创业创新的良好氛围。推动电子商务产业园区创业孵化与科研院所技术成果转化有效结合,促进大数据、物联网、云计算、人工智能、区块链等技术创新应用。二是培育电子商务人才。开展实用型人才培训,有条件的地区设立电子商务创业创新实训基地,通过举办或参与各类电子商务创新创意创业大赛,发现、引进、培育优秀的创业创新项目和人才。三是拓宽投融资渠道。通过与金融机构合作等方式,依法合规开展金融服务创新,构建企业投资、融资、孵化的良性运作环境和服务体系。

(三)发挥辐射作用,促进转型升级

发挥电子商务产业园区的集聚作用,充分利用入驻电子商务服务企业、电子商务平台、电子商务培训机构等服务资源,面向市(地)优势产业和重点企业提供线上线下相结合的资源对接服务,将电子商务产业园区打造成带动地方电子商务应用的区域性电子商务服务中心。引导入驻电子商务企业拓展业务范围,延伸产业链条,实现与生产制造、商贸流通、民生服务、文化娱乐等产业深度融合,加快传统产业转型升级步伐。

第九章　扩大农业对外开放

新中国成立 70 年来,农业在对外开放中始终占有重要地位。新中国成立初期,农产品及其加工品出口作为出口创汇的主要来源,为工业化建设提供了有力支持。改革开放以来,农业对外开放取得了显著成绩。加入世界贸易组织后,农业对外开放步入快速发展阶段。党的十八大以来,以习近平新时代中国特色社会主义思想为指引,农业对外开放翻开了新的历史篇章。

第一节　农业对外开放的历程

自 1949 年新中国成立至今 70 年来,中国农业对外开放经历了三个发展阶段。一是新中国成立至改革开放(1949—1978 年)。这一时期中国农业基本处于自给自足状态,与国外交流较少。农产品国际贸易也仅限于通过农业出口创汇为工业发展提供原始资本积累;农业对外合作主要以接受援助、通过向外派遣农业技术人员学习交流为主,对外援助为辅。二是改革开放至加入世界贸易组织(1978—2001 年)。1978 年党的十一届三中全会制定并实施的改革开放政策拉开了中国改革开放的大幕,中国农业对外开放的画卷也随之展开。农业贸易领域管制范围逐步缩小,市场机制日益成为农业资源配置的主要手段,农产品贸易进一步发展。在农业对外合作方面,"引进来"成效显著,资金、技术、人才和管理经验的引进为中国农业的发展作出了不可磨灭的贡献,为中国农业产业升级奠定了坚实的基础;"走出去"初见成效,从单一的对外援助形式逐渐转变为探索性的开展农业对外直接投资。三是加入世界贸易组织以来

（2001 年至今）。加入世界贸易组织是中国扩大对外开放进程中的一个重要里程碑，标志着中国全面融入世界经济主流。中国按照加入世界贸易组织的承诺，大幅降低农产品关税，取消非关税措施，成为世界上农产品市场高度开放的国家；采取一系列措施深化外商投资管理体制改革，如期开放了农药、农膜、化肥的外方独资批发、零售经营权，开放了粮食、植物油、食糖、烟草、棉花的外方合资经营权。市场开放和贸易投资自由化的推进极大地推动了农业国际化的发展。

一、新中国成立至改革开放（1949—1978 年）

从世界经验看，农业在工业化、城镇化进程中发挥着重要的支撑保障作用。加塔克和英格森特在《农业与经济发展》一书中将农业与国民经济发展的关系概括为四大贡献：产品贡献、要素贡献、市场贡献和外汇贡献。在工业化初期，农业作为国民经济中的主要部门，其首要任务是必须养活城镇的人口，其次还要为工业积累一定资金和外汇。这一经验在中国同样适用。新中国成立之初，遭受战争破坏的国民经济亟须恢复和发展，农业在完成恢复社会经济发展中发挥了举足轻重的作用。农产品为工业建设提供了成本较低的原材料、农产品出口创汇为工业建设提供了资本积累。1949 年 12 月 8—20 日，农业部在北京召开全国农业生产会议。会议确定了 1950 年以恢复生产为主的总方针，制定了增产粮食 100 亿斤、植棉 5000 万亩、产皮棉 13 亿斤的总计划，拟定了主要特种作物出口产品的恢复与增产的要求。① 1954 年 7 月，中共中央发出《关于加强市场管理和改造私营商业的指示》，规定："关于各种商品国内市场销售和出口的关系，除粮食、油料等物资特殊规定限量出口外，其他物资在今后一个相当长的时期内的一般方针，应当是国内市场的销售服从出口的需要。有些商品如肉类，应该压缩国内市场的销售，保证出口，多余的再供给国内市场销售。只有这样，才能保证必要的进口，以换回国家建设所必

---

① 农业出版社编：《中国农业大事记（1949—1980 年）》，农业出版社 1982 年版，第 1 页。

需的工业设备。"①1957年1月27日,在省、自治区、自辖市党委书记会议上,毛泽东同志分析了农业在中国社会经济中的重要作用,讲到农业的关系极大,首先是五亿人的吃饭问题,农业是工业的原料和市场,农业出口物资可以变成外汇,农业是积累的重要来源。② 正是主要农产品产量的大幅增长,才保证了新中国成立初期进行大规模工业建设的资金积累和原料来源。

这一时期农业对外合作以接受援助、派遣农业技术人员赴外学习交流为主。在1973年中国在联合国粮食及农业组织(FAO)席位得以恢复之前,农业对外交往多集中在双边领域,不同时期对不同国家和地区又各有侧重。新中国成立之初至1960年,偏重同社会主义国家的交往;1960—1970年国内经济困难时期,积极拓展与非洲、大洋洲、中东等国的合作空间;1970—1978年,中国先后恢复联合国合法席位(1971年)和联合国粮食及农业组织合法席位(1973年),中国农业对外合作逐步打开局面,并为此后的农业多边合作奠定了基础。③

新中国成立后,苏联、东欧及亚洲社会主义国家最早承认中国合法地位并建交,农业对外合作也随即展开。新中国成立之初,由于西方国家对中国实行"封锁、禁运",中国与苏联及东欧国家的农业合作交流较为频密。合作的形式包括互派代表团、科学家互访、学术交流、种质资源和文献资料交换等。中国邀请苏联及东欧国家农业专家来华考察讲学,这为新中国农业品种改良、新品种培育、农业机械化水平提升等发挥了不可替代的作用。同时中国也多次向苏联及东欧国家派遣农业技术人员以及农科留学生。此外,苏联及东欧国家也多次为中国援建农场、农机站。比如,20世纪50年代中期,中国接受苏联援建黑龙江友谊农场,匈牙利援建山东兖州中匈友谊拖拉机站等,援建项目均由对方提供专家设备。在

---

① 当代中国出版社:《当代中国对外贸易》上册,当代中国出版社1992年版,第16页。

② 高军峰:《1949—1978年新中国工农业发展方针的历史演变》,《毛泽东思想研究》2011年第2期。

③ 马奇:《中国农业对外交往与合作(1949—1974)》,《国际政治研究》(季刊)2010年第2期。

种质资源交换方面,按照"平等互惠,互通有无,有来有往,等价交换"的原则,20世纪50—60年代,中国引进作物品种2万余份,向国外提供3万多份。引进的富士苹果、胜利油菜、绿菜花等在中国大面积推广种植,成效显著。引进的巴克夏猪、美利奴羊、西门塔尔牛等均在中国大量繁殖饲养。① 1960—1970年,中国与苏联和东欧国家农业交往随着国家外交关系的变化而逐步减少或中断。中国一方面继续援助朝鲜、古巴和越南等社会主义国家,同时也积极拓展与非洲、大洋洲和中东等国家的农业合作空间。1970—1978年,随着中国与日、美等国关系解冻以及联合国恢复中国合法席位后,中国农业对外合作与交流迅速打开局面,对外交往范围由社会主义国家和第三世界国家发展到西方发达国家,与美国、加拿大、西欧、澳大利亚等国交往迅速增多。

二、改革开放至加入世界贸易组织(1978—2001年)

1978年党的十一届三中全会决定把全党的工作重点转移到社会主义现代化建设上来,中国全面实施对外开放政策。随着国家经济政策的调整,中国农业对外开放程度也逐步提高,对促进中国农业发展、扩大国际影响和推动世界农业进步作出了贡献。

改革开放前中国国际贸易规模较小,一直到改革开放后中国与国际间贸易往来才逐渐增加。农产品贸易在改革开放初期是中国国际贸易的重点,在货物贸易中占主导地位,也是中国获取外汇的主要来源之一。从改革开放初期到中国正式加入世界贸易组织的2001年,中国农产品贸易规模不断扩大,在全球市场中的份额不断上涨。中国也成为世界农产品市场中的重要一员。农产品贸易在货物贸易中的地位也发生了变化。中国货物贸易已经由农产品占据主导地位转化为非农产品进出口具有优势地位。农产品贸易的作用也由出口创汇的主力军转换为调剂国内产品余缺的重要手段。

农业对外合作方面,"引进来"成效显著,在利用多边和双边政府贷

---

① 张陆彪:《中国农业科学院国际合作50年》上卷,中国农业出版社2007年版,第4页。

款和无偿援助方面取得较大进展。仅 1979—1989 年,通过农业部利用世界银行、国际农业发展基金会以及意大利、丹麦、荷兰、日本、联邦德国和芬兰等贷款项目就达 30 多个,近 10 亿美元。接受世界粮食计划署(粮食援助,用以工代赈方式用于水利、水土保持、造林,发展渔业、农村饮水和城市奶业等项目)、联合国开发计划署、粮农组织以及加拿大、日本等国技术援助,总额近 9 亿美元。① 该阶段农业对外合作处于利用外资的复苏和调整阶段,基本制度取向是有节奏逐渐放开外国投资,逐步拓宽对外援助范围,并试探性地实施“走出去”。1993 年党的十四届三中全会审议并通过了《中共中央关于建立社会主义市场经济体制若干问题的决定》,社会主义市场经济体制初步确立,中国对外贸易政策也进行了深入调整,在吸引外资的同时,提出充分利用国际和国内两个市场、两种资源,优化资源配置,积极扩大中国企业的对外投资和跨国经营。2000 年党的十五届五中全会审议并通过了“十五”计划,首次明确提出实施“走出去”战略。至此,农业对外合作由过去的主要强调“引进来”逐步转变为“引进来”与“走出去”并重的格局。

三、加入世界贸易组织以来(2001 年至今)

2001 年成功加入世界贸易组织在中国对外开放进程中具有划时代的意义,农业对外开放更是进入提质加速的阶段。为平衡整体利益需要,农业在加入世界贸易组织的过程中作出了远超出一般发展中成员的贡献。中国取消了数量配额、许可证等所有非关税措施;关税和关税配额制度成为调控农产品贸易的唯一手段;农产品平均关税水平仅为 15.2%,只有世界平均水平的 1/4;关税形式单一,实施税率与约束税率同一;粮棉糖配额外关税最高也只有 65%。除一些岛国和个别农业规模大、竞争力很强的国家外,其他国家农产品关税水平都比中国高。此外,中国加入世界贸易组织还承诺农业国内“黄箱”支持维持在 8.5%的微量许可水平以内,并取消所有形式的出口补贴;动植物检疫措施和转基因管理措施也只

---

① 朱丕荣:《开放十年来中国农业的对外交往与合作》,《世界农业》1990 年第 6 期。

限于技术范畴,在有科学依据、公开透明的基础上实施。对农业生产和市场稳定非常重要的特殊保障措施中国放弃使用的权利,一般保障措施和其他贸易救济措施遵循世界贸易组织协议规定实施。加入世界贸易组织以来,中国不仅认真履行承诺,还积极在自贸区等框架下推动与相关国家农产品市场双向开放,主动下调部分产品最惠国(MFN)税率或暂定进口关税,不断推动农业对外开放,中国实际上已经成为世界上农产品市场最开放的国家。

农业对外合作也进入全面发展阶段。2006 年,中国商务部、农业部和财政部联合发布了《关于加快实施农业"走出去"战略的若干意见》,成立了十部门组成的农业"走出去"工作部际协调领导小组,在国家层面正式确立了农业"走出去"战略。2008 年党的十七届三中全会决定扩大农业对外开放,提高统筹利用国际国内两个市场、两种资源的能力,拓展农业对外开放的广度和深度。

党的十八大以来,中国农业对外开放的步伐不断加快。以外资准入为例,中国政府多次调整外商投资产业目录和外商投资准入负面清单,不断降低外商投资门槛,拓宽外商投资领域。2019 年 6 月 30 日,中国国家发展和改革委员会联合商务部发布了《外商投资准入特别管理措施(负面清单)(2019 年版)》《自由贸易试验区外商投资准入特别管理措施(负面清单)(2019 年版)》和《鼓励外商投资产业目录(2019 年版)》,在推进服务业扩大对外开放,放宽农业、采矿业、制造业准入等方面继续推出一批开放措施。其中,农业领域取消禁止外商投资野生动植物资源开发的规定,进一步拓宽了外商在华农业投资的领域。为促进农业对外合作,2013 年 12 月农业部牵头组建由 21 家单位组成的农业对外合作部际联席会议制度,在该制度框架下初步构建起了新时期支持农业对外合作的顶层设计。联席会议各成员单位发挥各自优势,齐心协力积极为中国农业对外合作创造良好条件。以资金支持为例,2018 年联席会议框架下商业性、政策性、开发性金融机构支持农业对外合作贷款余额达 1096 亿元,27 个农业"走出去"项目获得信用保险和股权投资基金支持。2017 年,农业部、国家发展和改革委、商务部联合印发了《农业对外合作"十三五"

规划》,为推动农业对外合作制定了路线图。2017年5月,在"一带一路"国际高峰论坛期间,农业部、国家发展和改革委员会、商务部以及外交部联合对外发布《共同推进"一带一路"建设农业合作的愿景与行动》,提出在"一带一路"框架下与沿线各国及相关国际组织等开展深度农业合作、实现双赢多赢的中国方案。①

第二节　农业对外开放的成就

一、农产品贸易快速发展

（一）贸易规模持续扩大,国际贸易地位显著提升

农产品贸易是中国对外贸易的重要组成部分。改革开放40多年来,农产品贸易额迅速增长,贸易规模不断扩大,在世界农产品贸易中占有举足轻重的地位,为农业农村经济发展发挥了重要作用。1993—2018年,中国农产品贸易进入了前所未有的快速发展阶段,贸易总额由1993年的151亿美元增加到2018年的2168.1亿美元,增加13.4倍,年均增长11.2%;进口额由39.5亿美元增长到1371亿美元,增加33.7倍,年均增长15.2%;出口额由111.6亿美元增长到797.1亿美元,增加6.1倍,年均增长8.2%(见图9-1)。加入世界贸易组织之后,农产品贸易从长期顺差转为持续性逆差,2004年首现逆差为46.9亿美元,2013年逆差高达510.6亿美元,2016年回落至382.7亿美元,近年来贸易逆差逐步扩大,2018年逆差增至历史高点573.8亿美元(见图9-2)。随着农产品贸易规模的不断扩大,中国在世界农产品贸易中的地位也大幅提升。按照世界贸易组织统计,目前中国农产品贸易总额仅次于美国,居世界第二位;其中进口额排名世界第一,出口额排名世界第五(前四位分别为美国、荷兰、德国、巴西)。

---

① 张振、于海龙:《中国农业对外合作70年:回顾与展望》,《中国农村研究》2019年第12期。

（单位：亿美元）

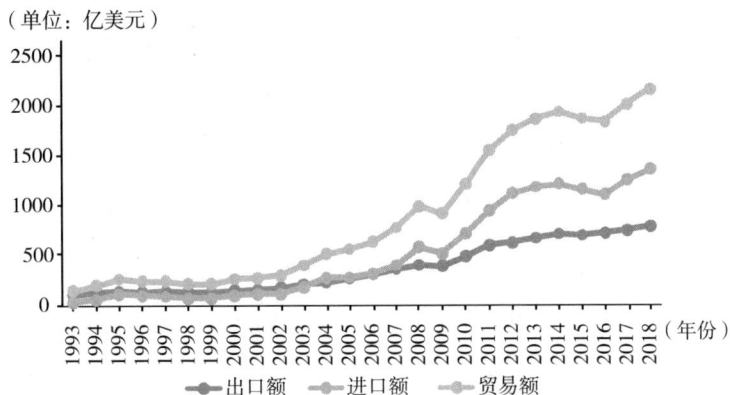

图 9-1　1993—2018 年中国农产品进出口额

资料来源：中国海关。

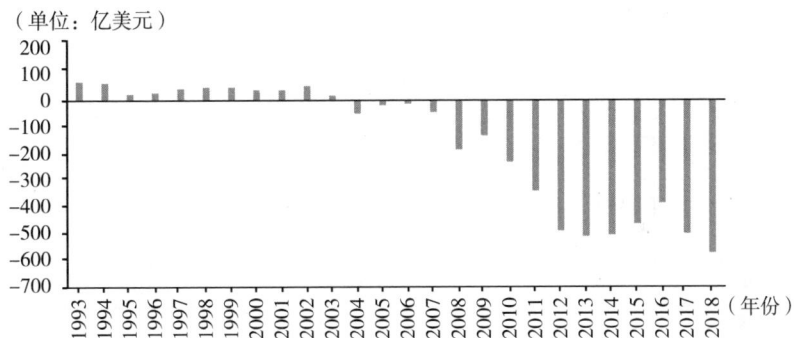

图 9-2　1993—2018 年中国农产品贸易平衡

资料来源：中国海关。

（二）保障国家粮食安全，增加有效供给和农民收入

无论从进口还是从出口来考量，农产品贸易对保障国家粮食安全、对国内产业发展的影响、对农业增值增效和增加农产品有效供给的作用都十分显著。

土地密集型农产品进口快速增长，对增加供给缓解资源环境压力发挥了积极作用。在需求拉动和市场开放效应的共同作用下，近年来中国油籽、植物油、棉花等土地密集型农产品进口快速增长。1993—2018 年，中国食用油籽进口量由 10.3 万吨增长到 9448.9 万吨，增加 916 倍；食用

油进口量由 103.4 万吨增长到 2012 年的 959.9 万吨,增加 8.3 倍,2018
年又降至 808.7 万吨;棉花进口量由 4.5 万吨增长到 2012 年的 541.3 万
吨,增加 119 倍,2018 年又降至 162.7 万吨(见表9-1)。在国内农产品消
费需求刚性增长的情况下,油籽、棉花等土地密集型农产品的进口直接增
加了国内农产品有效供给,缓解了需求增长对资源环境的压力,为农业战
略性结构调整、保障粮食安全提供了空间和余地。

表 9-1　1993—2018 年中国土地密集型农产品进口情况

年份	食用油		食用油籽		棉　花	
	进口量(万吨)	进口额(亿美元)	进口量(万吨)	进口额(亿美元)	进口量(万吨)	进口额(亿美元)
1993	103.4	4.4	10.3	0.3	4.5	0.3
1995	362.7	23.7	41.6	1.1	100.3	14.9
2000	187.1	6.6	1340.4	29.4	25.1	1.4
2005	621.3	28.2	2704.2	79.9	274.5	32.5
2010	826.2	71.6	5704.6	265.3	312.8	58.5
2015	839.1	59.9	8757.1	383.2	175.9	27.2
2016	688.4	50.5	8952.9	370.4	124.0	17.8
2017	742.8	56.8	10200.5	430.2	136.3	23.6
2018	808.7	58.6	9448.9	417.5	162.7	32.0

资料来源:中国海关。

　　劳动密集型农产品出口稳定发展,促进了农业增值增效、农民就业增
收。随着中国农产品质量安全水平的提高,畜产品、水产品和园艺产品等
劳动密集型农产品出口保持较快增长。其中,水产品出口额由 1993 年的
14.1 亿美元增加到 2018 年的 223.3 亿美元,增加 14.8 倍;蔬菜出口额由
1993 年的 13.0 亿美元增加到 2018 年的 152.4 亿美元,增加 10.7 倍;水果
出口额由 1993 年的 2.9 亿美元增长到 2018 年的 71.6 亿美元,增加 23.7 倍
(见表9-2)。优势农产品出口对促进农业增值增效、农民就业增收作用显
著。2018 年,中国蔬菜、水果出口量占国内产量的比重为 14.5%,对资源环
境不造成压力,但经济效益较高。优势农产品出口还带动了种养、加工、包

装、运输、营销等整个产业链的发展,拓宽了农民就业和增收渠道。对于一些出口大省或特色产品出口地区,农产品出口的积极作用更为显著。

表9-2 1993—2018年中国劳动密集型农产品出口情况

年份	水产品		畜产品		蔬 菜		水 果	
	出口额 (亿美元)	出口量 (万吨)	出口额 (亿美元)	出口量 (万吨)	出口额 (亿美元)	出口量 (万吨)	出口额 (亿美元)	出口量 (万吨)
1993	14.1	69.4	17.1	137.8	13.0	178.7	2.9	47.9
1995	32.9	122.7	28.2	194.0	22.0	214.2	5.7	70.7
2000	38.2	164.1	25.9	217.5	21.1	321.1	7.2	135.9
2005	79.0	315.2	36.0	247.5	45.3	681.4	20.4	364.9
2010	138.3	334.0	47.5	192.4	99.8	844.6	43.6	507.5
2015	203.3	406.0	58.9	141.9	132.7	1018.0	68.9	450.3
2016	207.4	423.8	56.4	133.7	147.2	1009.8	71.4	512.4
2017	211.5	433.9	63.6	143.5	155.2	1095.1	70.8	520.1
2018	223.3	432.2	68.6	144.1	152.4	1124.6	71.6	509.7

资料来源:中国海关。

(三)市场空间不断拓展,贸易伙伴趋于多元

加入世界贸易组织后,中国农产品出口市场逐渐增多,对日本、韩国等周边传统贸易伙伴的出口比重有所下降,对欧美等新兴贸易伙伴的农产品出口比重则有所提高。2018年中国对日本的出口额占农产品出口总额的13.5%,比1993年下降了11.2个百分点,而对美国、东盟的出口额占农产品出口总额的比重则为10.5%和21.4%,分别比1993年上升了5.5个百分点和11.2个百分点(见表9-3)。农产品进口来源地也日益广泛,除欧美市场外,来自亚洲、大洋洲、南美洲地区的进口也不断增加(见表9-4)。

表9-3 1993—2018年中国农产品主要出口市场

年份	美 国		日 本		韩 国		欧 盟		东 盟	
	出口额 (亿美元)	占比 (%)	出口额 (亿美元)	占比 (%)	出口额 (亿美元)	占比 (%)	出口额 (亿美元)	占比 (%)	出口额 (亿美元)	占比 (%)
1993	5.6	5.0	27.5	24.7	7.6	6.8	13.9	12.5	11.4	10.2
1995	7.2	4.9	45.6	31.0	7.1	4.8	15.2	10.4	16.9	11.5

续表

年份	美国		日本		韩国		欧盟		东盟	
	出口额(亿美元)	占比(%)	出口额(亿美元)	占比(%)	出口额(亿美元)	占比(%)	出口额(亿美元)	占比(%)	出口额(亿美元)	占比(%)
2000	11.8	7.5	54.3	34.6	16.8	10.7	18.1	11.5	15.2	9.7
2005	29.6	10.7	79.4	28.8	28.6	10.4	35.7	12.9	24.4	8.8
2010	58.4	11.8	91.6	18.5	35.3	7.1	69.1	14.0	74.8	15.1
2015	74.4	10.5	102.1	14.4	43.5	6.2	81.9	11.6	147.8	20.9
2016	74.2	10.2	100.6	13.8	46.7	6.4	82.2	11.3	154.0	21.1
2017	77.3	10.2	102.4	13.6	47.7	6.3	87.4	11.6	158.6	21.0
2018	83.4	10.5	107.6	13.5	52.5	6.6	91.1	11.4	170.3	21.4

资料来源:中国海关。

表9-4　1993—2018年中国农产品主要进口来源地

年份	美国		巴西		澳大利亚		阿根廷		欧盟		东盟	
	进口额(亿美元)	占比(%)	进口额(亿美元)	占比(%)	进口额(亿美元)	占比(%)	进口额(亿美元)	占比(%)	进口额(亿美元)	占比(%)	进口额(亿美元)	占比(%)
1993	6.2	15.7	0.3	0.7	6.4	16.2	0.6	1.6	3.2	8.2	6.3	16.0
1995	34.7	28.5	6.5	5.4	7.7	6.4	2.5	2.1	13.1	10.8	20.6	16.9
2000	25.9	23.0	5.9	5.2	13.7	12.2	7.7	6.9	11.7	10.4	13.1	11.6
2005	67.2	23.4	30.3	10.5	24.1	8.4	29.9	10.4	20.1	7.0	37.0	12.9
2010	186.4	25.7	107.3	14.8	39.3	5.4	57.0	7.9	49.4	6.8	109.4	15.1
2015	247.4	21.2	198.9	17.0	80.6	6.9	50.9	4.4	132.8	11.4	162.1	13.9
2016	238.9	21.4	190.7	17.1	67.0	6.0	42.1	3.8	141.0	12.6	149.9	13.4
2017	241.2	19.2	241.1	19.2	90.0	7.2	36.6	2.9	148.2	11.8	167.8	13.3
2018	162.3	11.8	330.4	24.1	104.5	7.6	22.4	1.6	159.7	11.7	184.3	13.4

资料来源:中国海关。

二、农业"引进来"成效显著

(一)品种引进[①]

新中国成立 70 年来,中国引进了十几万份动植物种质资源。目前在生产上推广应用的数百个作物品种中,约有一半是从国外引进或利用引进材料育成的。将国外引进的优异种质与中国的品种材料相结合,通过改造创新培育出了一批新的优良品种,促进了中国农业科技与生产的发展,产生了巨大的经济与社会效益。

一是引进重要栽培作物。中国主要栽培植物大约有 600 种,大约 300 种原产于中国,其余均为国外引进。以蔬菜为例,中国现有栽培蔬菜约 209 种,原产于中国(包括次生起源的)的只有 41 种,国外引进的占 80%。二是引进农作物优良品种。通过引进综合性状好、适应性强的作物优良品种,经试验示范后直接在生产者利用,有效提高了中国作物产量和品质。以小麦为例,引进品种直接推广利用的就达 80 多种,推广面积超过 50 万亩的品种近 30 个,超过百万亩的为 15 个,超过千万亩的为 6 个。意大利小麦品种阿夫(Funo)、郑引 1 号(st1472/506)、美国品种甘肃 96(CI12203)、澳大利亚品种碧玉麦(Quality or Florence)都曾在中国直接推广利用千万亩以上,每次主栽品种的更替也都使得中国小麦生产达到一个新的水平。三是引进优异种质。国外引种数量最多的还是优异、特异种质,也就是一些优良品种以及那些具有一种或多种优良遗传因素但又不能作为优良品种直接推广利用的品种材料。这些材料通过试验鉴定,用于育种和其他科研领域,极大地促进了中国农业科学技术的发展。以水稻为例,引进的水稻材料经测选、杂交等途径获得籼型杂交水稻强优势恢复系如泰引 1 号、IR24、密阳 46 等 66 个,对中国籼型杂交水稻培育和发展起到重大作用。畜禽方面,从意大利引进的皮埃蒙特良种肉牛通过杂交改良后,促进了中国高档肉牛的繁殖育种。水产方面,引进了大菱

[①] 张陆彪:《中国农业科学院国际合作 50 年》上卷,中国农业出版社 2007 年版,第 75—83 页。

鲆、罗非鱼等品种,这些引进品种如罗非鱼已经成为中国出口优势农产品。此外,中国还引进了大量的草业种质资源以及蔬菜、花卉等园艺作物种质资源。

专栏9-1　大菱鲆的引种与养殖产业化

大菱鲆,又名多宝鱼,原产于大西洋东北沿岸水域,是世界公认的名贵比目鱼之一。为突破我国北方沿海鱼类养殖"当年不能养成商品鱼"和"越冬难"等产业制约瓶颈,20世纪90年代,在948计划"大菱鲆的引进"等项目的支持下,中国工程院院士、中国水产科学研究院黄海水产研究所雷霁霖研究员及其团队,率先将大菱鲆引入中国并开展了一系列研究。先后突破了亲鱼强化培育、光温调控性成熟、分批采卵和年周期内多茬育苗以及早期培育难度大等一系列关键技术,使育苗平均成活率、年出苗量达到国际先进水平。与此同时,构建了符合国情、简易节能的"温室大棚+深井海水"工厂化养殖模式,推动了我国大菱鲆养殖产业从无到有、从小到大,并逐步发展成为工厂化养殖面积近600万平方米、年养殖产量逾8万吨和年综合产值超60亿元的海水养殖支柱产业,养殖规模和效益跃居全球榜首,有力引领和推动了我国第四次海水养殖浪潮的兴起。大菱鲆的成功引种被誉为我国良种引进的典范和新产业开发的样板,研究成果于2001年获国家科技进步二等奖。

(二)技术装备引进

除引进大批动植物种质资源外,中国也引进了大批先进适用的农业生产技术,加快了中国农业科技发展步伐。地膜覆盖栽培、保护性耕作、节水灌溉、设施农业等都是从国外引进的,或是在引进基础上创新提升发展起来的,产生了良好的经济社会效益。以塑料薄膜地面覆盖技术为例,从1979年由日本引进至1989年仅十年时间,其推广面积就已经达20多万公顷,在瓜、菜、玉米、花生、棉花等作物上使用,经济效益显著。国外的水稻机械化高产栽培技术、网箱养鱼、雏鸡雌雄鉴别技术、家畜冷冻精液、人工授精、胚胎移植、塑料大棚设施园艺、秸秆氨化技术、青贮饲料技术、育禽饲养标准及饲料配方等在中国应用推广效果都很理想。

同时,中国企业还积极引进多种机械设备,大大加快了农业现代化的进程。引进的如养鸡成套设备经过消化、吸收、创新,装备了许多城市郊区兴办的大型机械化养鸡场。还引进了养猪、养乳牛、养兔、饲料加工、孵化、挤奶器械、种子检验加工、设施园艺、耕作喷灌、收割、脱粒干燥、推土、挖掘等机械,以及乳品、马铃薯、面包、葡萄酒、啤酒、皮革、鱼粉、屠宰、烤鸡等加工机械设备,还有渔轮、渔业资源调查船、农用飞机、打暗洞的鼠道犁、秸秆粉碎机、割草机等,这些都有效地提高了劳动生产率,促进了中国农副产品资源的开发和综合利用。

(三)外资引进

在引进外资方面,改革开放初期无偿援助资金的利用有效促进了农村扶贫和农业综合开发;而外商直接投资的不断增加弥补了农业投入资金的不足,带动了先进经营理念的引入,加快了农业产业升级和经营管理水平的提高。1997—2017 年,农业领域每年实际利用外商资金从 6.3 亿美元增长到 10.7 亿美元,累计外资流入量 253.5 亿美元(见图 9-3);合同项目数则由 814 个降至 706 个,占全部利用外资合同项目的比重也由 3.9% 降至 2%(见图 9-4)。

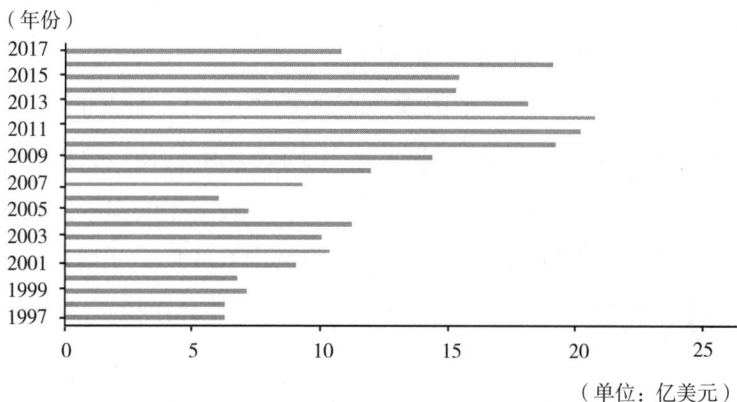

图 9-3 1997—2017 年中国农业①实际利用外资额

资料来源:根据 1996—2018 年的《中国统计年鉴》整理。

三、农业"走出去"步伐加快

改革开放以来,随着中国经济的快速发展、农业科技水平和综合生产能力的提升、企业国际竞争力的增强,农业"走出去"从无到有,快速发展。

---

① 《中国统计年鉴》统计分行业利用外资情况时统计的是大农业口径,包含农林牧渔。

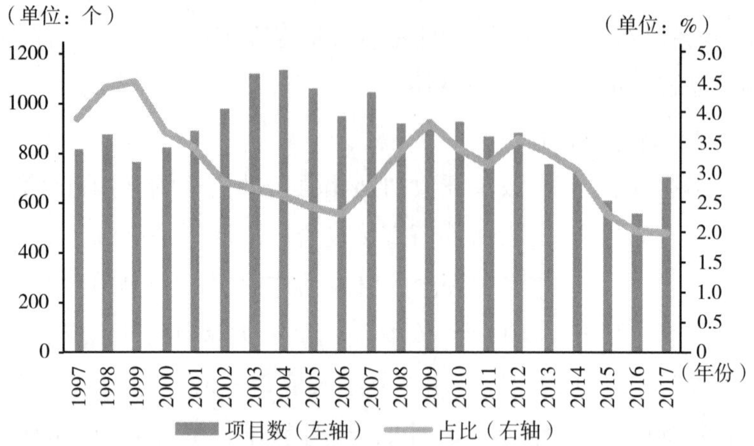

图 9-4　1997—2017 年中国农业利用外资合同项目数及占比

资料来源:根据 1996—2018 年的《中国统计年鉴》整理。

(一)境外投资规模快速扩大

20 世纪 80 年代以前,中国农业对外投资很少。加入世界贸易组织后,农业对外直接投资规模快速扩大,中国农业由长期以来的"引进来"开始逐渐转变为"引进来"与"走出去"相结合的共同发展阶段。2003—2017 年,中国农业对外直接投资净额由 0.8 亿美元增长到 25.1 亿美元,增加 30.4 倍,年均增长 27.7%;占全部对外直接投资净额的比重由 2.9%降至 1.6%,下降 1.3 个百分点(见表 9-5)。农业对外直接投资存量由 2004 年的 8.3 亿美元增长到 2017 年的 165.6 亿美元,增加 19 倍,年均增长 25.8%;占全部对外直接投资存量的比重由 1.9%降至 0.9%,下降 1 个百分点(见图 9-5)。

表 9-5　2003—2017 年中国农业对外直接投资净额及占比

年份	2003	2004	2005	2006	2007	2008	2009	2010
农业对外直接投资净额(万美元)	8136	28866	10536	18504	27171	17183	34279	53398
占全部对外直接投资净额比重(%)	2.9	5.3	0.9	1.0	1.0	0.3	0.6	0.8

续表

年份	2011	2012	2013	2014	2015	2016	2017
农业对外直接投资净额(万美元)	79775	146138	181313	203543	257208	328715	250769
占全部对外直接投资净额比重(%)	1.1	1.7	1.7	1.7	1.8	1.7	1.6

资料来源:根据2002—2018年的《中国统计年鉴》整理。

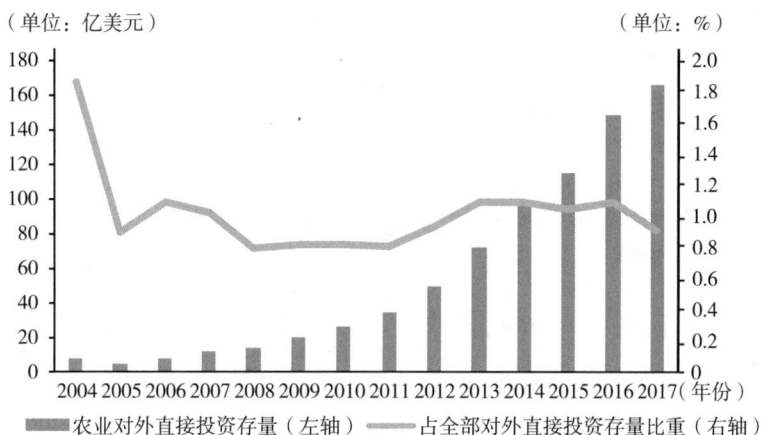

图9-5　2004—2017年中国农业对外直接投资存量及占地

资料来源:根据2003—2018年的《中国统计年鉴》整理。

(二)投资领域和区域不断拓展

在具体的投资领域上,中国农业境外投资由点到面,由单一的农业生产逐步向生产、加工、贸易等领域延伸,投资范围不断扩大。亚洲和欧洲是农业对外投资重点区域。截至2017年年底,中国对外农业投资存量分布在六大洲的100个国家(地区),投资覆盖率为44.8%,亚洲和欧洲是农业对外累计投资最为集中的地区。其中,在亚洲的投资存量为64.6亿美元,占比37.3%;欧洲为58.4亿美元,占比33.7%;大洋洲为26.3亿美元,占比15.2%;非洲为12.7亿美元,占比7.3%;南美洲为8.6亿美元,占比5%;北美洲为2.7亿美元,占比1.6%(见图9-6)。

对外投资产业结构以种植业和畜牧业为主。截至2017年年底,种植业对外直接投资存量为97.9亿美元,占比56.5%;畜牧业投资存量为

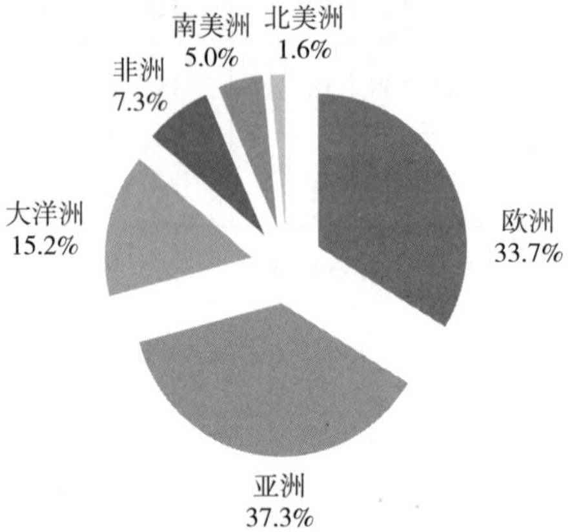

图9-6 2017年中国企业农业对外投资存量区域分布

资料来源:农业农村部国际合作司等:《中国对外农业投资合作分析报告》(2018年度),农业出版社2018年版。

32.3亿美元,占比18.6%;渔业投资存量为14.2亿美元,占比8.2%;林业投资存量为4.5亿美元,占比2.6%;其他投资存量为24.5亿美元,占比14.1%(见表9-6)。

表9-6 2017年中国农业对外投资存量产业类别情况

产业类别	投资存量(亿美元)	比例(%)
种植业	97.9	56.5
畜牧业	32.3	18.6
渔业	14.2	8.2
林业	4.5	2.6
其他	24.5	14.1

资料来源:农业农村部国际合作司等:《中国对外农业投资合作分析报告》(2018年度),农业出版社2018年版。

(三)投资主体日益多元化

20世纪80年代以前,中国农业"走出去"大多是以承担国家的对外援助项目为主,而且主要由国有企业承担。近年来,随着民营企业综合实

力的增强,民营企业逐渐发展成为中国农业"走出去"的新生力量。截至
2017 年年底,农业"走出去"企业共有 655 家,其中国有企业仅有 37 家。[①]
民营企业成为农业"走出去"的重要力量。不仅有中粮、中农发、中水、农
垦等大型国有企业,也有浙江卡森集团、青岛瑞昌、中兴能源等民营企业
参与境外农业合作开发。除了农业企业对外投资的积极性日益高涨,一
些已经"走出去"的非农企业借助国际能源、电信和农业工程平台,在海
外开展了经济作物的合作开发。

(四)投资方式不断优化

中国农业对外投资已经由单纯的自然资源投资开始走向自然资
源、企业资源的综合投资,投资方式也由单纯租种土地生产初级农产品
转变为开发、合资、并购等多种形态,大大提升了中国农业"走出去"的
内涵。海外并购已经成为中国农业对外投资的主要方式并取得了一定
成就。比如 2014 年中粮集团先后以 12.9 亿美元收购荷兰尼德拉公
司 51% 的股权,以 22.5 亿美元收购香港来保公司 100% 的股权;2017
年中国化工集团以 430 亿美元收购瑞士化工巨头先正达 94.7% 的股
权,创下了中国企业海外并购金额纪录,成为中国企业最大的海外收
购案。

专栏 9-2　中粮集团收购香港来保公司

2014 年 2 月,中粮集团联合国际投资团以 15 亿美元收购了来宝农业 51% 的股
权,并将其更名为中粮来宝农业。2014 年 12 月,中粮集团与来宝集团达成一致协议,
中粮集团旗下的中粮国际有限公司以 7.5 亿美元收购来宝集团所持有的中粮来宝农
业 49% 的股权。此项交易完成后,中粮国际持有中粮来宝农业 100% 的股权,中粮来
宝农业也更名为中粮农业。

中国香港来宝农业公司是亚洲地区较大的农产品贸易企业,在 29 个国家和地区
拥有分支机构或代理办事处,具备完善的加工、仓储及销售网络。收购后,中粮农业
作为中粮集团的海外平台,将其上游粮源掌控和交易资产直接对接中粮旗下企业的
下游加工及分销网络,形成上下游一体化格局,进一步优化了中粮集团全球产业链布
局。2016 年,中粮集团以中粮农业公司的名义在乌克兰投资 7500 万美元建设码头,
为中粮集团在东欧、中亚地区的粮食出口贸易提供了支点。

---

① 农业农村部国际合作司等:《中国对外农业投资合作分析报告》(2018 年度),农业出
版社 2018 年版。

四、农业多双边合作取得积极进展

（一）参与国际组织

深入参与国际涉农事务。中国积极参与农业国际合作事务，在联合国粮食及农业组织（FAO）、世界粮食计划署（WFP）、世界动物卫生组织（OIE）、国际农业研究磋商组织（CGIAR）、二十国集团（G20）、亚洲太平洋经济合作组织（APEC）、东盟与中日韩（10+3）、上海合作组织（SCO）等重要平台发挥了积极和建设性的作用。中国更加熟练运用国际规则，引领全球粮农治理体系新发展；中国率先实现联合国千年发展目标抗击饥饿目标并荣获联合国粮农组织颁发的成就奖；成功举办二十国集团农业部长会议，为全球农业创新发展贡献了中国方案；深度参与联合国粮农组织、联合国世界粮食计划署、亚太经合组织、国际食品法典委员会等国际组织活动和规则制定，维护了中国产业安全和国际话语权。2019年6月23日，中国农业农村部副部长屈冬玉高票当选联合国粮食及农业组织新一任总干事，成为该组织74年历史上首位中国籍总干事，充分体现了联合国粮农组织成员国对中国农业发展和脱贫工作成就的高度认同，也体现了国际社会对中国发挥负责任大国作用的更高期待。

（二）区域农业合作

在区域农业合作和新兴经济体农业合作中，中国正在逐步发挥主导作用。例如，中国成功推动东盟和中日韩大米紧急储备协定，牵头金砖国家农业部长会议并制定了金砖国家农业合作规划。中国政府认真落实在中非合作论坛北京峰会、联合国千年发展目标高级别会议有关农业的对外承诺，加大境外农业技术试验示范、人员派出和在华培训力度，推动南南合作取得新成效。中国是20多年前成立的联合国粮农组织南南合作计划的最早参与者之一。自1996年联合国粮农组织在粮食安全特别计划框架下启动南南合作计划以来，中国一直积极参与其中。早在2006年，中国便与联合国粮农组织签署了备忘录，成为第一个与联合国粮农组织建立南南合作战略伙伴关系的国家。此后，双方合作关系不断加深。2009年中国向联合国粮农组织信托基金慷慨捐赠3000万美元；2015年中国为南南合作项目追加 5000 万美元捐助,继续支持中国与其他发展中国家分享农业技术、经验和农业发展模式。

目前,中国已经成为南南合作和联合国粮农组织的主要引领者与支持者。截至 2017 年年底,在中国—粮农组织南南合作计划的支持下,中国在 11 个国家实施了 13 个全国性项目,并向非洲、亚洲、南太平洋和拉丁美洲及加勒比地区的 26 个国家派出了 1000 多名专家和技术人员,为提高发展中国家的农业生产力和粮食安全作出了积极贡献。① 此外,为了更好地分享知识和经验,联合国粮农组织也开展了 50 多批 500 多人的考察,到中国学习先进技术和农业发展经验。② 南南合作项目对东道国农业和农村经济发展、农民收入增加、生活条件改善作出了积极贡献。2011 年 12 月,联合国粮农组织和联合国开发计划署联合授予中国政府"南南合作"特别贡献奖。

(三)双边农业合作

除积极参与多边和区域农业合作外,中国也积极推动双边农业合作,以建立农业合作委员会或工作组的方式来不断提升合作的规范、程度和效益。通过实施双边与区域粮食安全合作战略,健全农业技术示范推广和人员培训体系,重点推进杂交培育、动植物保护、设施园艺、农业机械化和农村能源五大技术输出,有效促进了当地农业农村经济发展。此外,高层互访也是推动双边农业合作的重要方式。中国政府在许多国际合作中都明确将农业纳入双边经贸合作的重要议程,签署了一系列农业国际合作文件,落实了一大批农业境外合作项目。

中国积极推进自贸区建设,在自贸区框架下推动农业贸易、投资、检验检疫等合作。目前已初步形成立足周边、辐射"一带一路"沿线国家、面向全球的自贸区网络。截至 2018 年年底,中国已与东盟、智利、巴基斯坦、新西兰、新加坡、秘鲁、哥斯达黎加、冰岛、瑞士、韩国、澳大利亚、格鲁吉亚、马尔代夫 13 个经济体签署了双边或区域自贸协定;与中国香港、中

---

① 驻法国经商参处:《粮农组织总干事盛赞中国对南南合作计划的贡献》,商务部网站,2017 年 7 月 11 日。

② 陶杰:《中国是南南合作计划最大贡献者》,《经济日报》2018 年 8 月 2 日。

国澳门分别签署了《内地与香港关于建立更紧密经贸关系的安排》（CEPA）；与中国台湾签署了"海峡两岸经济合作框架协议"（ECFA）。自贸区的签署促进了中国与贸易伙伴之间的农产品贸易。以中国—东盟自贸区为例，受自贸区降税和需求拉动影响，中国与东盟农产品贸易发展迅速，2003—2018年贸易总额年均增长14%，高于中国对全球11.9%的增速。2018年，中国（大陆）与上述已生效自贸伙伴间的农产品贸易额合计820亿美元，占当年农产品贸易总额的37.8%。

（四）农业对外援助

新中国成立之初，中国在自身条件非常艰苦困难的情况下，仍坚持援助朝鲜、古巴、越南等国。70年来中国援助的对象也已经扩大到亚非拉美等地区，也逐渐从接受援助的国家转变成为向其他国家提供援助的国家。以渔业为例，自党的十八大以来，中国水产科学院发挥自身特色及技术优势，积极参与南南合作等国际援助和培训项目，新建了"一带一路"海水养殖技术培训基地，与原有"FAO水产养殖及内陆渔业研究培训参考中心"一道，形成了"一海一淡"的两翼新格局。6年来共计承办培训项目79项，共计为133个亚、非、拉国家和地区培训了2120多名渔业高级技术人才；先后派遣了50多名专家赴20多个亚、非、拉国家开展技术指导项目，为当地鱼类生产和渔业产业发展提供援助，为孟加拉、斯里兰卡、缅甸、朝鲜、巴基斯坦等国援赠了50多万尾优质鱼类苗种；除承办技术培训和官员研修项目，还承办了留学生学历教育项目，先后为39个亚、非国家培养的渔业硕士和博士生共86名。

第三节　农业对外开放的经验

对外开放是中国现代发展史上的壮举，至今已经走过40多年极不平凡的历程。40多年来，中国坚持对外开放的基本国策，在不断的探索与实践中取得了举世瞩目的伟大成就，也积累了许多宝贵的成功经验。这些经验既可以为中国继续扩大对外开放提供历史参照，也可以为世界发展贡献中国智慧。农业作为中国对外开放的排头兵，在先行先试、"摸着石头过河"中也积累了许多非常宝贵的经验。

一、抓住重要战略机遇期,提升农业对外开放水平

每一个具有里程碑意义的历史事件都将中国对外开放水平推上更高层次。1978 年党的十一届三中全会以来,中国坚持对外开放基本国策,打开国门搞建设,以开放促改革,实现了从封闭半封闭到对外开放的历史性转变,为经济社会发展注入了强大动力,创造了举世瞩目的中国奇迹。2001 年成功加入世界贸易组织,将中国贸易和投资规则与世界积极有效对接,使中国真正融入世界经济,成为全球产业链和价值链重要组成部分。2013 年,中国提出共建"一带一路"倡议,推进中国主动开放,利用中国在资金、实用技术和专业人才等方面的优势,与其他国家一道,通过共建"一带一路",促进全球在基础设施、贸易投资、金融、人文等方面的互联互通,实现相互支持与相互促进的联动发展,更好地维护世界和平,促进世界的开放、创新、包容发展,加强文明对话,构建人类命运共同体。

中国农业的发展正是紧紧围绕中央统一部署,牢牢抓住每一次开放的战略机遇期,努力提升对外开放水平,才构建起今天高水平对外开放的格局,成为世界上农产品市场高度开放的国家。1978 年,在中国宣布实施改革开放基本国策后,农业逐步调整资源配置手段,缩小贸易管制范围,将市场机制作为资源配置的主要手段,促进了农业贸易的进一步发展。与此同时,积极响应国家"引进来"号召,引进资金、人才、技术以及管理经验等,促进了中国农业与世界的交流合作,也加快了中国农业现代化的进程。2001 年成功加入世界贸易组织,农业更是作出了超出一般发展成员的承诺,即便与发达成员相比,中国也是世界上农产品市场最开放的国家。2013 年,中国提出"一带一路"倡议以来,农业更是成为中国与"一带一路"沿线国家合作的典范。在"一带一路"合作框架下,中国积极开展与"一带一路"沿线国家的农业合作,建立了一系列合作机制,搭建了一批合作平台。中国与中东欧国家农业合作("17+1")即是其中的代表,目前已经召开四届农业部长会议和十四届农业经贸合作论坛。在该机制下,中国与中东欧国家农业合作成效不断显现,双方农产品贸易规模

不断扩大,农产品贸易额近10年间年均增长10.8%。

二、统筹利用两个市场、两种资源,加快农业"走出去"

与其他产业不同,农业是高度依赖自然资源的产业,资源禀赋和农业生产规模决定了农业基础竞争力。而且农业生产要素——土地和劳动力不能跨国自由流动,与工业相比,农业基础竞争力的差距更加难以克服。农产品供求方面,国内供给受资源环境约束增长潜力有限,而需求在人口增长等因素助推下呈刚性增长,产需双方诸因素决定了中国农产品供需缺口将不断扩大。因此,立足国内确保粮食基本供给,同时充分有效利用国际市场和资源既是中国农业发展现实的必然也是理性选择的必然。

中国农业也正是选择了这一条道路——统筹利用国际国内两个市场、两种资源,才形成了目前农业对外贸易与国内农业发展相互促进的局面,也实现了补充国内市场需求、促进结构调整、保护国内农业和农民利益的有机统一。目前农产品进口已经成为国内供给的重要组成部分,农产品总量平衡也由产需2元均衡转变为产、需与进口三元均衡。2016年中国农产品贸易额相当于当年农业增加值的19.4%。其中,进口额相当于农业增加值的11.7%,出口额约为农业增加值的7.7%。按播种面积当量计算,2018年粮棉油糖肉奶进口量相当于10亿亩①以上耕地播种面积的产出。按照国内粮食②口径,将大豆和薯类计入粮食范畴,2018年中国粮食进口1.13亿吨,占国内粮食产量的17.2%。就具体产品进口量与国内产量的相对关系而言,2018年中国大豆进口8803.1万吨,是国内产量的5.5倍;棉花和棉纱进口369.1万吨,进口量相当于国内产量的60.5%;乳制品进口264.5万吨,折合鲜奶1200万吨,约为国内产量的40%。农产品贸易已不再受限于"余缺调剂"和"品种调剂",而成为国内供给的重要组成部分。

中国农业通过国际贸易在全球范围内强化配置资源能力,大大提高

---

① 亩为非法定计量单位,1亩＝1/15公顷。

② 包括谷物、大豆、干豆、玉米酒糟和干木薯。

了资源配置综合效率。大豆、棉花等农产品进口在增加供给、减缓资源压力的同时,能够更好地利用有限的资源来重点发展粮食生产,确保饭碗牢牢端在自己手里。出口劳动密集型产品则用较少土地和水资源实现农业增值增效,有效促进主产区农民就业增收。[1]

除通过贸易在全球范围内配置资源外,中国农业积极"走出去"围绕进口产品进行全产业链投资。中国农业"走出去"不仅满足了国内对于优质农产品的需求,在带动当地民生改善方面也取得了明显成效。农业"走出去"企业在当地积极履行社会责任,建设公益设施,开展培训示范,扩大本土就业,累计雇佣外籍员工13.4万人,受益人群达40余万人次。

三、发挥农业比较优势,推进贸易投资一体化

经济全球化背景下的农业国际贸易需要在更大范围配置生产、加工、市场等资源。"一带一路"农业国际合作和农业"走出去"步伐的加快,有力推动了农业对外投资和贸易合作的一体化进程。中国农业贸易带动投资与投资推动贸易的良性互动格局基本形成。目前中国农业在种子、化肥、农药、农业机械设备等农业生产物资方面形成了一定的比较优势,对非洲、东南亚等国家出口较多。以越南为例,越南农用种子、化肥、农药、植保产品等农资60%—85%依赖进口,主要自中国进口,且进口增长潜力较大。种子方面,越南是世界第一大大米出口国,但越南种用稻谷主要依靠进口,且主要来自中国。2017年,越南进口稻谷6.5万吨,其中自中国进口的有4.8万吨,占73.8%,主要是自广东、广西进口的杂交水稻种子。此外,越南农业机械设备也主要自中国进口,2017年越南农机进口额约25亿美元,其中80%来自中国。越南组装贴牌国产农机60%—70%的组装零配件也从中国进口。中国在农业机械研发和制造方面积累了丰富的实践经验,尤其在热带地区耕作机械方面更是处于领先地位。"东风"

---

① 张陆彪:《坚持两个统筹不断提高农业对外开放水平》,《农民日报》2018年12月29日。

"玉柴"等中国农机品牌在越南知名度较高,价格实惠而且可以适应当地气候和地形,备受越南农民喜爱。

中国发挥在上述农业生产物资方面的比较优势,在"一带一路"等框架下打通农产品贸易双向快速通道,培育国际大粮商和跨国农业企业,投资生产、运输、仓储等农产品贸易基础设施一体化建设和全产业链布局,带动农业技术、设备和劳务输出,大大拓展了贸易规模和贸易范围,有效提升了贸易可持续能力。

四、创新对外开放体制机制,强化农业国际交流合作

对外开放40多年来,中国政府不断创新对外开放体制机制,为农业对外开放提供了制度保障。从传统计划经济体制到前无古人的社会主义市场经济体制,再到市场在资源配置中起决定性作用和更好发挥政府作用,市场成为资源配置的主要手段提高了农业生产要素的配置效率,激发了农业经济的活力。从加入世界贸易组织到共建"一带一路"、设立自由贸易试验区、探索建设中国特色自由贸易港、成功举办中国国际进口博览会。

在国家整体对外开放体制机制创新的大背景下,农业也在不断调整本领域不合时宜、不合规的体制机制。加入世界贸易组织后,农业领域取消了一批不符合世界贸易组织规定的农业补贴。在自贸区谈判中,中国农业坚守粮棉油糖系统例外的底线,做到"有保有放",确保在扩大中国农业对外开放水平的同时又能维护好国内的粮食安全和农业产业安全。在自由贸易试验区内先行先试一批开放政策,成熟后逐步推广至全国,如上海自由贸易试验区的"单一窗口"建设,极大地提高了农产品贸易便利化程度。从"引进来"到"走出去"。在"走出去"过程中,成立多部委的农业对外合作部际联席会议,统筹农业对外合作。在这一合作框架下,积极开展农业多双边合作,落实了"一带一路"国际合作高峰论坛成果清单,举办了南南合作农业部长级高峰论坛(长沙)、"一带一路"(东盟)农业投资合作论坛、中国—中东欧国家农业部长会议、金砖国家农业部长会议等一系列重要国际会议和活动。

第四节　发展趋势与对策建议

一、发展趋势

（一）农业对外开放水平将进一步提高

纵观世界发展大势,经济全球化是不可逆转的时代潮流。习近平总书记曾多次强调中国坚持对外开放的基本国策,坚持打开国门搞建设,中国开放的大门不会关闭,只会越开越大！作为国家对外开放战略布局中的重要一环,农业不会也不能停留在现有开放水平上固步自封,而是在现有高水平开放的基础上进一步提高开放质量,形成陆海内外联动、东西双向互济的全面开放格局。

农产品贸易方面,将由贸易大国向贸易强国转变,从大进大出向优质优价、优进优出转变。出口角度看,培育一批在世界农产品市场中"站得住、叫得响"的中国品牌;进口角度看,将实施以进口博览会为代表的更加积极的进口政策,主动扩大特色优质农产品进口;贸易方式角度看,以跨境电子商务为代表的贸易新业态新模式也将蓬勃发展,成为农产品贸易的新增长点。

开放空间方面,区域开放布局将进一步优化,加大西部开放力度,改变目前中国对外开放东快西慢、沿海强内陆弱的区域格局,逐步形成沿海内陆沿边分工协作、互动发展的全方位开放格局。中国中西部内陆地区农业资源丰富,盛产特色优质农产品,未来应进一步加强中西部内陆地区农产品贸易促进力度,将这些优质特色农产品打造成中国农产品品牌的代表,推向世界。

（二）统筹利用两个市场、两种资源能力将进一步提升

党的十九大强调,要以"一带一路"建设为重点,坚持"引进来"和"走出去"并重。这一重大工作部署也为中国农业对外开放指明了方向,为中国农业统筹利用国际国内两个市场、两种资源提供了基本遵循。

"一带一路"建设是中国扩大对外开放的重大举措,农业是"一带一

路"建设的重要领域,也已经成为中国与"一带一路"建设参与国家的合作典范。"一带一路"沿线国家农业资源丰富,有较强的农业合作需求。未来中国将进一步扩大与"一带一路"沿线国家农产品贸易往来,减少贸易壁垒,相互开放市场;对"一带一路"沿线国家农业投资也将成为中国农业"走出去"的重要方向和增长点;与"一带一路"沿线国家农业科技成果交流共享的水平将进一步提高,打造更多合作平台,建设一批技术实验室和科技示范基地。中国农业通过参与"一带一路"建设,统筹利用国际国内两个市场、两种资源的能力将进一步提升,更好地保障国家粮食安全、维护农业产业安全。

(三)参与推动全球粮农治理体系改革和建设是大势所趋

构建人类命运共同体重要战略思想,是习近平总书记着眼人类发展和世界前途提出的中国理念、中国方案,受到国际社会的高度评价和热烈响应,已被多次写入联合国文件,产生日益广泛而深远的国际影响,成为中国引领时代潮流和人类文明进步方向的鲜明旗帜。

推动构建人类命运共同体,必须积极参与全球治理体系改革和建设。体现在农业方面,中国将继续推动成功实现联合国2030年可持续发展议程,在应对饥饿、贫困、气候变化、自然灾害等全球性挑战方面加强国际合作。中国仅依靠全球淡水资源的6%、耕地资源的7%,为世界21%的人口提供了粮食,并保持了95%的粮食自给率。中国也是率先实现联合国千年发展目标的国家,在脱贫方面取得了举世瞩目的成就,截至2018年年末,中国农村贫困人口1660万人,贫困发生率1.7%,2020年将消除绝对贫困。中国是现行国际体系的参与者、建设者和贡献者,未来将坚持从中国国情出发,坚持权利和义务相平衡,积极参与推动农业全球治理理念创新,与世界分享中国在保障粮食安全、减贫脱贫方面取得的经验,不断贡献中国智慧和中国力量。

(四)农产品贸易和农业对外投资市场风险不断加大

近年来,国际农产品市场越来越受到气候变化、生物质能源、投机资本等非传统因素的影响。一是生物质能源发展大幅增加了对农产品的非传统需求,打通了农产品市场与能源市场的价格通道;农产品市场受能源市场的影响不断加深。2012 年液态生物燃料的生产消耗了全球大约 14.2% 的玉米、20.7% 的甘蔗、13.5% 的植物油。二是国际投机资本在农产品现货市场和期货市场大进大出，大大增加了农产品市场的不稳定性。三是极端气候导致农业灾害频发多发，直接影响农产品生产和供给的稳定，大大增加了利用国际市场的风险。同时，主要出口国对大宗农产品贸易的掌控能力进一步增强。传统上，国际大宗农产品市场是准垄断市场，世界 70%—80% 的大宗农产品贸易由少数国际跨国公司掌控。

二、困难与问题

从国内看，当前中国已进入工业化和城镇化快速推进、农业现代化加快发展的关键阶段，农业的支撑保障任务日益艰巨，对农业对外开放提出了新的更高要求。从国际看，经济全球化和区域经济一体化深入发展，世界农业融合度不断提高，发达国家对农业供应链的掌控增强，国际农产品市场的风险和不确定性增加，中国农业对外开放面临诸多挑战。

（一）部分产品存在大量非必需进口，威胁国内相关产业安全

由于农业基础竞争力薄弱，加之缺乏有效的保护和调控政策空间，部分开放度较高的农产品大量进口，超出了正常产需缺口的合理范围，对国内产业造成了严重冲击。

进口产品过度挤占新增需求市场，抑制了国内生产发展。近年来，中国农产品需求增长显著，受资源和人口条件约束，增加大宗农产品进口是必然的现实选择。但由于缺乏有效的边境调控手段，一些农产品的进口过度挤占了国内新增市场，在大量进口并不断增加的同时经常发生国内生产严重积压的问题。以大豆为例，1995—2018 年，中国大豆进口量由 29.8 万吨增加到 8803.1 万吨。大豆新增市场全部被进口产品占领。在需求市场被过度挤占的同时，这些产品的生产也受到明显挤压。在国内支持力度不断增加的情况下，大豆生产仍呈现下滑趋势，近年来有所恢复。

大量进口对国内趋势价格形成打压和抑制，导致产业发展缺乏必要

的激励和动力。由生产规模决定,中国大宗农产品的生产成本普遍高于世界主要出口国。2017年美国大豆生产成本为每吨2246.3元,中国则为4776.1元,比美国高2529.8元,其中土地成本和劳动力成本高2497.6元,占高出部分的99%。大量低价产品的进口使国内价格既不能随着需求的拉动而相应提高,也不能随着生产成本的上升而相应上升,种植比较收益受到影响。

进口与外资进入相结合削弱了中国产业控制力,给农产品长期供给安全也带来了潜在风险。大量进口使大豆自给率下降到2018年的15.3%。而随着外资的进入,跨国粮商对中国进口大豆资源形成了准垄断。

(二)农业利用外资相对分散,产业和地区分布不平衡

由于农业自身特征、农业引资经验及相关管理政策方面的限制,中国农业在利用外资方面还面临以下挑战。

总量不大,地区分布不平衡。农业生产经营周期长、风险大,农业领域投资不足是世界许多国家尤其是广大发展中国家面临的共同难题,在中国,资金短缺也一直是农业发展的一个瓶颈。改革开放以来,特别是近年来,外商对中国农业投资的规模逐年扩大。然而,尽管农业利用外资速度并不慢,但与非农业利用外资情况相比,农业利用外资规模并不大,所占比重不高,占外商直接投资的比重不足2%。除规模不大外,农业外资利用地区分布也不平衡。农业利用外商直接投资主要分布在沿海地区,中西部地区较少,而中西部地区恰恰是农业投入不足、最需要外资投入的地区。

(三)农业"走出去"企业实力不强,市场竞争能力有待提升

企业主体实力不强,在保障国家粮食安全和推动农业国际合作方面的能力有待提升。企业是农业"走出去"投资兴业的实施主体,企业经济技术实力的强弱直接关系到"走出去"的成功与否。目前资金缺乏、规模小、竞争力低、行业合力差是中国农业"走出去"企业面临的最普遍问题。一是企业投资能力弱。中国从事境外农业投资开发的经营主体大多为中小型企业,龙头企业、大型集团和跨国公司较少,多数境外农业开发项目

不仅前期基础设施建设和生产经营成本投资规模小，而且抵御各种自然风险和市场风险的能力较弱，发展后劲明显不足。二是缺少技术体系支撑。尽管中国在农作物育种、田间管理、植物保护等方面技术水平处于国际先进行列，但由于受农业科技体制影响，多数企业没有建立完整的自主技术研发推广平台和队伍体系，导致企业在技术应用，特别是物化技术应用上成本较高，而且在适应国外环境的技术改造升级和新品种、新技术研发上能力较弱，尤其是在保持技术的领先优势上难度更大。三是行业自律性差。国际经验表明，行业协会在农业"走出去"中扮演了重要角色，尤其在市场经济体制下能够发挥政府不能、不便于发挥的作用和功能。中国目前能为"走出去"企业服务的行业协会数量少、功能单一，难以发挥行业自律、价格协调、应对贸易纠纷、抵御海外风险和提供各种服务的作用，导致农业"走出去"企业处于各自为战、无序竞争状态。

三、政策建议

党的十九大提出要深化供给侧结构性改革、实施乡村振兴战略、推动形成全面开放新格局，这为今后中国农业改革发展指明了方向。自加入世界贸易组织以来，中国农业高度开放，与世界的关联度不断提高，国际国内两个市场相互作用不断加深。中国农业的发展必须坚持开放发展理念，在国际竞争中求发展，在统筹两个市场中保稳定保增长。

（一）稳定发展国内生产，积极利用国际市场

要根据不同大宗农产品的需求结构、特点和趋势，以及在粮食安全中的地位，确定切实可行的阶段性自给率目标和合理的大宗农产品产业结构。要结合利用国际市场的可能和发展国内生产的潜力，优化大宗农产品生产力布局，加强优势农产品区域规划，加快优势产业带建设，确保大宗农产品基本播种面积和基本供给能力。要研究建立必要的体制机制，有效统筹国内生产和进口需求，确保国内产业政策与贸易政策相衔接，国内生产力布局与充分利用国际市场相匹配，国内供需趋势与进出口调控相协调。

（二）促进农产品贸易多元化，推进农业企业"走出去"

要把统筹利用国内外两个市场和两种资源作为农业国际合作的重点。加强农业国际合作的战略性规划和布局，推进互利共赢的战略合作，不断改善中国贸易环境、拓展贸易渠道、提升贸易水平，推进进口市场多元化。在坚持市场导向和企业自主决策的原则下，借鉴国外经验、抓住重点环节、突出重点领域，发挥企业主体作用，务实稳步推动农业"走出去"。

（三）提升"引进来"质量，增强农业科技水平

当前农业新技术革命蓬勃兴起，以生物技术、信息技术和现代设施装备技术为核心的新的农业技术体系已成为农业发展的决定性因素。要根据世界农业科技发展的趋势及现代农业发展和新农村建设的需要，重点加强对生物、信息及现代设施装备等方面高新技术和高级人才的引进。要有选择地引进高级人才，出资出人参与国际重大科学研究活动，增强农业科技的原始创新能力。

第十章 农业支持保护制度变迁

农业支持保护制度是农村经济制度的重要组成部分。我国农业支持保护制度的建立和完善，经历了一个漫长的过程。从新中国成立之后的兴修农田水利、发展农用工业、调整农产品价格、增加农业生产投入等政策，到 21 世纪以来的构建农村基础设施投入、农产品价格支持、农业生产经营补贴、农业生态环境补偿等政策为主的支持保护政策体系。特别是党的十六大以来，面对我国工业化进入中期阶段、城镇化加快发展、国家经济实力和财力增强的新形势，党中央、国务院提出了工业反哺农业、城市支持农村的方略和多予、少取、放活的方针，多项支农政策密集出台，政策含金量高，成为政策创设的"黄金期"。这些政策在提升农业综合生产能力，促进农民增加收入，推进城乡一体化发展方面发挥了重要作用。党的十八大以来，随着我国经济发展进入新常态，党的十八届五中全会提出贯彻"创新、协调、绿色、开放、共享"的发展理念，推进农业供给侧结构性改革。党的十九大提出坚持农业农村优先发展，实施乡村振兴战略，加快推进农业农村现代化。回顾我国农业支持保护制度的演变过程，总结正反两方面的经验和教训，对进一步完善农业支持保护制度，推动农业高质量发展，加快推进农业农村现代化具有重要意义。

第一节 农业支持保护政策体系的演变过程

一、"农业支持保护"的内涵和要求

农业是高度依赖土地、水利、气候等自然资源的产业，农产品生产周

期长、自然风险高、市场风险大。农业是国民经济的基础性产业，粮棉油糖等大宗农产品供给关系国计民生。因此，大多数国家都对农业采取了支持保护政策，农业支出成为国家财政支出的一项重要内容。

世界贸易组织农业协定中规定的"农业支持保护"，包括农业国内支持、市场准入（进口配额）、出口补贴、动植物检疫四个方面的措施，统称为世界贸易组织农业协议的四大政策支柱。国内支持水平是指中央财政及地方财政对农业投入的总和①，分为"绿箱""黄箱""蓝箱"，"绿箱"政策包括：一般性农业服务（农业科研、病虫害控制、农业科技人员培训、技术推广与咨询、检验服务、市场促销、农业基础设施）为保障粮食安全提供的储存补贴、国内粮食援助补贴、不挂钩的收入支持、收入保险和收入安全网计划中的政府资金参与、自然灾害救济支付、农业生产者退休或转业补贴、通过资源停用计划提供的结构调整援助、通过投资援助提供的结构调整援助、环境计划下的支付、地区发展补贴等。"黄箱"政策包括：价格支持、营销贷款、面积补贴、牲畜数量补贴及种子、化肥、灌溉等投入补贴，还有某些有补贴的贷款计划等。"蓝箱"政策包括：按农作物固定面积或产值提供的服务、根据基期生产水平85%以下提供的补贴、按牲畜的固定头数提供的补贴等。

1993年7月制定、2002年12月第一次修订、2009年8月第一次修正、2012年12月第二次修正的《中华人民共和国农业法》，第六章对"农业投入与支持保护"作出了明确规定。第三十七条规定："国家建立和完善农业支持保护体系，采取财政投入、税收优惠、金融支持等措施，从资金投入、科研与技术推广、教育培训、农业生产资料供应、市场信息、质量标准、检验检疫、社会化服务以及灾害救助等方面扶持农民和农业生产经营组织发展农业生产，提高农民的收入水平。"第三十八条明确了农业资金的使用范围：各级人民政府在财政预算内安排的各项用于农业的资金应当主要用于加强农业基础设施建设；支持农业结构调整，促进农业产业化经营；保护粮食综合生产能力，保障国家粮食安全；健全动植物检疫、防疫

---

① 与中央财政农林水事务支出口径有所不同。

体系,加强动物疫病和植物病、虫、杂草、鼠害防治;建立健全农产品质量标准和检验检测监督体系、农产品市场及信息服务体系;支持农业科研教育、农业技术推广和农民培训;加强农业生态环境保护建设;扶持贫困地区发展;保障农民收入水平等。在第三十三条、第三十五条、第四十六条分别对部分粮食品种的保护价定价水平、粮食风险基金用途、建立完善农业保险制度等作出了明确规定。

本节主要从国家财政支农支出使用变化情况[①],围绕农业投入、农业补贴、农产品价格、生态环境保护、农业保险等政策,梳理新中国成立70年来农业支持保护政策的演变过程,分析政策要点及其实施情况。

二、农业支持保护政策的演变过程

(一)1950—1978 年:兴修农田水利、发展农用工业

新中国成立之初,我国农业基础十分薄弱,江河堤防常年失修,水患灾害频繁,农用工业发展滞后,农业投入品严重不足,农业生产水平低,粮食、棉花大量进口。为尽快恢复农业生产,国家在财力非常有限的情况下,加大农田建设,支持农用工业发展。

国家把兴修水利作为中央政府投资的主攻方向之一,拨出大量资金用于农田水利建设。实施根治淮河,建设官厅水库、密云水库,修建荆江分洪等水利工程,扩大农田灌溉面积、减少洪涝灾害损失。除了中央财政投资水利建设外,国家还动员农民群众开展大规模水利工程建设。到1978 年,全国已建成大型水库311 座、中型水库2205 座、小型水库8.4 万多座,总库容量4000 多亿立方米;排灌动力由1952 年的7.2 万千瓦发展到4700 多万千瓦,灌溉面积由2.7 亿亩发展到6.7 亿亩,农村小水电装机容量由1952 年的0.8 千瓦增加到1978 年的228 千瓦,形成了一批桥涵闸等小型农田基础设施,农业抗灾能力明显提高。

发展农用工业是这一时期国家支持农业的又一项重要举措,如增加

---

① 主要包括支援农业生产支出和农林水利气象部门的事业费、农业基本建设支出、农业科技三项费、扶贫等,不包括农村社会事业支出。

化肥和农用机械投资。1959年第一拖拉机厂在洛阳建成,成为156个现代化大型骨干企业之一。在国民经济调整时期,国家在大力压缩基本建设投资规模的同时,仍尽可能地增加对农用工业的投资,促进了以化肥和农用机械制造为主的农用工业的发展。到1978年,全国累计新增拖拉机制造生产能力11.5万台,大中型拖拉机拥有量从1958年的1307台增加到55.7万台。全国化肥产量从1949年的0.6万吨增加到1978年的884万吨。

(二)1979—1998年:调整农产品价格、增加农业投入

农村改革开放后,实行家庭承包经营制度,确立了农户的市场主体地位,解放和发展了农村生产力。在此基础上,国家加大了对农业的支持与保护。通过增加农业投入,提高农业综合生产能力;通过调整农产品价格,促进农民增加收入。

1979年9月,党的十一届四中全会通过的《中共中央关于加快农业发展若干问题的决定》,制定了发展农业生产力的二十五项政策和措施。国家根据国民经济发展的情况和等价交换的原则,对工农业产品比价进行必要的调整。大幅度提高粮食统购价格和超购加价幅度,以及粮食、棉花、油料、生猪等18种农产品的收购价格,平均提高幅度为24.8%。1985年将粮食、棉花改为合同定购①,对国家合同定购的粮食、棉花实行化肥、柴油、预购定金的"三挂钩"政策②。农产品购销政策的改革和价格的调整,极大地调动了农民生产积极性,粮食产量较快增长。20世纪90年代初期,由于质量、品种不适应市场需求和产销区调销不畅,主产区农民"卖粮难"和粮食价格频繁波动现象交替出现,为保护主产区农民生产积

---

① 1985年,国家取消了长达30余年的粮食统购制度,改为合同定购,定购的粮食国家按照"倒三七"比例计价,即三成按原统购价、七成按原超购价。

② 1987年国务院决定实行合同定购粮食"三挂钩"政策,即收购每50公斤小麦、玉米各供应10公斤平价标准化肥,大米、大豆各供应15公斤平价标准化肥。并同时供应1.5公斤平价柴油,以及按收购价格的20%预付收购定金。1992年之前为实物兑现,1993年起以货币支付平议价差。合同定购棉花"三挂钩"政策,即定购合同内收购的皮棉给予奖售平价粮食,收购每50公斤皮棉供应35公斤平价标准化肥,以及按收购价格的20%预付收购定金。1985年取消棉农平价粮供应和预购定金。

极性,1990 年国家建立了专项粮食储备制度,随后又建立了棉油等其他农产品储备制度,根据市场供应进行适时调控。1993 年建立收购保护价制度和粮食风险基金制度,改进粮棉"三挂钩"兑现办法,扶持粮棉生产的化肥、柴油按平议价差付给农民。1991—1996 年,国家三次提高粮食收购价格。1996 年,在我国粮食产量首次突破 1 万亿斤大关,粮食供给形势明显好转的情况下,国务院决定,按保护价敞开收购农民余粮,切实保证农民增产增收、保护农民生产积极性。

从 1983 年开始,国家安排中央预算内资金建设商品粮(棉)生产基地县,投入力度逐年增加;1985 年,中央财政建立了"发展粮食生产专项基金"和农业综合开发资金,集中资金支持粮棉主产区发展经济。经过"六五"至"九五"4 个五年计划,到 2000 年,全国已建成 832 个商品粮基地县、20 个地市级的国家储备粮基地和 200 多个棉花油料基地县。除了中央预算内投资和财政资金支持农产品生产外,国家还安排信贷资金支持粮棉主产区调整产业结构,发展多种经营和农副产品加工业,促进地方经济发展。1993 年 10 月,中央农村工作会议提出,国家连续 5 年每年安排 65 亿元专项贴息贷款扶持 500 个粮食大县和 150 个棉花大县发展经济;安排 10 亿元专项贷款建立一批各具特色的高产、优质、高效农业示范区,逐步改变粮棉大县、工业小县、财政穷县的落后面貌。当年一批得到国家扶持的、处于雏形的农产品加工企业,若干年后已成长为国家农业产业化重点龙头企业,成为地方经济发展的骨干企业和纳税大户。

(三)1999—2012 年:实施农业补贴政策、开展生态补偿

1998 年 10 月,党的十五届三中全会通过的《中共中央关于农业和农村工作若干重大问题的决定》提出,面对 1997 年东南亚金融危机的冲击和经济全球化的挑战,进一步加强农业和农村经济,提高农民购买力,有利于扩大内需,保持整个国民经济增长的良好势头。2003 年 1 月,中央农村工作会议提出了要把解决好农业农村农民问题作为全党工作的重中之重,明确了实施工业反哺农业、城市支持农村的发展方略,提出了多予、少取、放活的方针。之后,党中央、国务院出台了一系列支持农业农村发展的政策措施,着力加强农业基础设施建设,实施农业补贴政策,加强生

态环境保护。

大规模开展农村基础设施建设。实施拉动内需政策,水利工程、农村电网改造、农村公路改造等农村基础设施建设成为国债项目的重中之重。推进新农村建设,国家把支持农村基础设施建设的范围逐渐扩大至农村饮水、电网改造、农村沼气、农村公路以及农村危房改造等项目。"十五"时期,中央财政直接用于"三农"的投入达到11300多亿元,比"九五"时期增长了1.14倍。其中,用于农业农村的预算内基本建设投资和国债资金3725亿元,比"九五"时期增长了1.22倍;中央财政农业综合开发资金416亿元,比"九五"时期增长了92%。

全面落实"多予、少取、放活"政策措施。从2000年开展农业税费改革试点,到2006年全面取消农业税,为确保农民负担不反弹,保障基层组织正常运转,中央财政积极调整支出结构,加大对改革的支持力度,2000—2010年,中央财政累计安排农村税费改革专项转移支付资金5700多亿元。[①] 2004年和2005年,国家先后出台了稻谷、小麦最低收购价政策,2008年后,最低收购价格逐年提高,并建立了玉米、大豆、棉花、油菜籽临时收储政策。2002—2005年,国家逐步建立了以粮食直接补贴、良种补贴、农机购置补贴、农资综合补贴四项补贴制度,到2014年"四项补贴"规模达到1668亿元。与此同时,农业保险由试点到稳步推进。至此,国家支持农业生产的政策已基本覆盖了大宗农产品。

出台实施生态补偿政策。为保护生态环境,促进农业可持续发展。党中央、国务院作出封山育林、退耕还林还草、加强生态建设的部署和安排,对不同地区实施天然林保护和退耕还林,生态建设资金得到突破性增长。之后,国家相继实施天然草原恢复和建设、京津风沙源治理、退牧还草、岩溶地区石漠化治理等项目,建立草原生态保护补助奖励机制。实施生态补偿对保护生态环境、加强生态建设发挥重要作用。

(四)2013年至今:调整完善农业支持保护政策体系

党的十八大以来,中央提出推进农业供给侧结构性改革,推进农业绿

---

① 肖捷:《终结"皇粮"历史改革亲历》,《财政文学》2015年第7期。

色发展,在此背景下,对农业支持保护政策进行了调整和完善。一是完善与市场经济相适应的农产品价格形成机制。2014年后,开展并完善棉花目标价格补贴政策试点;完善稻谷、小麦最低收购价政策,适度调整最低收购价水平,开展稻谷生产者补贴试点;取消玉米临储政策,建立并完善玉米生产者补贴制度;调整大豆目标价格政策,实施大豆生产者补贴政策。二是建立以绿色发展为导向的农业补贴制度。提出到2020年,基本建成以绿色生态为导向、促进农业资源合理利用与生态环境保护的农业补贴政策体系和激励约束机制。财政补贴资金由生产性导向转为生产与生态兼顾的可持续发展导向。三是开展农业环境突出问题治理。2016年开始轮作休耕试点,对东北黑土地实施保护试点,对湖南、江西重金属污染区、河北地下水漏斗区的治理和种植结构给予资金补偿。四是加大生态修复与保护。启动新一轮退耕还林工程,岩溶地区石漠化治理(二期),对天然林实行全面停伐。

第二节 建立农业投入增长机制

一、建立农业投入保障机制

1979年9月,党的十一届四中全会提出:五年内,国家对农业的投资在整个基本建设投资中所占的比重,要逐步提高到18%左右;农业事业费和支援社队的支出在国家总支出中所占的比重,要逐步提高到8%左右。国家的农业投资必须重点用于建设一批商业粮、经济作物、畜牧业、渔业和林业基地。1982—1986年,党中央连续发了5个关于农业农村工作的一号文件,多次加强对农业的生产性投入,增加农产品供应,激发农村的生产活力。

1998年10月,党的十五届三中全会提出:建设有中国特色社会主义新农村,实现农业和农村跨世纪发展的目标,必须坚持始终把农业放在国民经济发展的首位,调整国民收入分配格局,加大对农业资金的投入。加强农业立法和执法,支持和保护农业。

2002年11月,党的十六大提出:实施统筹城乡经济社会发展方略,实施工业反哺农业,城市支持农村方针。2003年国务院决定,增加各级财政对农业和农村的投入,增加对基本农田水利的投资,大力发展节水灌溉,提高抗旱排涝和高产稳产能力。加快商品粮基地建设,扩大良种补贴范围,努力提高粮食单产和质量。国债资金要加强对农村的支持,继续开展乡村道路、节水灌溉等"六小工程"①建设,改善农业生产和农民生活条件,促进农民增收。

《中华人民共和国农业法》规定,国家建立和完善农业支持保护政策体系,以法律的形式明确了中央财政及地方财政对农业投入的责任,建立了农业投入法律保障制度。

二、加大农业投入力度

改革开放以来,中央财政加大了对农业的支持力度,支农资金快速增加。"六五"时期,财政支农资金累计660亿元,占财政总支出的8.8%;"七五"时期,财政支农资金累计1167亿元,比"六五"时期增加了67%;"八五"至"十五"时期,累计财政支农资金②由2272亿元增至9580亿元,每隔5年增加一倍;"十一五"和"十二五"时期,财政支农资金均比上个5年增长1.5倍,到2017年财政支农资金约1.9亿元,其中农林水、扶贫等资金达到1.76亿元。2017年财政收入达到17.26万亿元,比1999年增加14.7倍,年均增长16.5%,财政支农资金增长基本与财政收入增长同步。财政支农支出占财政总支出比重保持在8%—9%,2012年后占比均超过了9.5%。

国家预算内基本建设投资在支持农业农村发展方面始终发挥着重要作用。早在1949—1952年国民经济恢复时期,兴建农业基础设施资金占基本建设资金的13.4%,其中水利投资占9.4%(为农业投资的70%)。"一五"时期,安排农林水各部投资32.6亿元。在1961—1965年国民经

---

① "六小工程"即节水灌溉、人畜饮水、农村沼气、农村水电、乡村道路和草场围栏。

② 仅为财政农林水等资金,不包括财政农村社会事业支出。

济调整时期,国家调整部门投资结构,压缩重工业基本建设规模,增加农业和支农工业投资,农业投资占基本建设投资的比重上升至17.6%。改革开放初期,国家安排技术引进和技术改造项目中增加化肥、农药等生产能力,增加农用生产资料供应,并逐年增加农业基建规模。"八五"时期农林牧渔基本建设投资达到257亿元,比"七五"时期增加1.3倍。1998年,国家增发国债1000亿元,农业基础设施建设资金占1/3。之后,农业农村基础设施投资在国家预算内投资中的比重一直保持了较高份额。1999年,国家先后启动了农村电网改造和农村公路改造等农村民生工程,到2003年,国家对农村电网改造和农村公路改造方面投入的资金已超过900亿元,随后又进行了二轮电网改造和村村通工程,仅"十二五"时期,农村公路新建400万公里。

三、实施农业重点工程

新中国成立70年来,水利建设一直是国家建设投资的重点,在国家预算内基本建设中始终保持稳定的份额。1998年以来,国家集中资金建设了长江中下游、黄河下游等大江大河大湖堤防及其他防洪骨干工程、南水北调等长期制约经济发展的水源工程。到2017年年底,全国已建成大型水库732座、中型水库3934座、小型水库94129座,总库容量98795亿立方米;村办水电站装机容量接近8000万千瓦,灌溉面积超过10亿亩,农业生产条件及抗御自然灾害的能力得到显著提升。

从1983年开始,国家先后四轮投资建设粮棉油糖生产基地,年度资金规模从1.15亿元增加到"十三五"时期的160亿元。2009年,国务院批准由国家发展和改革委员会同有关部门编制《全国新增1000亿斤粮食生产能力规划(2009—2020年)》,在全国13个主产省和11个粮食平衡、调入区选择了800个产量大县(国有农场),建立粮食生产核心区,整合使用中央预算内资金、农业综合开发资金和土地整理资金,总投资达到3200亿元,新增资金1000多亿元。1995年,国家实施棉花西移战略,经过"九五"至"十一五"3个五年规(计)划投资建设,新疆棉花基地棉花产量由94万吨增加到457万吨,占全国总产量的比重由20%上升至2017

年的85%。自2000年以来,中央预算内资金用于油菜、甘蔗、乳业、肉类、远洋渔业以及动植物防疫等农业生产支撑体系建设已超过1600亿元。

第三节　实施农业补贴政策

2003年10月,国务院针对当时我国粮食的产销形势,提出在粮食生产中坚持粮食安全省长负责制、坚持立足国内解决粮食问题、坚持决不放松粮食生产的三项原则,要正确处理农业结构调整和发展粮食生产、农民增收与发展粮食生产、产区和销区、市场机制与宏观调控四个关系。根据党的十六届三中全会的要求,明确提出了对粮食主产区和农民采取更直接、更明确、更有力的综合性措施,实施农业补贴政策,国内农业生产进入了补贴时代。

一、农业"四项补贴"政策

(一)种粮农民直接补贴

为调动农民种粮积极性、促进粮食生产稳定发展,2004年,国务院从粮食风险基金中安排116亿元作为种粮农民直接补贴,其中103亿元用于13个粮食主产省的种粮农民,另外13亿元作为16个非主产省的种粮农民的直接补贴。从2007年起,种粮直补资金稳定在151亿元。种粮直补政策的推行,实现了粮食补贴方式由间接补贴向直接补贴转变,对于增加粮食产量、提高农民收入起到了一定作用。

(二)农作物良种补贴

为鼓励农民使用良种,提高良种覆盖率,增加农产品产量,改善产品质量,2002年中央财政安排1亿元资金,用于支持东北三省和内蒙古的大豆良种推广。随后,该项补贴逐步扩大到水稻、小麦、玉米、高油大豆和油菜(长江流域)、马铃薯原种,以及藏区青稞和花生良种补贴试点。2004年良种补贴资金规模为29亿元,"十二五"时期,年度补贴规模达到220亿元左右。补贴方式有两种:一种是差价供种,即补贴供种单位,由其按照合同供种量向农民提供优惠价格良种,另一种是按照实际补贴面积将良种补贴款直接发到农户。水稻、玉米、油菜采用现金直接补贴方式，小麦、大豆、棉花采用现金直接补贴或差价购种补贴方式。农作物良种补贴直接降低了农民的购种成本，加快了良种推广速度，改变了部分农户自留种的习惯，同一品种或同一品质类型的优良品种实现了区域化布局和集中连片种植。

（三）农资综合补贴

为弥补农业生产资料价格上涨对农民种粮造成的不利影响，2006年，中央财政拨付资金120亿元用于降低农户种粮成本。2007年补贴规模增至276亿元。2009年按"价补统筹、动态调整、只增不减"的原则，实施动态调整机制，即保持存量不变，新增补贴向主产区倾斜，补贴资金主要根据化肥、柴油价格的变化而调整。当年农资综合补贴规模为795亿元，2012年补贴规模达到了1078亿元。农资综合补贴降低了农民的种粮生产成本，增加了收入，提高了生产积极性。

（四）农机购置补贴

为解决大中型拖拉机超期服役问题，1998年，中央财政设立了"大中型拖拉机及配套农具更新补贴"专项，主要用于黑龙江垦区老旧农机具的更新，年度资金规模约2000万元。2003年，为了推进农业机械化进程，扩大补贴范围，改为"新型农机具购置补贴"专项，2005年补贴规模增至3亿元。2008年，农机补贴资金由40亿元增至130亿元，此后逐年增加，2014—2016年达到237亿元。2008—2017年，农机购置补贴资金累计达1800多亿元。从总体上看，农机购置补贴直接带动了农机工业的发展，提高了我国农业机械化综合水平和农业生产能力，促进了农村剩余劳动力转移。

除上述四项补贴政策外，2007年起，国家还对生猪、奶牛良种繁育以及渔用柴油也给予了补贴。

二、建立以绿色发展为导向的补贴政策

实施农业"四项补贴"政策，对调动农民种粮积极性、实现粮食产量"十一连增"起到了重要作用。但是，从补贴政策实际执行情况看，也存

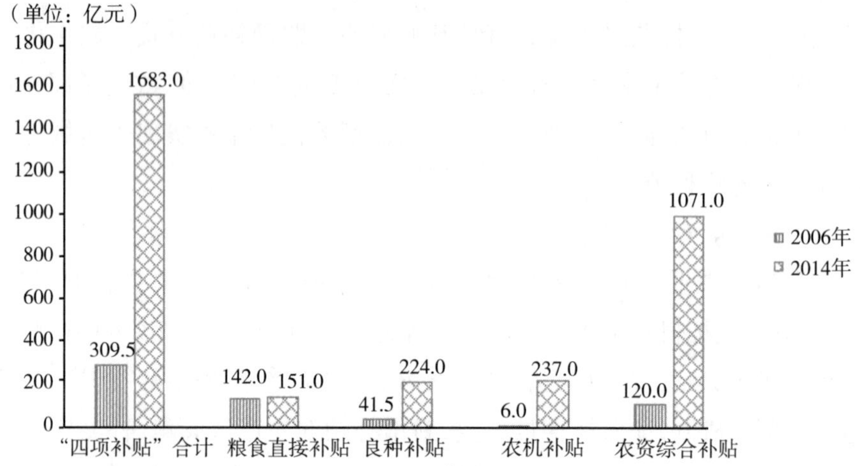

（单位：亿元）

图 10-1 "四项补贴"变动情况

资料来源：笔者根据财政部提交人代会有关材料整理。

在着一些矛盾和问题。一是政策边际效应递减，补贴按承包地亩数发放，与农民种粮脱钩，已变为普惠性的收入补贴；二是政策的针对性不强，对新型农业经营主体发展适度规模经营没有起到激励作用；三是我国化肥农药施用长期超标，农资综合补贴刺激了化肥用量，与耕地保护目标相悖；四是"四项补贴"连带的补贴政策，如渔用柴油补贴与渔民减船转产就业的环保政策有冲突。

综上所述，继续实行"四项补贴"政策，已不适应农业发展新形势和新要求，政策目标应由生产性导向转为绿色生态导向，兼顾普惠性和重点支持。2015 年在开展种粮直补、农资综合补贴、良种补贴"三项补贴"改革试点后，中央决定 2016 年在全国推开。改革的主要内容是：将"三项补贴"合并为农业支持保护补贴，支持耕地地力保护和粮食适度规模经营。其中，耕地地力保护补贴对象原则上为拥有耕地承包权的种地农民，补贴依据和补贴标准由各省结合地方实际确定。粮食适度规模经营的资金由20%的农资综合补贴资金、原种粮大户补贴试点资金和"三项补贴"增量资金构成，用于建立全国农业信贷担保体系，原则上不再将现金直接发放到农户。2018 年，中央财政安排农业支持保护补贴资金 1442.4 亿元，其中,耕地地力保护补贴占84%,支持适度规模经营占16%。

三、"市场化收购+生产者补贴"

2008年,国家在东北三省和内蒙古启动实施玉米临时收储政策,临时收储价格在保持两年稳定后开始上升,从2010年的0.75元/斤提高至2013年的1.12元/斤。2015年玉米临时收储价格回调至1元/斤。虽然玉米临时收储政策调动了农民种粮积极性,但在实际执行过程中已演变为固定收储,且收储价格逐年提高,扭曲了市场价格信号,既造成了国内外价格倒挂,也严重影响了畜牧养殖和玉米加工业发展。2016年,国家决定取消玉米临时收储政策,在东北三省和内蒙古实行"市场化收购+生产者补贴"制度。

由于大豆目标价格试点效果不理想,且玉米、大豆在同一种植区,执行不同的收购政策,既不利于平衡二者收益,也无益于作物的结构调整,2017年,国家将大豆目标价格调整为"市场化收购+生产者补贴"。2018年,玉米生产者补贴亩均为110元,大豆生产者补贴亩均为210元,中央财政安排补贴资金约380亿元。

四、政策性农业保险制度

中国农业保险业务起步于1982年,截至2002年年底,中国农业保险累计保费收入83亿元,赔款支出为70.4亿元,是农户生产经营补偿的重要来源之一。由于农业保险风险大,经营成本高,农险业务持续亏损,从20世纪90年代中期开始保费逐年下降,规模逐渐萎缩。进入21世纪,随着农村多种经营的发展,农民对保险需求越来越迫切,建立政策性农业保险制度刻不容缓。

2004年中央一号文件指出,加快建立政策性农业保险制度,选择部分产品和部分地区率先试点,有条件的地方可对参加种养业保险的农户给予一定的保费补贴。2005年,宁夏、内蒙古、湖北、云南、北京、黑龙江、四川、安徽、重庆9个省区市的部分地市相继开展了农业保险试点。保障品种扩大到包括奶牛、生猪、烟叶、西瓜等多种牲畜和农作物。2005年上半年,农险保费收入 4. 27 亿元,同比增长 22.63%,超过了 2004 年全年的保费收入(3. 96 亿元),初步扭转了农业保险逐年萎缩的局面。2007 年中央财政在吉林、内蒙古、新疆、江苏、四川、湖南 6 个试点省区,对大豆、玉米、小麦、水稻、棉花、能繁母猪 6 个品种实施了保险保费补贴,并鼓励地方政府设立保险保费补贴。财政部先后发布了《能繁母猪保险保费补贴管理暂行办法》《中央财政种植业保险保费补贴管理办法》《中央财政农业保险保费补贴试点管理办法》和《中央财政养殖业保险保费补贴管理办法》。对玉米、水稻、小麦、棉花、马铃薯、大豆、花生、油菜、糖料、能繁母猪、育肥猪、奶牛、天然橡胶、森林、青稞、藏系羊、牦牛 17 个品种实行保费补贴。2012 年,农业政策性保险扩大至全国。2016 年,主要农作物承保面积达到 11 亿亩,超过 2 亿农户。农业保险保费总收入达到 417 亿元,各级政府补贴 318 亿元,其中,中央财政补贴 158 亿元,保险赔付金额 348 亿元。

现行的农业政策性保险具有广覆盖、低保障的特点,农作物保险金额仅覆盖物质与服务费用,未包括人工成本和土地成本,而上述两项成本近几年增长较快,在农业生产总成本中的份额也逐年上升。为进一步提升农业保险保障水平,探索完善市场化的农业生产风险分散机制,2018 年,在内蒙古、辽宁、安徽、湖北、山东、河北 6 省区,各选择 4 个县开展农业完全成本保险和收入保险试点。完全成本保险的保险金额覆盖物质与服务费用、人工成本和土地成本等农业生产总成本;收入保险的保险金额体现农产品价格和产量,覆盖农业生产产值。试点时间为 3 年。保险金额不得高于当年相应品种种植收入的 85%,农户自缴保费比例不得低于全部保费的 30%。中央财政针对不同地区给予不同比例的补贴。

第四节　完善农产品价格形成机制

一、实施最低收购价格政策

自 2004 年放开农产品价格后,为保护农民利益,稳定粮食生产,国家对主产区稻谷、小麦实行最低收购价政策（见表 10-1）。2007 年以来，先后对主产区玉米、大豆、油菜籽、棉花、食糖等实行临时收储政策。实行最低收购价和临时收储政策的意义，在于当主产区市场价格低于最低收购价格或临时收储价格时，由国家指定企业直接入市收购，引导市场价格回升。由于最低收购价格和临时收储价格的定价原则是以保收入促生产为目的，导致价格水平以"小步快跑"的形式快速提高，2007—2013 年，小麦、玉米提价幅度为 60%，晚籼稻提价 88%，粳稻价格提高 1 倍。最低收购价格或临时收储政策执行后，国内粮食价格稳步上升，玉米、棉花、油料、食糖价格总体高位运行，有效地调动了农民种植积极性，保持了主要农产品生产基本稳定，粮食产量实现"十连增"，农民收入实现平稳较快增长，为稳定物价总水平、保持国民经济持续较快发展起到了重要支撑作用。

表 10-1　农产品最低收购价格、临时收储价格及目标价格

（单位：元/斤）

年份	最低收购价格					临时收储价格			
	早籼稻	晚籼稻	粳稻	白小麦	红小麦	玉米	大豆	棉花	油菜籽
2004—2007	0.70	0.72	0.75	0.72	0.69	0.70	—	—	—
2008	0.77	0.79	0.82	0.77	0.72	0.75	1.85	6.30	2.20
2009	0.90	0.92	0.95	0.87	0.83	0.75	1.87	—	1.85
2010	0.93	0.97	1.05	0.90	0.86	0.90	1.90	—	1.95
2011	1.02	1.07	1.28	0.95	0.93	0.99	2.00	9.90	2.30
2012	1.20	1.25	1.40	1.02	1.02	1.06	2.30	10.20	2.50
2013	1.32	1.35	1.50	1.12	1.12	1.12	2.30	10.20	2.50
2014	1.35	1.38	1.55	1.18	1.18	1.00	2.40*	9.90*	2.50
2015	1.35	1.38	1.55	1.18	1.18	1.00	2.40*	9.55*	—
2016	1.33	1.38	1.55	1.18	1.18	1.00	2.40*	9.30*	—
2017	1.30	1.36	1.50	1.18	1.18	统筹	统筹	9.30*	—
2018	1.20	1.26	1.30	1.15	1.15	统筹	统筹	9.30*	—
2019	—	—	—	1.12	1.12	统筹	统筹	9.30*	—

注：* 为目标价格。

随着国内外农产品市场供求形势的变化,最低收购价政策积累了一些矛盾和问题。由于定价原则以保收入为目标,国家对农民的补贴包含在价格之中,是一种"价补合一"的直接价格支持政策,由于价格水平提高较快,带动了市场价格逐年上升,影响了市场价格机制作用的正常发挥:一是托市价格高于市场价格,导致农产品加工流通企业自主经营空间缩小;二是政府直接收储数量越来越大,造成巨大的库存压力和财政支出,也影响了主产区的生产积极性;三是由于国际市场农产品大幅走低,国内价格由以往低于国际市场转为高于进口成本。上述问题导致小麦、玉米、棉花等大宗商品价格倒挂,进口激增。2012年,玉米、棉花进口均超过500万吨,食用植物油进口800多万吨,进口量均为历史最高水平。2013年,棉花收储量超过总产量的90%。鉴于国内水土资源和生态环境压力,农产品进口已成为常态,在进口产品的选择上,需要统筹考虑,在确保产业安全的前提下排好进口产品优先顺序。因此,亟须深化农产品市场化改革,推进农产品价格形成机制和市场调控体系改革。

二、开展目标价格试点

2013年,党的十八届三中全会通过的《中共中央关于全面深化改革若干重大问题的决定》提出,要健全农业支持保护体系,改革农业补贴制度,完善粮食主产区利益补偿机制,完善农业保险制度,完善主要由市场决定价格的机制,完善农产品价格形成机制,注重发挥市场形成价格作用。

完善农产品价格形成机制的基本思路是,以分离价格形成和政府补贴的目标价格为切入点,在保障农民利益的前提下充分发挥市场在资源配置中的决定性作用,由市场决定价格,推动最低收购价格和临时收储政策向"价补分离"方向转变,促进产业上下游协调发展。目标价格政策是在市场形成农产品价格的基础上,释放价格信号引导市场预期,通过差价补贴保护生产者利益的一项农业支持政策。一是政府不干预市场价格,企业按市场价格收购,有利于恢复国内产业的市场活力,提高国内农产品的市场竞争力。二是将政府对生产者的补贴方式由包含在价格中的"暗补"变为直接支付的"明补",让生产者明明白白得到政府补贴,这有利于减少中间环节,提高补贴效率。在推进改革的策略上,实行分品种施策、渐进推进、平稳过渡。

2014年,国家对东北地区大豆和新疆地区棉花进行目标价格补贴试点,相应取消大豆和棉花的临时收储政策。试点阶段的目标价格水平采取生产成本加基本收益的方法确定,每年确定一次,以便根据试点情况变化及时调整。当年新疆棉花目标价格为每吨19800元,东北三省和内蒙古大豆目标价格为每吨4800元。当市场价格低于目标价格时,国家启动目标价格补贴。目标价格在作物播种前公布,以向农民和市场发出明确信号,引导农民合理种植,安排农业生产。与目标价格对应的棉花、大豆市场价格为农产品集中上市期内全省(区)平均市场价格。

目标价格补贴相比现行农业补贴对生产的激励作用主要有两个特点:一是现有涉农补贴大多按照计税面积发放,与是否种植和种植何种农作物不挂钩,是普惠制补贴;目标价格补贴要与作物实际种植面积或产量、销售量挂钩,多种多补,不种不补。二是现有补贴相对固定,只增不减;目标价格补贴与市场价格挂钩,市场价格低于目标价格时才发补贴;价差越大补贴越多。

从新疆棉花试点看,改革成效明显。2014—2016年,新疆棉花目标价格分别为19800元/吨、19100元/吨和18600元/吨,试点期间,新疆棉花价格完全由市场供求决定,在市场价格大幅下降的情况下农民种植棉花保本有收益。国内外棉花价差大幅缩小。新疆实行目标价格后,市场棉花价格一路下行,由每吨19000元已降至13000元,与关税配额内进口棉花的价差由每吨4700元降至1600元,配额外进口无利可图,棉花进口量由试点前的415万吨降至2016年的90万吨。国家储备棉库存大幅下降,去库存效果明显。2017—2019年,新疆棉花继续实行目标价格,价格水平为每吨18600元,同时对新疆享受目标价格补贴的棉花数量进行上限①管理,超出上限的不予补贴。

---

① 补贴数量上限为基期(2012—2014年)全国棉花平均产量的85%。

大豆目标价格试点期间,价格水平均定为每吨4800元。由于定价水平偏低,政策效果不明显。虽遏制了大豆面积的继续下滑,但未能解决玉米、大豆品种结构不协调问题。为此,2017年中央一号文件提出,调整大豆目标价格政策,国家对大豆实行"市场化收购+生产者补贴"政策。

第五节　实施生态补偿政策

新中国成立以后,由于经济建设和保证农产品供给的压力,以及管理方式的粗放,毁林开荒,造成水土流失、土地沙化、草原退化,生态环境恶化。1998年特大洪灾后,党中央、国务院作出加强生态建设的部署,要求全面停止长江、黄河流域上中游天然林采伐,森工企业转向营林管护。1999年,党中央决定实施西部大开发战略,相继规划了天然林保护工程,退耕还林,退牧还草,京津风沙源治理,"三北"、长江、珠江防护林体系建设,小流域治理六大工程。1999年8月到9月,国务院领导到陕西、云南、四川调研时提出,由于禁伐天然林造成的地方财政减收,国家予以补偿;调动广大群众的积极性,对退耕还林的农民认真落实扶持政策。由此,国家开始实施对生态修复和建设重点区域的补偿政策。

一、天然林保护及退耕还林工程

1998年,《中共中央、国务院关于灾后重建、整治江湖、兴修水利的若干意见》提出了"治水必先治山,治山必先兴林"的思路,在重点国有林区进行天然林保护工程试点。1999年,全面停止长江、黄河流域上中游的天然林采伐,并在四川、陕西、甘肃开展退耕还林试点,因地制宜造林种草,恢复林草植被。2002年,在长江、黄河中上游省区全面启动退耕还林工程,根据地区差异,退耕户每亩可得到100—150公斤粮食(原粮)与20元现金补助,补助年限以还草、还经济林和还生态林不同形式按2年、5年、8年计算,国家向3200万退耕农户提供种苗费补助和口粮补助。2003年,由于粮食供需形势的变化,2006—2013年,退耕还林工程转入巩固成果阶段,不再扩大退耕面积。2014年,在粮食产量实现"九连增"后,国家启动了新一轮退耕还林工程,作为对第一轮退耕还林的延续与补充,着重对坡耕地和严重沙化耕地实施还林还草。2017年,中央财政用于退耕还林还草补助资金共998亿元。2018年,退耕还林每亩补助1600元,退耕还草每亩补助1000元。计划到2020年将全国具备条件的坡耕地和严重沙化耕地约7940万亩退耕还林还草。经过20年项目实施,退耕还林工程区生态环境持续改善,森林覆盖率平均提高3个百分点,每年产生生态效益总价值1.38万亿元。

二、退牧还草工程及生态草原奖补政策

2000—2002年,国家计委会同农业部实施了草原建设项目,取得了一定成效。在此基础上,2002年10月,国务院西部开发领导小组第三次会议决定,把草原保护提到议事日程上来,启动退牧还草工程。实行休牧育草、划区轮牧、封山禁牧、舍饲圈养。一期项目区为内蒙古、新疆、青海、宁夏、甘肃、四川、云南7个省区和兵团的96个县,2007年,扩大至辽宁、吉林、黑龙江、西藏、陕西12个省区及兵团,共279个县(旗、团场)。有条件的地方实行舍饲圈养,不具备舍饲圈养条件的农牧户则实行生态移民,国家基本建设投资对草原围栏、人工饲草基地、草种补播建设给予补助。截至2019年,中央累计投入资金300多亿元,全国草原围栏面积已超过14亿亩。

虽然退牧还草工程取得了成效,但是,牧民维持生计和增收主要靠增加牲畜饲养量,随着牧区人口增加,牧区草原超载、过牧的问题仍未得到根本解决,牧民生活水平的提高普遍滞后于农区。2011年,国务院责成国家发展改革委牵头研究"一揽子"牧区扶持政策,作为全国牧区工作会议文件印发。在保证牧民收入和生活水平的前提下,如何妥善解决人草畜矛盾? 在前期试点的基础上,国家发展和改革委实施游牧民定居工程,财政部会同农业部实施了草原生态保护补助奖励机制。

草原生态保护补助奖励机制核心是对开展草原禁牧,实施草畜平衡的牧民给予奖励补贴。自2011年起,在内蒙古、新疆(含新疆生产建设兵

团)、西藏、青海、四川、甘肃、宁夏和云南 8 个主要草原牧区省(区),建立草原生态保护补助奖励机制。[①] 2012 年扩大至 13 个牧区省(区)。2016年,新一轮草原生态保护补助奖励政策启动实施,对内蒙古、四川、云南、西藏、甘肃、宁夏、青海、新疆 8 个省(区)和新疆生产建设兵团实施禁牧补助、草畜平衡奖励,对河北、山西、辽宁、吉林、黑龙江 5 个省和黑龙江省农垦总局实施"一揽子"政策,中央再次提高了禁牧补助和草畜平衡奖励标准,并进行绩效评价奖励,财政补助及奖励资金为 180 多亿元。到2019 年,中央财政累计投入草原奖补资金已超过 1400 多亿元。

三、农业环境突出问题治理

2013 年我国南方发生了大米镉超标事件,受到全社会对农产品质量安全的高度关注。把住农产品质量安全关,关键在"源头",农产品产地环境非常重要。以习近平同志为核心的党中央高度重视生态文明建设,党的十八大及党的十八届三中全会都对建设生态文明、促进可持续发展作出了决策部署。根据党中央部署和国务院要求,国家发展改革委会同有关部门编制《农业环境突出问题治理总体规划》。该规划提出实施耕地重金属污染治理、农业面源污染综合治理、地表水过度开发和地下水超采综合治理、新一轮退耕还林还草、退耕还湿、农牧交错带已垦草原治理、东北黑土地保护 7 大工程,明确了各项工程的治理区域、技术路线和主要建设内容。该规划经国务院批准于 2014 年实施。由于规划目标任务是按照"有限时间、有限范围、有限目标"提出的,旨在试点示范,探索各类农业环境突出问题的治理模式和运行机制,因此选择有代表性的地区给予支持。2014—2016 年,中央财政安排 100 多亿元作为下列项目补偿:湖南耕地重金属污染治理区开展 10 万亩连年休耕试点,对休耕农户给予

---

① 包括禁牧补助、草畜平衡奖励、畜牧良种补贴、牧草良种补贴、绩效考核奖励等内容。对生存环境恶劣、草场严重退化、不宜放牧的草原,实行禁牧封育,中央财政按照每亩每年 6 元的测算标准对牧民给予禁牧补助,5 年为一个补助周期;对禁牧区域以外的可利用草原,根据草原载畜能力,确定草畜平衡点,核定合理的载畜量,中央财政对未超载的牧民按照每亩每年 1.5元的测算标准给予草畜平衡奖励。

每年每亩1300元(含治理费用)的现金补助;河北黑龙港地下水漏斗区实行100万亩季节性休耕试点,休耕农户给予每年每亩500元的现金补助;以及东北黑土地保护的补偿。中央预算内基本建设资金也对上述项目予以支持。

2019年中央一号文件明确提出,坚持农业农村优先发展总方针,必须坚持财政投入优先。虽然我国农业支持保护制度已经基本建立,各级财政对农业农村的支持仍在不断加大,国内农业支持总量也达到了一定水平;但是,面对复杂多变的国际市场,面对世界贸易组织改革的新形势,我国的农业支持保护制度还需要不断完善,特别要在遵循国际规则,提高政策的精准性、提高资金效率方面下功夫,使农业支持保护制度,既符合中国国情又具有中国特色。

第十一章　农村税费改革与公共
财政覆盖农村

农村税费改革从 2000 年开始试点,到 2003 年全面推开,再到 2006 年全面取消,先后用 6 年时间就彻底终结了延续 2600 年历史的"皇粮国税"。与此同时,这项旨在根治农村乱收费、切实减轻农民负担的改革,推动了公共财政对"三农"全方位的覆盖,成为改革城乡分割二元体制的切入点和突破口,最终开启了统筹城乡经济社会发展的新时代,是农民直接得实惠最多、对城乡体制触动最大、具有划时代意义的一项波澜壮阔的重大变革。

第一节　农村税费改革的背景

20 世纪 80 年代改革开放初期,农村实行了以家庭承包经营为基础、统分结合的双层经营体制,提高了农产品收购价格,改革了粮食统购统销体制,农民收入不断增长。但由于长期城乡分治的二元结构等原因,在解放农村生产力的改革红利充分释放后,20 世纪 80 年代末农村形势发生变化,尤其是进入 20 世纪 90 年代中后期,一方面,我国农业进入战略性结构调整的新阶段,农产品出现了阶段性、结构性过剩,销售不畅、价格下跌,农民增收困难;另一方面,农村税费制度和征收方法不尽合理,农民负担过重的问题日益突出,一些地方面向农民的各种收费、集资、罚款和摊派项目多、数额大,严重侵害了农民利益,挫伤了农民生产积极性,影响了农村社会稳定。对此,党中央、国务院高度重视,及时出台了一系列政策措施,对减轻农民负担起到了一定效果;但农民负担过重的问题仍未得到根本扭转,涉农负担恶性案件和群体性事件时有发生,严重威胁着农村社会的和谐稳定。

一、农民负担加重的体制原因

新中国成立后,国家建立了全面控制经济生活的计划经济体制,实行城乡分治的二元管理体制,将城市和农村分割为两个失去市场联系的领域。在城乡分治的体制格局下,国家为推进工业化,一方面通过工农业产品"剪刀差"和税收手段,过多地从农村提取剩余,经济资源和财政收入向城市集中,农村社会缺乏自我发展所必需的积累。另一方面,通过"差别化"的财政安排,过少提供农村的基本公共产品和服务。长期以来,农村公共品的供给并不靠公共财政来承担,主要靠基层政府组织自行解决,靠农民自己筹钱自建自用,形成城乡分治的税费体系和公共产品供给体制,农民长期无法分享我国工业化加快发展的经济成果。与此同时,20世纪80年代中后期开始的农村行政体制改革进一步加重了农村财政支出压力。1985年,我国农村废除人民公社、建立乡政府,全国共建立了9.2万多个乡镇人民政府。20世纪80年代末,针对县级许多部门对在乡镇的分支机构统得过多过死的情况,中央提出要简政放权,凡属可以下放的机构和职权要下放给乡镇,简政放权在健全乡镇政府职能的同时,也带来了乡镇机构设置过快过滥、人员增长过多、职责不清和关系不顺等新问题。1992年,针对前期问题中央提出要进行机构改革。2002年,党的十四大报告指出:"机构改革,精兵简政,是政治体制改革的紧迫任务。"其中乡镇机构改革是一个重要的组成部分,在继续完善乡镇政府职能的基础上,实行了定职能、定机构、定编制的"三定"工作。依据社会生产总值、人口和面积三个因素,中央将当时全国48366个乡镇分为大、中、小三种类型,并制定了相应的分类标准。但当时的机构改革并没有改变乡镇机构臃肿、人员膨胀的状况,逐渐衍生出基层政府机构"养人收费、收费养人"的恶性循环,"食之者众、生之者寡",农村有限的财政资源远远满足不了乡镇机构的基本运转。

1994年,我国实行的分税制改革取得了明显的成效,但由于省以下财政体制改革不到位,致使财权与事权划分不对称。财政体制改革的不充分、不彻底,使得省以下各级政府不断上收财权、下放事权,收支缺口一级一级向下传,最后压在了乡镇政府身上,而乡镇政府就只好向农民伸手。因此,以分税制为主的财税体制改革并未缩小农村财政收支缺口。分税制改革后,农村财政收入仍过多来自农业和农民,基层税制较乱,税费不分,费出多门,费重于税,再加上乱罚款、乱摊派名目层出不穷,造成农民负担重的问题难以解决。

二、减轻农民负担的政策尝试

针对农民负担过重的问题,从 1990 年起,中央就开始抓减轻农民负担工作。1990 年年初,发出《国务院关于切实减轻农民负担的通知》,明确提出向农民收取的"三提五统"不得超过农民人均纯收入 5%的规定。同年 9 月进一步把减轻农民负担工作纳入全国治理"三乱"的总体部署。1991 年 12 月颁布了《农民承担费用和劳务管理条例》。1993 年又取消或暂停了上百项达标升级活动和对农民的不合理收费及负担项目。1996 年,在总结前几年农民减负工作经验的基础上,发出了《中共中央国务院关于切实做好减轻农民负担工作的决定》,提出了减轻农民负担的"约法三章",作出了治乱减负的 13 条具体规定,明确了减轻农民负担工作的党政主要领导责任制,加大了对加重农民负担违法案(事)件的查处力度。综上可以看出,中央在 20 世纪 90 年代减轻农民负担的决心和力度都很大;但实际执行情况却并不理想,农民负担总是在暂时稳定之后又出现反弹,最终导致了农民负担减而不尽、降而又升,成为久治不愈、反复发作的"顽症"。

这一时期,农民负担问题呈现两个特征:一是各种不合理集资、摊派和收费增长过猛,农民不堪重负。当时,农民人均承担的农业各税只有32.5 元,各项提留统筹费却达到人均 65 元,而被农民视为"无底洞"的各种不合理集资、摊派和收费,更是名目繁多,征收混乱,数额巨大。二是不同地区和不同收入水平农户相对税费负担水平严重不均,部分地区难以为继。粮食主产区负担最重,纯农户和贫困户负担最重,税费负担与收入水平不成比例甚至呈逆向关系。根据国务院发展研究中心 2001 年对中部 3 省 3 个县的实地调查，年人均纯收入 500 元和 1000 元以下的农民人均负担占人均纯收入比重竟然达到了 36.32% 和 38.50%。因农户负担不起税费引发的恶性事件时有发生。到 20 世纪 90 年代末，由农民负担问题引发的恶性事件逐年增多，农民负担日益沉重已经成为影响基层干群关系和农村社会稳定的重大问题。这种情况说明，加重农民负担的机制和动力并没有消除，减轻农民负担必须寻找治本之策。

第二节　农村税费改革的进程和经验

为探索减轻农民负担的治本之策，党中央、国务院在深入调查研究、广泛听取各方意见的基础上，决定开展农村税费改革试点，调整国家、集体、农民之间的分配关系，从根本上减轻农民负担，农村税费改革应运而生。1998 年 10 月，国务院成立了由财政部、农业部和中农办三个部门主要负责同志组成的农村税费改革工作小组，开始着手研究和制定新的改革方案，为减轻农民负担工作由治乱减负向税费改革做准备，2000 年启动农村税费改革试点。农村税费改革经历了两个阶段，第一阶段是从 2000 年至 2003 年，按照"减轻、规范、稳定"的原则正税清费；第二阶段是从 2004 年至 2006 年，按照"多予、少取、放活"的方针，减免直至全面取消农业税，扭转了长期以来农民负担过重的局面，理顺了农村分配关系，对重塑我国城乡关系格局、破除城乡二元结构产生了决定性的影响。2006 年以后，中央作出推进农村综合改革的重大决策，进一步推动公共财政对"三农"的覆盖，着力解决农村经济体制和上层建筑的一些关键问题，从根本上巩固了农村税费改革成果，带动了农村各项改革。

一、"三取消、两调整、一改革"

2000 年 3 月 2 日，中共中央、国务院下发了《关于进行农村税费改革试点工作的通知》，明确了农村税费改革的主要内容，同时在安徽省全省进行改革试点，其他省、自治区、直辖市可根据实际情况选择少数县(市)

试点,正式启动了农村税费改革。安徽的改革试点当年就见到了成效,基本实现了"减轻负担"和"规范税制"两个目标。2001年3月,国务院发布了《国务院关于进一步做好农村税费改革试点工作的通知》,明确提出"减轻、规范、稳定"的农村税费改革原则。同时,针对基层普遍反映的农村义务教育经费不足、乡村政权组织运转困难、农民负担反弹压力较大等问题,在综合分析形势的基础上,同年中央决定调整改革节奏和步伐,暂缓扩大试点范围。江苏省结合本省实际和工作开展情况,认为农村税费改革中央有部署、发展有需要、试点有基础、实施有条件,决定于2001年在全省自主开展试点。其余除上海、西藏外的27个省、自治区、直辖市选择了102个县(市)进行了局部改革试点。2002年,在总结安徽、江苏等地试点经验的基础上,试点范围扩大到河北、内蒙古、黑龙江、吉林、江西、山东、河南、湖北、湖南、重庆、四川、贵州、陕西、甘肃、青海、宁夏16个省、自治区、直辖市,上海、浙江也报经国务院批准,自费进行了扩大改革试点。至此,试点范围达到20个省、自治区、直辖市,其余11个省、自治区、直辖市则继续在部分县(市)进行试点。针对一些地方出现的农村基层组织运转和中小学经费保障困难的问题,及时明确了要努力实现"三个确保"的目标要求,即确保农民负担明显减轻,不反弹;确保农村义务教育经费;确保乡镇机构和村级组织正常运转。2003年,全国所有省、自治区、直辖市全面推开了农村税费改革试点工作。为保障试点工作的顺利推进,中央财政用于农村税费改革的转移支付达到305亿元。

这一阶段,农村税费改革试点政策的主要内容可概括为"三取消、两调整、一改革"。

"三取消":一是取消乡统筹费、农村教育集资等专门面向农民征收的行政事业性收费和政府性基金、集资。取消乡统筹费后,原由乡统筹费开支的乡村两级九年制义务教育、计划生育、优抚和民兵训练支出,由各级政府通过财政预算安排。修建乡村道路所需资金不再固定向农民收取,村级道路建设资金由村民大会民主协商解决,乡级道路建设资金由政府负责安排。农村卫生医疗事业逐步实行有偿服务,政府适当补助。取消在农村进行教育集资。中小学危房改造资金由财政预算安排。所有专门面向农民征收的行政事业性收费、政府性基金和涉及农民的集资项目,要一律取消。二是取消屠宰税。三是取消统一规定的劳动积累工和义务工。村内进行农田水利基本建设、修建村级道路、植树造林等集体生产公益事业所需劳务,实行"一事一议",由村民大会民主讨论决定。村内用工实行上限控制。除遇到特大防洪、抢险、抗旱等紧急任务,经县级以上政府批准可临时动用农村劳动力外,任何地方和部门均不得无偿动用农村劳动力。

"两调整":一是调整农业税政策。农业税按照农作物的常年产量和规定的税率依法征收。常年产量以1998年前五年农作物的平均产量确定,并保持长期稳定。调整农业税税率,新的农业税实行差别税率,最高不超过7%。贫困地区的农业税税率要从低确定。二是调整农业特产税政策。农业税和农业特产税不重复交叉征收,对在非农业税计税土地上生产的农业特产品,继续征收农业特产税。对在农业税计税土地上生产的农业特产品,可以由试点地区省级政府决定只征收农业税或只征收农业特产税;也可以决定在农业特产品集中产区只征收农业特产税,在其他地区只征收农业税。对部分在生产、收购两个环节征税的农业特产品,要积极创造条件,合并到生产或收购环节征收。农业特产税税率按照略高于农业税税率的原则进行适当调整。

"一改革":是指改革村提留征收使用办法。村干部报酬、五保户供养、办公经费,除原由集体经营收入开支的仍继续保留外,凡由农民上缴村提留开支的,采用新的农业税附加方式统一收取。农业税附加比例最高不超过农业税正税的20%。因此,农民除了最高7%的农业税和1.4%的农业税附加外,不再承担其他任何费用。村内兴办其他集体生产公益事业所需资金,不再固定向农民收取村提留,实行"一事一议",由村民大会民主讨论决定,实行上限控制、村务公开、村民监督和上级审计。

二、逐步取消农业税

第一阶段的税费改革较多地关注农民的负担问题,对农业税收制度本身的改革措施并不多,税费改革试点后的新农业税制仍然存在一些问

题:一是税率并不低。农业税和附加税税率合计为不超过常年产量的
8.4%,大多数地方实际执行的税负都是8.4%。无论是与我国历史上的
农业税税率相比,还是与其他国家农民承担的税负相比,税率都偏高。
2004年国务院发展研究中心的调查表明,农村税费改革试点后大部分地
区每亩平摊的农业税、农业特产税及附加超过100元,几乎把农民微薄的
剩余抽干,使得农业生产只能维持在最简单的再生产水平上。应当说,第
一阶段农村税费改革试点后我国农民承担了非常高的税负,已经超出农
民的承受能力。二是税制不科学的问题没有得到彻底解决。农村税费改
革试点后,农业税仍是按土地的常年总产量计征的,这个常年总产量既包
括农民销售的商品粮,也包括农民的口粮和种子粮等,没有扣除生产耗
费。这既不是对农民从事农业的净所得征收所得税,也不是按商品流转
额征收商品税,而是以农产品的产出来计税,从而出现了有的农民种地赔
钱还得照章纳税的现象。三是税费负担依然不均衡。改革试点前,农民
负担一部分按地亩收取,一部分按人口收取。改革试点后,农业税及其附
加的课税对象是农业收入,以农业税计税土地上的农产品的常年产量为
计税依据。即是说,农民缴纳农业税的多少,与农民耕种的土地面积直接
相关,"谁种地,谁负担"。这样势必出现人多地少负担就轻、人少地多负
担就重的状况,虽然在总体上减轻了农民的负担,却在减轻非农户和兼业
农户负担的同时,相对加重了纯农户的负担。

　　针对上述情况,2003年12月,中共中央、国务院下发了《中共中央国务
院关于促进农民增加收入若干政策的意见》,提出2004年农业税税率总
体上要降低1个百分点,同时取消除烟叶外的农业特产税。时任国务院
总理温家宝在第十届全国人大第二次会议上宣布了中央关于五年内取消
农业税的决定。由此,农村税费改革由"减轻、规范、稳定"的目标转向逐
步降低直至取消农业税,标志着农村税费改革进入了第二个阶段。

　　2004年,中央选择黑龙江和吉林为全部免征农业税的试点,在国家
扶贫开发重点县也实行免征农业税试点,中央财政对农村税费改革的转
移支付也增加到524亿元。在执行中,除吉林、黑龙江外,上海、西藏、北
京、天津、浙江、福建6个省、自治区、直辖市(其中西藏自治区从未征收过

农业税)和其他省、自治区、直辖市的 274 个县也免征或基本免征农业税及其附加。河北、内蒙古、辽宁、江苏、安徽、江西、山东、河南、湖北、湖南、四川 11 个粮食主产省、自治区降低农业税税率 3 个百分点,广东省自主降低农业税税率 3 个百分点,其他 11 个省、自治区、直辖市降低 1 个百分点,农业税附加同步降低,全国进一步减轻农民负担 234 亿元。同时,对 13 个粮食主产区种粮农民实现直接补贴、对部分地区农民进行良种补贴和购置农机具的补贴,即"两减免、三补贴",使农民直接得实惠 450 亿元。2005 年我国全面取消牧业税,全国免征农业税的省份达到 28 个,没有全面免征农业税的河北、山东、云南 3 个省份,也有 210 个县(市)免征了农业税。2005 年 12 月 29 日,第十届全国人大常委会第十九次会议决定,第一届全国人大常委会第九十六次会议于 1958 年 6 月 3 日通过的《中华人民共和国农业税条例》,自 2006 年 1 月 1 日起废止,减免农业税这一惠农政策以法律形式固定下来,2600 年"皇粮国税"正式终结,传统农业社会遗留下来的赋税制度最终退出了历史舞台,五年取消农业税的目标提前两年实现。

据统计,2006 年全面取消农业税后,与改革前的 1999 年同口径相比,全国农村税费改革每年减轻农民负担 1250 亿元,人均减负 140 多元,平均减负率达到 80%,加上随后进行的深化国有农场税费改革和减轻大湖区农民负担综合改革,共减轻农民负担 1335 亿元,农民负担重的状况得到了根本性扭转。为支持地方做好免征农业税和牧业税工作,不将免征农业税形成的缺口留给基层,2006 年中央财政对地方农村税费改革转移支付增加到 782 亿元,进入中央财政对地方转移支付的测算补助基数。

三、农村综合改革

取消农业税不是一劳永逸的事情,只有通过体制机制创新,才能巩固和发展农村税费改革已经取得的成果,保证农村经济社会的全面发展。由于缺乏更深层次的经济和社会管理体制方面的改革,我国历史上几次大的赋税制度改革,从隋唐的"租庸调制""两税法",到明清的"一条鞭法""摊丁入亩",都没能跳出周而复始的"黄宗羲定律"。农村税费改革期间,为确保改革稳步推进,实现农民负担不反弹,各地按照中央的改革部署和精神,围绕"三个确保"的要求,在进行减免农业税主体改革的同时,稳步推进乡镇机构、农村义务教育和县乡财政管理体制等配套改革。通过改革,积极转变乡镇职能,精简机构人员,合理调整乡村区划,努力减人、减事、减支,确保了基层政权的正常运转;初步确立了"在国务院领导下,由地方政府分级负责、分级管理、以县为主"的办学体制和以政府投入为主、多渠道筹措经费的投入体制,确保了农村义务教育经费的正常需要;改革和完善省以下财政体制,探索"省直管县"和"乡财县管"的财政管理体制改革试点,不断加大对基层的转移支付力度,增加对基层的财政支持,逐步建立健全公共财政制度。

2006年全面取消农业税后,在取得诸多积极意义的同时,也使农村原有的深层次矛盾开始凸显,出现了一些新情况、新问题。为了从根本上巩固农村税费改革成果,实现重点突破带动农村的各项改革,着力解决农村经济体制和上层建筑的一些关键问题,中央作出推进农村综合改革的重大决策,将农村税费改革配套改革作为农村综合改革的三项主要改革内容,要求力争五年或更长一点的时间基本完成三项改革任务,标志着农村改革进入了一个新阶段。2008年,中央将集体林权制度改革定为农村综合改革的第四项改革任务,农村综合改革的内容不断扩大。经过几年的探索实践,农村综合改革不但在四项改革任务方面取得了重要成效,而且积极稳妥地推进村级公益事业"一事一议"财政奖补等改革工作,在推动建立精干高效的农村行政管理体制和运行机制、覆盖城乡的公共财政制度、农民减负增收和农村公益事业发展长效机制等方面作出了积极贡献,有力促进了新农村建设和形成城乡经济社会发展一体化新格局。

推进新一轮乡镇机构改革。改革开放以来,我国先后经历了1988年、1992年、1998年和2004年四轮乡镇机构改革。始于2004年的新一轮乡镇机构改革之初也主要是严格控制乡镇人员编制,整合乡镇事业站所,精减冗余人员。2006年农村综合改革开始后,在继续保证乡镇机构编制只减不增的情况下,将乡镇机构改革的核心放在了转变政府职能上面,乡镇机构改革主要目的不再是节约财政开支,而是突出加强乡镇为农服务的职能,强调通过基层管理体制机制的创新,满足"三农"对公共产品和公共服务的需要,体现了中央在农村执政理念的转变。改革中,各地加快转变乡镇政府职能,提高乡镇公共服务能力和社会管理能力;切实控制乡镇编制,优化乡镇党政机构和事业站所设置,建立健全新型农业服务体系,增强为农服务能力;创新乡镇行政运行机制,严格依法行政,转变服务方式,加快推进政务公开。经过不懈努力,新一轮乡镇机构改革取得了明显成效,初步建立了符合农村实际和乡镇工作特点、精干高效的乡镇组织模式,不但乡镇区划布局得以优化,乡镇财政供养人员大幅减少,改变了"食之者众、生之者寡"的格局,还改革了乡镇事业站所管理体制,乡镇政府职能得以加强。

推进农村义务教育改革。教育公平是最基本的公平,投入教育就是投入农村和农村孩子的未来和希望。义务教育是农村最重要的公共事业,也是财政支出最大的一项。从 2006 年实施农村义务教育经费保障机制改革以来,农村义务教育全面纳入公共财政保障范围,大大减轻了农民的教育负担,从制度层面上彻底结束了农村教育农民办的历史,实现了真正意义上的免费义务教育。同时,中央财政加大了对农村义务教育的经费保障力度,并带动省级财政投入农村教育,基本建立了省级负责的农村义务教育经费保障机制和"以县为主"的农村义务教育管理体制,大大减轻了基层财政的教育支出压力,提高了农村义务教育质量和水平。据统计,2010 年农村预算内生均教育事业费支出小学为 3803 元、初中为 4896 元,分别是 2006 年的 2.53 倍和 2.85 倍、2000 年的 9.21 倍和 9.17 倍;2010 年全国农村义务教育经费总投入为 5017 亿元,是 2006 年的 2.30 倍、2000 年的 5.45 倍,其中财政性经费为 4884 亿元,是 2006 年的 2.47 倍、2000 年的 6.66 倍,财政性经费占农村义务教育经费总投入比重也由 2000 年的 79.7%、2006 年的 90.8%提高到 97.3%。

推进县乡财政管理体制改革。农业税取消后,相当部分县乡失去了一个主体税种,一些乡镇只能主要依靠上级财政的转移支付来维持机构的运转,因此必须改革县乡财政管理体制,提高县乡财政的财力保障水平和管理水平。农村综合改革以来,省以下财政体制进一步完善,一是调整省以下财政体制,提高市县收入分享比例。二是为进一步缓解县乡财政困难,加大财力向基层倾斜力度。2005年中央财政推行"三奖一补"政策,2009年中央财政在"三奖一补"的基础上建立了县级基本财力保障机制,2010年中央财政共安排县级基本财力保障机制奖补资金660亿元,推动县乡财政由"保工资、保运转"向"保工资、保运转、保民生"转变,县乡政府实施公共管理、提供基本公共服务和落实民生政策的财政保障能力逐步提高。三是"省直管县"和"乡财县管"改革试点稳步推进,财政转移支付制度也进一步规范。继续加强乡镇财政的管理和指导,发挥乡镇财政就地就近监管的优势,完善工作制度,加大督导力度,积极推进乡镇财政资金监管工作。为推进乡镇财政管理改革,保障村级组织正常运转,进一步加强地方财政"两基"工作的指导,明确了完善村级组织运转经费保障机制的目标任务和有关政策措施,2011年各级财政补助村级运转经费233亿元,村均约4万元,进一步增强了村级组织运转保障能力。

推进集体林权制度改革。集体林权制度改革是继农村"大包干"之后农村经营体制的一次重大变革。在福建、江西、辽宁、浙江等省率先推开以"明晰产权、减轻税费、放活经营、规范流转"为主要内容的集体林权制度改革试点基础上,2008年出台了《中共中央国务院关于全面推进集体林权制度改革的意见》,2009年中央又召开了新中国成立以来的首次中央林业工作会议,集体林权制度改革推向全国,进展顺利,成效明显,丰富和完善了农村基本经营制度,确立了林农的经营主体地位,促进了林业的可持续发展。集体林权制度改革激发了农民造林、育林、护林的热情,全国林业总产值由2006年的1.07万亿元增加到2010年的2.09万亿元,五年时间翻了一番,有力地推动了林业发展和林农增收。

推进村级公益事业建设"一事一议"财政奖补。农村税费改革后,村级公益事业建设主要依靠村民"一事一议"筹资筹劳,但实际操作中各地工作进展不平衡,难以满足村级公益事业建设投入的需求,农村村内基础设施薄弱、社会事业发展滞后问题日益突出。针对村内"一事一议"筹资筹劳制度在执行中普遍存在事难议、议难决、决难行的问题,为调动广大农民参与农村公益事业建设的积极性,为破解村级公益事业建设难题,在总结地方实践经验的基础上,2008 年中央决定在黑龙江、河北、云南 3 个省启动村级公益事业建设"一事一议"财政奖补试点,对村民通过"一事一议"筹资筹劳开展村内水渠、堰塘、桥涵、机电井、小型提灌或排灌站等小型水利设施,村内道路和环卫设施,植树造林等村级公益事业建设,中央和省级财政安排适当资金进行奖补,这是农村税费改革后中央出台的一项新的强农惠农政策。此后试点范围逐步扩大,2009 年全省范围内试点省份扩大到 10 个,2010 年进一步扩大到 27 个,2011 年在全国范围全面推开。

村级公益事业"一事一议"财政奖补直接面向 60 万个行政村、上百万个自然村落,面对奖补项目点多、面广、量大、战线长的特点,为做好这项攸关农民生产生活的重大民生工程、民心工程,"一事一议"财政奖补始终坚持制度创新。一是坚持农民自愿和民主议事程序,将项目选择权交给村民,构建了农村公共服务自下而上的民主决策机制,确保项目贴近农业农村发展实际,重点解决多数群众受益的公益事业,务求给老百姓带来看得见摸得着的实惠,调动了农民参与公益事业建设和监督管理的积极性。二是坚持严格控制筹资筹劳标准,努力防止以自愿捐款、自愿以资代劳等名义突破上限标准,变相加重农民负担。三是充分发挥民办公助和财政资金"四两拨千斤"的作用,构建了"农民筹资筹劳、政府财政奖补、社会捐资赞助"的村级公益事业多元化投入格局,调动了社会各方面投入村级公益事业的积极性。四是坚持发挥基层党组织和村级组织的引导带动作用,树立村两委的威信,增强基层党组织的凝聚力、号召力和战斗力。村级公益事业"一事一议"财政奖补开展后,在农民民主议事的前提下,通过民办公助的方式,对村级公益事业建设项目给予适当奖补,着眼于村内户外、拾遗补阙,解决了农民需求最迫切、受益最直接的公益事业建设问题,打通了农村公益事业建设的"最后一百米",极大改善了农民生产生活条件,促进了基层民主政治建设,成为激发农民自觉开展农村公益事业建设热情、改善农民生产生活条件、促进基层民主政治建设、做好建设社会主义新农村工作的一个重要抓手。

四、农村税费改革的基本经验

农村税费改革是国家和农民分配关系的一次重大调整,不但消除了城乡"二元"税制结构,基本实现农业、农村、农民与工商业、城市、城市居民适用税制的统一;还推动了公共财政对"三农"全方位的覆盖,带动了农村社会事业和公共服务供给机制的重大变革,实现了国家对农民由取向予的转折,我国开始了"工业反哺农业、城市支持农村"的历史性转变,保障了农村社会和谐稳定。在实施过程中,农村税费改革积累了丰富而宝贵的经验,这些经验对下一步加快统筹城乡发展步伐、破除城乡二元结构具有重要的借鉴意义。

一是必须把保障农民各项权益放在突出位置。实现"村村减负,户户受益",让农民普遍得实惠,这是农村税费改革取得成功的最有力的保障。农村税费改革的成功告诉我们,必须始终坚持把解决关系广大农民切身利益的实际问题放在首位,把农民答应不答应、满意不满意作为衡量改革成败的标准,使改革拥有广泛的群众基础,确保改革顺利推进。同时,也要始终坚持正确处理改革发展稳定的关系,兼顾各方面的利益和对改革的承受能力,确保改革稳妥推进。

二是必须形成推进统筹城乡发展的整体合力。农村税费改革推进快,与建立部门间有效的协调机制有关。从1998年9月国务院批准成立农村税费改革"三人小组",到2004年调增为"七人小组",负责制定农村税费改革方案,并设立国务院农村税费改革办公室,形成了强有力的推进改革的合力,这是农村税费改革顺利推行的重要保障。城乡统筹发展涉及面广,不可能由一个部门单独完成。在现行行政管理体制下,有些改革推不开,阻力主要来自部门之间协调不够。因此,要强化各部门的协调,统筹城乡发展不仅仅是农口部门的职责,宏观管理、基础产业和公共服务部门也要树立城乡统筹发展的意识,增强服务和支持农村改革积极性和主动性。有些重大的改革,要借鉴农村税费改革经验,建立跨部门的独立机构全面负责统筹各项工作。

三是必须把搞好顶层设计和鼓励地方先行先试结合起来。在开始实施农村税费改革试点前,用了近一年半的时间制定一套科学、规范的改革试点方案。为了检验试点方案,以积累经验、完善政策,首先选择在安徽省进行试点。同时,鼓励地方自主进行改革试点。例如,江苏省结合本省实际,按照"旨在减负,重在兼顾,成在配套"的思路,于2001年起在全省范围内自主开展农村税费改革试点,为全国范围内全面推开试点提供了重要参照和经验。坚持中央负责把握改革方向、统一政策,统筹搞好顶层设计;同时,赋予地方一定的改革自主权,鼓励地方大胆探索和创新,是农村税费改革试点顺利推进的重要条件。当前,各地推进统筹城乡发展改革试验的积极性很高,各地自然条件、资源禀赋和经济社会发展水平差异很大,存在的矛盾和问题各不相同。促进城乡经济社会发展一体化,必然是起点有差距、进程有快慢、水平有高低、重点有不同,不可能有统一的模式。必须坚持科学规划、分类指导,既要鼓励地方先行试点,又要重视顶层设计,通盘考虑,高位推进,上下互动,在更高层次上驾驭改革。中央统一政策、总体部署,地方分散决策,自主把握改革的力度和节奏,不搞"齐步走",发挥好中央和地方两个积极性,确保改革取得实效。

四是必须把落实政策目标和推进体制机制改革结合起来。随着农村税费改革的不断推进,农村许多深层次的矛盾,如农村基层政权机构、农村义务教育体制、财政管理体制等方面的一系列问题也凸显出来,如乡镇机构臃肿、行政效率低下、农村教育经费严重不足、乡镇财政入不敷出、乡村债务沉重等。因此,农村税费改革是农村各种利益关系的一次重大调整,正是农村税费改革的三项配套改革等政策措施,通过乡镇机构改革和公共财政覆盖农村等体制机制创新,精简了机构和人员,加大了中央和省级财政对基层财政的转移支付补助力度,解决了农村义务教育等基本公共产品的经费保障问题,缓解了基层财政困难,才使得改革成果得以实现和巩固。

第三节 公共财政覆盖农村的发展和深化

无论国际经验还是理论探讨都表明,当经济发展到工业化阶段,农业农村的发展就离不开财政的支持。20世纪末,由于公共财政在农村的长期缺位,我国"三农"问题日益突出。从1999年到2003年,全国粮食总产量几乎是一路下滑,五年里"四减一增"。2003年粮食总产量降至43070万吨,为20世纪90年代以来的最低水平,比1998年减少1476.8亿斤。伴随着粮食产量的持续下滑,农民增收困难、农村基础设施和社会事业落后问题也开始逐渐凸显,城乡差距进一步拉大。与此同时,农村税费改革实践充分暴露了农村公共服务供给不足的深层次矛盾,加快公共财政覆盖农村更显急迫,而地方推进农村税费改革和农村综合改革的生动实践,加速了公共财政全方位覆盖农村的步伐。党的十八大以来,财政支持"三农"进入城乡基本公共服务均等化和城乡统筹发展的新阶段。

一、从少取、不取到多予:公共财政农村全覆盖

面对日益突出的经济和社会矛盾,进入20世纪以来,党中央、国务院把"三农"工作作为全部工作的重中之重来抓。2002年中国共产党第十六次全国代表大会首次提出"统筹城乡经济社会发展",在随后召开的中央农村工作会议上,解决"三农"问题被作为全党工作的重中之重。随着全党对城乡关系和发展规律的认识进一步深化,与时俱进地提出了统筹城乡经济社会发展的基本方略,作出了我国总体上已到了"以工促农、以城带乡"发展阶段的基本判断,制定了"多予少取放活"和"工业反哺农业、城市支持农村"的基本方针。胡锦涛同志在党的十六届四中全会上提出了"两个趋向"的重要论断,即在工业化初始阶段,农业支持工业、为工业提供积累是带有普遍性的趋向;但在工业化达到相当程度以后,工业反哺农业、城市支持农村,实现工业与农业、城市与农村协调发展,也是带有普遍性的趋向。"两个趋向"的重要论断,从全局和战略高度明确了新阶段解决"三农"问题的指导思想,统筹城乡理论体系日趋完善,有力地指导了农村改革发展的实践,推动了"三农"政策不断取得新突破,开创了"三农"工作的新局面。

按照党中央、国务院的决策部署,2003年财政部首次提出要让公共财政的阳光照耀农村,各级财政支持"三农"呈现新特征:一是财政投入

"三农"规模稳步增长。逐步建立健全了"以工促农、以城带乡"反哺农业投入机制。二是支持方向不断优化。支持重点向农村义务教育、农村公共卫生、新型农村合作医疗、农村五保供养和最低生活保障等农村社会事业领域倾斜,不断加大对农民的直接补贴力度,农民直接受益程度提高。三是支农资金使用效率有所提高。在县域范围内开展支农资金整合工作,在不改变资金管理渠道和使用方向的前提下,解决支农资金分散实施的问题。加强财政支农资金的分配管理,建立与绩效考评结果相结合的分配制度。创新财政支农投入机制,村级公益事业"一事一议"财政奖补制度构建农村项目自下而上的决策机制。

2003 年公共财政覆盖农村理念确立后,当年中央财政用于"三农"支出就增长了 10.99%,达到 1754.5 亿元;2004 年更是增长了 33.23%。此后,各级财政的"三农"支出迈进了快速增长的时期,中央财政"三农"投入从 2003 年的 1754.5 亿元增加到 2010 年的 8579.7 亿元。2001—2010 年,中央财政用于"三农"的支出规模近 4 万亿元,其中"十一五"时期约 3 万亿元,年均增长 23.6%,投入总量是"十五"时期的 3 倍多。从 2007 年起,国家财政支农支出因报表制度调整,口径与往年不同。如果单比较 2007—2010 年的情况,中央财政投入"三农"规模 3 年间翻了一番。与此同时,中央财政投入"三农"的比重稳步提高。2007—2010 年中央财政"三农"投入占中央财政总支出的比重分别达到 14.6%、16.4%、16.6% 和 18.3%,保持稳步上升态势。就全国财政而言,2010 年全国财政"三农"支出 2.42 万亿元,占全国财政支出的 25.98%,其中地方财政 1.56 万亿元,占地方财政本级支出的 33.7%,比中央财政支持"三农"比重高出 7.72 个百分点,与国际上中高收入国家支农支出经费来源相比,我国中央财政支持"三农"应该发挥更大作用。在加大财政支农力度的同时,针对通过各部门下达的支农专项资金过多、过散,不利于地方管理和统筹使用的状况,中央财政支农方式进一步优化。一是加大了一般性转移支付力度,取消归并了一些项目类专项转移支付项目。2010 年中央对地方一般性转移支付 1.32 万亿元,增长 17%;专项转移支付 1.41 万亿元,仅增长 14%。二是增强专项转移支付的一般性,取消中央财政的具体项目管理,如中央对地方的教育、农业、社会保障等专项转移支付虽然规定了资金的使用方向,但具体怎样使用可以由地方财政统筹决定,这样既保证了更多的财政资金用于重要民生支出,也给了地方根据当地情况统筹使用资金的自主权。三是区分中央和地方事权,属于中央事权的专项转移支付资金不要求地方配套,属于地方事权的项目,如果由于地方财政财力困难或者出于鼓励地方优先发展的目的,中央财政可以进行专项补助。四是稳步推进财政支农资金整合工作。2006年,财政部开展了以县为主的财政支农资金整合试点工作,2007年进一步扩大了县级支农资金整合的规模和范围。2008年,财政部建立了支农资金整合奖补制度,将过去由中央财政安排引导性资金支持和推动县级支农资金整合的做法,改为各地先自主整合,中央财政考评后给予奖励,以推动形成县级支农资金整合的内在需求和自有动力,从机制和制度上进一步深化整合工作。通过资金整合,将更多的其他相关涉农资金吸引过来,捆绑使用,集中力量办大事,促进了资金使用效益的进一步放大。

首先,积极支持农村社会事业发展。一是建立健全农村义务教育经费保障机制。2005年我国对农村义务教育阶段实行"两免一补"政策,即免除农村义务教育阶段学生学杂费,为经济困难的农村家庭子女免费提供教科书,逐步补助寄宿生生活费等费用。中央财政在"两免一补"政策中承担了主要支出责任,确保该政策在地方的顺利推进。除此之外,我国还建立了农村义务教育阶段中小学校舍维修改造长效机制和农村中小学教师工资保障机制。"十一五"时期,农村义务教育逐步全面纳入公共财政保障范围,建立健全了中央和地方分项目、按比例的农村义务教育经费保障机制,全国财政累计投入4593亿元,其中中央财政2500亿元、地方财政2093亿元。中央财政用于农村义务教育的支出由2005年的330亿元增加到2010年的1429亿元,增长了3.3倍。二是支持农村医疗卫生事业发展。为提高农民健康水平,减轻农民因病带来的经济负担,2003年中央启动了新型农村合作医疗制度(简称"新农合"),建立了个人缴费、集体扶持和政府资助相结合的筹资机制,以县为单位进行统筹,并将保障重点放在了大病统筹上,对于贫困农民通过民政部门和扶贫部门资助参加。2010年新农合已经实现全覆盖,财政补助标准从最初的每人每年20元提高到120元。同时,2008—2010年中央财政累计安排基层医疗卫生机构基本建设和设备购置补助资金453亿元,加快农村公共卫生服务体系建设。不断加大对农村医疗救助的支持力度,五年累计安排农村医疗救助资金180.1亿元(含彩票公益金)。三是支持农村社会保障体系建设。2009年新型农村社会养老保险制度(简称"新农保")在全国10%的县(市)试点,筹资渠道采取个人缴费、集体补助和政府补贴相结合的模式,在支付结构上分基础养老金和个人账户养老金,基础养老金由国家财政全部保证支付,这意味着中国农民60周岁以后都将享受到国家普惠式的养老金。中央财政对国务院统一确定的基础养老金部分,对中西部地区给予全额补助,对东部地区给予50%的补助。由于新农保试点受到广大农民和地方政府的热切欢迎,原定2020年实现新农保全覆盖的计划2012年就提前完成。"十五"时期,农村最低生活保障制度只在部分地区实行,2007年中央一号文件提出,在全国范围内建立农村最低生活保障制度,将符合条件的农村贫困家庭全部纳入低保范围。

第二,加大农业生产支持力度。一是建立完善农业直接补贴制度。"十五"时期,中央财政对农民直接支付的补贴品种和数量明显增加,形成了"三补贴"(农民收入直补、良种补贴、农机具购置补贴)的农业直补政策体系。2002—2005年,中央财政为落实"三补贴"政策共投入320.2亿元。从2006年开始,中央财政增加了农业生产资料综合补贴,发展成为"四补贴"。"十一五"时期,中央财政"四补贴"规模从2006年的310亿元增加到2010年的1226亿元,增长近3倍,5年共投入4300多亿元,除直接补贴外,2004年国家实行了最低收购价政策,粮食价格连续提高。上述政策调动了农民种粮积极性,农业机械化程度加速发展,在促进粮食增产的同时,农民增收大幅度提高。为调动基层政府的积极性,2005年中央出台产粮大县奖励政策,2008年增加了产油大县奖励,建立了产粮大县基本财力保障机制、完善奖励与约束并重的动态调整机制,激励了基层政府抓农业生产的积极性。二是支持农业科技进步和推广。各级财政持续加大对农业科研机构和人才、农业科技创新能力、现代农业产业技术体系等农业科技全方位的支持力度,通过"863 计划"、"973 计划"、科技支撑计划、自然科学基金等,按照"专家评审、择优支持"的方式遴选项目对相关农业科研予以支持,提高财政支持效率。同时,中央农业科技成果转化与技术推广经费从"十五"时期的 26 亿元增加到"十一五"时期的 150 亿元。在各级财政支持下,农业科技创新能力不断提高,成果转化和推广水平明显提高,农业科技进步对农业增长的贡献率由"一五"时期的 19.9%提高到"十一五"时期的 51%,主要农作物良种覆盖率达到 95%以上,为我国粮食持续增产作出了重要贡献。三是加大农业基础设施支持力度。"十一五"时期,中央财政通过中央分成的新增建设用地有偿使用费共安排资金 817.5 亿元,支持各地开展基本农田建设与保护、土地整理和耕地开发工作。这一时期,中央财政投入农业综合开发资金 724.4 亿元,比"十五"时期增加 303.2 亿元。同时,针对小型农田水利设施滞后的问题,2005 年中央财政设立小农水专项资金,加大对小型农田水利建设的支持力度,到 2012 年中央财政累计安排 456 亿元,覆盖了所有的农业大县。四是支持农村金融和农业保险发展。2009 年开展县域金融机构涉农贷款增量奖励试点,对县域金融机构的涉农贷款上年末余额同比增长超过 15%的部分,按 2%的比例给予奖励。2009 年和 2010 年,各级财政共拨付奖励资金 29.43 亿元,其中中央财政拨付 17.29 亿元,带动金融机构涉农贷款余额增加 865 亿元。2008 年,对符合条件的村镇银行、贷款公司和农村资金互助社等新型农村金融机构,按上年末贷款余额的 2%给予费用补贴,补贴资金全部由中央财政承担,2008—2010 年中央财政共安排补贴资金 2.61 亿元。2007 年启动农业保险试点,农业保险试点范围、可参保品种、补贴比例和覆盖范围不断提高和扩大。

第三,支持农村公益事业发展。一是农村"六小工程"投入力度不断增大。自 2001 年起,中央财政对节水灌溉、人畜饮水、农村沼气、农村水电、乡村道路和草场围栏"六小工程"投入力度不断增大。"十五"时期我国基本解决了农村饮水困难问题,"十一五"时期解决了 2.5 亿农村人口饮水安全问题。"十一五"时期中央对农村公路建设投入资金达 1978 亿元,带动地方和社会投资农村公路累计完成 9540.58 亿元,通硬化路面的乡(镇)占全国乡(镇)总数的 96.64%;通硬化路面的建制村占全国建制村总数的 81.70%,比"十五"期末分别提高 16.24 个和 28.81 个百分点。中央财政支持农村沼气资金从"十五"时期的 35.34 亿元增加到"十一五"时期的 212 亿元。中央农村环保专项资金从 2008 年的 5 亿元增加到 2010 年的 25 亿元。二是创新农村公益事业财政奖补机制。2008 年建立村级公益事业"一事一议"财政奖补制度,由农民自主议定村内公益事业项目,办群众真正关心的事,构建了农村公共服务自下而上的民主决策机制。2008—2011 年,各级财政共投入"一事一议"财政奖补资金 1050 亿元,带动村级公益事业建设总投入 2800 多亿元,共建成 98.5 万个项目,受到农民和基层政府的欢迎。三是保障农民住房安全。2008 年支持贵州开展农村危房改造,2009 年国家安排 40 亿元开展扩大农村危房改造试点,2008—2010 年共安排补助资金 117 亿元,支持改造 204 万农村危房户。除上述政策外,还加大了农民非农就业培训、农村文化体育事业、农村人口和计划生育、农村扶贫和救灾等工作的财政支持力度。

二、从多予到城乡融合发展:体制机制不断创新

习近平总书记 2018 年在主持中共中央政治局第八次集体学习时指出,"在现代化进程中,如何处理好工农关系、城乡关系,在一定程度上决定着现代化的成败"。党的十八大提出"2020 年基本公共服务均等化总体实现"的目标,党的十八届三中全会进一步指出城乡二元结构是制约城乡发展一体化的主要障碍,要"让发展成果更多更公平惠及全体人民"。党的十九大作出建立健全城乡融合发展体制机制和政策体系的重大决策部署。2019 年 5 月,发布《中共中央国务院关于建立健全城乡融合发展体制机制和政策体系的意见》,指出现阶段推进城乡融合发展,既是破解新时代社会主要矛盾的关键抓手,是乡村振兴和农业农村现代化的制度保障;也是拓展发展空间的强大动力;同时明确了坚持农业农村优先发展的改革总方针,以及缩小城乡发展差距和居民生活水平差距的改革目标。

首先,着力统筹城乡基本公共服务。按照党中央、国务院决策部署,

"十二五"以来,财政支持"三农"从多予向公平城乡体制机制转变,自2013年不再单独统计财政对"三农"投入,而是着力于进一步加快财政支持城乡基本公共服务均等化的步伐,提高县乡财政保障能力,公平地区间、城乡间保障水平,推进城乡基本公共服务标准统一、制度并轨,实现从形式上的普惠向实质上的公平转变。一是进一步提升城乡基本公共服务均等化保障水平。2013年,国务院进一步完善县级基本财力保障机制,通过提高保障标准、完善省以下财政体制和转移支付制度、推进省直管县财政改革、建立县级基本财力保障资金稳定增长机制等政策措施,构建县级财政良性运行的制度保障。2019年县级基本财力保障机制奖补资金达到2709亿元。同时,中央财政均衡性转移支付安排15632亿元,老少边穷地区转移支付安排2489亿元,民生政策托底保障财力补助400亿元,并完善省以下财政体制,引导财力下沉,进一步均衡地区间和城乡间基本公共服务能力。二是大力支持脱贫攻坚。2015年11月,习近平总书记在中央扶贫开发工作会议上强调,要"坚决打赢脱贫攻坚战,确保到2020年所有贫困地区和贫困人口一道迈入全面小康社会"。各级财政持续加大对贫困地区和贫困群体的支持力度。除相关专项转移支付用于贫困地区和贫困群体外,2019年中央财政专项扶贫资金达到1260.95亿元,比2018年增长18.9%,增量主要用于深度贫困地区。三是推进新型城镇化建设。中央财政安排农业转移人口市民化奖励资金300亿元,加大对吸纳农业转移人口地区的支持,合理分担农业转移人口市民化的成本,促进实现基本公共服务常住人口全覆盖。

在此基础上,中央财政进一步推动公共服务向农村延伸、社会事业向农村覆盖,健全全民覆盖、普惠共享、城乡一体化的基本公共服务体系。一是建立健全城乡统一的义务教育经费保障机制。中央财政在整合农村义务教育经费保障机制和城市义务教育奖补政策的基础上,建立城乡统一、重在农村的义务教育经费保障机制,并推动省级政府统筹教育改革,优化教育布局,实现城乡义务教育在更高层次的均衡发展。2015年,《国务院关于进一步完善城乡义务教育经费保障机制的通知》要求,从2016年春季学期起,统一城乡义务教育学校生均公用经费基准定额;从2017

年春季学期起,统一城乡义务教育学生"两免一补"政策,实现相关教育经费随学生流动可携带。为此,2017 年中央财政下达城乡义务教育经费保障机制预算 1170 亿元,比 2016 年增加约 70 亿元,其中农村占 82%。2019 年,中央财政城乡义务教育补助经费增长到 1565.3 亿元,同时设立了义务教育薄弱环节改善与能力提升补助资金,支持地方消除城镇大班额,加强乡村小规模学校和乡镇寄宿制学校建设等,当年即安排资金近 300 亿元。二是建立健全城乡统一的医疗保障机制。2012 年,党的十八大报告决定整合城乡基本医保制度及其管理经办体制,2016 年 1 月,国务院出台了《国务院关于整合城乡居民基本医疗保险制度的意见》,提出建立统一的城乡居民基本医疗保险制度"六统一"的要求,即统一覆盖范围、统一筹资政策、统一保障待遇、统一医保目录、统一定点管理、统一基金管理。为支持全面建立统一的城乡居民基本医疗保险和大病保险制度,2019 年城乡居民医保财政补助标准提高 30 元,达到每人每年 520 元。基本公共卫生服务经费人均财政补助标准提高 5 元,加上从原重大公共卫生服务平移来的补助资金折算为人均 9 元,达到每人每年 69 元,其中新增基本公共卫生服务财政补助经费全部用于村和社区。为此,2019 年中央财政安排城乡居民基本医疗保险补助、基本公共卫生服务补助资金、医疗救助补助资金超过 3900 亿元,比 2018 年增长 7.56%。三是建立健全城乡统一的养老保障机制。2014 年《国务院关于建立统一的城乡居民基本养老保险制度的意见》决定,将"新农保"和城镇居民社会养老保险(简称"城居保")合并实施,在全国范围内建立统一的城乡居民基本养老保险制度,要求 2020 年以前,全面建成公平、统一、规范的城乡居民养老保险制度,与社会救助、社会福利等其他社会保障政策相配套。党的十九大报告提出,要全面建成覆盖全民、城乡统筹、权责清晰、保障适度、可持续的多层次社会保障体系。2018 年城乡居民基本养老保险最低缴费档次统一提高到 200 元,城乡居民基本养老保险基础养老金最低标准提高至 88 元,并建立了基本养老保险待遇确定和基础养老金正常调整机制。2019 年,中央财政安排基本养老金转移支付近 7400 亿元,比上年增长 10.9%。

  同时,大力支持实施乡村振兴战略。习近平总书记在第十九届中央政治局第八次集体学习时强调,没有农业农村现代化,就没有整个国家现代化。党的十九大提出实施乡村振兴战略,成为新时代做好"三农"工作的总抓手,全面开启城乡融合发展和现代化建设新局面,围绕农民群众最关心、最直接、最现实的利益问题,加快补齐农业农村发展短板。一是调整完善农业直接补贴制度。农业补贴对于促进粮食生产和农民增收、推动农业农村发展发挥了积极的作用。但随着农业农村发展形势发生深刻变化,农业"三项补贴"政策效应递减,按照党的十八届三中全会和2014年中央一号文件要求,2015年开展调整完善农作物良种补贴、种粮农民直接补贴和农资综合补贴(简称农业"三项补贴")政策试点,2016年全面推开,将三项补贴进行合并,政策目标调整为支持耕地地力保护,享受补贴的农民要做到耕地不撂荒、地力不降低。同时,为支持完善粮食等农产品价格形成机制,按照党中央、国务院决策部署设立玉米和大豆生产者补贴、稻谷补贴和棉花目标价格补贴。在价格由市场形成的基础上,在保障优势产区农民种植收益基本稳定的同时,促进了种植结构调整和上下游产业协调发展。2019年,中央财政安排直接补贴资金近2000亿元。二是大力支持农业产业发展。在继续实施农机购置补贴,提高农业机械化水平基础上,中央财政继续加大对农业生产发展的支持力度。大力推进农村一二三产业融合,支持现代农业产业园创建、乡村产业强县,发展农村新业态;加强基层农技推广体系,支持农业生产社会化服务,培育农业新型经营主体;实施奶业振兴、促进畜牧产业发展,鼓励发展优势特色主导产业。为推进农业结构调整,中央财政支持粮改饲、粮改豆等轮作休耕试点,推进农业绿色高质量发展。根据《深化党和国家机构改革方案》,进一步加强相关资金统筹整合力度,全力推动全国高标准农田和高效节水灌溉建设,确保完成《乡村振兴战略规划(2018—2022年)》"2022年建成10亿亩高标准农田"的要求,提高农业综合生产能力,为我国农业现代化发展和国家粮食安全夯实基础,2019年中央财政安排农田建设补助资金约674亿元。建立健全全国农业信贷担保体系,着力解决适度规模经营主体融资难、融资贵问题;推进农业保险补贴"提标、扩面",完善农业生产风险保障。三是支持耕地河湖林草生态修复。党的十八大以来,我们党围绕生态文明建设提出了一系列新理念、新思想、新战略。按照党中央、国务院决策部署,财政不断加大对农业生态保护修复支持力度。2019年,中央财政继续实施地下水超采、重金属污染耕地治理、耕地质量保护提升、秸秆资源化综合利用等项目;支持养殖大县畜禽粪污资源化利用奖补政策全覆盖,降低畜牧业污染,发展环境友好型畜牧业,全面推开长江流域重点水域禁捕补偿工作以及渔业增殖放流、渔民减船转产等。安排资金超1000亿元,进一步加大对林业生态建设和重点生态保护修复治理支持力度。四是大力支持农村公益事业发展。继续支持农村公益事业发展,进一步完善"村民议事、村组织领办、财政奖补"的农村公益事业财政奖补机制。通过财政奖补鼓励、引导农民筹资投劳建设村内公益事业,实现农民民主决策与政府奖补的有机结合。2012年农村危房改造工作扩大到全国农村地区,2017年起,中央财政农村危房改造补助资金集中支持建档立卡贫困户、低保户、分散供养特困人员、贫困残疾人家庭四类重点对象的危房改造,2019年中央财政安排危房改造资金近300亿元。落实《农村人居环境整治三年行动方案》,聚焦解决农村厕所改造、垃圾污水治理等环境突出问题。五是建立健全村级经费保障机制。2016年中央组织部、财政部推动落实公共财政安排村干部基本报酬和村级组织办公经费两项合计每村每年标准不低于9万元,在我国财政史上,首次将村级运转经费纳入中央财政的保障范围,确保了村级组织有人办事、有钱办事,农村基层组织的凝聚力和战斗力明显增强。为探索农村集体经济发展新机制,2016年开始陆续在28个省份开展了扶持村级集体经济发展试点,中央财政支持约1.5万个试点村。2018年11月,中央组织部、财政部、农业农村部联合印发了《关于坚持和加强农村基层党组织领导扶持壮大村级集体经济的通知》,围绕建立健全村党组织领导机制,强化农村基层党组织的核心领导作用,充分发挥农村基层党组织的政治功能、组织优势,把党员、群众组织起来,引领农民走共同富裕之路,推动新时代乡村全面振兴,巩固党在农村的执政基础。

第十二章　农村金融体制改革与金融服务创新

金融是现代经济的核心。农村金融是促进农村经济发展的关键。新中国成立 70 年来，农村经济发生了深刻变化，农村金融得到快速发展。展望未来，决胜脱贫攻坚和促进乡村振兴，更需要农村金融加快改革发展、增强支持力度、创新服务方式和提高服务水平，以适应多样化和多层次的农村金融需求。

第一节　农村金融发展的历程和重大变化

一、农村金融发展的历史阶段

70 年的农村金融改革发展历程，既与农村经济改革发展有较强的适应性，也与其自身功能定位和价值取向有较强的关联性。从新中国成立初期建立单一的合作金融制度，发展到 21 世纪初期合作性、政策性、商业性"三位一体"的农村金融体系，再到转变为近十年来商业性为主、政策性为辅、合作性消失的当代农村金融体系。农村金融体系在变革中发展、在发展中提升，大体经历了以下几个阶段。

（一）1949—1978 年：形成调整阶段

新中国成立后到改革开放以前，中国长期实行赶超式经济发展战略和计划经济体制，金融体系主要是高度集中的国家银行体系，中国人民银行是"大一统"金融体系中唯一的银行。20 世纪 50 年代后期，农村信用合作社划归中国人民银行，成为中国人民银行在农村信贷计划和储蓄计划的一个执行机构。

农村金融体系的形成调整,主要包括以下两个方面:一是农村信用合作社随着管理权的调整,合作性质经历了从建立到丧失的起落。从1949年到1958年期间,开展农村信用合作,大多农村地区建立了农村信用合作社。从1959年到1980年,农村信用合作社成为人民公社的信用部,管理权由社员的民主管理转变为人民公社的行政管理。二是中国农业银行的三次成立和撤销。1951年农业合作银行正式成立,1952年中国人民银行进行精简机构,农业合作银行被撤销;1955年国务院批准成立中国农业银行,1957年国务院决定将中国农业银行和中国人民银行合并;1963年中国农业银行再次设立,1965年中国农业银行和中国人民银行再次合并。

(二)1979—1993年:恢复重建阶段

自1978年开始,农村改革极大地解放和发展了农村生产力,推动了整个经济体制改革。中国农业银行恢复设立和管理农村信用合作社,占据了农村金融体系的核心地位。农村信用合作社恢复"三性"改革,基本理顺了与中国农业银行的业务关系,机构设置和业务经营也步入正轨,基本具备独立经营的条件。1982年,中国人民银行向中央银行过渡,中国农业银行从"大一统"的中国人民银行中独立出来,中国"大一统"金融体系开始向双层银行转型。

农村金融体系的恢复重建,主要表现在以下三个方面:一是1979年恢复设立中国农业银行,由中国人民银行进行监管。二是农村信用合作社归中国农业银行管理,1984年开展恢复"三性"的改革。在国民经济治理整顿时期,恢复"三性"的工作一度搁置。三是20世纪80年代初,农村合作基金会开始兴办。历经1984—1986年萌发、1987—1991年试验、1992—1995年扩张三个阶段,在全国有了较大的发展。

(三)1994—2002年:发展整顿阶段

自1994年组建专门的农业政策性银行起,农村金融实现了政策性与商业性金融业务的分离。农村信用合作社正式脱离中国农业银行的管理,中国人民银行建立了对农村信用合作社自上而下的监管体系。农村金融市场最终形成合作性、商业性和政策性金融机构并存的局面。

农村金融体系的发展整顿,主要包括以下四个方面:一是1994年中国农业发展银行成立,加强对农业特别是粮食生产的资金支持。二是中国农业银行分离出政策性金融业务,逐步向商业银行方向转变。三是1996年国务院决定实行行社分离,农村信用合作社脱离与中国农业银行的行政隶属关系。四是1996年国家决定清理整顿、关闭合并农村合作基金会,1999年国务院宣布全国统一取缔农村合作基金会。

(四)2003—2011年:深化改革阶段

以开启农村信用合作社试点改革为重点,全面推进农村金融的改革发展。中国农业银行进行股份制改革,中国邮政储蓄银行正式成立,中国农业发展银行扩大政策性业务范围,新型农村金融组织兴起,形成商业性金融、合作性金融、政策性金融相结合,各种金融机构同时并存的新格局,农村金融服务得到较大改善。

农村金融体系深化改革,主要包括以下四个方面:一是从2000年开始,围绕明晰产权关系、改革管理权、花钱买机制三个重点,农村信用合作社开展新一轮深化改革试点。二是2007年全国金融工作会议决定,按照"面向三农、整体改制、商业运作、择机上市"的原则要求,中国农业银行进行股份制改革。三是2006年银监会发布《关于调整放宽农村地区银行业金融机构准入政策更好支持社会主义新农村建设的若干意见》,在农村引入村镇银行、贷款公司和农村资金互助社三类金融机构,以增量为突破口的新一轮农村金融改革正式启动,新型农村金融组织不断涌现。四是2006年中国邮政储蓄银行正式成立,探索按照商业化原则服务农村的有效形式。2011年国家批准中国邮政储蓄银行股份制改革方案,中国邮政储蓄银行开始向现代商业银行转制。

(五)2012—2019年:创新发展阶段

党的十八大以来,强调大力发展普惠金融。为了增强金融对"三农"发展的支持作用,农村金融改革创新从单一的机构改革转向机构建设、制度完善、金融产品、服务模式等全方位改革创新。改革取得较好成效。

农村金融体系创新发展,主要包括以下四个方面:一是农村信用合作社逐步走上商业化轨道,全面进入由农村商业银行主导的新阶段。二是中国农业银行持续推动"三农"金融事业部改革,加强科技应用与推广。三是新型农村金融机构进入分化阶段,村镇银行在丰富县域体系、扩大金融机构网点覆盖率、改善农村金融服务质量等方面发挥了重要作用,农村资金互助社、贷款公司两类新型农村金融机构发展缓慢。四是2014年中央一号文件明确提出"发展新型农村合作金融组织",农业部和银监会等部门组织开展新型农村合作金融组织试点和农民合作社内部信用合作试点。

二、农村金融发展的重大变化

新中国成立以来,随着农村农工商综合经营、城乡一体化的发展,我国农村金融体系发生了巨大变化,这些变化在改善金融资源配置、便利农民生活、调整农村产业结构、防范金融风险等方面发挥了重要作用。

(一)农村金融机构从单一性到多元化

新中国成立之初,我国农村金融机构相对单一,农村信用合作社为农户和农业集体经济组织提供金融服务,中国农业银行作为专业银行主要办理农业财政性拨款。改革开放后,中国农业发展银行成立,分工协作的农村金融机构体系建设起步。此后,农村金融机构的准入政策逐步放宽,村镇银行等新型农村金融机构建立,中国邮政储蓄银行挂牌成立,非银行类金融机构持续拓展,保险类机构、担保类机构不断发展。我国形成了以农村信用合作社、中国农业银行为主力军,多层次、广覆盖、功能互补、相互协作的农村金融服务体系,这一体系以正规金融机构为主导,在解决"三农"问题中发挥着重要作用。

(二)农村金融制度从合作性金融为主到商业性金融为主

从新中国成立到改革开放之初,农村信用合作社的经营目标、管理方式、分配原则等基本符合合作制的基本原则,农村金融体系以合作性金融为主。改革开放后,农村金融改革持续推进,农村信用合作社按照合作制原则进行改革,中国农业银行进行商业化、股份制改革,中国农业发展银行的业务范围不断调整,我国逐步形成商业性金融、合作性金融、政策性金融并存的农村金融体系。2003年开启的农村信用合作社改革,明确农村信用合作社可自主选择股份制、股份合作制、合作制三种产权制度,自2012年开始,银监会提出全面取消农村信用合作社的资格股,将其逐步改制为农业商业银行的目标。至此,在政府的主导推动下,农村信用合作社在形式和内容两个方面均彻底脱离合作金融原则,全面实行了股份制改造,走上商业化经营的道路,我国唯一的正规农村合作金融组织正式退出历史舞台,逐步形成以商业性金融为主的农村金融体系。

(三)农村金融服务对象从传统的小农户到规模化、现代化的新型经营主体

在传统的农业经济中,以分散的农户经营为主,产生分散、小额、高频的金融需求。随着工业化、城市化的推进,人口的迁移,农业现代化的发展,农业经营主体和经营形式发生了深刻变化,种养大户、专业合作社、家庭农场、农业龙头企业等新型经营主体迅速兴起,农村金融需求呈现多层次、多类型的特点。农业农村基础建设持续进行,农田水利、统筹城乡发展、农业基地等重点领域建设不断推进,农村金融需求呈现规模大、期限长的趋势。农业产业特征发生深刻变化,农业园区、一村(乡)一品、一县一业、美丽乡村、特色小镇等建设持续推进,农村金融需求呈现服务化、长期性的特点。农业生产经营一体化格局逐渐形成,农业产业链向生产、加工、仓储、运输、营销等整个现代农业产业链和相关农村服务业拓展,农村一二三产业蓬勃发展,形成多元化的产业形态和产业体系,农村金融需求的边界不断拓宽,农村金融需求呈现出产业化、长期化、综合化的趋势。

(四)产品服务从简单的"存贷汇"到多样化的金融服务

改革开放以前,我国的农村金融机构主要开展农村信贷业务和农村储蓄业务,直到改革开放后相当长的一段时间内,农村金融服务仍然停留在传统的"存贷汇"阶段。20世纪90年代以来,为适应农村土地经营制度的变革和家庭联产承包责任制度的推行,我国开始探索农村金融产品和服务的创新,结合农户普遍缺少有效抵押物、临时性小额资金需求多的特点,大力推广农户小额信用贷款和联保贷款两个产品。随着农村金融需求的多层次、多元化发展,农村金融服务创新从无到有、由点到面,持续

向纵深推进。从产品种类来看,针对不同产业、不同领域、不同客户的个性化需求,精准创新"三农"产品,有效扩大抵押担保范围。从服务方式来看,结合信息化时代的发展进行服务创新,推广手机银行、网上银行、微信银行、农民工银行卡等农村金融服务方式。从服务范围来看,加强信贷与保险、担保合作,提升农业保险覆盖面和渗透度,积极探索开展涉农贷款保证保险。从融资渠道来看,由间接融资向直接融资扩展,积极发挥股票、债券市场的融资功能,拓宽农村金融市场的多元化融资渠道。

(五)信贷资金配给机制从计划性到市场化转变

在改革开放前的计划经济体制下,我国农村信贷资金实行财政划拨和计划供应,国家实行严格的信贷规模控制。随着改革开放的推进,计划经济体制向市场经济体制渐进转变,农村信贷资金配给逐步由总量的指令性控制和层层下达指标,转向总量的指导性控制并允许结合实际灵活调整。1998年,取消对农村金融机构信贷规模的计划控制,转而实行较为科学的资产负债比例管理制度。2002年开始,率先选取了8个县(市)的农村信用合作社开展试点,按照"先贷款、后存款"的顺序,逐步推动农村金融机构的利率市场化改革,放开存贷款利率的管制。2013年,全面放开金融机构贷款利率管制。2015年,全面放开金融机构存款利率管制。这标志着我国利率管制基本放开,金融市场主体可按照市场化原则自主协商确定各类金融产品定价。此外,农村商业性金融机构的支农贷款也由事前计划、定向投放逐步发展到适度错位竞争、按照市场原则发生借贷,按客户需求和信贷条件实施商业化配置。市场机制逐步在信贷资金配给中发挥重要的基础性作用。

(六)风险管理机制从形成理念到确定核心地位

新中国成立以后到改革开放初期,农村金融机构不是自主经营、自负盈亏的主体,谈不上自担风险,也没有必要积累资本。20世纪90年代,农村信用合作社脱离与中国农业银行的行政隶属关系,使独立经营、独立核算、自负盈亏初步具备条件,中国农业银行分离出政策性业务后逐步向商业性银行转变。1994年,我国提出资本充足率的监管指标,并逐步确定以资本充足率、杠杆率、流动性、贷款损失准备等为主的风险监管标准。

然而,在相当长的一段时间,农村信用合作社存在风险管理理念不强、风险管理机制不健全、风险管理水平相对较低的问题,出现资产质量低下,甚至资不抵债的现象。经过上一轮的深化改革,农村信用合作社在提升风险控制水平方面取得了一定成效,改善风险管理的制度、流程和程序,提升全面风险管理的技术方法,逐步构建符合自身特点的风险管理体系。股份制改革以后,中国农业银行确定风险管理的核心地位,贯彻实施稳健、创新的风险偏好,保持充足的风险拨备和资本充足水平,全面提升风险管理能力以适应业务发展和创新的需要,实现风险管理创造价值。

(七)农村金融监管从一般性监管到专业化监管

在计划经济体制下,金融处于抑制状态,中国人民银行作为行使农村金融监管职责的唯一监管部门,主要负责制定农村信贷政策、协调资金和信贷、审批农村金融机构的设废。随着中国人民银行逐步向中央银行过渡,将农村金融监管的职能定位于金融机构准入、废除、业务范围变更等方面,仍缺乏以信贷风险为核心的宏观审慎性监管。从 1997 年到 2003 年,中国证监会、中国保监会、中国银监会陆续建立,我国金融业分业经营、分业监管体制框架初步形成。[①] 银监会承担起对农村金融机构的金融监管职责,中国人民银行负责宏观审慎监管和维护金融稳定。农村金融监管步入法制化、专业化和规范化建设的新阶段。银监会倡导审慎的资本监管,明确和践行"管法人、管风险、管内控、提高透明度"的监管新思路,提出"准确分类—提足拨备—做实利润—资本充足率达标"的监管路线图,全面推行信贷资产和非信贷资产五级分类,逐步完善监管制度体系。近年来,按照资本约束和风险监管的要求,我国大力推进分类监管和差别监管、内部现场监管和非现场监管分工合作机制,农村金融监管得到有效性提升。此外,我国逐步探索中央和地方的双层监管体制,地方金融监管体系是我国金融监管体系的重要组成部分,也是中央金融监管体系的必要补充,2017 年中央进一步发文明确地方政府对七类机构和四类场所的监管事权,这是我国金融监管体制的重大变革,初步明确了监管范围

---

① 2018 年,银监会和保监会合并建立银保监会。

和工作边界。

（八）农村金融支持政策从单项到组合

改革开放初期，我国农村金融的扶持政策相对较为单一。1986年中国人民银行创新设立扶贫专项贴息贷款，不断加大投放力度和领域，但到20世纪90年代中后期，贫困地区的农户不能按期归还贷款，扶贫信贷资金质量明显偏低，扶贫效果相对有限。2003年以来，以中央启动农村信用合作社改革为起点，我国农村金融体制改革进入新阶段，初步搭建财税、货币和监管相结合的农村金融扶持政策框架，运用财政资源支持中国农业银行和农村信用合作社的改革，出台涉农贷款增量奖励、定向费用补贴等政策，推出差别化准备金率、支农支小再贷款等货币政策工具，建立差别化的监管机制，实行较低的准入门槛和要求，改革扶贫贴息贷款管理体制，探索政府引导、市场化的运作方式，不断加强正向激励扶持力度，逐步完善扶持政策体系，对消化历史包袱、促进改革创新和有效调动服务"三农"的积极性发挥重要作用。

（九）农村信用体系创建从试点区域到全面推进

新中国成立以后到改革开放后的很长时间，我国农村地区信用体系建设进展缓慢，一度接近空白。20世纪90年代初期，为配合推动农户小额信用贷款业务发展，中国人民银行组织开展信用户、信用村、信用乡（镇）的创建和评定工作。2006年以来，从试点到区域到全面推广，农村信用体系建设持续推进。根据农户、家庭农场、农民专业合作社等农村经营主体的信用信息，在县（市）层面建立农户信用信息数据库，在此基础上搭建集信息共享、信用培植、中介服务、政策扶持、金融支持于一体的信息服务平台，推动构建全国信用信息共享平台。继续推进信用户、信用村、信用乡（镇）的建设，开展农户信用评价，构建支持信用农户发展的正向激励机制。推动金融信用信息基础数据库（征信系统）建设，提高对金融领域信用信息的覆盖，支持农村金融机构通过多种方式接入征信系统。农村金融机构按照监管部门要求，加强对农村金融知识的宣传教育，强调"守信激励、失信惩戒"的信用激励约束机制。农村信用环境逐步改善，支持农村金融服务水平的提升。

（十）农村支付体系从集中、统一到现代化、多层次拓展

从新中国成立以后到改革开放以前，为适应计划经济体制下产品生产、配给和流通对支付的要求，按照计划合同办理结算，农村金融机构的一切转账结算集中于国家银行，建立了全国统一的联行清算系统。改革开放以后，逐步建立以信用支付工具为主导的结算管理制度，创建全国电子联行系统。2005年以来，大额支付系统、小额支付系统、支票影像交换系统、境内外币支付系统、网上支付跨行清算系统、人民币跨境支付系统等重要的跨行支付系统相继建成运行，并向农村金融网络延伸。从2006年起，农村金融机构开始逐步与中国人民银行支付系统连接，打通与各银行间的跨行支付服务之路，成立农信银资金清算中心，建设农信银支付清算系统，实现农村中小金融机构网点互联互通，从根本上改善农村金融机构的支付结算环境，畅通汇路，疏通结算渠道。除此之外，农村地区网上支付、移动支付等非现金支付方式发展迅速，第三方支付机构在小额、快捷支付服务方面优势凸显。目前，农村金融基本形成以中国人民银行跨行支付清算系统、农信银支付清算系统为核心，金融机构内系统为基础，专业清算机构和第三方支付机构为重要补充的多层次支付体系。

（十一）金融扶贫工具从简单到多样化演变

在改革开放后的转轨经济中，金融扶贫首先是政府扶贫政策的一个组成部分，然后是各种金融工具的不断运用和创新。1982年后的老少边穷地区发展经济贷款、农村财产保险，是当时最早运用的金融扶贫工具，有效盘活当地经济资源，避免农民因灾致贫。1986年后设立扶贫专项贴息贷款，成为中央财政补贴大部分利息的扶贫信贷工具，随着扶贫专项贴息贷款工具体系趋于多维度和逐步成熟，其成为最具代表性的金融扶贫工具。20世纪90年代后小额信贷不断创新发展，探索针对贫困农户个体的信贷模式。2010年前后小额贷款保证保险和农村大病保险先后推出，在增信融资扶贫和防控因病致贫领域发挥了重要作用。2016年以后，证券期货工具在金融扶贫领域广泛运用，实现了资本市场与扶贫开发的有效对接。中国金融扶贫工具从无到有、从弱到强、从单一到多元、从简单到多样，至今立体化的工具体系已经初步形成。

（十二）农村金融服务定位从涉农金融机构服务"三农"到全部金融机构重视普惠

从新中国成立到党的十八大以前，为促进农民增收和推动农业农村现代化发展，我国持续推进农村金融建设，农村金融机构为农民、农业和农村经济发展提供的金融服务有明显改善。但实际上，农村经济的金融服务主要由农村金融机构提供，提供金融服务的机构边界和范围有待进一步拓宽。党的十八大以来，面对我国经济发展进入新常态、农村经济发展的深刻变化，以习近平同志为核心的党中央坚持把解决好"三农"问题作为全党工作的重中之重，提出实施乡村振兴战略，监管部门多次印发文件要求全部金融机构切实提升金融服务乡村振兴效率和水平。国有大型银行、股份制银行持续下沉服务重心，在涉农领域开展信贷和非信贷服务的探索，地方性法人金融机构服务持续扩大服务半径，推动触角不断向下、向小、向农延伸。农村金融的战略地位和认知得到提升，从只有农村金融机构服务农村经济，到全部金融机构高度重视农村经济发展和乡村振兴。

第二节　农村金融改革的成就和面临的问题

一、农村金融改革取得的主要成就

改革开放以来，农村金融发展和改革取得重要的成就，基础金融服务水平不断提高，农村金融信贷资金投放持续加大，农村金融改革持续深化，机构可持续发展能力明显增强，农村金融产品和服务点多面广，直接融资环境不断改善，融资渠道趋向多元化，基础设施持续改善，风险保障能力逐步提升，数字技术也在农村金融领域得以应用，为农村经济社会的发展提供了有效支撑。

（一）涉农金融机构覆盖面逐步提升，基础金融服务水平不断提高

1.涉农金融机构法人数和银行保险网点乡镇覆盖面提升

（1）涉农金融机构的法人机构数持续提升。从2009年到2016年，涉农金融机构的法人机构数从 3467 家增长至 3783 家。截至 2017 年年末，我国组建农村商业银行 1262 家、农村合作银行 33 家和农村信用合作社（小口径）965 家，组建 1601 家村镇银行，这四类涉农金融机构的法人数占全国银行业金融机构法人数高达 85%。① （2）乡镇一级银行物理网点和保险服务覆盖面逐步扩大。截至 2017 年年末，我国银行业金融机构共有营业性网点 22.76 万个，较 2013 年年末增长 8.5%，银行业网点乡镇覆盖率达到 95.99%，25 个省、自治区、直辖市、计划单列市实现"乡乡有机构"。截至 2017 年年末，农业保险乡村服务网点达到 36.4 万个，网点乡镇覆盖率达到 95%，村级覆盖率超过 50%。②

2. 农村金融基本服务可得性不断提高

（1）农村地区个人银行结算账户持续提升。从 2015 年到 2018 年，我国农村地区个人银行结算账户从 33.04 亿户增长至 43.05 亿户，人均账户从 3.55 户增长至 4.44 户。截至 2018 年，农村地区银行卡数量为 32.08 亿张，实现了人人有户、人人持卡，人均持卡量达到 3.31 张。（2）电子支付开通率大幅提升。从 2015 年到 2018 年，农村地区网上银行开通户数从 3.56 亿户增长至 6.12 亿户，开通户数扩大近 1 倍。手机银行开通户数从 2.76 亿户增长至 6.7 亿户，开通户数扩大高于 1 倍。2018 年，电子支付开通率高达 69%。（3）受理终端机器数量逐步增长。截至 2018 年，布置 ATM 机共 38.04 万台，每万人拥有 3.93 台，布置 POS 机共 715.62 万台，每万人拥有 73.9 台。（4）助农取款服务不断深化。截至 2018 年年末，我国助农取款服务点 86.49 万个，覆盖村级行政区 52.2 万个，村级行政村覆盖率高达 98.23%，村均拥有量为 1.63 个。（5）基础金融服务覆盖率持续提升。基础金融服务"村村通"实现了约 87% 的行政村全覆盖，行政村里面大致接近 90% 都有金融服务的基础设施，老百姓足不出村，就可以存款、储蓄、转账和接受中央政府的各种补贴。③

---

① 资料来源：Wind 数据库。
② 资料来源：银保监会官网。
③ 资料来源：中国人民银行官网。

（二）涉农金融机构农村信贷投放增加，金融扶贫支持脱贫攻坚力度加大

1．"三农"信贷投放资金规模增加比例逐步提升

改革开放以来，我国"三农"信贷的投放稳步增长，金融机构支持"三农"发展的力度显著提高。（1）从20世纪80年代到2000年，农村贷款的规模和占比稳定增长。1981年中国农业银行和农村合作信用社发放的贷款占全国贷款总额的比例为22.1%，1987年这一比例上升至32%。从1989年到2001年，农村贷款①从4150亿元上升至3.55万亿元，12年间规模扩大了7倍以上，占全国贷款总额的比例从29.5%增长至32.6%，占比保持一定范围内的稳定增长。②（2）2007年以来，涉农贷款规模大幅提升。③截至2007年年末，金融机构涉农贷款余额为6.12万亿元，占各项贷款余额的比例为22%，其中农村贷款为5.04万亿元、农业贷款为1.51万亿元、农户贷款为1.34万亿元。经过10年的发展，截至2017年年末，金融机构涉农贷款余额为30.95万亿元，规模扩大了4倍，占各项贷款余额的25.4%，其中农村贷款余额为25.14万亿元，农业贷款余额为3.87万亿元，农户贷款余额为8.11万亿元。④根据最新统计，截至2018年，银行业金融机构涉农贷款余额为33万亿元，同比增长5.6%。⑤

2．金融扶贫支持脱贫攻坚成效明显

近年来，金融机构加大对贫困地区和贫困人口的支持，扶贫工作机制基本建立，贫困村基础金融服务覆盖面逐步提升，探索多种金融扶贫方式，提高建档立卡贫困户金融服务的可得性和获得感。（1）扶贫小额信

---

① 农村贷款主要是农户贷款（用于农产品和非农产品生产、农民消费）、农村个体工商户贷款、农业经济组织和购销集体贷款。

② 戴相龙：《农村金融改革与发展》，《农村经济与社会》1988年第2期；徐忠、程恩江：《利率政策、农村金融机构行为与农村信贷短缺》，《金融研究》2004年第12期。

③ 我国新的涉农信贷统计体系始于2007年，按用途划分包括农林牧渔业贷款和其他涉农贷款，按承贷主体划分包括个人涉农贷款、企业涉农贷款和各类非企业组织贷款三部分，按城乡地域分类包括农村贷款和城市涉农贷款两部分。

④ 中国人民银行农村金融研究小组编：《中国农村金融服务报告2016》，中国金融出版社2017年版。

⑤ 资料来源：银保监会官网。

贷发展迅速。银行业金融机构为建档立卡贫困户提供公平、持续、有效的信贷机会,截至 2017 年年末,银行业金融机构对建档立卡贫困户发放的扶贫小额信贷余额为 2496.96 亿元,户均贷款 4.11 万元,支持建档立卡贫困户 607.44 万户,占全国建档立卡贫困户的 25.81%。(2)扶贫开发项目贷款投放力度较大。截至 2017 年年末,扶贫开发项目贷款余额为 2316.01 亿元。(3)易地扶贫搬迁贷款投放力度较大。截至 2017 年年末,国家开发银行和中国农业发展银行累计发放中央贴息易地扶贫搬迁贷款达 1780 亿元,惠及建档立卡贫困人口超过 500 万人。[1]

(三)有效扩大抵押担保范围,创新农村抵押贷款

1. 实施差异化抵押政策

为解决农村经济主体缺乏有效抵质押物品、难以达到信贷标准的难题,一些地区的涉农金融机构根据本地区农业发展情况和农村经济特点,扩大抵质押物品范围,针对不同类型、不同经营规模家庭农场等新型农业经营主体的差异化资金需求,提供多样化的融资方案。

2. 创新农村抵押贷款

对于种植粮食类新型农业经营主体,重点开展农机具抵押、存货抵押、大额订单质押、涉农直补资金担保、土地流转收益保证贷款等业务;对于种植经济作物类新型农业经营主体,探索蔬菜大棚抵押、现金流抵押、林权抵押、应收账款质押贷款等金融产品;对于畜禽养殖类新型农业经营主体,重点创新厂房抵押、畜禽产品抵押、水域滩涂使用权抵押贷款业务;配合农村土地制度改革和农村集体产权制度改革部署,推进两权抵押贷款试点。

(四)涉农金融机构资产质量有所好转,商业可持续发展能力增强

1. 涉农金融机构资产质量有所好转

(1)改革以前,资产质量相对较低。由于长期承担部分政策性农村金融业务、历史包袱相对较重、经营机制不健全、内控制度不完善、监管制

---

① 中国银行保险监督管理委员会编:《中国普惠金融发展报告》,中国金融出版社 2018 年版。

度不到位等原因,我国农村金融机构普遍出现了资产质量差、历史包袱沉重、潜在风险较大等问题。以农村信用合作社为例,2002 年年末全国农村信用合作社不良贷款率高达 37%(四级分类),不良贷款余额高达 5100多亿元,资本充足率为-9%,资不抵债额高达 3400 多亿元,从技术上已经达到破产标准。以中国农业银行为例,2005 年年末中国农业银行不良贷款率高达 26%(四级分类),不良贷款余额高达 7404 亿元。[①] (2)推进深化改革,资产质量有所好转。以农村信用合作社为例,2003 年农村信用合作社开启新一轮的深化改革,2005 年年末全国农村信用合作社不良贷款率降至 14.8%(四级分类),不良贷款余额降至 3200 多亿元,资本充足率达到 10.03%。截至 2017 年年末,农村信用合作社的不良贷款率下降至 4.2%(五级分类),资本充足率增长至 11.7%。以中国农业银行为例,2007 年中国农业银行进行财务重组,剥离不良资产,2008 年年末中国农业银行不良贷款率降低至 4.32%(五级分类),不良贷款余额下降至 1340亿元;2009—2018 年,中国农业银行的不良贷款率进一步从 2.91%下降至 1.59%,资本充足率从 10.07%增长至 13.33%。[②]

2. 涉农金融机构盈利能力有所提升

总体来看,农村金融机构市场化和财务可持续水平不断提高,截至 2016 年年末,全国农村中小金融机构全年实现净利润 2449 亿元,同比增长 4.2%,资产利润率 0.9%,资本利润率 12%。(1)农村信用合作社盈利能力上升。通过 2003 年以来的新一轮深化改革,农村信用合作社从资不抵债、面临破产到如今成功上市,基本实现了商业可持续发展。自 2004年农村信用合作社首次轧差盈利后,截至 2017 年年末,农村信用合作社已经累计实现盈利 18263 亿元。[③] (2)中国农业银行盈利水平提高。2005 年不良资产剥离之前,中国农业银行的净利润仅为 10.44 亿元;2008年年末基本完成股份制改革,当年的净利润上升至 514.5 亿元;从 2009年到 2018 年,中国农业银行的净利润从 523.7 亿元增长至 2026.31 亿

---

① 汪小亚等:《农村金融改革:重点领域和基本途径》,中国金融出版社 2014 年版。
② 资料来源:Wind 数据库。
③ 资料来源:中国货币政策执行报告。

元,净利润增长近3倍,盈利水平大幅提高。①

（五）针对农户和新型经营主体,持续完善农村金融产品和服务

1. 建立分层分类产品体系

针对农村贫困人口和低收入人群,主要采取政策扶持类型的金融服务,如扶贫贴息贷款、"以奖代补"小额扶贫贴息贷款和农户小额信贷。针对传统种养殖农业农户,主要有农户贷款、农户联保贷款、农机贷款和兴农贷款,需要农户提供一定的抵押担保。针对农村企业的金融服务,创新农业产业化龙头企业贷款、农业科技贷款、农业生产资料贷款等。针对其他农村支持信贷服务,提供农村基础设施和农村综合开发贷款、农村生源地助学贷款等。

2. 精准施策做好新型农业经营主体金融服务

提高对专业大户、家庭农场、农民合作社、农业产业化龙头企业等新型农业经营主体的金融支持力度,加大信贷投放。对经营管理比较规范、主要从事农业生产、有一定生产经营规模、收益相对稳定的优质新型农业经营主体,根据市场化原则,以灵活方式确定承贷主体,合理确定利率水平,降低融资成本,适当延长贷款期限,提高贷款审批额度,简化审贷流程,合理调配信贷资源,确保其合理信贷需求得到有效满足。

3. 创新产业链综合金融服务支持农业产业化发展

以"公司+农户""公司+合作社+农户""合作社+农户"等产业化联合体方式推进农村产业发展,为龙头企业及其上下游的农民合作社、家庭农场、农户等提供产业链服务。优先保障金融需求,在信贷资源、授信政策、利率定价、业务流程等方面给予优先保障,积极为龙头企业带动的上下游客户提供"一揽子"综合金融服务。以农业产业化示范基地、专业村镇等产业集群集聚区为抓手,创新开展产业链综合金融服务。围绕龙头企业和产业链条开展工作,利用龙头企业的大数据资源,推进线上化批量开展业务。

（六）直接融资能力逐步提升,涉农融资渠道趋于多元

1. 积极发挥股票、债券市场融资功能

支持符合条件的涉农企业在主板、中小板、创业板以及新三板等上市

---

① 资料来源:历年中国农业银行年度报告。

和挂牌融资,规范发展区域性股权市场。2017 年,5 家涉农企业完成 IPO,筹集资金 36.82 亿元,6 家涉农企业实施增发(包括定增、可转债、优先股),筹集资金 87.62 亿元。创新债券市场融资工具和产品。鼓励符合条件的涉农企业在资本市场上进行融资,发行企业债、公司债和中小企业私募债,扩大涉农企业发行短期融资债券、中期票据、超短期融资债券等非金融企业债券融资工具的规模。积极引入服务"三农"的新型金融工具,综合运用产业基金、金融租赁、资产证券化、债券承销等手段,为"三农"客户提供多元化融资解决方案。

2. 稳步提高期货市场服务现代农业能力

经过多年的培育和发展,我国农产品期货市场已经逐步成长为品种覆盖广泛、市场规模较大、具有一定影响力的期货市场。截至 2018 年 6 月,我国已经上市 23 个农产品期货品种和 2 个农产品期权品种,覆盖了粮、棉、油、糖、林木、禽蛋等主要农产品领域,在谷物、油脂油料、纺织加工领域形成较为完整的品种序列,在稳定农业生产、分散农业风险和促进农产品价格形成机制改革方面发挥重要作用。此外,期货交易所、期货公司和涉农主体共同开展并扩大"保险+期货"试点,试点项目覆盖玉米、大豆、棉花、天然橡胶、白糖 5 个品种,试点项目达到 79 个,试点区域包括黑龙江、新疆、云南等多个地区,覆盖近 40 个贫困县,各种期货交易所支持资金总额达到 1.23 亿元。[1]

(七)农村信用支付环境不断改善,农村金融基础设施逐步完善

1. 农村信用体系建设日趋成熟

我国以地市县为重点,建立农户档案和农户信用信息数据库,开展农户信用评价和信用户、信用村、信用乡镇建设,截至 2017 年年末,全国累计为近 1.73 亿户农户建立信用档案。各地在农户数据库的建设基础上,开发信用信息服务网,通过"数据库+网络"构建信息服务平台,推动构建全国信用信息共享平台。[2]

---

[1]　中国银行保险监督管理委员会编:《中国普惠金融发展报告》,中国金融出版社 2018 年版。

[2]　中国银行保险监督管理委员会编:《中国普惠金融发展报告》,中国金融出版社 2018 年版。

2. 农村支付体系建设不断深化

我国支付清算网络范围持续扩大,截至 2018 年年末,农村地区接入中国人民银行大小额支付系统的银行网点有 9.58 万个,代理银行网点有 2.71 万个,合计有 12.29 万个,覆盖率为 97.05%,覆盖率较 2017 年提升 0.26 个百分点。农信银支付清算系统业务保持高速增长,截至 2018 年年末,以参与者身份接入农信银支付清算系统的银行网点有 44758 个,基本覆盖农村信用合作社等合作金融机构营业网点。2018 年,农信银支付清算系统办理支付清算业务 84.51 亿笔、金额 8.45 万亿元,继续保持高速增长。①

(八)农业保险担保覆盖范围稳步扩大,风险保障能力持续提升

1. 农业保险产品不断创新

随着农村新型经营主体成为农村金融需求主体,保险机构结合新型农业经营主体的实际情况,开发设施农业保险、农机保险等符合新型经营主体需求的保险产品。农业保险覆盖范围逐步扩大,从初期试点的 5 个省份逐步覆盖到全国,除覆盖农林牧渔等各项主要农业生产以外,还从生产领域的自然灾害、疫病风险逐步向流通领域的市场风险和农产品质量风险延伸。风险保障能力和资金撬动能力逐步提高。2018 年,全国农业保险全年实现保费收入 572.65 亿元,为 1.95 亿户次农户提供风险保障 3.46 万亿元,承保粮食作物面积 11.12 亿亩。涉农小额贷款保证保险实现保费收入 4.1 亿元,赔付支出 8.3 亿元,帮助 20 万农户撬动"三农"融资贷款 138 亿元。②

2. 农村融资担保体系基本建立

全国农业信贷担保体系顺利起步国家农业信贷担保联盟有限责任公司发挥农业信贷担保体系"龙头"作用,为省级农业信贷担保有限公司提供政策指导、业务行为规范、再担保、风险救助、人员培训等服务。省级农

---

① 资料来源:中国人民银行官网。
② 资料来源:银保监会官网。

业信贷担保有限公司加快分支机构建设,建立上下联动、紧密可控的农业信贷担保网络体系,实现业务人员下沉。截至2018年年末省级农业信贷担保有限公司设立分支机构超过1500家,对全国1050个主要农业县的业务覆盖率高达90%以上。同时,银担合作向深度和广度延伸,担保业务规模逐步做大做强。截至2018年年末省级农业信贷担保有限公司注册资本金共计533.8亿元,在保余额达到684.7亿元,在保项目达到21.27万个。①

(九)强化农村金融领域数字技术应用,"三农"金融服务效率水平明显提升

1. 传统金融机构积极应用互联网等现代科技手段

传统金融机构积累丰富的客户、账户、交易等信息,具备强大的数据整合能力。在金融数字化的趋势下,金融机构加大电子化、智能化等线上渠道拓展力度,加强互联网、大数据、云计算等新技术应用,构建农村金融"互联网+"平台,打通线上线下渠道,构建集电商、金融、消费、结算于一体的农村互联网金融生态圈。例如,中国农业银行创新推出线上线下一体化的三农金融服务新模式,打造贴合涉农产业链商户生产经营活动线上化场景的"惠农e通"平台,构建"惠农e贷""惠农e商""惠农e付"三大模块,拓展网络融资、网络支付结算和电商金融三大核心功能,为涉农企业、农户提供平台化、标准化、综合化、场景化的金融服务。

2. 新兴互联网金融机构发挥大数据技术优势

互联网企业根据物流、资金流、信贷流等信息,运用互联网大数据技术建立客户授信评级模型,做好客户信息整合和筛选,综合判断授信对象的信用情况。比如,网商银行依托电商平台上的各类信息,通过信用评级模型形成贷款评价标准,为小微企业、大众消费者、农村经营者与农户、中小金融机构提供纯线上的信贷服务。除此之外,互联网金融的崛起创新出多种支付结算手段,比如通过手机二维码实现当面收付款,通过手机银行实现交易查询、贷款还款、账户挂失等需求,通过支付宝为当地农户提

---

① 资料来源:国家农业信贷担保联盟有限公司官网。

供代领养老金、代缴电费、手机充值、网上购物等服务。

二、农村金融供给面临的主要问题

纵览中国金融改革的全局,农村金融发展和改革虽取得成效,初步解决了农村基本金融服务的问题,但由于农村金融本身的特性和多年以来农村金融改革不到位,农村金融仍是金融体系中最薄弱的环节。特别是,随着农村规模经营发展和农村现代化水平的提高,对照推进农业供给侧结构性改革这一政策主线要求,农村金融服务还有较大差距,改革创新的任务依旧艰巨。

(一)农村金融简单复制城市金融模式难以有效适应农村经济发展要求

农村金融服务的特殊性,决定必须建立符合农业特点和农民需求的农村金融体系,但我国农村金融体制改革主要按照城市金融的思维进行,难以适应农村经济的发展。一方面,农村金融直接复制城市金融模式,无法有效满足农村信贷需求。农村面对的是分散的小规模农户和大量新型经营主体,农村信贷市场信息不对称现象相对于城市工商贷款更为突出;农业经营受到自然和市场的双重影响,使得农村金融的运作具备高风险性。但是,农村金融没有根据农业生产经营主体的特征,创新相适应的信贷技术,有效降低金融运作的风险,而是简单复制城市金融模式,无法有效满足农村信贷需求。另一方面,从农村金融改革过程中,可以清晰地看到城市金融的痕迹。农村金融市场的竞争不充分,农村金融监管沿用城市金融监管方式,农村金融监管的差异性不够,放宽准入不够;农村金融制度较单一,正规合作金融机构的基本消失,农村金融机构商业化改制后支农性弱化,现有改革未能从根本上解决现有农村金融机构存在的问题,难以从根本上改善农村金融服务。

(二)农村金融有效市场竞争的格局尚未真正形成

随着农村金融体制的改革和发展,农村金融服务供给短缺的现象虽有所缓解,但缺口依然巨大,农村金融有效竞争的格局还没有真正形成。农村金融市场的参与主体相对有限,没有完成建立商业性金融、政策性金融、合作性金融并存、功能互补、形式多样农村金融机构的目标,多元、竞争的农村金融体系有待进一步健全。农村金融市场竞争的规范化程度不够,对于小额贷款公司、融资性担保公司、贫困村资金互助社等金融机构,存在运行不规范、风险隐患较大的问题,对于在农村地区的互联网金融、P2P等新型数字金融,存在良莠不齐、市场秩序混乱的现象,需要进一步加以规范。农村金融供给与需求存在一定程度的不匹配,农村金融需求主体的多样性、农业农村经济发展阶段的差异性,决定农村金融需求趋于多元化,规模化和小额分散的需求并存、信用贷款和抵押担保类贷款并存、融资需求和风险管理需求并存、银行贷款和直接融资并存,与需求相比,农村金融供给体系的多样性还有待进一步提升。

(三)涉农金融机构难以有效兼容商业性和支农性

随着农村金融机构改革的持续推进,农村金融机构的资本实力持续增强,但如何实现服务"三农"和保持商业可持续发展,是当前改革面临的重要问题。例如,农村信用合作社改制呈现离农脱农倾向明显的问题。2003年深化改革后,农村信用合作社逐步从合作性金融机构演变为商业性金融机构,倾向于追求利润最大化,"三农"业务成本高、收益低,其服务"三农"的积极性下降,存在离农脱农的倾向。又如,近年来中国农业银行持续推动"三农"金融事业部改革,倾斜配置经营资源,但涉农贷款的投放力度和领域仍有待进一步提升和扩张。此外,部分金融机构进入农村金融后,更多地将注意力集中于吸收农村存款、争抢农村优质客户和享受国家补贴政策,而深耕农村金融市场、服务农户的金融需求,这些做得还不够。

(四)农村金融机构的资金外流问题始终存在

农村资金外流,不仅会抵消大量农村信贷资金投入的实效,还会抑制农村经济发展,应在农村金融改革发展过程中高度重视。从历史看,农村资金外流的问题长期存在。新中国成立后,我国优先发展工业特别是城市工业,以农业哺育工业,农村资金大量流向城市。改革开放后,农村地区资金外流问题依旧较为严重,邮政储蓄不具备在农村地区放款的资质和能力,在农村吸收存款后再转存至中国人民银行,抽离大量农村资金,中国邮政储蓄银行成立后有明显改变;国有银行为实现股改上市,纷纷撤并县支行,向大城市收缩集中信贷业务。从当前看,农村资金外流的问题仍未解决。调研发现,县域地区金融机构的贷存比仍然较低,县域资金一定程度上处于净流出的状态。以农商行为代表的地方性农村金融机构,为获得较高的股东回报,收缩农村地区业务,将农村地区吸收的资金更多地运用于同业拆借和存款,对农村地区的借贷积极性不高;一些统一法人银行通过县域及以下的网点吸收大量低成本资金后,上收至城市。一些村镇银行也热衷于做大业务、做非农业务。由此,农村资金外流问题仍未得到根本性解决。

(五)农村金融体系的监管方式存在改进空间

农村金融监管是我国金融监管体制的重要探索,在农村金融机构的风险预警、风险处置和促进农村金融市场持续健康发展方面发挥了重要作用。目前,农村金融监管体系还存在一定的效能不足。差异化的农村金融监管制度尚未真正建立,针对存款类金融机构和非存款类金融机构、农村金融机构和城市金融机构、发达地区金融机构和贫困地区金融机构、金融机构中涉农业务和非农业务,当前的政策未确定差异性的监管标准、程序和方式。地方金融监管体制有待进一步完善,地方政府的监管范围主要针对七类机构和四类场所[①],监管范围相比以往有所扩展,相对于其所承担的监管职责,地方金融监管力量相对薄弱。随着新一代信息网络技术和互联网金融等新业态的迅速发展,我国金融风险正从传统金融体系转移至非传统金融体系、从线下转移到线上,而地方政府对农村地区新型金融业态的监管明显滞后,特别是在行为监管和风险监管方面存在一定程度的落后。此外,中央和地方责任分担机制不明确,跨区域风险防范和监管责任不明晰,也导致部分地方风险处置责任难以落实。

---

① 地方金融监督管理局的监管范围具体为:负责对小额贷款公司、融资担保公司、区域性股权市场、典当行、融资租赁公司、商业保理公司、地方资产管理公司等金融机构实施监管,强化对投资公司、农民专业合作社、社会众筹机构、地方各类交易所等场所的监管。

（六）农村金融的扶持政策和考核需要提升有效性

农村金融的扶持政策和考核指标是决定农村金融机构经营和发展走向的重要因素,提高扶持政策有效性能够引导农村金融机构加强信贷投放,完善考核指标体系的构建有利于提高农村金融机构的信贷投放质量。相关扶持政策的出台,对解决农村金融"成本高、风险大"难题发挥了积极作用,但政策的有效性有待进一步提升,政策措施存在政策预期不确定、程序复杂、部门之间政策缺乏协调等问题,资金投入负担不断增大但激励效果减弱。例如,部分财税政策易被指违背反补贴规则或有违市场公平;货币政策工具如过于碎片化,就可能与其总量调控政策的基本属性冲突,也可能带来套利等新问题。农村金融机构考核过于关注信贷增量,而忽略信贷投放的质量。我国政策设计上仍然重视总量增长这种大水漫灌式的形式,比如对农村金融机构考核,关键点都放在涉农信贷总量多大、增长水平多快方面,而在结构、投向和效益方面关注不足,忽略不同区域的实际情况,忽略结构性的供需匹配问题,忽略可持续性的问题,容易导致金融资源的无效投入以及供需之间的错位。

（七）农村金融生态环境建设有待进一步加强

构建高效、透明、规范、完整的外部生态环境对于农村经济发展和农村金融体系稳健运行有重要作用。目前,我国农村地区的生态环境建设已经取得一定进展,但仍有待进一步建设。从农村信用体系建设情况来看,存在农村信息归集困难、农户信用档案的覆盖面不足、信息存在一定程度的滞后性、信息评价机制不完善、信用正向激励机制不健全等问题,信用信息机制有待健全。从农村担保体系建设情况来看,担保机构对农村地区覆盖面不足,担保机构和银行之间的合作还不深入,农村担保市场的规范性有待加强,部分民间担保机构可靠度不够、履约和风险识别能力不足、专业技术水平有待提升,影响担保机构对农村经营主体的服务效果,融资担保体系的建设有待进一步完善。从农业保险的保障机制来看,农业保险保障水平主要由各地根据当地财政实力确定,普遍实行"低保费、低保障、广覆盖"的原则,主要承保物化成本,保障水平有待提高;农业保险的大灾风险主要通过保险机构再保险和大灾风险转移制度转移和分散,缺少国家层面的政策、资金和制度支持。

(八)农村金融法律法规体系和制度建设需要加强

我国虽出台了一系列农村金融方面的相关政策,但农村金融处于弱势境地的局面仍未得到根本改善,重要原因之一在于法律依据的缺失。目前,各类金融机构支农支小的定位、责任和职能有待明确,农村金融的性质、业务范围、宗旨职能、监督管理等有待明确,财税优惠政策覆盖范围仍有局限性,农村金融服务的长效机制尚未形成,需要通过农村金融立法进行规范。新型合作金融组织的立法有待进一步落地,虽然中央一号文件多次强调培育发展农村合作金融,不同形式的农民专业合作社开展信用合作指导意见纷纷出台,但其法律地位一直未被纳入正规化和合法化的体系范畴。此外,农村地区非法集资和金融诈骗案件频发,尤其是部分P2P平台进入农村地区,利用众筹、理财、文化投资、项目投资等金融方式,用高息向社会大众募集资金,一直游离于非法和合法之间,使得这些非法活动更具隐蔽性,农村金融立法存在紧迫性。

第三节 深化农村金融改革的机遇挑战和对策建议

一、金融助力脱贫攻坚和乡村振兴的机遇与挑战

实施乡村振兴战略,是决胜全面建成小康社会、全面建设社会主义现代化强国的重大历史任务,是新时代做好"三农"工作的总抓手。既为农村金融业发展带来了新的机遇,也对农村金融业改革发展提出了新的挑战。农村金融要发挥服务实体经济的基础性作用,进一步深化改革创新,提高金融服务乡村振兴助力脱贫攻坚的效率和水平,满足乡村振兴和脱贫攻坚多样化的金融需求,服务乡村振兴和助力脱贫攻坚。

(一)全面把握实施乡村振兴战略对金融业带来的新机遇

1. 聚焦产业兴旺,推动农村一二三产业融合发展

一是积极满足农田水利、农业科技研发、高端农机装备制造、农产品

加工业、智慧农业产品技术研发推广等现代农业重点领域的合理融资需求,促进发展节水农业、高效农业、智慧农业、绿色农业。二是支持农业产业化龙头企业及联合体发展,延伸农业产业链,提高农产品附加值。三是充分发掘地区特色资源,支持探索农业与旅游、养老、健康等产业融合发展的有效模式,推动休闲农业、乡村旅游、特色民宿和农村康养等产业发展。四是加大对现代农业产业园、农业产业强镇等的金融支持力度,推动产村融合、产城融合发展。

2.聚焦公共服务,推动农村基础设施提档升级

一是积极满足农村交通物流设施领域的融资需求,加大对革命老区、民族地区、边疆地区、贫困地区铁路运输的支持力度,促进构建农村物流基础设施骨干网络,推动完善农村物流基础设施末端网络。二是加强对农村水利基础设施网络建设的支持,积极推动重大水利工程和智慧水利建设。三是支持构建农村现代化能源体系,加快完善农村能源基础设施网络,促进农村能源消费升级,提升对农村绿色节能建筑和农用节能技术方面的支持力度。四是探索支持农村地区宽带网络和第四代移动通信网络的有效模式,推动物联网、地理信息、智能设备等现代信息技术与农村生产生活的全面深度融合。

3.聚焦生态文明,推动建设生态宜居美丽乡村

一是加大对绿色农业的支持力度,提高减量投入、清洁生产、废弃物再次利用、产业模式生态化方面的服务水平,推动提升农村可持续发展能力。二是以建设美丽宜居乡村为导向,有效满足农村垃圾、污水治理和村容村貌治理方面的融资需求,助推提升农村人居环境质量。三是积极满足乡村生态保护和修复重大工程方面的融资需求,促进乡村生产生活环境稳步改善。

(二)深刻认识当前农村金融改革发展面临的新挑战

1.助力乡村振兴的农村金融更需要适应新型经营主体的特色要求

新型农村经营主体将成为农村金融需求主体。随着农民和农业生产的组织化程度提高,"公司+农户""合作社+农户""公司+合作社+农户"等多种形式的产业化联合体出现。金融在服务好小农分散的农户金融需

求的基础上,还将为专业大户、家庭农场、农民合作社、农业产业化龙头企业等农村新型的产业化、规模化、合作化的经营主体提供好金融服务。

2. 助力乡村振兴的农村金融更需要适应三产融合和多业组合的农村经营业态变化

随着单纯从事农业生产转变为一二三产业融合发展,农旅、农商、农工、农贸等多种产业组织形式出现,集循环农业和创意农业以及农事体验于一体的田园综合体将促进三产融合,这将更需要金融机构做好多产业融合和多个组织相联的综合性、复杂性、创新性的金融服务。

3. 助力乡村振兴的农村金融更需要适应长期性和回报低的特征

推进农业绿色发展、农业科技创新、农村基础设施建设、农村环境治理等农业农村的重大项目,都需要长期投入且短时难以实现高回报。这就需要进一步加大金融产品创新和服务方式创新,在加大银行信贷支持的基础上,发挥资本市场的作用,运用多种金融工具,探索"信贷+保险""保险+期货"等金融组合。

二、深化农村金融供给侧结构性改革的对策

党的十九大提出实施乡村振兴战略的重大历史任务。2018 年,中央一号文件《中共中央国务院关于实施乡村振兴战略的意见》和《国家乡村振兴战略规划(2018—2022 年)》,强调把更多金融资源配置到农村经济社会发展的重点领域和薄弱环节,更好满足乡村振兴多样化的金融需求。服务乡村振兴助力脱贫攻坚,既是金融机构贯彻国家战略、践行社会责任的重大使命,也是金融业开拓农业农村发展新蓝海、实现业务转型升级的重大机遇。

(一)加大金融机构服务乡村振兴助力脱贫攻坚支持力度

1. 充分发挥金融机构在服务乡村振兴助力脱贫攻坚方面的重要作用

一是要发挥金融的资源配置作用,通过资金向农村和贫困地区集中,带动其他要素如土地、人才、管理等向农村地区集聚。二是要发挥金融的资源聚合作用,通过存款、理财、保险、债券等金融工具,把小额分散资金聚合起来,再借助贷款、发债、基金等融资方式向农村地区提供大额、长期

资金支持。三是要发挥金融的风险管理作用,通过运用保险、期货、期权等专业化金融工具,建立有效的风险管理机制和风险分担补偿机制,加大转移和化解自然灾害和市场波动风险的能力。

2. 地方法人金融机构要做好服务乡村振兴助力脱贫攻坚工作

涉农金融机构要回归支农本源,要聚焦"三农"主业,为实施乡村振兴战略助力脱贫攻坚提供全方位、高质量的金融服务。农村商业银行,要坚持盈利性和支农性相结合,增强农村金融服务功能和商业化可持续发展能力,提升服务乡村振兴助力脱贫攻坚水平。

3. 大型银行要有担当,发挥好"五大优势"

一是品牌信誉优势,大型银行规模庞大,信誉度高,抗风险能力强,具备较高的品牌知名度;二是渠道网点优势,大型银行地域覆盖广阔,网点分布广泛,手机银行、网上银行等金融服务平台丰富;三是资金成本优势,大型银行拥有强大的资本实力和资金来源,资金成本相对较低;四是产品创新能力,大型银行也能针对农村地区产业发展特点和扶贫项目融资需求,开展金融产品和服务创新;五是风险防控能力,大型银行基于资本实力、客户规模、风控经验等因素,风险防控能力强,风险管控体系较为完善。

4. 鼓励保险、证券、期货等金融机构积极参与脱贫攻坚和乡村振兴

一是鼓励保险机构加大服务"三农"的保险产品创新。要因地制宜补足贫困地区农业保险的深度"短板",增强对当地特色产业的补偿力度,提升保险扶贫的精度和力度。适度降低深度贫困地区保险费率,增加对建档立卡贫困户投保保费的财政补贴力度,提高贫困户的主观参保意愿,实现农业保险支农和扶贫的长效机制。稳步提升大病保险统筹层级,重点发展升级统筹项目,增强大病保险风险分散能力。加快推进大病保险信息系统建设,解决不同地区之间的转诊和报结障碍。加大巨灾保险产品研发,实现专业扶贫和精准扶贫。二是鼓励期货公司探索利用风险管理工具开展服务"三农"的产品创新。期货公司要深入推进农产品期货、期权市场建设,积极引导涉农企业利用期货、期权管理市场风险,发挥期货市场价格发现和风险管理的功能,保障农民收入,发挥金融机构专业优势,助力精准扶贫。三是鼓励证券期货经营机构进一步发挥证券期货工具的扶贫潜能,鼓励证券期货经营机构在贫困地区的县域合理开设网点。对贫困地区证券期货经营机构实施差异化的净资本监管要求,对证券期货经营机构在贫困地区的网点开展与扶贫相关业务享受实施适度税收减免。四是在风险可控前提下,鼓励商业银行、保险公司和公募基金提高购买贫困地区债券(含 ABS)产品的优先级。

(二)完善多层次、广覆盖、有序创新的农村金融体系

1. 构建多层次、多形式的农村金融机构体系

一方面,要理顺现有的农村金融机构体系,发挥农商行等县域法人机构支农支小的主力军作用;另一方面,要放宽准入,鼓励农村金融组织和机制创新,鼓励公益性和互助性金融机构发展。

2. 充分发挥农村金融机构的积极性和创新性

一是坚持服务"三农"定位。农村金融机构要将业务重心回归信贷主业,确保投向"三农"和小微企业的贷款在贷款总量中占主要份额,提高金融服务精准匹配能力,重点满足"三农"和小微企业个性化、差异化、定制化需求。二是完善公司治理机制。中国农村商业银行和中国邮政储蓄银行要进一步完善法人治理结构,逐步健全"三会一层"机制,有效执行法人治理制度,处理好投资者和管理者的委托—代理关系,在引入投资者时注重引入合适的、认可普惠金融理念的战略投资者。三是提升专业信贷技术。在商业可持续的基础上,合理设定小微授信审批条件,缩短响应时间,优化审批流程,提高审批效率,有效满足农村经营主体资金需求。合理确定贷款的额度、利率和期限,鼓励开展与农业生产经营周期相匹配的流动资金贷款和中长期贷款等业务。四是增强风险防控能力。探索与服务农村经济相适应的资本补充渠道、合理回报机制和风险资本管理模式,增强涉农业务风险防控能力,规范全流程风险防控技术,完善市场化风险处置机制,提高金融服务农村经济的可持续性。

(三)加大农村金融产品和金融服务创新力度

1. 加大农村金融产品和服务创新

一是鼓励金融机构结合不同经济发展阶段地区的需求,开发适合新型

农户创业、消费、理财的微型金融及产品和服务。二是探索满足规模化农业经营主体的融资、风险管理、资本化经营等多种需求的产品和服务,定制专业化的服务模式。三是支持农村产业融合,依托真实可控的交易信息,为上下游农户、供应商、经销商提供全链条、便捷化信贷支持,打造优势农产品产业链,推进农业生产上下游产业链的有效衔接。四是加大对农业规模经营、绿色农业、农村电商和乡村休闲旅游产业等新产业的支持力度。

2. 加快金融科技在农村地区的应用

一是运用大数据更好地满足农村服务需求。运用互联网和大数据技术,建立"以客户需求为导向"的互联网金融业务创新机制,根据客户需求定制专业化的金融服务,实现精细化的管理,满足"三农"和小微客户线上线下全方位的金融需求,提高金融服务质量。二是依靠大数据技术优化信贷产品。基于银行内部现有的资源基础,依托大数据应用平台,挖掘存量客户行内交易、资产等数据,结合行外的多维度数据,推动获客、反欺诈、信用评价、贷后预警、智能催收和智能决策引擎等多模块一体化建设,开发完全基于数据驱动的纯线上产品。三是积极应用移动互联网技术。全面推广网上银行、手机银行、短信银行,积极布局智能 POS 机、ATM 机、助农 POS 机等,创新二维码等移动互联网支付产品,提高农村金融服务的便利性。

(四)完善农村金融监管制度和金融支农法律制度

1. 完善农村金融监管体系

一是要针对城乡金融差异性特点,建立差异化的农村金融监管体系。二是监管部门要将机构监管和功能监管相结合,既要加强对金融机构经营行为的有效监管,也要对没有牌照而从事金融业务的非正规金融组织进行合理监管。三是要发挥好中央和地方双层金融监管体系的作用,对下放给地方监管机构的部分监管权,也予以指导和支持;地方政府要按照中央统一规则,强化属地风险处置责任,鼓励地方建立风险补偿基金,有效重置金融风险。

2. 强化农村金融法制体系建设

一是通过立法规范各级金融机构的支农责任。加快推动农村金融立法,将成熟的政策和做法上升为法律规范,从法律的高度强化各类金融机构支农支小的定位、责任和职能,完善与农村金融服务有效衔接的财政、货币和税收等长期扶持政策,规范、促进农商行发展,建立完善金融支农长效机制。二是通过法律规范非正规金融经营行为。厘清民间借贷和非法集资的界限,厘清理财公司、私募基金、农民合作社、网贷公司合法经营和违法经营的界限,促使治理农村金融出现的非法集资和金融诈骗等乱象时有法可依。

(五)优化农村金融扶持政策和考核评估机制

1. 改善金融机构考核机制

加强涉农金融机构的支农绩效考核,要对以农商行为代表的农村金融机构的支农效果进行考核,从业务发展、服务质量、风险防控等方面,建立科学全面评价农村金融机构支农支小金融服务的监测指标体系,推动农村金融机构将指标融入自身年度经营规划和绩效考核体系,监管机构要做好定期的监测管控和考核通报。

2. 健全金融机构激励机制

一是完善货币信贷政策,进一步完善定向降准、宏观审慎评估考核倾斜、支农支小再贷款、中期借贷便利等政策优惠,引导金融机构扩大涉农、小微企业信贷投放,降低社会融资成本。二是推动优化涉农贷款利息免增值税、金融企业绩效评价、呆账核销等财税政策制度,用好普惠金融发展专项资金,遵循保基本、有重点、可持续的原则,对普惠金融相关业务或机构给予适度支持。

(六)构建农村金融发展的良好外部生态环境

1. 优化整合信用信息服务体系

推动国家发展改革委、中国人民银行、税务、海关等部门的信息资源对接,推动地方政府加快建设区域性的农户、小微企业信用信息综合服务平台,提高信用信息的覆盖面和真实性,推动信用信息的及时更新。扩充金融信用信息基础数据库接入机构,降低普惠金融服务对象征信成本。

2. 建立联动机制和信息共享平台

形成不同类型金融机构间信息共享和金融工具间协同互补,逐步完善扶贫办、财政部、中国人民银行等监管机构和金融机构等扶贫主体的工作联动机制,加快建立扶贫信息共享平台。保障不同金融机构掌握建档立卡贫困户信息的统一完整,发挥不同类型金融工具在综合扶贫开发中的协同和互补作用。在此基础上,形成扶贫"大数据",全面评估贫困地区企业和农户的个体属性和需求特征,为其量身定制可供选择的、适合个体特征的金融扶贫工具,切实做到精准扶贫。

3. 健全农村信贷担保服务机制

推动农村融资担保体系建设,切实降低农村信贷担保服务门槛,健全农业信贷担保费率补助和"以奖代补"机制,加快做大担保规模。加强国家融资担保基金对小微企业、农户融资的再担保支持力度,提高合作担保公司的专业技术能力和履约能力,进一步规范担保市场。

4. 完善农业保险政策

扩大农业大灾保险试点和"保险+期货"试点,探索对地方优势特色农产品保险实施"以奖代补"试点。保持县域内农业保险经营主体的相对稳定,引导保险机构持续加大对农村保险服务网点的资金、人力和技术投入,支持保险机构与金融机构、各类农业服务组织和农民合作社加强合作。

第十三章　乡镇企业与乡村
非农产业发展

乡镇企业是我国农民的伟大创造。农民通过投资兴办各类企业和经济实体,发展乡镇企业,促进了乡村产业发展,增加了农民收入。改革开放以来,乡镇企业"异军突起",取得了举世瞩目的巨大成就,为我国经济社会发展作出了重要的历史性贡献。回顾乡镇企业的发展历程,总结乡镇企业的成功经验,更好地发挥乡村非农产业的独特作用,促进乡村产业振兴对于大力实施乡村振兴战略,加快推进农业农村现代化具有重要意义。

第一节　乡镇企业的发展历程

从传统农业社会向现代工商社会转变,逐步在工业化、城镇化基础上实现现代化,是人类共同的美好愿望。但不同国家、地区和民族在实现现代化的路径选择上是千差万别的。我国农民创造的乡镇企业在农村区域和市场经济条件下"异军突起",这支脱胎于"三农"进而又加入工业化、城镇化和农业农村现代化的特殊群体的出现,使得我国在这一过程中除了形成刘易斯"传统部门——现代部门"的二元格局之外,还从农业农村中分化出乡镇企业和小城镇,从农民中分化出本地农民工和进城农民工,形成了"传统农业和农民、乡镇企业和本地农民工、进城农民工、城市现代工商业和市民"的多元格局,形成了农村工业化、城市工业化"双轮驱动"的局面。这是农业哺育、城市带动、城乡要素融合的产物,是我国在工农之间、城乡之间、区域之间实行差异化政策,在中央与地方之间、国家与农民之间、政府与市场之间不断调整,探索出来的一条中国特色乡村产业发展之路。其中的乡镇企业在不同时期、不同类别、不同区域上也都被打上了深刻的差异化烙印。

新中国成立以来,乡镇企业大体经历了艰难孕育、异军突起、二次创业、转型发展等具有明显特征的阶段。每一个阶段国家调整的重点关系不同,乡镇企业在各阶段的差异化特征也不同。

一、1949—1977 年:艰难孕育阶段

这一阶段,国家重点调整中央和地方关系。中央和地方共同发动了作为地方工业的社办工业,具有很强的外部嵌入和政府移植特征。乡镇企业的前身是社办工业和社队企业,它的母体是农业副业、农村手工业和地方工业。1949 年新中国成立时,毛泽东同志指出,我国能够生产面粉馒头、桌子板凳,但是一辆拖拉机、柴油机、汽车都生产不出来,更不要说生产飞机了。1953 年中央提出实行国家工业化和对农业、手工业、资本主义工商业进行社会主义改造的"一化三改",农村开始了合作化运动,城市开始了模仿苏联的重工业化战略。为了能够顺利地从农业中获取工业所需农产品原料和工农产品价格的"剪刀差",从农村中索取城市发展的各种要素,国家建立了"一个体制、三个制度",即计划经济体制,农产品统购统销制度、人民公社制度和城乡分割的二元户籍管理制度,尤其是1958 年颁布了《中华人民共和国户口登记条例》,将整个社会切割成相互对立的两大部分,开始实行城乡分治,以农补工补城,以农养政养军。依靠从农业中汲取的积累不断增长,国家工业化和城市基础设施、社会事业快速发展。与此同时,中央和地方都感到不能仅靠国家工业化这一条腿,还要大力发展地方工业包括社办工业,并通过 1958 年 1 月的南宁会议和3 月的成都会议确定。1959 年 2 月毛泽东同志热情赞扬社办工业:"我们伟大的、光明灿烂的希望也就在这里。"

中央曾经两次掀起社队企业高潮。第一次是 1958 年毛泽东同志发动的"大跃进"运动,要求各地工业总产值,争取在 5 年或者 7 年或者 10年内,超过当地的农业总产值。在政治动员的作用下,全国各地社队企业

遍地开花,农村中一度出现了工业的迅速发展。1959年达到高峰,有社办工业企业70万个,总产值100亿元,比上年增加60%,约占农村工农生产总值的16.75%;而后迅速回落,1960年降至50亿元,占农村工农生产总产值的9.86%;与此相适应,农村非农业就业也出现高潮,其所占农村就业比重在1958年达到27.74%。但是,很快遭遇失败。由于受到3年自然灾害的影响,中共中央采取紧急措施,停止大炼钢铁、大办工业,农村非农就业比重迅速下降,到1963年达到最低值1.39%,社队企业生产总值占农村工农生产总值也降至5.89%。第二次是1970年,在毛泽东同志和邓小平同志的支持下,社办工业重新得到发展。1974年改名为社队企业。1976年农林部成立了社队企业总局。社队企业工业总产值从1970年的67.6亿元发展到1977年的332亿元,农村非农劳动力和非农产业产值占农业总产值比重分别达到4.67%和21%。从国际比较来看,农村出现较大规模的工业化是中国特有的,这是世界上其他发展中国家甚至发达国家所未出现过的现象。这个时期发展起来的社队企业为20世纪80年代乡镇企业的发展与崛起奠定了初步基础。但农村出现的两次工业化小高潮,并没有在整体上改变农业部门仍然是农业经济,尤其是农村就业仍然是农业绝对主导的格局。农村劳动力流动在此期间由于政策的变化出现了强制性的波动变化,但总体上是受到严格限制的。由于受到计划经济体制和户籍制度的影响,不断强化了城乡二元经济社会结构。这一阶段,社队企业的发展没有改变农村单纯依靠农业支撑的格局,仍然在农业的"胎盘里"艰难孕育。

二、1978—1991年:异军突起阶段

这一阶段国家重点调整城乡关系和工农关系。乡镇企业在农村区域和市场经济条件下、在农村改革释放的能量推动和强有力的买方市场拉动下迅速崛起,成为市场化改革、以工哺农和城乡一体化的先导力量。党的十一届三中全会开启了我国经济社会改革开放的新征程。以中国农民的创新与实践为基础,改革首先从农村地区的家庭联产承包责任制拉开序幕。1982年中央一号文件明确指出,"目前农村实行的各种责任制,

都是社会主义集体经济的生产责任制"；1983 年中央再次下发一号文件指出,家庭联产承包责任制是在党的领导下我国农民的伟大创造。农村改革政策迅速解放了生产力,农业生产实现了平稳较快增长。城乡差距在 20 世纪 80 年代初曾一度缩小,但很快随着城市改革的开始,差距再一次拉大。由于我国人口基数大、人口增长快的影响,虽然一部分劳动力流动到城市或者社队企业工作,但农村农业劳动力人数在这一时期仍然继续增加,从 1978 年的 2.78 亿人增加到 1991 年的 3.86 亿人,农业增加值从 1978 年的 1028 亿元上升至 1991 年的 5342 亿元。农业劳动力人数占农村就业比重、农业增加值占农村增加值比重均呈下降趋势,前者从 1978 年的 90.75%下降到 1991 年的 80.29%,后者从 1978 年的 83.1%下降至 1991 年的 64.24%。

消弭二元格局的努力,在党的十一届三中全会后有两条明显路径:一条是农民不断突围二元格局,创造了家庭承包经营制、乡镇企业、小城镇、进城务工等多种形式;另一条是中央积极肯定,总结推广,逐步打破城乡分割,逐步协调工农城乡发展,逐步扭转对农业"多取少予"的政策,积极采取"放活"政策。党的十一届三中全会《中共中央关于加快农业发展的若干问题的决定》提出"社队企业要有一个大发展",要提高社队企业经济比重。但由于城市的容纳有限,1982 年国家制定严格控制大城市、适当发展中等城市、积极发展小城镇的城镇化方针,实行大力发展社队企业,就地转移农村剩余劳动力的政策。1984 年中央发出开创社队企业新局面的号召,社队企业正式改名为乡镇企业,形成了乡办、村办、联户办、户办"四个轮子一起转"的格局,进入第一个发展黄金期。邓小平同志在 1987 年称赞乡镇企业"异军突起",是"预料不到的最大收获"。1986 年中央一号文件指出,不发展农村工业,多余劳动力无出路,乡镇企业为我国农村克服耕地有限、劳力过多、资金短缺的困难,为建立新的城乡关系,找到了一条有效的途径。1987 年党的十三大报告提出要继续合理调整城乡经济布局和农村产业结构,积极发展多种经营和乡镇企业。党中央、国务院采取一系列政策措施,特别是 1990 年国务院制定《中华人民共和国乡村集体所有制企业条例》,有力地促进了乡镇企业蓬勃发展。1978

年乡镇企业就业人数为2826.56万人,1991年则达到9614万人,占农村劳动力总数的20.21%,1978—1991年平均每年增加就业621.7万人。1978年,乡镇企业增加值为209.39亿元,1991年达到2972亿元,年均增长率达26%,占农村增加值的比重达到35.74%。农业劳动力离土不离乡、进厂不进城,就地转化为产业工人,引发农村社会出现新的经济活力。

三、1992—2002年:二次创业阶段

这一阶段国家重点处理政府与市场关系和区域关系。乡镇企业利用市场经济的先导优势加快发展、加快改革和加快提高,从而再一次崛起。这一阶段发轫于邓小平同志南方谈话和党的十四大。逐步完成原始积累的乡镇企业开始摆脱了姓"社"姓"资"、姓"公"姓"私"的束缚,摆脱了计划与市场争论的羁绊,在1989—1991年三年治理整顿期间积累了足够的能量之后,开始大踏步登上中国经济社会的舞台。

1997年1月1日国家颁布实施《中华人民共和国乡镇企业法》,同年1月国务院召开全国乡镇企业工作会议,3月又出台了中央八号文件,标志着乡镇企业进入了依法管理的新阶段,对乡镇企业的改革与发展提出新的目标要求。这一时期国家提出大力发展中西部地区乡镇企业,中西部地区乡镇企业增加值占比从1991年的33%上升到1996年的40%;促进集体企业改革体制机制,加之市场竞争的压力不断向企业内部传导,要求集体企业产权模糊的问题清晰化,改革从企业承包到资产滚动增值承包再到产权制度改革一步一步向纵深推进。159万家乡村集体企业中的130万家改成了私营企业、20万家改成了股份制和股份合作制企业、9万家集体企业也实现了股权多元化,这又一次给乡镇企业发展提供了强大的动力和活力,很多濒临倒闭的集体企业焕发了生机。国家鼓励个体私营企业发展,乡镇企业中的95%以上为个体私营企业、混合所有制企业;国家鼓励中小型企业和涉农企业发展,乡镇企业中的99%为中小型企业,90%以上是劳动密集型企业、规模企业配套企业、农产品加工业和农村服务业等;国家鼓励工业园区和小城镇发展,40%以上的企业已经向产

业集中区和小城镇集聚。与此同时,农民工大规模进城务工,农业与非农业就业结构、经济结构的关系相继发生了深刻变化。乡镇企业就业人数从 1991 年的 9600 余万人上升至 1995 年最高峰的 1.35 亿人。1995 年我国买方市场开始形成,1996 年我国农产品供给从总量不足实现了供需基本平衡、丰年有余,1997 年亚洲爆发金融危机,乡镇企业就业人数恰恰在这个时期呈下降趋势,直到 2003 年才恢复到 1995 年的总数,这也是这一阶段农民开始大量进城的主要原因。

四、2003 年以来:转型发展阶段

这一阶段,国家实行城乡关系、工农关系重大改革,着重调整国家、集体与农民的关系。乡镇企业减少与城市企业的趋同性,增强与"三农"的关联度,具有回归农业农村、彰显特色优势的特征。中央在"三农"方面采取了一系列重大措施,吸引大量乡镇企业回归农业、瞄准开发农业资源、彰显特色优势,乡镇企业增加值中,三产比重 10 年提高了 2.21 个百分点,接近 1/4;农产品加工业比重不断提高,2011 年达到 32.5%,接近 1/3;各类乡镇企业园区比重提高,超过 1 万个园区的增加值占到 28%。拥有技术创新中心和研发机构 6.77 万个,比 2002 年增长 50%;中专和技校以上文化程度从业者达到 3600 万人,是 2002 年的 2.8 倍。东部地区下降 3.6 个百分点,中部、西部和东北地区分别提高 2.1 个、0.9 个和 0.6 个百分点。

党的十八大以来,国家实施创新驱动战略和"大众创业,万众创新"战略,并不断向农村延伸拓展,乡镇企业开始走出一条以创新带创业、以创业带就业、以就业带增收的良性互动局面。2017 年年底中央农村工作会议上,习近平总书记高度肯定了乡镇企业的重要贡献,赞扬乡镇企业"异军突起",曾经是众多国家学习的榜样。新时代乡镇企业正在转型升级,涌现了大量由农民领办、开发农村资源、活跃农村二三产业、壮大县域经济、充分带动农民就地就业增收的新型乡镇企业。截至 2018 年年底,乡镇企业总产值达 85 万亿元;乡镇企业数量 3200 万个,其中集体企业 13 万个、私营企业 51 万个、个体工商户 2500 万个,其他为混合所有制企业;

乡镇企业从业人数 1.64 亿人,其中集体企业 350 万人、私营企业 5600 万人、个体工商户 6300 万人,其他为混合所有制企业人数。

第二节　乡镇企业的历史性贡献

乡镇企业率先冲破计划经济体制束缚,加入我国工业化、信息化、城镇化和农业农村现代化进程之中,一度曾在国民经济中"三分天下"、工业经济"半壁江山"、财政贡献"五居其一",为农村经济和县域经济发展积累了"第一桶金"。改革开放以来,国家采取了很多政策措施,为乡镇企业改革发展提供了强大动力。乡镇企业与非农产业发展,为我国市场经济体制的建立,实现国家工业化、城镇化和农业农村现代化作出了历史性贡献。

一、推动市场经济体制建立

改革开放之前,我国实行的是计划经济体制,严重束缚了经济社会发展,国民经济到了崩溃的边缘。改革开放以后,农民兴办的乡镇企业蓬勃发展,有力地促进了社会经济发展。乡镇企业自始秉持要素从市场中来、资源配置由市场来定、产品到市场中去,更是从僵硬的计划经济体制中"挤出一条缝隙、挖出一个洞、打开一扇门来"。最初以乡镇企业为主开辟的市场经济体制和国家计划经济体制双轨运行,此后逐步拓展到由市场配置资源的品种和领域,再到市场在资源配置中起辅助性作用、起基础性作用、起决定性作用,初步建立了以市场作为资源配置决定性力量的体制机制。乡镇企业在市场经济的海洋中摸爬滚打探索实践,积累了丰富经验,倒逼国家不断深化以市场为取向的改革,推进价格、工资、信贷、土地等方面的改革。乡镇企业是我国社会主义市场经济的先导队伍,当年被计划经济的各种订货会拒之门外的乡镇企业,引领我国经济走向了市场、走向了开放。

二、推进国家工业化

改革开放之前,我国形成了城市搞工业、农村搞农业的二元经济社会格局,广大农民被局限在"一亩三分地"上,只能从事农业甚至只能是粮食生产,农民不能参与工业化过程、共享工业化成果。乡镇企业发展起来后,农民自下而上在农村兴办二三产业,将农村各种资源进行整合,吸引城市要素流向农村,逐步打破城乡分割,工农城乡开始步入协调发展轨道,农业、乡镇企业和城市工业都得到了较快发展。乡镇企业在城市工业化之外,开辟了农村工业的新领域,避免了城市工业"瘸腿走路"的弊端,形成了城市工业化、农村工业化并驾齐驱的良好局面,大大加快了我国工业化的进程。

三、推进国家城镇化

改革开放初期,家庭联产承包经营责任制的成功实施,催生出大量的农村富余劳动力。当时农村富余劳动力转移的渠道十分单一,主要靠城市吸纳,但城市吸纳能力极为有限,于是人口在小区域集中、大范围分散成为必然选择。乡镇企业先是在小集镇集聚发展,后来逐步发展成工业园区和产业集群,实行集中连片发展,吸引人口、要素、设施和公共服务的集聚,形成了星罗棋布的小城镇。我国小城镇从改革开放之初的2173个发展到目前的建制镇1.9万个、小集镇1.5万个。一方面,乡镇企业吸引农村富余劳动力就地就近向二三产业转移,为城镇化输送了人力资源,培育了产业大军,乡镇企业累计转移农村富余劳动力1.64亿人以上,对农民人均纯收入贡献达35%;另一方面,为农村和小城镇培育了一大批市场主体,鳞次栉比的小商铺、小工厂成为一些地方的重要市场力量。乡镇企业的发展,为小城镇提供了产业支撑,扩大了就业容量,与城市一起大大加快了我国城镇化的进程。由此看出,没有乡镇企业,就不能走出大中小城市结合、以小城镇为主体的中国特色城镇化道路,就有可能出现农村富余劳动力都到大城市居住的"城市病"和"贫民窟",进而掉入"拉美陷阱",也就不可能有统筹城乡发展、城乡一体化和城乡融合发展格局的形成。

四、推进农业农村现代化

改革开放初期,国家财力有限,对农业投资规模很小,农业外部缺乏强有力的力量拉动。在这样的背景下,乡镇企业从发展之初,就以转移农村富余劳动力和以工补农、建农、带农为己任,在国家尚未能够大规模支持农业的前提下发挥了作用,每年承担以工补农、建农和社会性支出400亿元左右,助推了农村水、电、路、气、房,科、教、卫、文、保等公共性、公益性设施的建设;大量转移农业富余劳动力,在我国人多地少、资源紧缺的背景下,走出了建设农村必须繁荣城镇,发展农业必须发展非农产业;乡镇企业瞄准农业资源,彰显特色优势,大力发展农字号产业,发展农产品加工业、休闲农业、乡村旅游业和现代种养业,为农业注入大量的资金和现代要素。目前乡镇企业产值中,三产比重接近1/4;农产品加工业比重接近1/3,农产品加工业、休闲农业和乡村旅游业在乡镇企业中的占比逐步提高,为促进"三农"问题的解决发挥了重要作用,为中国特色农业农村现代化发展提供了重要支撑。

第三节　乡村非农产业的变迁

随着乡镇企业的发展变化和转型升级,乡村非农产业的结构和布局也发生了深刻变革,形成了新的发展格局。

一、经营方式变迁

从粗放型经营到环境资源刚性约束,从劳动力充分供应到用工难,倒逼乡镇企业转变经营方式,发展新兴产业,高新产业、循环经济、清洁生产迅速成为发展的主流,为乡镇企业创造了新的发展方式。很多乡镇企业的技术进步已从"星期六工程师""借脑生财",到引进、消化、吸收先进技术设备,现在已经发展到技术创新的新阶段。我国的转让专利中,约有60%左右的技术专利被乡镇企业购买;乡镇企业自办科技研发、检测和质量机构,大力发展产学研结合,加以集成创新;不断引进国际先进技术和适用技术,实现消化吸收再创新;大力培养经营管理人才、专业技术人才和职业技能人才。很多乡镇企业正在按照减量化、再利用、资源化的原则,节约能源、节约用水、节约土地、节约材料,加强资源综合利用,推行清洁生产,严格执行环境影响评价制度,积极治理污染项目,保护生态环境,形成了企业内循环、产业内循环和区域内循环的循环经济。这种新变化将为乡镇企业与非农产业的新发展带来新的效益。

二、产权制度变迁

乡镇企业的投资主体从发展初期的乡村集体经济组织,从利润承包、资产滚动增值承包到产权制度改革,转变为以农民个人投资为主,个人独资、私人合伙、股份制、股份合作制等已经成为乡镇企业的主要财产组织形式和所有制形态。2006年乡镇企业全部改制基本完成后,原乡村集体企业80%以上改制成私有企业和股份合作制企业、股份制企业,保留集体所有的形态的不足20%。近年来,随着农民专业合作社的快速发展,建立在农民个人财产权基础上的社区农民联合所有成为一股新的发展力量,股份合作制和股份制将有可能成为乡村企业的重要组成部分或主力军;而原有乡村集体企业,经过改制后,则逐步走向村庄集团化或集团化村庄。

三、行业结构变迁

20世纪70年代,乡镇企业从"五小"工业、建筑建材起步。80年代和90年代前半期,我国的发展主要是解决短缺经济问题。因此,乡镇企业有着与城市企业趋同的产业结构,也曾经有一大批耗能高、污染重、效率低的小企业。随着买方市场的形成,以及国家发展战略和产业政策的变化,我国乡镇企业中的一般性制造业和资源型、污染型产业大多已在竞争中被淘汰,在调控中被关停。但乡镇企业发展没有停步,在结构调整中坚持为农服务,大力发展农产品加工业、休闲农业和乡村旅游等"三农"关联型和特色优势型产业。根据农产品资源优势和市场条件,大力发展加工业、储藏、运输、保鲜、包装和流通业,使得农业延伸产业快速发展,乡镇企业在农业的产后领域迅速站稳了脚跟、扩大了空间。这种新变化为乡镇企业的新发展打造了新的基础,形成了以农产品加工、纺织服装、机械制造、轻工食品、建筑建材、能源化工为主导的产业结构新格局,同时还涌现出一批电子信息、商贸物流、民俗旅游等新兴产业。城市中小企业不仅在传统产业中保持活力,而且在信息、生物、新材料等高新技术以及信息咨询、工业设计、现代物流等服务业中成为新兴力量。城乡产业结构进一步合理调整,分工分业和合作交流进一步加强。

四、产业布局变迁

乡镇企业的发展走过弯路,其中重要的一点就是发展缺乏规划,或是规划未能体现企业集中、产业集聚,有"村村点火、处处冒烟"的现象。过去按照乡村行政区划布局来发展乡镇企业,是违背工业发展规律的,是孤岛式和"孤军深入"的工业化,没有光明的前途。经过多年的结构调整,乡镇企业自发、分散、无序发展的局面得到了有效控制。许多地方有了乡镇企业的产业集中区,有了小城镇聚集区,尤其是温州、苏州、东莞、烟台等地,以产业集群为纽带,以供应链重组为契机,大量引进资金、人才等要素,形成乡镇企业合理的价值链分工,形成了特色鲜明的产业集群。在东部地区和部分中西部地区,已经形成了产业发展、人口聚集、市场扩张、城镇扩大的良性互动局面,有着"共生关系"的企业在协作竞争的基础上发展,这就有更好的分工效应和外部规模效应。目前,经济园区化、园区产业化、产业集群化成为乡镇企业发展的新趋势。任何一个园区的发展和产业的扩大,总是伴随着城镇化的发展、农村基础设施的大规模改造。乡镇企业发展了,县域财政统筹城乡能力就增强了,就增加了农村公共品的供给,农村和城镇基础设施就好了,就能带动农村建设更好地发展。

五、发展地域变迁

随着对外开放和地域开放的不断扩大,乡镇企业发挥机制、资源、劳动力等方面的优势,通过改善投资环境,完善社会化服务,积极招商引资,主动承接国际产业转移,积极参与国际国内产业分工,纷纷搭建国家间、地区间、城乡间和企业间的"产业梯度转移承接平台",实现了外向型经济的超常发展。万向集团、红豆集团、阳光集团、华西集团、南山集团、金锣集团、汇源集团等一批规模大、水平高、效益好的乡镇企业集团在外向型经济中起着支撑作用,培植出了一批中国名牌产品和省级名牌产品,叫响了乡镇企业的品牌,树立了乡镇企业的新形象。同时,东部沿海企业按照互惠互利的原则,在中西部和东北以投资设厂、参股入股、收购兼并、技术转让等多种形式兴办乡镇企业,达到合作双赢、共同发展的目的。很多规模企业不断延长产业链,裂变新企业,带动配件配套企业,形成"雁阵效应"。2008 年全球金融危机后,农村能人和农民工在东部打工后回到中西部地区的家乡创办的小型乡镇企业有 123 万家,农民工回乡创业人员累计达到 520 万人,累计安排 3000 万人就业。农村能人创业、回乡创业和外来投资者创业的大量出现,加速了生产要素的盘活、重组和优化配置,也吸引了外地、城市和国外工商资本大量涌向农村。现在的农村,有了越来越多的本地的和外来的新型劳动密集型产业、生产性服务业和与规模企业配套的产业,正在形成创业带动就业、就业促进创业的格局,这种新变化为乡镇企业的新发展注入了新的活力。

与此同时,很多乡镇企业在积极引进国外资金、技术、装备和稳定增加出口能力的同时,一批有实力的企业,如万向集团、飞跃集团等走出国门,经商办企业,设立研发机构,从产品的出口逐步开始探索资本、技术、管理的输出,从以主要利用国内的资源向利用国内国际两种资源并重转变,企业的生产经营逐步国际化。目前境外办企业达 3578 家,累计投资额 668 亿元。一批企业在国外设立了研究与开发机构,如万向集团在美国设立了技术中心,该集团 20 世纪 80 年代就进入美国汽车零部件维修市场,时至今日,产品已跨出国门,技术和人员走向世界,现已在 7 个国家成立了 10 多家公司。科龙集团将研究与开发的前沿推到了日本。森达集团的设计机构建在意大利。飞跃集团已在世界 16 个国家建立了 17 个境外分公司,飞跃产品有 70% 用于出口,其中 40% 出口到欧美等发达国家。乡镇企业的地域概念更加模糊,融入国民经济乃至全球经济的程度更深更广。

第四节　乡村非农产业在乡村振兴中的作用

习近平总书记指出,乡村振兴要实现乡村产业振兴、人才振兴、文化振兴、生态振兴、组织振兴等五大振兴,并将产业振兴摆在首要位置。产业兴旺是乡村振兴的重要基础,是解决农村一切问题的前提。乡村产业根植于县域,以农业农村资源为依托,以农民为主体,以农村一二三产业融合发展为路径,地域特色鲜明、创新创业活跃、业态类型丰富、利益联结紧密,是提升农业、繁荣农村、富裕农民的产业,对于促进乡村全面振兴具有重要意义。

新时代发展乡村非农产业,要以习近平新时代中国特色社会主义思想为指导,深入贯彻《国务院关于促进乡村产业振兴的指导意见》,牢固树立新发展理念,落实高质量发展要求,坚持农业农村优先发展总方针,以实施乡村振兴战略为总抓手,以农业供给侧结构性改革为主线,围绕农村一二三产业融合发展,与脱贫攻坚有效衔接、与城镇化联动推进,聚焦重点产业,聚集资源要素,强化创新引领,突出集群成链,培育发展新动能,加快构建现代农业产业体系、生产体系和经营体系,推动形成城乡融合发展格局,为农业农村现代化奠定坚实基础。一是加强科学布局,优化乡村非农产业发展空间结构。坚持"创新、协调、绿色、开放、共享"五大发展理念,对乡村产业空间布局进行科学安排。强化县域统筹,推进镇域产业聚集,构建县乡联动、以镇带村、镇村一体的格局,让农民就地就近就业创业,改变原料在乡村、加工在城市的状况。二是促进产业融合,扩大乡村非农产业发展聚合效应。搭建产业发展平台,推动融合发展,形成多主体参与、多要素聚集、多业态发展、多模式推进的融合格局。构建联结机制驱动融合发展,发展农产品精深加工打通融合节点。培育主体带动融合发展,按照跨界配置农业和现代产业要素要求,抓住融合点,延长融合线,扩大融合面。三是发掘资源价值,促进乡村非农产业发展持续提升。坚持把绿色经济理念引入乡村非农产业,做强乡土特色产业,培育休闲旅游精品,让乡村非农产业成为撬动由"绿水青山"转化为"金山银山"的"金杠杆"。四是支持创新创业,增强乡村非农产业发展带动能力。引导"大众创业,万众创新"向农村拓展延伸,鼓励抱团创业、联合创业、集群创业、链条创业,壮大创新创业群体,搭建创新创业平台推动升级,引导返乡入乡在乡人员创新创业,以创新带动创业,以创业带动就业,以就业带动增收。

乡村非农产业作为农民就地进入二三产业的载体、工业反哺农业的重要力量、乡村和城镇双轮发展的重要支撑,具备乡土性、内生性,在服务"三农"中的功能和作用更直接、更突出,在实施乡村振兴战略和实现农业农村现代化中的地位更重要、更明显。乡村非农产业要在五个方面作贡献。一是要在产业兴旺上提供新支撑。通过乡村非农产业,引进和培育更多的就业创业主体,建设乡村人才队伍;培育新产业新业态新模式,壮大乡村优势特色产业,根据产粮村、特色村、城边村、工贸村、生态村、古村落村的不同资源禀赋,宜农则农、宜工则工、宜商则商、宜旅则旅,支持能人返乡、企业兴乡和市民下乡促进就业创业;推动城乡要素双向流动,实现人才、资源、产业向乡村汇聚,构建城乡融合发展的体制机制。二是要在生态宜居上打造好样板。通过乡村非农产业,把绿色发展作为指导产业可持续发展的根本要求,引导产业由资源消耗型向环境友好型转变。践行"绿水青山就是金山银山"的重要思想,建立低碳、低耗、循环、高效的绿色加工体系,大力发展绿色休闲旅游,实现增效增绿增收,经济社会生态效益有机统一。积极发展电子商务等新业态新模式,加快发展休闲农业和乡村旅游,拓宽产业融合发展途径。积极推进美丽乡村建设,美化山水林田湖草,构建天人共美、相生共荣的生态共同体,打造望山看水忆乡愁的好去处,提供更多优质生态产品,不断满足人民日益增长的优美生态环境需要。三是要在乡风文明上树立新风尚。通过乡村非农产业,不断提升休闲农业和乡村旅游发展水平,传承农耕文明,加强农耕文化和农业文化遗产保护传承,发掘民俗文化,拯救村落文化,弘扬乡贤文化,讲好乡村故事,复兴乡风文明,推进休闲旅游主体多元化、业态多样化、设施现代化、发展集聚化、服务规范化,提高中高端乡村休闲旅游产品供给能力,让人民群众有更多的获得感、幸福感、安全感。四是要在治理有效上作出新贡献。通过乡村非农产业，兼顾农村社区成员就业、居民福利再分配、社区公共物品提供等，使企业与社区和村民间的关系不同于城市企业与社区和居民的市场化关系；优先培养人才，把人才作为乡镇企业的核心要素，激励各类人才在农村广阔天地大施所能、大展才华、大显身手；缓解"三留守"问题，促进青壮年劳动力在农村就业创业并兼业农业，防治村庄"空心"化和劳动力老弱化；防止农村萧条衰败，促进乡村经济多元化发展，促进乡村治理实现法治、德治、自治的统一。五是要在生活富裕上开辟新渠道。通过乡村非农产业，推动劳动力"就地""异地""进城"等多渠道转移；立足农业资源优势，积极参与现代农业建设，在农业前端和后端站稳脚跟，推动"四化"同步；通过产品在城乡间自由流动和初级分配的收入调节，弥补农村的社会福利损失；通过提供门槛偏低、灵活性相对高的就业岗位，为周期性、摩擦型失业的回乡农村劳动力找到新的出路；提升质量水平，培育品牌，缓解农户分散经营带来的诸多问题。

第十四章　农村劳动力转移就业与农民工市民化

农业人口向城镇转移,是一国现代化的必经过程。从发达国家的经验来看,一个国家要真正完成农村劳动力及人口转移、实现农业转移人口市民化,需要一百年左右的时间。从新中国成立开始进入工业化阶段算起,我国农业转移人口市民化进程也需要近百年的时间。由于特殊的城乡二元体制,我国农业转移人口市民化主要表现为农民工的市民化。农民工这一深深烙有中国特色的巨大群体,对形成我国低成本竞争优势,推进城镇化和城乡一体化发展,深化经济体制改革都作出了历史性的贡献。党的十八以来,农民工市民化总体目标和实施路径进一步明确,顶层制度设计基本完成,配套政策体系不断完善,农民工及其家属在城镇落户定居的数量稳定增长,享受的基本公共服务水平大幅提升,农民工市民化取得了新的历史性成就。但是,农民工"不彻底"的转移、"半拉子"的城镇化,对于我国经济结构转型升级,对于"四化同步"发展,对于国家现代化的影响也日益显现。必须从实现"两个一百年"奋斗目标的战略高度,更加重视农村劳动力转移和农民工市民化,将其融入"五位一体"总体布局和"四个全面"战略布局,进一步深化城乡体制机制改革,持续推进农村劳动力转移和农民工市民化,实现新型城镇化与农业农村现代化同步发展、相互促进。

第一节　新中国成立以来农村劳动力转移的历程

一、新中国成立到改革开放初期的农村劳动力转移

第一阶段是 1950—1957 年,农村人口能在城乡之间较为自由地流

动,城乡多种经济成分并存,就业途径较多,城市人口增长的60%来自农村。但随着粮食统购统销制度的实行,开始制约农村劳动力向城市转移。

第二阶段是1957—1963年,农村劳动力转移大起大落。1958年发起"大跃进"、大炼钢铁运动,一年里务农劳动力由1.92亿人下降到1.51亿人,从农业转出劳动力4082万人,农业劳动力占全部劳动力的比重由81.2%下降到58.2%,下降了23个百分点。1960—1961年,由于工业产值的大幅下降,导致劳动力由二三产业向农业强制回流,其中城镇返回农村2000多万人。到1963年,二三产业就业人数比1957年下降了5%,而农业劳动力占比上升到82.5%,高于1957年1.4个百分点。

第三阶段是1963—1978年,这一时期由于实行城乡分割的二元户籍制度,将城乡居民区分为"农业户口"和"非农业户口"两种不同户籍,规定农村户籍居民非经政府正式许可不能迁入、进入城市,农村劳动力转移受阻。同时,由于城市就业问题突出,大量城市青年下乡。到1978年,农业劳动力占全部劳动力的比重达73.8%,仅比1957年下降7.4个百分点,而农业劳动力绝对量却增加1亿多人,农村存在大量隐性剩余劳动力。

总体来看,从新中国成立到改革开放初期,农村劳动力转移波动性较大,特别是1963—1978年农村劳动力转移受到严格限制,导致农村劳动力剩余问题严重。但也要看到,正是大量剩余劳动力的存在,才为改革开放后大规模劳动力转移、支撑工业化城镇化快速发展奠定了基础。

二、改革开放以后农村劳动力转移的四个阶段

改革开放以来,农民工规模总体保持增长态势,数量从1983年的约200万人增加到2018年的2.88亿人,增长了近144倍。受国内、国际诸多因素的影响,农村劳动力转移和农民工发展在时间上表现为较强的阶段性,不同阶段的政策基调、流动方式、增长速度也不同。根据这些因素,可以将改革开放以来我国农村劳动力转移和农民工市民化分为四个阶段。

（一）20世纪80年代：以离土不离乡为主

这一阶段，政策基调是消除农民"离土"的限制，允许农民"离土不离乡，进厂不进城"，农民工以就地转移为主，乡镇企业是农民工就业的主要渠道。农民工数量从20世纪80年代初期的200万人左右发展到1989年的3000万人左右，年均增长约50%。

20世纪80年代初期流动规模很小，流动半径也较小。这一时期，随着农村家庭承包制度的确立，农业生产效率提高，农业劳动力隐性剩余显性化，农民工流动开始产生，但总体上仍处于个别零散状态。较早产生及吸收农民工的地区集中在沿海发达地区省市，如广东、浙江等。80年代中期开始较大规模往乡镇企业流动。在国家政策的鼓励下，80年代乡镇企业异军突起，企业数量从1980年的142万家增加到1989年的1868万家，大批农民工进入乡镇企业就业。1983—1988年，乡镇企业共吸纳农村劳动力6300万人。① 这个时期流动到乡镇企业的主要是本地的农村剩余劳动力。

跨省流动的人数逐渐增加，但比重较小。20世纪80年代中后期，城市第二、第三产业迅猛发展，对劳动力提出了旺盛的需求，"离土又离乡，进厂又进城"的农民工开始出现。1984年，中国社会科学院《社会学通讯》首次使用"农民工"一词，随后这一称谓逐渐被广泛使用。随着沿海地区经济的快速发展，农民工跨省异地就业逐渐增加。1989年的农民工人数为3000万人左右，其中跨省流动的人数约700万人，占23%，比重仍然较小。

（二）20世纪90年代：以离土又离乡为主

这一阶段，政策基调是消除农民"离乡"的限制，允许农民跨地区流动和进城打工。由于乡镇企业发展趋缓，各种限制劳动力跨地区转移的制度逐渐放开，农民工以跨地区异地流动为主，城市二、三产业成为农民工就业的主要渠道。

农民工规模迅速扩张。1992年，邓小平同志南方谈话掀起了我国改

---

① 国务院研究室课题组编：《中国农民工调研报告》，中国言实出版社2006年版。

革和发展的又一高潮。民营经济迅速发展,外商和港澳台投资快速增长,沿海地区发展尤为迅速。这些非国有经济部门的快速增长产生了巨大的劳动力需求,农民工流动进入了一个高潮期。外出农民工数量从20世纪90年代初期的6000万人左右发展到21世纪初期的1亿人左右,数量年均增长15%左右。农民工流动范围扩大,跨省流动比重大幅上升。由于乡镇企业增长放缓,20世纪90年代乡镇企业吸纳就业的能力明显下降。受此影响,更多的农村剩余劳动力跨地区流动,农民工流动范围扩大,跨省流动比重大幅上升。1993年全国跨省流动的农民工比重达到35.5%,2001年又进一步上升到44%,而在县域以内就业的农民工比重下降到1/3以下。

农民工流向相对集中。在区域流向方面,以不发达地区向发达地区、农村向城市流动为主;在产业流向方面,95%以上的外出农民工进入城市二、三产业。从地域来看,东部沿海地区,尤其是广东、浙江、江苏、北京、上海等沿海发达地区,是农民工流入的主要区域;而中西部地区是主要的流出地,四川、安徽、湖北、湖南、江西、河南等是流出大省。

(三)21世纪初期到2013年:以提升农民工公共服务水平为主

进入21世纪后,我国农民工工作进入了一个重大转折期。对农民工的认识取得重大升华,明确了农民工是工人阶级的一部分。农民工政策基调转向保障农民工合法权益和提升基本公共服务水平。2002年中央提出了对农民进城务工就业实行"公平对待,合理引导,完善管理,搞好服务"的方针,2003年以后的历年中央一号文件都对做好农民工工作作出了规定,特别是2006年颁布了《国务院关于解决农民工问题的若干意见》,形成了较为完整的农民工工作政策体系。各地区各部门将农民工工作摆在重要位置,突出解决好转移培训、权益维护、社会保险、子女入学等农民工最关心、最直接、最现实的利益问题,在推进农民工市民化方面进行了很多有益的探索。

尽管受全球金融危机的影响,2008年农民工就业出现较大波动,但很快恢复,农民工数量总体保持稳定增长。2003—2013年,外出农民工数量从1.14亿人增长到1.66亿人,年均增加520万人左右,增速下降但相对稳定。如果加上本地农民工(10284万人),2013年农民工总量达到2.69亿人。从流向来看,农民工继续向沿海地区和城市二三产业集中,服务业就业的比重明显上升,农民工返乡创业开始出现。农民工工资持续快速增长,在城镇享受到的公共服务水平大幅提升,获得的增长红利和改革红利大幅增加。

(四)2013年以来:以农民工市民化为主

党的十八大报告把新型城镇化作为推进经济结构战略性调整的重要内容,明确提出要加快改革户籍制度,有序推进农业转移人口市民化,努力实现城镇基本公共服务常住人口全覆盖。党的十八届三中全会通过的《中共中央关于全面深化改革若干重大问题的决定》对完善城镇化发展体制机制作出了系统部署,强调要坚持走中国特色新型城镇化道路,推进以人为核心的城镇化,主线是推进农业转移人口市民化,逐步把符合条件的农业转移人口转为城镇居民。党的十九大再次强调,要以城市群为主体构建大中小城市和小城镇协调发展的城镇格局,加快农业转移人口市民化进程。

2014年印发的《国家新型城镇化规划(2014—2020年)》提出了农民工市民化的总体目标,明确了推动农业转移人口在城镇落户和基本公共服务向常住人口全覆盖"两条腿"走路的思路。随后,户籍制度改革、居住证制度、人钱挂钩、人地挂钩、进城农民"三权"维护和自愿有偿退出机制等配套政策陆续出台。2016年2月,印发《国务院关于深入推进新型城镇化建设的若干意见》,进一步降低落户门槛,全面实行居住证制度,农民工市民化的制度体系基本建立,政策环境发生了历史性变化。

与此同时,我国经济发展进入新常态,经济结构、经济布局出现深刻调整,人口结构和城乡关系出现深刻变化,农民工就业流向、总体供求关系、市民化意愿也正在发生深刻变化。农民工数量增长继续放缓。2013—2018年,全部农民工数量从2.69亿人增加到2.88亿人。其中,外出农民工从1.66亿人增加到1.73亿人,年均增加140万人(见表14-1)。①

---

① 2011—2018年,外出农民工增速呈逐年回落趋势,增速分别为3.4%、3.0%、1.7%、1.3%、0.4%、0.3%、1.5%和0.5%。

表 14-1 2008—2018 年我国农民工数量变化情况 （单位:万人）

年份	农民工总量	外出农民工	本地农民工
2008	22542	14041	8501
2009	22978	14553	8445
2010	24223	15335	8888
2011	25278	15863	9415
2012	26261	16336	9925
2013	26894	16610	10284
2014	27395	16821	10574
2015	27747	16884	10863
2016	28171	16934	11237
2017	28652	17185	11467
2018	28836	17266	11570

本地农民工数量增长加快,就近就地市民化呈加快发展态势。2013—2018 年,本地农民工数量年均增长 257 万人,是外出农民工数量的 2 倍左右。本地农民工数量增长,对全部农民工数量增长的贡献率达到 66%,是农民工数量增长的主导力量,也是农民工进城落户的重要贡献力量。

三、农民工为我国经济社会发展作出了巨大贡献

农民工队伍的产生和壮大,是继农村家庭承包制度和乡镇企业之后,中国农民的又一伟大创造,是解放农村社会生产力的又一伟大创举。改革开放 40 多年来,农民工为我国深化改革,扩大开放,推动科学发展,加快工业化和城镇化进程,推进社会主义新农村建设,作出了特殊的历史贡献。农民工群体的出现,正在改变中国的经济社会基本格局,并将对未来经济社会发展产生全局性、战略性、历史性的影响。

(一)促进了我国工业化的发展

农民工在传统体制之外开辟了一条工农之间、城乡之间生产要素流动的新通道,为城市二、三产业发展提供了源源不断的低成本劳动力,满

足了工业化进程加快对劳动力的需求。农民工的大量进入,填补了制造业、建筑业、餐饮业和服务业等劳动密集型产业的岗位空缺。目前,农民工占我国建筑业劳动力的90%、煤矿采掘业的80%、纺织服装业的60%、城市一般服务业的50%,已经成为产业工人的主力军。中国加入世界贸易组织以后,较低成本的劳动力优势成为我国获取和保持国际竞争力的重要基础,为我国把握机遇、承接国际产业转移创造了条件,使我国迅速成为"世界工厂"。

(二)支撑了我国城镇化的发展

从第五次人口普查开始,我国将进城就业、居住半年以上的流动人口(主体是农民工)计入城镇常住人口。按照这一口径计算,目前,不到4个城镇常住人口中就有1个是外来流动人口。这说明,近年来我国城镇化水平的提高主要是依靠农民工进城就业。2018年年末,进城农民工及其随迁家属17567万人,占城镇常住人口的21%,如果再加上本地农民工在集镇常住的人口,这一比重更大。分城市来看,进城农民工及其随迁家属在500万人口以上城市居住的为5583万人,在300万—500万人口城市居住的为2378万人,在100万—300万人口城市居住的为2325万人,在50万—100万人口城市居住的为1935万人,在50万人口以下城市居住的为5346万人。从发展趋势来看,近两年农民工进入100万人以下城市的数量呈增长态势,成为中小城市和小城镇人口城镇化的重要支撑力量。

(三)推动了改革的不断深化

农民工跨地区流动就业蕴含着深刻的体制变革因素,是推动改革的重要力量。农民工的巨大浪潮冲破了劳动力市场的城乡界限、地域界限和部门界限,促进了我国劳动力市场的发育,促进了劳动用工制度的改革,促进了通过市场合理配置劳动力资源机制的形成。蔚为壮观的"民工潮"也为繁荣市场、搞活经济、扩大开放发挥了重要作用,从而整体上推动了市场经济的全面发展。农民工大规模、大范围跨区域流动,增强了整个社会的生机和活力,极大地推动了政府职能和管理方式的转变。在解决农民工问题中,各级政府的职能定位、管理理念、行为方式也都悄然发生变化,传统的户籍制度、劳动就业制度和社会保障制度正在发生积极变革,农民进城务工成为推动城乡二元结构改革的重要力量。

(四)促进了城乡融合发展

农民工一头连着农村,一头连着城市,促进了城乡之间劳动力和资金双向流动,既推动了城市经济的发展,也为农村经济发展注入了新的活力。外出务工已成为农民增加收入的重要来源。工资性收入占农民人均纯收入的比重由2005年的36%提高到2010年的41%,提高了5个百分点;2005—2010年工资性收入对农民增收的平均贡献率达到47.2%,对中高收入以下家庭增收的贡献达到50%左右。农民工工资收入的持续增长,已经成为缩小城乡收入分配差距的重要途径,对于逐步提高居民收入在国民收入分配中的比重和劳动报酬在初次分配中的比重也发挥了重要作用。在城市就业的农民工适应了现代生产方式的管理模式,开阔了视野,积累了经验,提升了农村人力资本水平。一批批进城务工的农民,带着资金技术回乡创业,成为农村经济发展的一支新生力量。近年来,农民工在东部地区就业增长放缓,在中西部地区和省内就业增长加快,出现了从东部地区向中西部地区回流的趋势,初步形成的“输出劳务—积累生产要素—返乡创业”的发展模式,使落后地区获得了发展的外源力量和造血功能,推动了不发达地区乡村产业和县域经济的壮大,为乡村振兴注入了新动能。农民外出务工减少了单位土地面积上的劳动人数,为促进农业规模经营、提高农业劳动生产率,发展现代农业创造了必要条件。

(五)推动了我国社会结构转型

社会结构的不断分化与整合是社会发展和现代化的主要内容和根本动力。改革开放前,我国农村社会是一个“超稳定结构”:经济上的均贫、政治上的同质、文化上的单一和社会上的封闭。除了参军、升学、招工等形式外,城乡之间的人员流动基本被隔绝,农村社会的流动性严重不足。农民工的产生和发展,使农村人口的流动性越来越强,无论是从职业角度,还是从拥有经济资源的角度,农民已经不再是原来意义上的农民,农民不再是一致的均质性社会群体,农村也不再是单一的同构性社会。大规模农民工群体进城就业不仅让农民更好地认识了城市,也让城市能近距离接触农民,加强了城乡之间全方位的交往。农民工在城镇稳定就业和稳定居住,有利于社会成员向更高社会阶层流动,逐步形成较为稳定的"两头小、中间大"的橄榄型社会结构,促进我国由传统的农业社会加快向现代社会转变。

第二节 农民工发展诉求的转变与农民工市民化的进展

一、农民工整体上已从就业谋生向融入城市转变

(一)农民工在城镇就业和居住的稳定性增强,流动的"家庭化"趋势明显

随着时代的发展,农民工日益注重家庭成员的团聚、子女的教育以及家庭生活水平的改善,流动"家庭化"和居住稳定性的趋势明显,举家外出、完全脱离农业生产和农村生活环境的农民工已经占到一定比例。国家统计局公布的《2014 年全国农民工监测调查报告》显示,在 2014 年外出农民工中,举家外出农民工 3578 万人,占全部外出就业农民工(16821万人)的 21.3%。国家卫计委流动人口司 2013—2015 年的调查数据显示,举家外出农民工的比例持续较快上升,越来越多的流动家庭开始携带老人一起流动。《2018 年农民工监测调查报告》显示,在 2018 年进城农民工中,38%认为自己是所居住城镇的"本地人",与 2017 年持平。其中已定居农民工中该比例为 79.2%,对所居住城镇高度认同。

同时,农民工在现居住地稳定居住的持续时间逐年增加,"移民"倾向渐趋明显,相当一部分已经成为事实的"移民"。国家卫计委流动人口司的调查数据显示,2013 年流动人口在外流动时间平均为 4.36 年,2015年平均为 4.40 年,在本地居住时间超过 5 年、10 年的流动人口比例分别达到 37%和 14.4%。

(二)农民工市民化意愿增强

影响农民工市民化意愿的因素有很多,主要包括:(1)年龄特征。一

般认为,第一代农民工返回户籍地发展的意愿更强,而"80后""90后"农民工在流入地发展的意愿更强。(2)教育程度。人力资源理论和迁移流动理论的研究表明,教育程度越高,农民工越倾向于在流入地发展;而教育程度越低,农民工越愿意回户籍地发展。(3)流入时间。社会融入理论发现,在流入地的居留时间越长,农民工对当地的社会形态、生活方式等越适应,他们越愿意留下来发展;而流入时间越短,农民工受流出地的影响越大,就近市民化的意愿越强烈。(4)收入水平。农民工家庭收入水平是决定他们发展意愿的重要因素,收入越高,他们在流入地的居住、教育、医疗、消费等行为越可能得到满足;而收入越低,农业转移人口就越倾向于回到户籍地生活和发展。(5)社会保障。有无医疗、养老、失业、工伤等保险也是农民工选择定居区域的重要因素。

随着农民工收入水平、文化程度,以及公共服务水平的提升,其市民化意愿也持续增强。国务院发展研究中心课题组 2010 年的调查表明,近25%农民工想在务工地的城市或城镇定居成为市民。其中 16.5%的人打算在务工地所在的城镇定居,23.7%的人打算在务工地所在的城市定居,二者合计达到 40.2%;另有 10.4%的人打算回家乡的城市定居,8.2%的人打算回家乡的城镇定居。

国家卫计委流动人口司 2014 年的调查数据[①]表明,从长期居住意愿来看,有 56.0%的农业转移人口打算在流入地长期居住。从迁户意愿来看,有 54.5%的农业转移人口愿意把户口迁入流入地。其中,愿意迁入户籍比例最高的是举家外出农业转移人口,高达 63%。从流向来看,跨省流动人口打算在流入地长期居住的比例为 49.7%,愿意把户口迁入流入地的比例为 52.1%。其中,"80后"、大学专科及以上学历、流入 5 年以上、家庭收入水平较高,有流入地社会保险的流动人口在流入城市发展的意愿较强。省内跨市人口打算在流入地长期居住的比例为 60.4%,愿意把户口迁入流入地的比例为 54.0%。其中,"80后"、大学专科及以上学

---

① 调查地区包括上海市松江区、江苏省苏州市和无锡市、湖北省武汉市、湖南省长沙市、陕西省西安市和咸阳市、福建省泉州市,有效样本共计 14920 名农业转移人口。

历、流入 10 年以上、家庭收入在万元以上的流动人口在流入地发展的意愿较强。市内跨县人口打算在流入地长期居住的比例为 58.5%,愿意把户口迁入流入地的比例为 50.2%(见表 14-2)。

表 14-2　不同流向农业转移人口的发展意愿　　　(单位:%)

发展意愿	跨省流动人口	省内跨市人口	市内跨县人口
打算在流入地长期居住	49.7	60.4	58.5
愿意把户口迁入流入地	52.1	54.0	50.2

(三)新生代农民工成为主体,融入城市的意愿更为强烈

目前,1980 年及以后出生的新生代农民工占全国农民工总量的 51.5%。其中,"80 后"占 50.4%;"90 后"占 43.2%;"00 后"占 6.4%。多数新生代农民工不具备从事农业生产的技能,不会再回到农村。虽然在户籍上还是归属于农民,但他们中的多数人在城市成长甚至出生在城市,在心理上已经从上一代农民工的"城市过客"心态变成了"城市主体"心态。新生代农民工对土地的情结弱化,思想观念、生活习惯、行为方式已日趋城市化,渴望市民身份认同、待遇平等及融入城市,已经由"亦工亦农"向"全职非农"转变,由"城乡双向流动"向"融入城市"转变,由"寻求谋生"向"追求平等"转变。

国务院发展研究中心课题组 2010 年的调查数据表明,新生代农民工近七成是夫妻同时外出,近五成携带子女随迁。国家卫计委流动人口司 2015 年的调查数据显示,近 9 成已婚新生代流动人口(主体是农民工)是夫妻双方一起流动,与配偶、子女一起流动的约占 60%。可见,新生代农民工更加注重家庭团圆和子女教育。

国家卫计委流动人口司 2014 年的调查数据还表明,"80 后"农业转移人口有近 60%打算在流入地长期居住,高于平均水平。由于收入水平较低,"90 后"农业转移人口打算在流入地长期居住的比例较低,但仍达到 45%左右(见表 14-3)。

表14-3　不同年龄段农业转移人口的发展意愿　　　（单位:%）

农业转移人	不同群体		
	第一代农业转移人	"80后"农业转移人	"90后"农业转移人
是否打算在流入地长期居住			
是　56	57.2	58.9	44.4
否　44	42.8	41.1	55.6
是否愿意把户口迁入流入地			
是　54.5	53.4	58.4	47.4
否　45.5	46.6	41.6	52.6

二、农民工市民化的制度框架已基本建立

（一）顶层制度设计基本完成

党的十八届三中全会通过的《中共中央关于全面深化改革若干重大问题的决定》,进一步明确了新型城镇化在国家发展战略中的重要地位,明确了农业转移人口市民化是国家新型城镇化战略的首要任务。2014年出台的《国家新型城镇化规划(2014—2020年)》,将推进农业转移人口市民化作为新型城镇化四大战略任务之首,明确了农业转移人口市民化的总目标①,提出了推进符合条件农业转移人口落户城镇、推进农业转移人口享有城镇基本公共服务、建立健全农业转移人口市民化推进机制三大任务。围绕这三大任务,相关部委先后就户籍制度改革、实施居住证制度、人钱挂钩、人地挂钩、实现基本公共服务向常住人口全覆盖出台了一系列政策措施。2016年2月印发的《国务院关于深入推进新型城镇化建设的若干意见》,进一步要求从两个方面推进农业转移人口市民化:一方面,要落实国务院户籍制度改革意见,为农民落户拓宽渠道;另一方面,要通过居住证制度提高居住证持有人的基本公共服务。

---

①　到2020年,常住人口城镇化率达到60%左右,户籍人口城镇化率达到45%。户籍人口城镇化率与常住人口城镇化率差距缩小2个百分点,这意味着到2020年需要1亿非户籍人口在城市落户。

（二）落户政策改革不断取得突破

2014 年 7 月印发的《国务院关于进一步推进户籍制度改革的意见》,明确提出要创新人口管理,加快户籍制度改革,全面放开建制镇和小城市落户限制,有序放开中等城市落户限制,合理确定大城市落户条件,严格控制特大城市人口规模,建立城乡统一的户口登记制度和居住证制度。同年颁发的《国务院关于进一步做好为农民工服务工作的意见》,要求进一步推进户籍制度改革,实施差别化落户政策,促进有条件有意愿、在城镇有稳定就业和住所(含租赁)的农民工及其随迁家属在城镇有序落户并依法平等享受城镇公共服务。2014 年《政府工作报告》提出着重解决"三个 1 亿人"城镇化问题,即促进约 1 亿农业转移人口落户城镇,改造约 1 亿人居住的城镇棚户区和城中村,引导约 1 亿人在中西部地区就近城镇化。2016 年 9 月,国务院办公厅印发实施《推动 1 亿非户籍人口在城市落户方案》,明确把农村学生升学和参军进入城镇的人口、在城镇就业居住 5 年以上和举家迁徙的农业转移人口以及新生代农民工作为落户重点群体,并对调整完善各类城市的落户政策提出原则性要求。同年,《国务院关于深入推进新型城镇化建设的若干意见》印发,进一步调整完善超大城市和特大城市落户政策,根据城市综合承载能力和功能定位,区分主城区、郊区、新区等区域,分类制定落户政策。除超大城市和特大城市外,其他城市不得采取要求购买房屋、投资纳税、积分制等方式设置落户限制。之后,每年的《推进新型城镇化建设重点任务》,都把促进农业转移人口在城镇落户作为重大任务,不断降低落户门槛。

党的十八大以来国家层面推进户籍制度改革的主要政策,如表 14-4 所示。

表 14-4　党的十八大以来国家层面推进户籍制度改革的主要政策

时　间	文　件	主　要　内　容
2012 年 11 月	党的十八大报告	加快改革户籍制度,有序推进农业转移人口市民化,努力实现城镇基本公共服务常住人口全覆盖

续表

时　间	文　件	主　要　内　容
2013年11月	《中共中央关于全面深化改革若干重大问题的决定》	推进农业转移人口市民化,逐步把符合条件的农业转移人口转为城镇居民。创新人口管理,加快户籍制度改革,全面放开建制镇和小城市落户限制,有序放开中等城市落户限制,合理确定大城市落户条件,严格控制特大城市人口规模。稳步推进城镇基本公共服务常住人口全覆盖,把进城落户农民完全纳入城镇住房和社会保障体系,在农村参加的养老保险和医疗保险规范接入城镇社保体系
2013年12月	《中央城镇化工作会议公报》	从目前我国城镇化发展要求来看,主要任务是解决已经转移到城镇就业的农业转移人口落户问题,努力提高农民工融入城镇的素质和能力。推进农业转移人口市民化要坚持自愿、分类、有序,充分尊重农民意愿,因地制宜制定具体办法,优先解决存量,有序引导增量
2014年3月	《国家新型城镇化规划(2014—2020年)》	(至2020年)城镇化健康有序发展,常住人口城镇化率达到60%左右,户籍人口城镇化率达到45%左右,户籍人口城镇化率与常住人口城镇化率差距缩小2个百分点左右,努力实现1亿左右农业转移人口和其他常住人口在城镇落户
2014年7月	《国务院关于进一步推进户籍制度改革的意见》	按照"全面放开建制镇和小城市落户限制、有序放开中等城市落户限制、合理确定大城市落户条件和严格控制特大城市人口规模"的原则调整户口迁移政策。建立城乡统一的户口登记制度。取消农业户口与非农业户口性质区分和由此衍生的蓝印户口等户口类型,统一登记为居民户口,体现户籍制度的人口登记管理功能
2015年2月	《关于全面深化公安改革若干重大问题的框架意见》	扎实推进户籍制度改革,取消暂住证制度,全面实施居住证制度,建立健全与居住年限等条件相挂钩的基本公共服务提供机制。落实无户口人员落户政策。建立户口迁移网上流转核验制度和居民身份证异地受理制度,方便异地办理户口和身份证
2015年11月	《居住证暂行条例》	公民离开常住户口所在地,到其他城市居住半年以上,符合有合法稳定就业、合法稳定住所、连续就读条件之一的,可申领居住证。持证人凭居住证在居住地居住和享受基本公共服务和便利
2016年3月	《中华人民共和国国民经济和社会发展第十三个五年规划纲要》	优先解决农村学生升学和参军进入城镇的人口、在城镇就业居住5年以上,举家迁徙的农业转移人口、新生代农民工落户问题。健全财政转移支付同农业转移人口市民化挂钩机制,建立城镇建设用地增加规模同吸纳农业转移人口落户数量挂钩机制,建立财政性建设资金对城市基础设施补贴数额与城市吸纳农业转移人口落户数量挂钩机制

续表

时 间	文 件	主 要 内 容
2018 年 3 月	《国家发展改革委关于实施 2018 年推进新型城镇化建设重点任务的通知》	继续落实 1 亿非户籍人口在城市落户方案,加快户籍制度改革落地步伐,促进有能力在城镇稳定就业生活的新生代农民工、在城镇就业居住 5 年以上和举家迁徙的农业转移人口、农村学生升学和参军进入城镇人口在城市举家落户,鼓励对高校和职业院校毕业生、留学归国人员及技术工人实行零门槛落户
2019 年 4 月	《国家发展改革委关于印发〈2019 年新型城镇化建设重点任务〉的通知》	继续加大户籍制度改革力度,在此前城区常住人口 100 万人以下的中小城市和小城镇已陆续取消落户限制的基础上,城区常住人口 100 万—300 万人的 II 型大城市要全面取消落户限制;城区常住人口 300 万—500 万人的 I 型大城市要全面放开放宽落户条件,并全面取消重点群体落户限制。超大特大城市要调整完善积分落户政策,大幅增加落户规模、精简积分项目,确保社保缴纳年限和居住年限分数占主要比例
2019 年 5 月	《中共中央国务院关于建立健全城乡融合发展体制机制和政策体系的意见》	健全农业转移人口市民化机制。有力有序有效深化户籍制度改革,放开放宽除个别超大城市外的城市落户限制。加快实现城镇基本公共服务常住人口全覆盖

各省、自治区、直辖市按照中央要求,均制定出台了自身的户籍制度改革方案。总体来看,各省区的户籍制度改革实施意见均贯彻中央精神,并在此基础上结合本省区实际情况进行了较大力度的突破。多数城市也已经制定了本级的户籍制度改革方案和细则,根据其户籍放开的力度可以大体分为三类。

第一类是以直辖市、部分省会城市为代表的大城市和特大城市。按照国家"严格控制特大城市人口规模"的原则,这类城市的户籍均未实现放开,一般是在科学控制人口规模的同时,通过实施居住证制度推进公共服务覆盖。

第二类是发达地区省区中等及以下城市。包括广东珠三角城市、长三角的苏南地区和浙江等地城市,由于外来农民工占常住人口比重较高、公共服务压力大,未能实现户籍完全放开。如广东珠三角城市均采取积分落户,长三角的苏南和浙江城市一般要求购房或达到"人才"的要求才能落户。

第三类是不发达省区中等及以下城市。包括了我国大部分的城市和城镇,都已经降低了落户门槛,只要满足就业、居住(含租赁)、社保等一定的条件就可以落户。以河北省邯郸市为例,农民工在县级市市区、县政府驻地镇和其他建制镇可直接申请落户,在中心城区签订劳动合同并参加城镇职工基本养老保险一年以上的可申请落户,均无购房的要求。

(三)居住证制度开始实施

在我国新的户籍制度改革实践中,居住证已成为一个重要的政策工具。居住证制度适应了我国农民工市民化新的时代需要。一方面,如北京、上海这样的一些城市,由于人口、资源压力已经逼近极限,不可能将所有的农民工都纳入城市户籍;另一方面,在很多城市和城镇,尽管户籍大门已经放开,但农民工由于担心失去家乡土地等权利,不愿意转化户籍。居住证制度正是适应了这一背景变化,它能使广大农民工在不迁入户籍的情况下也可以享受到城镇基本公共服务,融入务工城镇的生活。

2016年1月,国务院正式颁布出台《居住证暂行条例》,明确规定居住证持有人在居住地享有义务教育、基本公共就业服务、基本公共卫生服务和计划生育服务、公共文化体育服务、法律援助和其他法律服务和国家规定的其他基本公共服务6项基本公共服务,同时享有按照国家有关规定办理出入境证件;按照国家有关规定换领、补领居民身份证;机动车登记;申领机动车驾驶证;报名参加职业资格考试、申请授予职业资格;办理生育服务登记和其他计划生育证明材料;国家规定的其他便利7大便利。

《国务院关于深入推进新型城镇化建设的若干意见》要求全面实行居住证制度。一要制度全覆盖,保障居住证持有人在居住地依法享有6项基本公共服务和7大便利。二要领取无门槛,不能设前提条件。三要提高含金量,鼓励地方各级人民政府根据本地承载能力不断扩大对居住证持有人的公共服务范围并提高服务标准,缩小与户籍人口基本公共服务的差距。

截至 2017 年 10 月底,全国 31 个省(区、市)均已制定或修订居住证制度具体实施办法,以居住证为载体的城镇基本公共服务提供机制基本建立。各地居住证发证量稳步增加,一些地区在国家规定的基础上增加了地方性的公共服务项目,提高居住证的含金量。

(四)配套政策逐步健全

一是制定出台人钱挂钩政策。2016 年 7 月,印发实施《国务院关于实施支持农业转移人口市民化若干财政政策的通知》,提出了 10 个方面的财政支持政策,建立中央和省级财政农业转移人口市民化奖励机制,调动地方政府推动农业转移人口市民化的积极性,并确保中西部财政困难地区财力不因政策调整而减少。

二是制定出台人地挂钩政策。2016 年 9 月,国土资源部等 5 部委联合印发《关于建立城镇建设用地增加规模同吸纳农业转移人口落户数量挂钩机制的实施意见》,根据吸纳农业转移进城落户人口数量,合理确定城镇新增建设用地规模,保障其用地需求,并提出了 5 个方面的保障措施。

三是建立进城落户农民"三权"维护和自愿有偿退出机制。中央先后印发了《中共中央办公厅　国务院办公厅关于完善农村土地所有权承包权经营权分置办法的意见》《中共中央国务院关于稳步推进农村集体产权制度改革的意见》等改革文件,推进土地承包权、宅基地使用权等确权登记颁证,积极推进农村集体资产改革试点、农村宅基地改革试点等工作,反复强调不得强行要求进城落户农民转让其在农村的土地承包权、宅基地使用权、集体收益分配权,或将其作为进城落户条件。同时,建立健全农村产权流转市场体系,探索形成农户对"三权"的自愿有偿退出机制,支持和引导进城落户农民依法自愿有偿转让上述权益。

三、农民工市民化取得积极进展

(一)落户人数不断增加

落户人数稳定增长,户籍人口城镇化率加快上升。在政策利好带动下,2016 年进城落户人数达到 1600 万人,户籍人口城镇化率达到

41.2%,比 2012 年提高 5.9 个百分点,增幅高于常住人口城镇化率(增幅为 4.7 个百分点),户籍人口城镇化率首次呈加快上升态势。常住人口城镇化率与户籍人口城镇化率的差值也由 2012 年的 17.3 个百分点,缩小到 2018 年的 16.2 个百分点(见表 14-5)。

表 14-5　2010—2018 年我国城镇化率变化情况　　　　（单位:%）

年　份	2010	2011	2012	2013	2014	2015	2016	2017	2018
常住人口城镇化率	49.95	51.27	52.57	53.73	54.77	56.10	57.35	58.52	59.58
户籍人口城镇化率	34.20	34.50	35.30	35.70	37.10	39.90	41.20	42.35	43.37
两者差值	15.75	16.77	17.27	18.03	17.67	16.20	16.15	16.17	16.21

资料来源:《国家新型城镇化报告》相关年份。

(二)农民工就业促进和服务工作进一步增强

我国在 2007 年先后颁布了《就业促进法》《劳动合同法》《劳动争议调解仲裁法》,基本形成了消除农民工就业歧视和促进机会平等的法律框架,工作重点转向提升农民工技能,保障其合法权益。

一是强化农民工职业技能培训。2011 年以来,人社、教育、科技、住建、扶贫以及工青妇等单位发挥各自优势,大力开展农民工就业技能培训、岗位技能提升培训和创业培训。据初步统计,人社部农民工职业技能提升计划——"春潮行动"、教育部岗位证书培训、科技部"星火计划"、住建部住房城乡建设行业农民工技能培训、农业部"阳光工程"、扶贫办"雨露计划"、全国总工会技能培训促就业行动、团中央青年农民工培训、全国妇联女性农民工技能培训等,共培训农民工超过 8000 万人次。根据国家统计局的监测数据,2017 年接受过农业或非农职业技能培训的农民工占 32.9%。其中,接受非农职业技能培训的占 30.6%,接受农业技能培训的占 9.5%,农业和非农职业技能培训都参加过的占 7.1%。

二是强化农民工就业创业服务。2014 年,国务院印发了《关于进一步做好为农民工服务工作的意见》,要求引导农民工有序外出就业、鼓励农民工就地就近转移就业、扶持农民工返乡创业。人社部修改了《就业服务与就业管理规定》，取消了对农村进城务工人员失业登记的限制，推动基本公共就业服务和普惠性就业政策覆盖到城镇常住人口。2015 年，国务院办公厅印发了《关于支持农民工等人员返乡创业的意见》，提出了多项支持返乡创业的政策措施，要求抓好《鼓励农民工等人员返乡创业三年行动计划纲要（2015—2017 年）》的落实，打造一批创业示范基地、一批县级互联网创业示范基地。2016 年人社部等五部门联合印发了《关于实施农民工等人员返乡创业培训五年行动计划（2016—2020 年）的通知》，提出到 2020 年鼓励农民工返乡创业的资金支持、创业培训等一系列政策。根据国家统计局的监测数据，2018 年进城农民工中，有 12.5% 接受过职业介绍，比 2017 年提高 0.6 个百分点；有 12.3% 接受过职业指导，比 2017 年提高 0.7 个百分点。

三是保障农民工合法劳动权益。2014 年由国务院颁发的《关于进一步做好为农民工服务工作的意见》，要求规范使用农民工的劳动用工管理，加强农民工安全生产和职业健康保护，畅通农民工维权渠道，加强对农民工的法律援助和法律服务工作。人社部、卫计委等部门先后发文，就规范劳务派遣工、加强农民工尘肺病防治等工作作出专门规定。根据国家统计局的监测数据，2016 年农民工日从业时间平均为 8.5 个小时，与 2013 年基本持平。其中，日工作时间超过 8 小时的农民工占 37.3%，周工作时间超过 44 小时的农民工占 84.4%，分别比 2013 年下降 3.7 个和 0.3 个百分点，超时劳动情况改善比较明显。

（三）农民工社会保障制度环境进一步改善

近年来，我国先后出台了《社会保险法》和若干实施意见、暂行办法。各地认真贯彻落实社会保险法，依法将与用人单位建立稳定劳动关系的农民工纳入城镇职工基本养老保险和基本医疗保险体系，努力提高社会保险覆盖率。同时，有关部门按照中央要求，以提高可转移性、可携带性为目标，完善转移接续制度，努力为农民工在不同保险制度之间、不同地区之间转移社会保险创造条件。

在养老保险方面，2014 年 2 月，国务院印发《关于建立统一的城乡居民基本养老保险制度的意见》，推动城乡居民养老保险合并，并与职工基本养老保险制度相衔接。2015年,全国基本建立了制度名称、政策标准、管理服务、信息系统四个统一的城乡居民养老保险制度。2014年6月,人力资源社会保障部、财政部印发了《城乡养老保险制度衔接暂行办法》,为农民工进城后顺利衔接社保关系提供了政策依据,使广大农民工进城可按城镇职工养老保险参保缴费并享受相应的待遇,回乡可由城乡居民养老保险制度"兜底"。

在医疗保险方面,2014年年末,中央推进城乡居民基本医疗保险制度整合和城乡统筹工作,2016年1月,国务院印发《关于整合城乡居民基本医疗保险制度的意见》,指出农民工和灵活就业人员依法参加职工基本医疗保险,有困难的可按照当地规定参加城乡居民医保。2014年,人力资源社会保障部制定了《关于进一步做好基本医疗保险异地就医医疗费用结算工作的指导意见》,截至2017年7月底,所有省份都已接入国家异地就医结算系统,实现了98%以上的地市接入国家平台,基本实现了异地就医住院费用的直接结算。2015年,人社部还印发了《关于做好进城落户农民参加基本医疗保险和关系转移接续工作的办法》,切实保障包括进城落户农民工在内的各类参保人员的基本权益。

在失业保险方面,多年来,农民工在缴费、享受待遇方面与城镇户籍职工不同。2014年以来,一些地区探索在失业保险制度上消除城镇居民与农民工群体的差异。如广东省对参加失业保险的城镇职工和农民合同工发放统一标准的待遇;四川省规定用人单位招用的农民工统一按照城镇职工的缴费比例缴纳失业保险费,农民工失业后享受与城镇职工一样的失业保险待遇。

根据国家统计局的监测数据,2018年在受雇就业的进城农民工中,城镇职工基本医疗保险参保率为40%,城镇职工基本养老保险参保率为39.2%,工伤保险参保率为48.3%,失业保险参保率为36.3%。

(四)农民工随迁子女义务教育保障机制基本健全

自2003年颁布《国务院关于进一步做好进城务工就业农民子女义务教育工作的意见》,明确农民工子女义务教育"以流入地为主,以公办学校为主"的政策导向后,各地采取切实措施,多数地方基本实现了"以公办学校为主"接收农民工随迁子女接受义务教育。党的十八大以后,农民工随迁子女教育政策重点转向经费保障。

2014年,国务院出台的《关于进一步做好为农民工服务工作的意见》明确提出,输入地政府要将符合规定条件的农民工随迁子女教育纳入教育发展规划,合理规划学校布局,科学核定公办学校教师编制,加大公办学校教育经费投入,保障农民工随迁子女平等接受义务教育权利。公办义务教育学校要普遍对农民工随迁子女开放,与城镇户籍学生混合编班,统一管理。同时,积极创造条件满足农民工随迁子女接受普惠性学前教育的需求。对在公益性民办学校、普惠性民办幼儿园接受义务教育、学前教育的,采取政府购买服务等方式落实支持经费,指导和帮助学校、幼儿园提高教育质量。

2015年印发了《国务院关于进一步完善城乡义务教育经费保障机制的通知》,要求从2016年春季学期开始,统一城乡义务教育学校生均公用经费基准定额,并取消对城市义务教育免除学杂费和进城务工人员随迁子女接受义务教育的中央奖补政策。2016年印发了《国务院关于统筹推进县域内城乡义务教育一体化改革发展的若干意见》,进一步改革随迁子女就学机制,建立以居住证为主要依据的随迁子女入学政策,切实简化优化随迁子女入学流程和证明要求。同时,依托全国统一的学籍管理信息系统,推动"两免一补"资金和生均公用经费基准定额资金随学生流动可携带。

对于农民工子女在流入地参加高考这一敏感性问题,2016年,教育部印发了《关于进一步推进高中阶段学校考试招生制度改革的指导意见》,要求各地进一步完善和落实随迁子女在当地参加中高考的政策措施。

据统计,近年来全国义务教育阶段农民工随迁子女在公办学校就学比例保持在80%以上。2018年,小学阶段有82.2%的随迁子女在公办学校就读,11.6%在有政府支持的民办学校就读;初中阶段这两个比例分别为84.1%和10%。

(五)农民工住房问题开始受到重视

住房保障是各项公共服务中进展最慢,同时也是农民工最关心的领域之一。相关部门和地区,积极开展探索,改善农民工在城镇的住房条件。

2014 年,国务院出台的《关于进一步做好为农民工服务工作的意见》,要求统筹规划城镇常住人口规模和建设用地面积,将解决农民工住房问题纳入住房发展规划,并逐步将在城镇稳定就业的农民工纳入住房公积金制度实施范围。《国家新型城镇化规划(2014—2020 年)》要求采取廉租住房、公共租赁住房、租赁补贴等多种方式改善农民工居住条件。2016 年国务院办公厅印发了《推动 1 亿非户籍人口在城市落户方案》,进一步要求将进城落户农民完全纳入城镇住房保障体系,逐步实行实物保障与租赁补贴并举,通过市场提供房源、政府发放租赁补贴方式,支持符合条件的进城落户农民承租市场住房。《国务院关于深入推进新型城镇化建设的若干意见》提出,推动居住证持有人享有与当地户籍人口同等的住房保障权利,将符合条件的农业转移人口纳入当地住房保障范围。

各地也采取一些办法改善未落户农民工的居住状况,主要有两种方式。一是鼓励企业特别是工业园区建设农民工宿舍。如湖北省对招用农民工数量较多的企业,在符合规划的前提下,可在依法取得的企业用地范围内建设农民工集体宿舍。二是政府建设保障性住房,供农民工租用。目前,大多数地区已经在政策层面将进城落户农民工纳入公租房保障范围。

根据国家统计局的监测数据,2018 年进城农民工户中,购买住房的占 19%(其中,购买商品房的占 17.4%),租房居住的占 61.3%,单位或雇主提供住房的占 12.9%。在进城农民工户中,2.9%享受保障性住房,比 2017 年提高 0.2 个百分点。其中,1.3%租赁公租房,比 2017 年提高 0.2 个百分点;1.6%自购保障性住房,与 2017 年持平。

(六)劳动技能和收入水平持续提高,农民工市民化能力不断提升

根据国家统计局的监测数据,2018 年农民工月均收入 3721 元,比 2013 年增加 1112 元,增长 42.6%。农民工收入增长的原因,除了农业剩

余劳动力持续下降、农民工供求关系趋紧的因素以外,还主要有以下两个方面原因。

一是农民工中具有高中文化程度和接受过技能培训的比重逐年提高。2018 年,在外出农民工中,大专及以上文化程度的占 13.8%,比 2017 年提高 0.3 个百分点;在本地农民工中,大专及以上文化程度的占 8.1%,比 2017 年提高 0.7 个百分点。由于人力资本提升,一些农民工能从事更高技能的工作,劳动生产率不断提高,这是农民工工资收入增长的基础。

二是严厉打击欠薪。人社部、公安部等部委坚持联合开展全国农民工工资支付情况专项检查,采取重点排查和监控、畅通举报投诉渠道、严厉打击恶意欠薪犯罪行为等措施,努力确保农民工按时足额拿到工资。2016 年印发了《国务院办公厅关于全面治理拖欠农民工工资问题的意见》,进一步明确目标任务,从全面规范企业工资支付行为、健全工资支付监控和保障制度、推进企业工资支付诚信体系建设、改进建设领域工程款支付管理和支付方式等方面完善了政策措施。2017 年,国家发展改革委会同中国人民银行、人力资源和社会保障部等 30 个部门联合签署印发了《关于对严重拖欠农民工工资用人单位及其有关人员开展联合惩戒的合作备忘录》,从限制政府资金支持、政府采购、招投标、生产许可、资质审核、融资贷款、市场准入、税收优惠、评优评先等方面,进一步明确了 30 条联合惩戒措施,使列入"黑名单"的用人单位及其有关人员在全国范围内"一处违法、处处受限"。2018 年全年查处欠薪违法案件 8.6 万件,为 168.9 万名劳动者追发工资等待遇 160.4 亿元。

第三节　农村劳动力转移就业与农民工市民化发展趋势

一、我国经济将保持继续增长,将为农村劳动力转移提供有力支撑

随着我国经济发展进入新常态,中央加快推进转变经济发展方式,

积极推进新型城镇化,我国产业结构、需求结构将会进一步优化,服务业比重会进一步提高,将为农业劳动力向非农产业和城镇转移提供持续支撑。

根据国务院发展研究中心和世界银行的研究,在全面深化改革的背景下,2030年我国经济增长率仍有望保持在5%以上,产业结构升级和产业布局调整将创造巨大的农民工就业需求。面对用工短缺的困境和劳动力成本上升的压力,沿海地区正在加紧实施制造业升级,服务业比重将加快上升,就业吸纳能力仍会保持增长。虽然我国劳动力成本已高于一些东南亚国家,但中西部地区基础设施日趋完善,具有承接东部沿海地区劳动密集型产业转移的良好条件,通过实施"雁阵模式"产业转移,可以使劳动密集型产业在我国继续发展,为中西部地区农村剩余劳动力就近转移创造条件。

从城镇化趋势来看,未来一个时期,我国仍将处于城镇化快速发展阶段。到2030年城镇化率将接近70%,城镇常住人口将超过10亿人,城镇新增人口将超过2亿人,其中的多数将来自农民工及其家属(见表14-6)。

表14-6 我国经济和城镇化发展情景

	2010 年	2030 年的基准情景	2030 年的改革情景
城镇化率(%)	52		69
农业劳动力的比例(%)	38	17.1	11.6
GDP(万亿美元,2013 年现价)	8.5		24.5
GDP(此前 5 年的年平均增长率)	8.3	4.9	5.2
消费占 GDP 的比重(%)	46.5	62.0	66.5
投资占 GDP 的比重(%)	48.8	35.5	31
第二产业占 GDP 的比重(%)	48.8	37.2	33.7
第三产业占 GDP 的比重(%)	38.7		53.6
城乡收入比	3.8	3.3	2.6

资料来源:《中国:推进高效、包容、可持续的城镇化》。

二、我国已进入"刘易斯转折"阶段,农村剩余劳动力将继续下降

"刘易斯转折"是指一国农业部门的剩余劳动力被吸干以后,工资在市场机制的作用下出现上涨,农业部门不存在边际生产率为零的剩余劳动力,实现二元经济向一元经济转折的时期。"刘易斯转折"的到来既不是突然的,也不会一蹴而就,而是一个由量变到质变的渐进过程。这一过程分为两个阶段:第一阶段是农村剩余劳动力从无限供给到有限剩余的转折。其主要标志是农村剩余劳动力出现绝对下降,劳动力供求的结构性矛盾开始突出,转移劳动力工资开始上涨。第二阶段是农村剩余劳动力由结构性短缺发展到全面短缺。无论是大规模的抽样、经验观察还是相关研究成果都表明,我国已经进入了"刘易斯转折"的第一阶段,并可能在"十三五"期间进入第二阶段。

经过二十多年持续大规模转移后,我国农村剩余劳动力数量和剩余程度相对于 20 世纪 90 年代,已经大幅降低。国务院发展研究中心课题组[1]曾用不同的方法测算了对农业劳动力的实际需求量,虽然各种方法估计的剩余劳动力数量有较大差异,但变化趋势基本相同。估计的结果显示,2010年农村剩余劳动力的数量基本上在 0.8 亿—1.1 亿人之间,平均为 9560万人。据此推算,2015 年农村剩余劳动力的数量基本上在 0.7 亿—0.8亿人之间,平均为 7330 万人。从年龄结构来看,农村剩余劳动力以中年以上妇女为主,以剩余劳动时间为主,真正可外出务工的有效剩余劳动力只有 1000 万人左右。根据对农民工的需求、新增农民工数量综合判断,这 1000 万人左右的农村剩余劳动力将在"十三五"中期转移完毕。

综合分析,农村剩余劳动力下降的原因主要有以下三个方面。

一是人口增长放缓。受计划生育政策影响、居民生育观念转变等多种因素的共同作用,我国人口已经进入低速增长阶段。继人口自然增长率从 20 世纪 60 年代中期开始持续下降之后,劳动年龄人口的增

---

[1] 国务院发展研究中心《中国农民工发展政策研究》课题组,课题负责人韩俊。

长率从 80 年代也开始了下降的过程,21 世纪以来下降速度明显加快。世界银行最近的研究报告预测认为,即使中国放松生育政策,全面放开二胎,到 2040 年中国劳动年龄人口的降幅仍将超过 10%,也就是说到 2040 年,我国的劳动年龄人口将减少 9000 万人,超过德国的总人口。劳动年龄人口逐年下降,农民工跨地区大规模流动的势头一定会减缓下来。

二是人口结构的变化。从人口结构和发展趋势看,我国计划生育政策实行三十多年来的效果已经越来越明显地表现出来,虽然人口总数还在增加,但在很大程度上表现为老年人口的不断增加,"人口金字塔"下部的青壮年人口特别是"80 后""90 后"中 20—30 岁的劳动力开始减少,老龄化趋势发展迅速,而青年劳动力增长速度显著降低。虽然劳动人口总量下降比较缓慢,但是年轻有活力的人口变化却很大。如以 2010 年为基点,15—64 岁总劳动人口到 2020 年只减少 3.4%,但是 20—30 岁劳动人口将下降 27%,19—22 岁人口更是会下降 45%。

三是教育发展。随着我国九年义务教育的普及,初高中阶段毕业直接参加工作的劳动力成为劳动力市场上低端劳动力的主要来源。但低端劳动力供给总量从 2005 年开始逐步减少,原因主要有两个方面:首先,我国长时间低生育率导致小学、初中的学龄人口数量逐年减少。其次,我国各阶段教育事业的发展,特别是高等教育扩招,使得大批高中毕业生有机会继续升学,进一步减少了低端劳动力的供给。

总体来看,人口增长放缓和结构变化,导致作为低端劳动力最终源泉的新增劳动力数量下降,教育发展和大学扩招又导致直接进入劳动力市场的初高中毕业生数量下降。在剩余劳动力存量不断被吸收的情况下,农村剩余劳动力总量,尤其是年龄在 40 岁以下的有效剩余劳动力数量必然持续下降。

三、未来农民数量增长将会继续放缓,新增农业转移人口将以农村新成长劳动力为主

据国务院发展研究中心课题组[①]模拟预测显示,"十三五"期间我国

---

① 国务院发展研究中心《中国农民工发展政策研究》课题组,课题负责人韩俊。

年均新增农业转移劳动力 300 万—500 万人,2020—2030 年间年均新增农业转移劳动力 200 万—300 万人左右,总体呈持续减少的趋势。预计 2020 年农业转移人口(包括这期间已经落户的农民工及其随迁家属)总规模在 3.2 亿人左右,2030 年将达到 3.7 亿人(未考虑退出人口),存量人口和增量人口的市民化任务都很重。

由于存量剩余劳动力大幅减少,未来新增农业转移人口将以农村新成长劳动力为主,初中毕业生的比重将大幅下降,高中及以上文化程度的比重将大幅增加。根据我国人口预测以及《国家中长期教育改革和发展规划纲要(2010—2020 年)》中对教育发展的规划,预计"十三五"期间平均每年有初中毕业生 1620 万人,其中进入普通高中约 830 万人,直接参加工作和接受中等职业教育的共约 740 万人,在这当中大部分是农村人口,是农民工的主要组成部分(见表 14-7)。

表 14-7　中长期全国新参加工作劳动力构成估计　　(单位:万人)

时　　期	初中毕业生	初中毕业后的去向				
		直接参加工作(含经过技能培训)	中等职业学校	小计	高中及后续的高职和高等教育	不参加工作
2016—2020	1620	127	610	737	829	54
2021—2025	1589	105	596	701	843	45
2026—2030	1685	99	624	723	920	42

资料来源:国务院发展研究中心《中国农民工发展政策研究》课题组。

四、中西部农业转移人口省内转移就业比重逐年提高,就地就近市民化趋势更加明显

随着区域经济布局的调整,农业转移人口就业布局也出现了新的变化:仍以东部地区为主,但在中西部地区就业的比重持续上升。出现这种变化的一个重要原因是农业转移人口在中西部省内就近转移就业增长加快。从全国来看,在省内转移就业农民工(包括本乡镇内就业和出乡镇但在省内就业)的数量从 2008 年的 15058 万人,增加到 2016 年的 20505

万人,9年增加了近5447万人,年均增加605万人。省内转移就业的比重也从2008年的66.8%增加到2016年的72.8%,累计提高6个百分点,年均提高约0.7个百分点。其中,本地(乡镇)就业的比重基本稳定,而出乡镇但在省内乡外就业的比重从29.1%提高到32.9%,超过出省的比重(见表14-8)。

表14-8 2008—2016年农民工省内外分布情况 (单位:万人,%)

指 标	规 模			占全部农民工的比重		
	2008年	2013年	2016年	2008年	2013年	2016年
农民工总量	22542	26894	28171	100	100	100
1.外出农民工	14041	16610	16934	62.3	61.8	60.1
(1)出省	7484	7739	7666	33.2	28.8	27.2
(2)省内乡外	6557	8871	9268	29.1	33.0	32.9
2.本地农民工	8501	10284	11237	37.7	38.2	39.9
省内合计	15058	19155	20505	66.8	71.2	72.8

资料来源:《国家统计局年度农民工监测调查报告》(2017)。

分地区来看,东部地区农民工省内就业的比重一直在90%以上;中部地区从2008年的47.9%上升到2016年的58%,年均上升约1.12个百分点;西部地区从50.3%上升到63.1%,年均上升约1.42个百分点。可以预计,随着中西部地区经济发展的加快,将会有更多的中西部农业转移人口选择就近转移就业或回乡创业。

五、增量转移人口进城与存量转移人口返乡并存

外出农民工的年龄结构呈倒"U"形分布,以20—40岁为主,超过40岁的比重下降,超过50岁的比重更低。而本地农民工年龄结构则呈喇叭形,40岁以上的比重最大。而且农村的种养大户、新型农业组织的创办人大多都有外出务工经商的经历。这说明随着年龄的增长,会有一部分外出农民工退出城市劳动力市场,回到家乡就业或创业,也有一部分回到

了农村。2016年,本乡镇内就业的农民工增加374万人,大大高于外出农民工增量(50万人),就是因为有大量中年以上外出农民工返乡就业创业。根据国家统计局的调查资料推算,目前40岁以上的农业转移人口约有1亿人,其中外出农民工约4000万人,本地农民工约6000万人。他们中的大部分将在未来10年逐步退出城市劳动力市场,相当一部分将回到农村但不会再从事农业,这将为乡村产业发展、乡村经济多元化以及农民工就地就近市民化带来契机,我国城镇人口布局也将更加均衡合理。

第四节　中国特色农村劳动力转移就业道路的经验及启示

改革开放以来,党和政府尊重人民群众的主体地位和首创精神,尊重市场规律,不断深化体制改革,不断完善政府管理和公共服务,促进了农民工队伍的健康快速发展,完善了具有中国特色的农村劳动力转移道路,为新时代做好农民工工作积累了宝贵的经验。

一、坚持解放思想,尊重农民主体地位和首创精神是基本前提

从安徽凤阳小岗村的包产到户到全国普遍实行家庭联产承包责任制,从沿海地区的社队企业到全国异军突起的乡镇企业,都是农民的创造。家庭联产承包责任制极大地提高了农业生产效率,为农村剩余劳动力的转移创造了必要条件,乡镇企业的发展使农村剩余劳动力的转移成为可能。20世纪80年代中后期,随着沿海地区和城市经济的发展,越来越多的农民突破观念和制度上的限制,开始外出务工,这也是农民的一种首创。党和政府不断解放思想,从一开始禁止农民流动和自主择业,到承认、提倡、支持乡镇企业发展,允许务工、经商的农民自理口粮到集镇落户;从允许农民跨地区流动,到积极引导农民工流动,都尊重了农民的主体地位和首创精神,遵循了劳动力合理流动、劳动者自主择业、农村人口

向城市集中的规律。

二、坚持市场化导向,充分发挥市场的决定性作用是必然途径

市场机制在农村劳动力转移、农民外出就业过程中发挥了决定性调节作用。农民到乡镇企业就业,实现就近就地转移,是市场机制调节的结果;农民外出务工就业,大规模跨地区流动,是市场机制调节的结果;农民工外出就业的方式、区域、行业各异,也是市场机制调节的结果。进入21世纪以后,农民工的就业环境整体向好,工资上涨较快,主要是农民工增速放缓、供求结构性矛盾逐渐突出,价格机制对市场供求作出的反映,以及市场机制调节的结果。可以说,市场机制造就了农民工,洗礼了农民工,使农民工成为社会主义市场经济的重要主体。在农民工队伍的发展、壮大过程中,政府尊重市场机制,及时调整政策,创新制度,弥补市场失灵,保障了市场机制的作用。

三、坚持深化改革,消除农村劳动力流动的体制障碍是重要条件

在农村实行以家庭承包经营为基础的双层经营制度,解除了人民公社体制对农民的超经济强制,使农民获得了较充分的自主择业和流动的权利。20世纪80年代中期以后,限制农村劳动力流动的政策开始松动;20世纪90年代以后,进一步从限制农民流动,逐步转向承认流动、接受流动、鼓励流动。党的十四届三中全会提出要鼓励和引导农村剩余劳动力逐步向非农产业转移和在地区间有序流动,党的十五届三中全会进一步拓宽了农村劳动力转移的政策思路,党的十六届三中全会明确提出建立城乡劳动者平等的就业制度。2006年颁布《国务院关于解决农民工问题的若干意见》,对农民工的工资拖欠、劳动管理、就业培训、社会保障以及子女教育、居住等问题作出了明确规定;党的十七届三中全会通过的《中共中央关于推进农村改革发展若干重大问题的决定》,强调要加强农民工权益保护,逐步实现农民工劳动报酬、子女就学、公共卫生、住房租购

等与城镇居民享有同等待遇。党的十八以后,以推进农业转移人口市民化为主线,深化户籍制度等改革,为农村劳动力和农村人口向城市流动建立了更完善的制度平台。改革开放40年的实践表明,经济体制和社会管理体制的每一次改革,都会降低农民工流动的制度成本,都会促进农民工队伍的发展。

四、坚持以人为本,不断完善公共服务是做好农民工工作的重要保障

完善公共服务是实现"发展为了人民、发展依靠人民、发展成果由人民共享"的必然要求。国家明确提出,要把农民工纳入城市公共服务体系,对农民工实行属地管理。农民工的就业服务和培训开始纳入公共财政的范畴;面向农村的职业教育加快发展;农民工子女教育问题受到重视,基本上形成了"以流入地为主,以公办学校为主"的格局;农民工的社会保障体系从无到有,工伤保险、医疗保险工作取得较快进展,养老保险和失业保险制度不断完善;农民工的计划生育服务、公共卫生服务不断完善;农民工居住条件正在改善。一些地方还在户籍人口制度、社会保障制度等方面积极探索,对农民工由以管制为主向以服务为主转变,给予市民待遇,逐步做到权利平等。公共服务的完善和政府职能的转变,有力地保障了农民工的就业权,在维护农民工受教育权、政治民主权、经济利益权、安全卫生健康权、生活居住权上取得很大进展,促进了农民工队伍的健康发展。

五、坚持城镇化导向,推进农业转移人口市民化是必由之路

统筹城乡发展的核心,就是统筹城乡就业。2004年中央一号文件提出了对农民进城就业取消行政性限制,保护合法经济权益,提供公共服务和培训等政策。2006年发布的《国务院关于解决农民工问题的若干意见》,再次强调要消除农民工就业歧视和促进机会平等。2007年先后颁布了《就业促进法》《劳动合同法》《劳动争议调解仲裁法》,基本形成了

消除农民工就业歧视和促进机会平等的法律框架。2013年党的十八届三中全会提出推进农业转移人口市民化,逐步把符合条件的农业转移人口转为城镇居民;2014年出台的《国家新型城镇化规划(2014—2020年)》,把推进农业转移人口市民化作为首要任务;随后颁布的《国务院关于进一步推进户籍制度改革的意见》《居住证暂行条例》等文件进一步把市民化的具体政策落地;2019年出台的《中共中央国务院关于建立健全城乡融合发展体制机制和政策体系的意见》,再次对健全农业转移人口市民化机制作出部署。这些政策,顺应了亿万农民的向往,符合现代化发展的客观规律,有力地促进了城镇化的发展,有力地促进了农业农村现代化的发展。

第十五章　农村生态环境保护与生态文明建设

从新中国成立到改革开放之前,中国的农业政策以增产增收为主,农业资源与环境保护工作还没有提上议事日程。1978年实施改革开放政策之后,工业和城市一直处在发展的前沿,乡镇企业、城市和工业污染的转移,使广大农村地区成为污染的避难所。进入新时代,中国农业发展从注重量的增长到更加关注质的提高,从单纯的污染防治战、资源保护到强调农业可持续发展、走乡村绿色发展之路,农业农村成为绿色发展和生态文明建设的主战场。总结回顾新中国成立70年、改革开放40多年来农业资源与农村生态环境保护所走过的历程,对今后全面提升农村生态文明建设水平具有重要意义。

第一节　农业资源与生态环境的变化

一、耕地资源状况

(一)耕地面积先增后减,在恢复性增长中趋于稳定

新中国成立以来,我国耕地面积发生了较大波动,在新中国成立初期呈现较快增长后,经历了持续的下滑,逐步恢复后趋于稳定,保持在13500万公顷左右(见图15-1、图15-2)。

1949—1957年,我国耕地资源数量大幅增加。我国耕地资源数量从1949年的9788万公顷增加到1957年的11183万公顷,累计净增加1395万公顷,增加幅度为14.25%,年均增长1.58%,耕地资源数量达到了历史

最高水平。

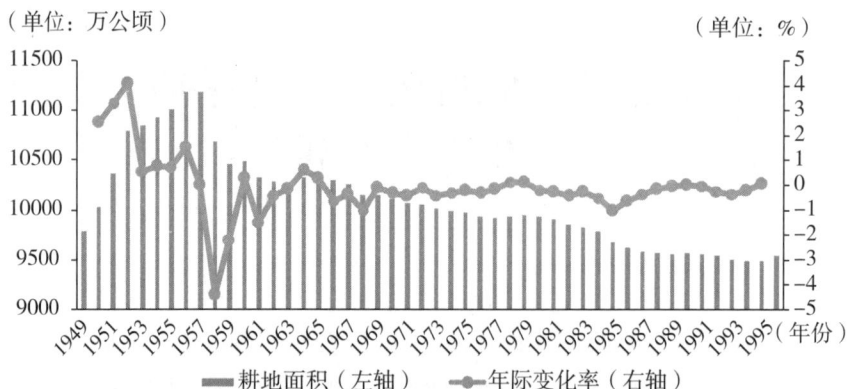

图 15-1　1949—1995 年我国耕地资源数量变化趋势①

资料来源：《中国国土资源数据集》《新中国农业统计资料》

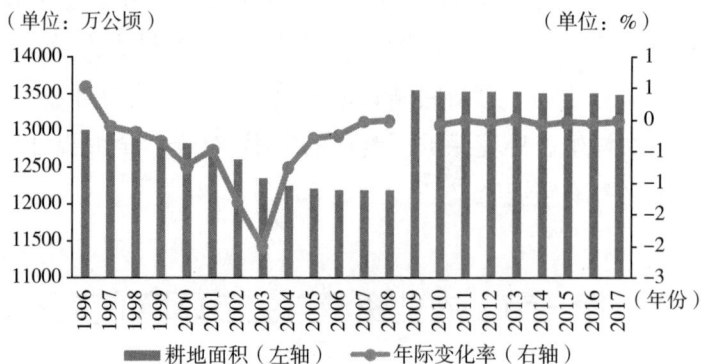

图 15-2　1996—2017 年我国耕地资源数量变化趋势

注：2009 年我国进行了第二次全国土地调查，2009 年之后的耕地资源数据是基于 2009 年的数据，结合当年土地变更调查数据得出，统计口径一致可比。而 2009 年之前数据与普查数据统计存在一定差距，2008—2009 年变化率存在统计误差，不能反映真实变动率，未在图中列出。

资料来源：《中国国土资源统计年鉴》《中国环境年鉴》。

---

①　1949—1995 年耕地面积数据的统计口径一致可比。1996 年国土资源部、国家统计局和全国农业普查办公室联合发布第 5 号《关于土地利用现状调查主要数据成果的公报》，数据时点统一到 1996 年 10 月 31 日，此次调查对耕地面积数据统计口径进行了规范，与 1996 年之前的统计数据存在差异，因此，以 1996 年为节点分别列出前后耕地面积变化趋势。

1958—2004 年,耕地面积经历 5 次较大滑坡①。第一次滑坡发生在 1958—1963 年,这一期间也是我国耕地资源总量减少最为严重的 6 年,累计减少 910 万公顷。第二次滑坡发生在 1966—1977 年,耕地资源数量连续 12 年下降,累计减少 435 万公顷。第三次滑坡发生在 1980—1988 年,9 年间耕地资源量累计减少 378 万公顷。第四次滑坡发生在 1991—1994 年,累计减少 76 万公顷。第五次滑坡发生在 1997—2006 年,累计减少 826 万公顷。

2009 年开始,耕地面积恢复性增长,统计口径也日趋完善,之后年际间变化减缓,基本稳定在 13500 万公顷左右。

(二)耕地资源区域分布:"西增东减,北升南降"

新中国成立以来,我国耕地资源区域分布发生了较大变化,区域占比总体表现出"西增东减,北升南降"的特征(见图 15-3、表 15-1)。

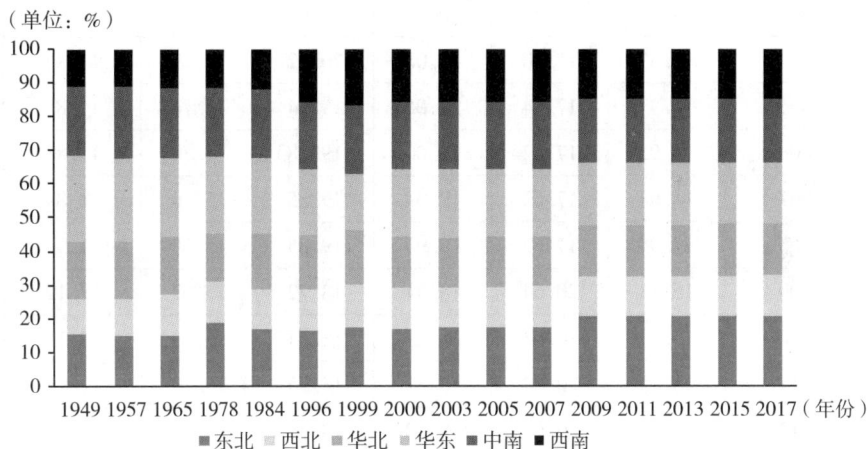

图 15-3　1949—2017 年我国耕地资源区域分布情况

注:1949—1995 年资料来源于《中国国土资源数据集》《新中国五十年农业统计资料》;1996—2017 年
　　资料来源于《中国国土资源统计年鉴》。

---

①　1996 年以前的耕地面积统计数据普遍认为存在偏低的问题,但统计数据反映的全国耕地变化趋势仍可作为判断耕地资源数量变化的依据。1996 年进行了全国土地利用调查,因此,之后的数据具有一定的准确性和连续性。

表 15-1　1949—2017 年我国耕地资源区域分布情况　　（单位:%）

年份	华北	东北	华东	中南	西南	西北
1949	17.28	15.32	25.42	20.27	11.31	10.41
1957	17.00	15.25	24.87	20.98	11.30	10.59
1965	17.08	15.27	23.25	20.52	11.72	12.16
1978	14.38	19.01	22.58	20.28	11.58	12.17
1984	16.61	16.82	22.35	20.07	12.22	11.93
1996	15.77	16.55	19.68	19.57	16.04	12.39
1998	15.63	16.60	19.65	19.59	16.06	12.48
1999	16.06	17.26	16.78	20.34	16.59	12.97
2000	15.37	16.75	19.78	19.65	15.94	12.51
2001	15.28	16.83	19.86	19.73	15.95	12.36
2002	15.06	17.02	19.96	19.79	15.96	12.21
2003	14.92	17.25	20.10	19.95	15.87	11.91
2004	14.87	17.40	20.08	20.02	15.77	11.86
2005	14.97	17.44	20.06	19.94	15.74	11.85
2006	14.93	17.62	20.00	19.88	15.70	11.88
2007	14.94	17.63	19.99	19.85	15.70	11.89
2008	14.95	17.62	19.99	19.85	15.69	11.90
2009	15.14	20.64	18.31	18.72	15.07	12.12
2010	15.13	20.63	18.29	18.74	15.09	12.11
2011	15.15	20.62	18.27	18.75	15.10	12.12
2012	15.14	20.61	18.27	18.75	15.10	12.13
2013	15.15	20.61	18.27	18.75	15.09	12.13
2014	15.16	20.62	18.25	18.72	15.09	12.15
2015	15.17	20.62	18.26	18.71	15.07	12.18
2016	15.19	20.62	18.25	18.70	15.04	12.20
2017	15.20	20.61	18.25	18.69	15.03	12.22

注:1949—1995 年资料来源于《中国国土资源数据集》《新中国五十年农业统计资料》;1996—2017 年
　资料来源于《中国国土资源统计年鉴》。

新中国成立以来,根据增减变化趋势,我国耕地资源区域分布变化,大体可划分为三个阶段:1949—1978 年,我国耕地资源区域占比变化主要表现出"华北和华东减少,东北和西北增加"的特征。1979—1999 年,我国耕地资源区域占比变化的主要特征是"华东和西南一减一增,变动较大"。2000 年以来,各区域耕地面积波动较小,耕地资源区域分布结构基本稳定。

(三)农田有效灌溉面积持续稳定上升

灌溉农业相对于雨养农业具有稳产、高产的优势,提高耕地的有效灌溉面积是保障粮食增产的重要措施。新中国成立以来,政府高度重视兴修农田水利设施,扩大有效灌溉面积成效显著。

总体来看,1949 年以来,我国耕地有效灌溉面积呈增加趋势,同时也呈现出一定的阶段性变化特征。1949—1975 年,耕地有效灌溉面积增速较快。1978—1985 年,耕地有效灌溉面积呈现下降趋势,主要与同期我国耕地面积下降有关。1986—1999 年,耕地有效灌溉面积持续增加,但占比呈现先增后减的波动特征。2000 年以来,我国农田水利设施建设力度加大,有效灌溉面积及占比增加趋势显著,到 2017年,耕地有效灌溉面积达 6781.56 万公顷,占比为 50.28%(见图15-4、表 15-2)。

(单位:万公顷)

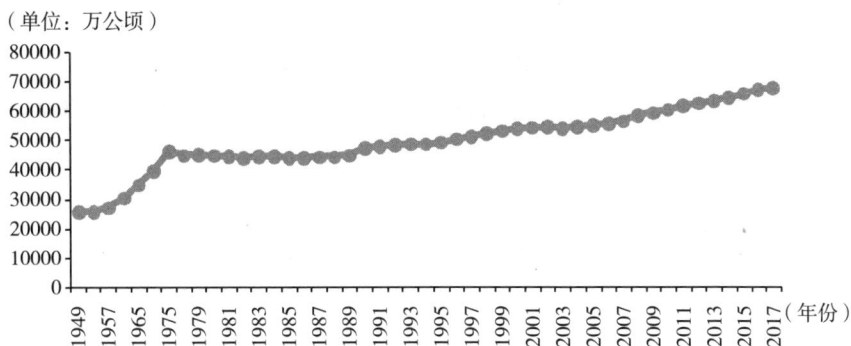

图 15-4　1949—2017 年我国耕地有效灌溉面积变化趋势

资料来源:《中国国土资源数据集》《新中国五十年农业统计资料》《中国国土资源统计年鉴》。

表15-2　1949—2017年我国耕地有效灌溉面积及占比

年份	1949	1957	1965	1970	1975	1978	1980	1985
有效灌溉面积（万公顷）	2604.7	2733.8	3507.5	3969	4620.4	4496.5	4488.81	4403.59
占比（%）	26.61%	25.57%	33.86%	39.24%	46.34%	45.24%	45.20%	45.47%
年份	1990	1995	1999	2000	2005	2010	2015	2017
有效灌溉面积（万公顷）	4740.31	4928.12	5315.84	5382.03	5502.93	6034.77	6587.26	6781.56
占比（%）	49.55%	51.89%	41.14%	41.97%	45.08%	44.61%	48.79%	50.28%

资料来源：《中国国土资源数据集》《新中国五十年农业统计资料》《中国国土资源统计年鉴》。

二、水资源状况

（一）水资源利用总量保持基本稳定

1979年我国用水总量为4767亿立方米，到1999年用水总量增加至5591亿立方米，年用水量增加了824亿立方米；之后，用水总量波动下降，到2003年全国用水总量下降为5320亿立方米，较1999年减少271亿立方米。2003—2013年，用水量持续增加，到2013年用水总量达6183亿立方米。2013年之后用水量变动较小，趋于稳定，保持在6100亿立方米左右。

（二）农业用水在各行业用水中占比较高

我国用水分配主要划分为农业用水、工业用水、生活用水。2003年以来，增加了生态用水。农业用水量自1979年以来呈下降趋势，由1979年的4195亿立方米用水量下降至2003年的3433亿立方米；之后有所回升，2013年农业用水达到3922亿立方米后又开始下降，2017年为3766亿立方米（见图15-5）。

从用水分配结构情况来看，农业用水占比较大，但总量下降。1979年农业用水占比达88%，到2017年，农业用水占比下降到62.32%（见表15-3）。

（单位：亿立方米）

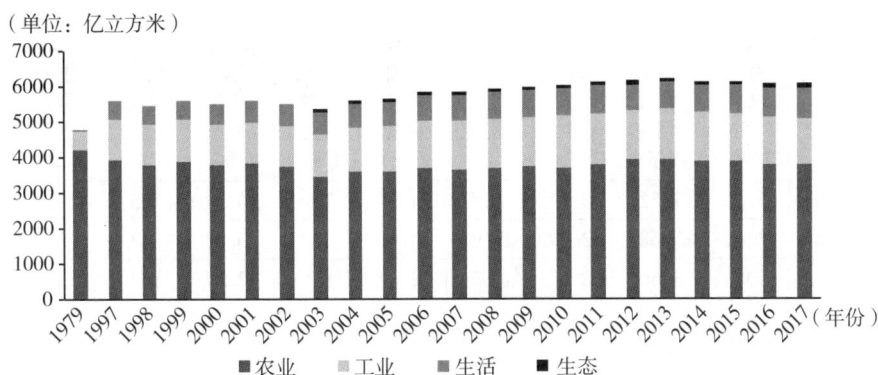

图15-5 1979—2017年我国用水量分配情况

表15-3 1979—2017年我国用水量及分配结构情况

年份	用水总量（亿立方米）	农业用水（亿立方米）	农业用水占比（%）	工业用水（亿立方米）	工业用水占比（%）	生活用水（亿立方米）	生活用水占比（%）	生态用水（亿立方米）	生态用水占比（%）
1979	4767	4195	88.00	523	10.97	49	1.03		
1997	5566	3920	70.43	1121	20.14	525	9.43		
1998	5435	3766	69.29	1126	20.72	543	9.99		
1999	5591	3869	69.20	1159	20.73	563	10.07		
2000	5498	3784	68.84	1139	20.72	575	10.46		
2001	5567	3826	68.73	1142	20.51	600	10.78		
2002	5497	3736	67.96	1142	20.77	619	11.26		
2003	5321	3433	64.52	1177	22.12	631	11.86	80	1.50
2004	5548	3586	64.64	1229	22.15	651	11.73	82	1.48
2005	5633	3580	63.55	1285	22.81	675	11.98	93	1.65
2006	5795	3664	63.23	1344	23.19	694	11.98	93	1.60
2007	5819	3600	61.87	1403	24.11	710	12.20	106	1.82
2008	5910	3664	62.00	1397	23.64	729	12.34	120	2.03
2009	5965	3723	62.41	1391	23.32	748	12.54	103	1.73
2010	6022	3689	61.26	1447	24.03	766	12.72	120	1.99
2011	6108	3744	61.30	1462	23.94	790	12.93	112	1.83
2012	6132	3903	63.65	1381	22.52	740	12.07	108	1.76
2013	6183	3922	63.43	1406	22.74	750	12.13	105	1.70
2014	6095	3869	63.48	1356	22.25	767	12.58	103	1.69

续表

年份	用水总量（亿立方米）	农业用水（亿立方米）	农业用水占比（%）	工业用水（亿立方米）	工业用水占比（%）	生活用水（亿立方米）	生活用水占比（%）	生态用水（亿立方米）	生态用水占比（%）
2015	6104	3852	63.11	1335	21.87	794	13.01	123	2.02
2016	6041	3768	62.37	1308	21.65	822	13.61	143	2.37
2017	6043	3766	62.32	1277	21.13	838	13.87	162	2.68

资料来源：《中国水利统计年鉴》。

三、农业生态环境状况

（一）农业环境污染总体上呈恶化趋势

新中国成立后面临着"一穷二白"的严峻形势，经济发展、满足人民基本的生存需要是面临的首要任务。新中国成立初期，生态环境问题尚不突出，但也存在森林滥砍滥伐、水土流失严重等生态问题。尤其是"大跃进"及"文化大革命"时期，我国农村地区大规模毁林开荒及围湖造田等举措，对农村矿产、土地、森林等资源要素造成极大的破坏。

20世纪80年代，农业农村成为工业和城市污染大量转移的避难所。经济快速发展，城市化进程不断加快，工业产生的三废以及城市生活垃圾等以各种形式进入农村地区。同时，一些耗能高、污染重的化工、造纸等行业以联营、分厂等名义进入农村地区，对农村生态环境造成了严重的损害。蓬勃发展的乡镇企业，由于缺乏有效的监管手段，企业排放的污染物往往不经任何处理就直接排入环境中，成为这一时期农村环境污染的重要来源。污水灌溉在20世纪80年代开始迅速发展，从20世纪70年代末至90年代中期，全国污水灌溉面积激增十余倍。到1998年第二次污水灌区环境状况普查时显示，我国污灌农田面积已达361.84万公顷，约占全国总灌溉面积的7%以上。污水灌溉一方面缓解了水资源压力，另一方面也使大量未加处理的工业污水进入农田，对土壤和地下水造成严重的污染，对农作物也造成了极大的安全隐患。

20世纪90年代以后，农业环境污染呈现出点面共存、城乡叠加的态势。除了城市工业三废、乡镇企业污染、生态系统严重破坏等日积月累的问题,农业自身造成的污染效应也开始显现。化肥、农药、地膜的使用量迅速上升,畜禽粪便的大量排放,给环境造成了巨大的危害。农田过量施用的氮肥导致了严重的地下水硝酸盐污染问题,湖泊富营养化情况也开始显现。农村基础设施建设和环境管理较为落后,农村生活污水和生活垃圾仍然缺少有效的管理手段。1999 年《中国环境状况公报》首次明确指出"农村环境质量有所下降"。可以认为,以 1998 年为拐点,农村环境污染已经超出了环境容量,开始出现明显恶化的迹象。

21 世纪以来,农业农村经济快速发展,农业生产自身带来的污染日益凸显。化肥、化学农药等农业投入品过量使用,畜禽粪便、农作物秸秆和农田残膜等农业废弃物不合理处置,导致农业面源污染严重。我国已经成为世界上最大的化肥、农药生产国和消费国。21 世纪初,化肥用量进入快速增长期,从 2000 年的 4146 万吨增加到 2015 年的 6022 万吨。我国农作物亩均化肥用量 21.9 公斤,远高于世界平均水平(8 公斤/亩),是美国的 2.6 倍、欧盟的 2.5 倍。农药使用量由 2000 年的 128 万吨增加到 2014 年 180.69 万吨(最高值)。农药、化肥的大量使用,加之利用率低、施肥和施药方法不够科学,导致地力下降、农产品残留超标和农业面源污染,不仅影响农业生产安全、农产品质量安全,更给生态环境安全和人体健康带来严重的威胁。畜禽养殖业是农业面源的最大排放源,2007年《第一次全国污染源普查公报》显示,畜禽养殖业排放的化学需氧量和氨氮分别占农业源排放总量的 95.8% 和 78.1%,占全国化学需氧量和氨氮排放量的 41.9% 和 41.5%。

(二)土壤环境质量总体状况不容乐观

2005 年 4 月至 2013 年 12 月,原环境保护部与原国土资源部开展了全国首次土壤污染状况调查。结果显示,全国土壤环境质量总体状况不容乐观,部分地区土壤污染较重,耕地土壤环境质量堪忧,工矿业废弃地土壤环境问题突出。全国土壤总的污染超标率为 16.1%,其中轻微、轻度、中度和重度污染点位比例分别为 11.2%、2.3%、1.5% 和 1.1%。污染类型以无机型为主,有机型次之,复合型污染比重较小,无机污染物超标点位数占全部超标点位数的82.8%。从污染分布情况看,南方土壤污染重于北方;长江三角洲、珠江三角洲、东北老工业基地等部分区域土壤污染问题较为突出,西南、中南地区土壤重金属超标范围较大;镉、汞、砷、铅4种无机污染物含量分布呈现从西北到东南、从东北到西南方向逐渐升高的态势。在此次土壤污染调查中涉及的55个污水灌溉区中,有39个存在土壤污染。在1378个土壤点位中,超标点位占26.4%,主要污染物为镉、砷和多环芳烃[①]。这与前文中提到的许多地区曾经历漫长的污水灌溉历史有关系。

(三)主要流域水质安全问题突出

历年《中国环境状况公报》监测显示,我国主要流域水质状况不容乐观,特别是在1998—2011年,劣V类水质占比较高,主要河流有机污染普遍,面源污染问题日益突出,主要湖泊富营养化状况严重。2012年以来,环境治理和环保督查力度加大,七大水系及主要流域水质状况有所改善,劣V类水质占比下降到10%以下(见图15-6)。

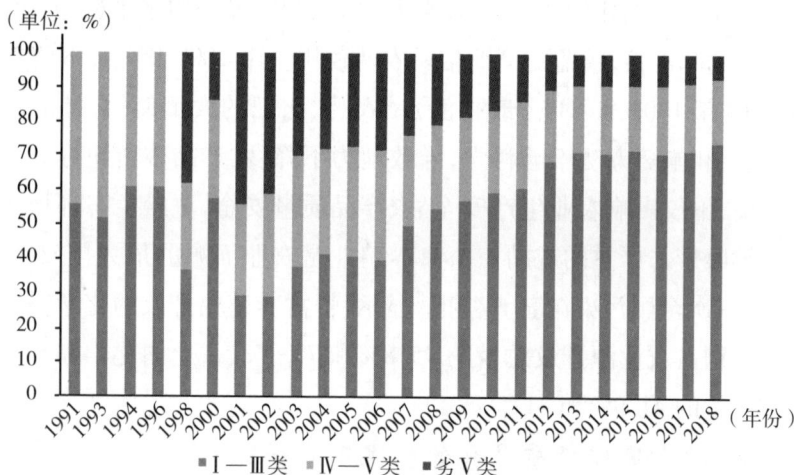

图15-6 1991—2018年主要流域水质状况

注:《中国环境状况公报》1991年、1996年、2000—2010年评价范围为长江、黄河、珠江、松花江、淮河、海河、辽河七大水系;1993年、1994年、1998年评价范围为七大水系及内陆河流重点河段;2011—2018年评价范围为七大水系及浙闽片河流、西北诸河、西南诸河等十大流域;另外,1989年、1990年、1992年、1995年、1997年、1999年由于主要为定性表述以及指标不完整等原因未列出。

资料来源:《中国环境状况公报》。

---

① 资料来源于原环境保护部、原国土资源部2014年发布的《土壤污染状况调查公报》。

1989 年发布的《中国环境状况公报》显示,我国大江大河水质基本良好。流经城市的河段污染较重,水体污染主要来自工业废水,主要污染物是氨氮,其次是耗氧有机物和挥发酚。

20 世纪 90 年代,河流水质出现明显恶化趋势。1991—1993 年我国主要流域水环境监测状况显示,Ⅰ—Ⅲ类水质占比有下降趋势,Ⅳ-Ⅴ类水质占比上升;到 1994 年全国各大江河均受到不同程度的污染,并呈发展趋势,工业发达城镇附近水域的污染突出。之后水污染状况范围扩大,污染程度加剧,到 1998 年,我国水环境面临水体污染、水资源短缺和洪涝灾害三重问题。1999 年《中国环境状况公报》显示,我国主要河流有机污染普遍,面源污染问题日益突出。

进入 21 世纪,水环境状况有改善趋势,但水环境污染状况依然不容乐观。2000 年环境监测结果显示,我国主要流域地表水有机物污染普遍,各流域干流有 57.7% 的断面满足Ⅲ类水质要求,21.6% 的断面为Ⅳ类水质,20.7% 的断面属于Ⅴ类和劣Ⅴ类水质,主要湖泊富营养化问题突出。到 2009 年,主要流域Ⅰ—Ⅲ类水质占比 57.3%,Ⅳ—Ⅴ类水质占比 24.3%,劣Ⅴ类水质占比 18.4%。2015 年以来,党中央、国务院对生态文明建设和环境保护作出一系列重要决策部署,水环境污染状况呈好转趋势。2018 年《中国环境状况公报》监测结果显示,我国主要流域Ⅰ—Ⅲ类水质占比上升至 74%,劣Ⅴ类水质占比下降至 6.9%。

第二节　农业资源与环境保护制度的变迁

政策是制度的核心要素,机构是执行政策的主体,优化机构及其职能有助于提高政策执行的效率。政策制定和制度安排大多是问题导向的,针对不同阶段出现的资源环境问题,相关机构及其职能也将随之进行调整和优化。

一、管理机构及其职能的变化

管理机构是落实资源环境保护政策的主体,在很大程度上,管理机构的级别及其被赋予的职能反映了政府对于环境问题的重视程度,也决定了管理机构在应对环境问题方面的能力。

(一)农村环境保护管理机构及其职能的变化

国家环境保护管理机构从无到有,职能从弱到强。1974年,正式成立的国务院环境保护领导小组办公室是新中国历史上第一个环境保护机构;1982年,国务院环境保护领导小组办公室与国家建委、国家城建总局、建工总局、国家测绘总局合并组建城乡建设环境保护部,内设环境保护局,该局也是1984年成立的国家环境保护委员会的办事机构;1988年,升格为国务院直属的国家环境保护局(副部级机构);1998年,进一步升格为正部级的国家环境保护总局,但仍为国务院直属机构;2008年,升格为国家环境保护部,正式成为国务院组成部门;2018年在原环保部的基础上,新组建生态环境部,职能进一步扩大。

农村环境保护管理机构"先统后分再统",职能从农业农村部门逐渐转移到环境保护部门。

1976—1998年,农村环保机构及其职能不断强化。农村环保工作首次被纳入行政管理体系是在1976年,在农林部科教局内设处级环保组,负责农业环境保护工作。1985年,农牧渔部成立了环境保护委员会,农业环境保护工作由农业部门负责。1987年农牧渔业部能源环保办公室改名为农牧渔业部能源环境保护局,1989年改为环保能源司,1994年国务院机构调整将农业农村环境保护相应的工作划归给农业部,并明确由环保能源司管理农村环境保护、农村能源建设和节能工作。

1998—2018年,农村环境保护机构弱化,职能分散。1998年,在国务院机构改革中,农业部环保能源司被撤销,其保留的相关职能被划入新组建的科技教育司,在科技教育司分别设资源环境处和农村能源处;国家环保总局成立农村处作为农村环保专门部门。2008年国家环保部成立以后,农业农村环境管理主要由环保部自然生态保护司和农业部科技教育司下设的处级机构负责。从整体来看,与农业农村环境问题的复杂性和广泛性相比,既有的农业农村环境管理能力较弱,且职能分散、不够系统。

2018年以后,农村环保机构依然较弱,职能进一步集中。2018年机构改革将原农业部监督指导农业面源污染治理的职能划给新组建的生态环境部,使农业面源污染由"农业干、农业管"到"农业干、环保管",有利于明确职责分工,提高农业农村污染防治效果。

(二)农业资源保护管理机构及其职能的变化

农业资源保护管理机构在历次机构改革中不断整合,职能逐步得到统一。新中国成立以来,不同时期的重要任务,决定了属于自然资源的土地、矿藏、水流、森林、山岭、草原、荒地、滩涂等自然资源,被划分为农业、林业、牧业、副业、渔业、工业等资源类型,按资源类型分别由国土、海洋、水利、农业、林业等部门管理。每个部门对职责范围内的自然资源实行资产管理、用途管制等相统一的管理模式。

1998年国土资源部组建时将土地、矿产管理进行组合。基于不同部门利益的考虑,长期以来自然资源的开发利用和保护并未形成一个统一的整体。

2018年的机构改革中,将原国土资源部的职责和其他部委相关的职能统一整合组建自然资源部,作为国务院组成部门。其主要职责是,对自然资源开发利用和保护进行监管,建立空间规划体系并监督实施,履行全民所有各类自然资源资产所有者职责等。自然资源部的建立,将原本分散在各部门中的职责集中在一起,是对统筹山水林田湖草系统治理思想的具体落实。

二、管理制度和政策的演变

结合经济社会发展背景,以标志性事件或有关文件的出台为主要依据,总体上可将新中国成立70年来农业农村生态文明制度和政策的演变历程划分为以下四个阶段。

(一)1949—1977年,农业资源与环境保护基本空白

新中国成立初期,各项工作尚属起步阶段,全国整体发展思路是以工业化为中心、优先发展重工业,实行工农产品"剪刀差"的定价机制。这一阶段,农村环境问题尚不显著,提高农业生产仍是农村发展的主基调,农村环境保护政策尚缺少在法律层面上的规定,大都以各种行政性法规

和党的政策文件出现,且较为分散。在内容上着重于对农业生态资源的保护,包括森林、土地、草原、河流、野生动物保护等,较少涉及农村环境污染防治的内容。

1949 年全国政协第一次全体会议《中国人民政治协商会议共同纲领》,初步提出保护农业资源环境的立场。1957 年,国务院颁布的《中华人民共和国水土保持暂行纲要》成为我国第一个综合性的水土保持政策文件。"大跃进"及"文化大革命"时期,我国农村地区大规模毁林开荒及围湖造田等举措,对农村矿产、土地、森林等资源要素造成了极大的破坏。为此,国家围绕自然资源保护、水土保持等出台的相关环境政策都涉及农村环境保护。1972 年,联合国"人类环境会议"在瑞典召开,次年 8 月,我国召开第一次全国性环境保护会议,标志着我国环境保护事业迈出关键性的一步。

表 15-4　改革开放前的农业资源与环境保护相关政策

相关政策文件及其施行年份
《中华人民共和国水土保持暂行纲要》(1957)
《关于保护和改善环境的若干规定(试行草案)》(1973)
《国务院环境保护机构及有关部门的环境保护职责范围和工作要点》(1975)

(二)1978—1994 年,农业资源与环境保护受到重视

我国资源环境政策体系建设在改革开放后开始起步,一系列重要法律法规密集出台,其中最重要的是《环境保护法》,作为农村资源与环境保护工作的法律基础和依据,明确规定要"加强农村环境保护、防治生态破坏,合理使用农药、化肥等农业生产投入"。1994 年 7 月,《中国 21 世纪议程》中,从农业生产、粮食安全、农村生态环境保护、资源可持续利用等方面对农业可持续发展进行了界定,从而对农业发展提出了全新的目标。在这一阶段,农业面源污染在整体环境污染中所占比重逐渐上升,但工业源仍是国家在这一阶段环境管理的重点。农业面源污染防治在整个环境保护政策中被零星提及,只是在大方向上提出了目标,尚缺少具体

的、有针对性的政策行动。

表15-5　1979—1993年的农业资源与环境保护相关政策

类　别	名　　称	出台时间
政策性文件	《关于农业环境污染情况和加强农村环境保护工作的意见》	1979
	《农田灌溉水质标准(试行)》	1979
	《渔业水质标准(试行)》	1979
	《国务院关于加强环境保护工作的决定》	1984
	《国务院环境保护委员会关于发展生态农业加强农业生态环境保护工作的意见》	1985
	《国务院关于进一步加强环境保护工作的决定》	1990
法律法规	《中华人民共和国环境保护法(试行)》	1979
	《中华人民共和国水污染防治法》	1984
	《中华人民共和国水法》	1988
	《中华人民共和国环境保护法》	1989
	《中华人民共和国水土保持法》	1991
	《中华人民共和国农业法》	1993

(三)1995—2012年,农业资源与环境保护得到加强

21世纪以来,全球对可持续发展的关注达到前所未有的高度,中国作为负责任大国在参与全球可持续发展进程中扮演了积极的作用,自身的制度建设也日趋完善,农业农村环境保护也在各项政策中不断强化。1995年农村环境状况首次被列入《中国环境状况公报》,这意味着农村环境质量状况正式进入官方关注的视野。1999年,国家环境保护总局印发了《国务院环境保护总局关于加强农村生态环境保护工作的若干意见》,这是我国第一个直接针对农村生态环境保护的政策。进入21世纪,随着人口增长、膳食结构升级和城镇化不断推进,我国农产品需求持续刚性增长。同时,国家经济实力不断增强、公众环保需求不断提升,国家对农业资源和环境保护的重视程度也随之不断提高。《国家环境保护"十五"计划》中明确"将控制农业面源污染、农村生活污染和改善农村环境质量作

为农村环境保护的重要任务"。这一阶段的农业农村资源环境保护在很多政策文件、规划计划和法律法规中得到体现,但仍然表现为在农业面源污染防治、畜禽养殖污染防治、美丽乡村建设等单个领域的行动,主基调是农业环境保护必须与经济发展相协调,加强农业污染防治成为这一阶段的政策总体目标。

表15-7　1996—2010年的农业资源与环境保护相关政策

类　别	名　　称	出台时间
政策文件	《全国人民代表大会常务委员会关于修改〈中华人民共和国水污染防治法〉的决定》	1996
	《国务院关于环境保护若干问题的决定》	1996
	《国家环境保护局　农业部　化工部关于进一步加强对农药生产单位废水排放监督管理的通知》	1997
	《关于加强乡镇企业环境保护工作的规定》	1997
	《国家环境保护总局关于加强农村生态环境保护工作的若干意见》	1999
	《国务院关于进一步做好退耕还林还草试点工作的若干意见》	2000
	《畜禽养殖污染防治管理办法》	2001
	《国家环境保护总局关于加强农村环境保护工作的意见》	2007
	《国家环境保护总局关于开展生态补偿试点工作的指导意见》	2007
	《农业部办公厅关于进一步加强秸秆综合利用禁止秸秆焚烧的紧急通知》	2007
	《环境保护部　财政部　发展改革委关于实行"以奖促治"加快解决突出的农村环境问题的实施方案》	2009
规划计划	《国家环境保护"十五"计划》	2001
	《国家环境保护"九五计划"和2010年远景目标》	2002
	《国家农村小康环保行动计划》	2006

续表

类　别	名　　　称	出台时间
法律法规	《中华人民共和国固体废物污染环境防治法》	1995
	《中华人民共和国乡镇企业法》	1996
	《中华人民共和国防洪法》	1997
	《中华人民共和国刑法》	1997
	《中华人民共和国防沙治沙法》	2001
	《中华人民共和国农业法》(2002 年修订)	2002
	《中华人民共和国水法》(2002 年修订)	2002
	《中华人民共和国固体废物污染环境防治法》(2004 年修订)	2004
	《中华人民共和国循环经济促进法》	2008
	《中华人民共和国水土保持法》(2010 年修订)	2010

(四)2013 年至今:制度框架和政策体系基本形成

党的十八大召开后,各项工作全面进入新时代,生态文明建设成为"五位一体"总体布局的重要组成部分,"绿水青山就是金山银山"成为新时代生态文明建设的基本遵循,乡村振兴成为"三农"工作的总抓手,绿色发展成为农业农村发展的主流方向,人与自然和谐共生是生态振兴的目标。这一阶段国家相关政策的发展趋势是由解决单领域问题逐步走向促进农村社会、经济、环境的协调发展,统筹推进山水林田湖草保护治理,努力构建可持续的现代化农业体系。中国的农业现代化目标已经从过去单一的高产转变为"高产、优质、高效、生态、安全"的综合目标,生态、环保已经成为农业发展自身的内在要求。单一的污染源达标排放的思想逐渐转为树立"利用是最有效的污染治理措施"的观念,农业生态环境保护也逐渐提升到农业生态文明建设的高度。

这个阶段一系列高位阶的专项政策陆续出台,2014 年生效的《畜禽规模养殖污染防治条例》是我国首部专门针对农业污染的国家性法规,具有里程碑意义。2017 年,中共中央办公厅、国务院办公厅印发的《关于创新体制机制推进农业绿色发展的意见》是党中央、国务院发布的第一个以农业绿色发展为主题的文件,具有纲领性作用。政策和制度越来越具有针对性,农业农村绿色发展的"四梁八柱"已经基本建立。

表15-8　2014年以来的农业资源与环境保护主要政策

类　别	名　　　称	出台时间
政策文件	《中共中央国务院关于全面深化农村改革加快推进农业现代化的若干意见》	2014
	《国务院办公厅关于加快转变农业发展方式的意见》	2015
	《农业部关于打好农业面源污染防治攻坚战的实施意见》	2015
	《关于创新体制机制推进农业绿色发展的意见》	2017
规划计划	《农业环境突出问题治理总体规划(2014—2018年)》	2015
	《全国农业可持续发展规划(2015—2030年)》	2015
	《水污染防治行动计划》	2015
	《土壤污染防治行动计划》	2016
	《乡村振兴战略规划(2018—2022年)》	2018
法律法规	《畜禽规模养殖污染防治条例》	2014
	《农药管理条例》(2017年修订)	2017
	《中华人民共和国宪法》(2018年修正)	2018

第三节　新时代农业生态文明建设

一、农业生态文明思想的产生与发展

(一)传统文化是农业生态文明思想的来源

中华民族有着深厚悠久的历史文化传统,在人与自然如何协调共生方面有着丰富的思想认知和文化传承。如宋代的张载在《正蒙·乾称》中强调:"儒者则因明致诚,因诚致明,故天人合一。"儒释道三家思想是中国优秀传统文化的代表,三家普遍接受"天人合一"思想,都认同人和自然万物的一体关系和命运共同体的性质,强调避免过度人为地干预自然万物的运转规律,提倡爱护生态环境,善待万事万物,因势利导、顺势而为。中华优秀传统文化蕴含的以"天人合一"为代表的思想认知,是新时代农村生态文明建设的重要思想渊源。

(二)农业生态文明思想的形成和发展过程

针对新中国成立初期滥砍滥伐、水土流失严重等生态问题,毛泽东同志在《实践论》中指出:"人的认识,主要地依赖于物质的生产活动,逐渐地了解自然的现象、自然的性质、自然的规律性、人和自然的关系。"[1] 毛泽东同志提出"植树造林,绿化祖国"的号召,将"绿化荒山和村庄"纳入到农村合作化全局中的重要指示,以及"治水兴农""保持水土"的决心,这些都是第一代中国共产党领导集体基于马克思主义人与自然观的思想依据,不断探索指导新中国建设的生态文明观的过程。

随着1978年改革开放的深入和经济的发展,生态环境问题日益严重。1982年9月,中国共产党第十二次全国代表大会提出"坚决保护各种农业资源、保持生态平衡的同时,加强农业基本建设,改善农业生产条件,实行科学种田"[2]。提出建设"高度的社会主义精神文明",做到"物质文明和精神文明统一"。虽然生态文明思想仍然未提出,但对社会主义物质文明和精神文明相统一的理解为生态文明的形成奠定了基础。

2002年,党的十六大提出将"建设生产发展、生活富裕、生态良好的文明社会"作为全面建设小康社会的四大目标之一。2003年,中共十六届三中全会上首次提出"科学发展观"。2004年3月,在中央人口资源环境工作座谈会上,胡锦涛同志强调要"坚持用科学发展观来指导人口资源环境工作"[3]。2005年,中共十六届五中全会首次提出建设"社会主义新农村"。2006年2月14日,胡锦涛同志在省部级主要领导干部建设社会主义新农村专题研讨班开班式上的讲话中指出,"推动农村走上生产

---

[1] 《毛泽东选集》第一卷,人民出版社1991年版,第282—283页。

[2] 中共中央文献研究室编:《十二大以来重要文献选编》(上),人民出版社1986年版,第14—15页。

[3] 《胡锦涛文选》第二卷,人民出版社2016年版,第170页。

发展、生活富裕、生态良好的文明发展道路"①。强调"走出一条中国特色农业现代化道路",成为该时期农业生态文明思想的重要体现。2007 年党的十七大第一次将"建设生态文明"作为一项战略任务,"建设生态文明"成为全面建设小康社会奋斗目标的重要内容之一。

(三)新时代农业生态文明思想的内涵和要求

2018 年 5 月,全国生态环境保护大会在北京召开,会议的一个标志性成果就是习近平生态文明思想的正式确立。习近平生态文明思想是习近平新时代中国特色社会主义思想的重要组成部分,集中体现为"八观",即:"生态兴则文明兴"的深邃历史观、"人与自然和谐共生"的科学自然观、"绿水青山就是金山银山"的绿色发展观、"良好生态环境是最普惠的民生福祉"的基本民生观、"山水林田湖草是生命共同体"的整体系统观、"实行最严格生态环境保护制度"的严密法治观、"共同建设美丽中国"的全民行动观、"共谋全球生态文明建设之路"的共赢全球观。农村是生态文明建设的主战场,农业是生态文明建设的重要载体,在农业生态文明建设中,要突出强调以下三个方面。

1. 坚持人与自然和谐共生

坚持人与自然和谐共生是新时代坚持和发展中国特色社会主义的基本方略。在"社会—经济—环境"复合生态系统中,人类是主体,环境部分包括人的栖息劳作环境、区域生态环境及社会文化环境,它们与人类的生存和发展休戚相关,具有生产、生活、供给、接纳、控制和缓冲功能,构成错综复杂的生态关系。人与自然是生命共同体,人类必须尊重自然、顺应自然、保护自然。人类只有遵循自然规律才能有效防止在开发利用自然上走弯路,人类对大自然的伤害最终会伤及人类自身,这是无法抗拒的规律。坚持山水林田湖草是一个生命共同体,人的命脉在田,田的命脉在水,水的命脉在山,山的命脉在土,土的命脉在林和草。坚持以节约优先、保护优先、自然恢复为主的方针,推动形成人与自然和谐发展的现代化建设新格局。党的十九大把"坚持人与自然和谐共生"作为新时代坚持和

---

① 《胡锦涛文选》第二卷,人民出版社 2016 年版,第 412 页。

发展中国特色社会主义的基本方略，全国生态环境保护大会又将其作为新时代推进生态文明建设必须坚持的重要原则。这些重要举措充分体现了以习近平同志为核心的党中央对经济社会发展规律认识的深化，为科学把握和正确处理人与自然关系提供了根本遵循。

2. 坚持"绿水青山就是金山银山"

"两山"理论是习近平生态文明思想的重要组成部分，也是我们推动农业生态文明建设的理论指引和行动指南。2005年，时任浙江省委书记的习近平同志在安吉县天荒坪镇余村进行调研时，首次提出了"绿水青山就是金山银山"的论断。随后，他在《浙江日报》"之江新语"专栏发表了《绿水青山也是金山银山》一文。他用三个阶段系统论述了绿水青山和金山银山的辩证关系，第一阶段就是用绿水青山换取金山银山，第二阶段是既要金山银山也要绿水青山，第三阶段是认识到绿水青山可以源源不断地带来金山银山，绿水青山本身就是金山银山。这三个阶段是经济增长方式转变的过程，是发展观念不断进步的过程，也是人和自然关系不断调整、趋向和谐的过程。

2013年9月7日，习近平主席在哈萨克斯坦纳扎尔巴耶夫大学发表演讲回答学生们提出的环境保护问题时，鲜明地阐释了自己对于"两山"的取舍："我们既要绿水青山，也要金山银山。宁要绿水青山，不要金山银山，而且绿水青山就是金山银山。"[1]在谈及长江经济带建设时，习近平强调："推动长江经济带发展必须坚持生态优先、绿色发展的战略定位，这不仅是对自然规律的尊重，也是对经济规律、社会规律的尊重。"[2]在保护和发展的关系上，他强调绿色既是发展的原动力，也是发展的目标，要用绿色的目标优化发展的方式。"两山"理论动态地勾勒出了农业绿色发展的演进路线，更凸显出二者从对立走向统一的思想转变。

---

① 中共中央文献研究室编：《习近平关于全面建成小康社会论述摘编》，中央文献出版社2016年版，第171页。

② 习近平：《走生态优先绿色发展之路　让中华民族母亲河永葆生机活力》，新华网，http://www.xinhuanet.com//politics/2016-01/07/c_1117704361.htm。

3. 坚持农业农村绿色发展

农业农村的本色是绿色，农业农村绿色发展是整个经济社会绿色发展的重要组成部分，也为整个社会的绿色发展提供基本支撑，农业绿色发展的实践为"两山"理论提供了更多现实注脚。绿色发展是农业发展观的深刻变革，也是农业供给侧结构性改革的主攻方向。习近平总书记强调，推进农业供给侧结构性改革，要把增加绿色优质农产品供给放在突出位置。2017年3月9日，习近平总书记在参加第十二届全国人大第五次会议四川代表团审议时再次强调："必须深入推进农业供给侧结构性改革……主攻农业供给质量，注重可持续发展，加强绿色、有机、无公害农产品供给"①。推进农业绿色发展，就是要增加优质、安全、特色农产品供给，促进农产品供给由主要满足"量"的需求向更加注重"质"的需求转变，走绿色兴农、质量兴农之路。

农业农村绿色发展不仅仅是环境问题，也是一个涉及经济发展、政治稳定的大问题，关系到亿万农民群众的幸福感、获得感，事关近14亿人吃饱吃好，是以人民为中心的发展理念的重要体现。2013年4月25日，习近平总书记在十八届中央政治局常委会会议上指出："我们不能把加强生态文明建设、加强生态环境保护、提倡绿色低碳生活方式等仅仅作为经济问题。这里面有很大的政治。"②在习近平总书记的眼里，最大的政治是民心，关乎人心向背。他也不无担忧地警示大家，"经济上去了，老百姓的幸福感大打折扣，甚至强烈的不满情绪上来了，那是什么形势？"③2015年5月，他在浙江召开华东7省市党委主要负责同志座谈会时指出："让良好生态环境成为人民生活质量的增长点"④。习近平总书记在

---

① 《习近平在参加四川代表团审议时强调　深入推进农业供给侧结构性改革》，《经济日报》2017年3月9日。

② 中共中央文献研究室编：《习近平关于全面深化改革论述摘编》，中央文献出版社2014年版，第103页。

③ 中共中央文献研究室编：《习近平关于全面深化改革论述摘编》，中央文献出版社2014年版，第103页。

④ 中共中央文献研究室编：《习近平关于全面建成小康社会论述摘编》，中央文献出版社2016年版，第176页。

多个场合直截了当地强调环境就是民生。2013年，习近平总书记在海南考察时指出，良好生态环境是最公平的公共产品，是最普惠的民生福祉。2015年3月，习近平总书记在参加江西代表团审议时强调："环境就是民生，青山就是美丽，蓝天也是幸福……像保护眼睛一样保护生态环境，像对待生命一样对待生态环境"①。在针对畜禽养殖污染这样的具体问题时，习近平总书记在中央财经领导小组第十四次会议上指出："加快推进畜禽养殖废弃物处理和资源化，关系6亿多农村居民生产生活环境，关系农村能源革命，关系能不能不断改善土壤地力、治理好农业面源污染，是一件利国利民利长远的大好事。"②

二、新时代农业生态文明建设的探索与实践

2017年5月，习近平总书记在中共中央政治局第四十一次集体学习时强调，推动形成绿色发展方式和生活方式是贯彻新发展理念的必然要求。对于农业生态文明的建设，推动形成农业绿色发展方式和生活方式，也是推动实现农业生态文明的必要行动。

（一）推动形成农业绿色生产方式和发展方式

农业生产要素是生态环境的重要组成部分，农业生态文明是整个社会生态文明建设的重要内容。2017年，中共中央办公厅、国务院办公厅印发的《关于创新体制机制推进农业绿色发展的意见》明确提出，要"创新体制机制，推进农业绿色发展"③。首次将农业绿色发展作为农业发展的总体目标，并明确了农业绿色发展在生态文明建设总体战略中的重要地位。农业绿色发展提出的不仅是一种理念，更是推进农业结构调整、促进农业农村生产生活模式转变的重要手段。

2014年3月，习近平总书记在参加第十二届全国人大第二次会议贵

---

① 《习近平谈治国理政》第二卷，外文出版社2017年版，第209页。

② 《习近平主持召开中央财经领导小组第十四次会议》，中国政府网，http://www.gov.cn/xinwen/2016-12/21/content_5151201.htm。

③ 《中共中央办公厅、国务院办公厅印发〈关于创新体制机制推进农业绿色发展的意见〉》，中国政府网，http://www.gov.cn/xinwen/2017-09/30/content_5228960.htm。

州团审议时强调,"保护生态环境就是保护生产力,绿水青山和金山银山绝不是对立的,关键在人,关键在思路"①。主张"把农村丰富的生态资源转化为农民致富的绿色产业,把生态环境优势转化为生态农业、生态工业、生态旅游等生态经济的优势"②,从而真正"做到经济效益、社会效益、生态效益同步提升,实现百姓富、生态美有机统一"。该论述不仅深刻阐明了生态环境与生产力之间的关系,即保护生态环境就是保护生产力、改善生态环境就是发展生产力。也实实在在地指出了如何将绿水青山变成金山银山的具体路径。

对于农业绿色发展的理解也可以包括三个维度递次推进:首先,农业生产过程的清洁化,资源的节约高效利用,减少化学投入品,农业废弃物资源化利用,避免农业生产带来的环境污染。其次,农业产地环境得到保护,实现水质改善、土壤有机质提升、空气质量提高、生态系统修复,农产品质量优化,生产能力的持续性得到保护。最后,实现绿色驱动发展,维护更好的环境质量、提供更优质的农产品,实现农业农村的多功能性,成为农业绿色发展的强大动力。

在具体行动上,为贯彻党中央、国务院决策部署,落实新发展理念,加快推进农业供给侧结构性改革,增强农业可持续发展能力,提高农业发展的质量效益和竞争力,2017年农业部决定启动实施畜禽粪污资源化利用行动、果菜茶有机肥替代化肥行动、东北地区秸秆处理行动、农膜回收行动和以长江为重点的水生生物保护行动等"农业绿色发展五大行动"。这不仅是落实绿色发展理念,推动形成农村绿色生产方式的关键举措,也是关系整个生态环境资源保护和可持续发展,改善农村人居环境,推动美丽乡村建设的重要举措。

(二)推动建立农村绿色生活方式和消费方式

实现乡村振兴的重要任务之一就是要增加农民收入,提高农民生活

---

① 《习近平:心里更惦念贫困地区的人民群众》,新华网,http://www.xinhuanet.com//politics/2014-03/07/c_119658991.htm。

② 乔清举:《习近平的生态文明思想》,人民网,http://theory.people.com.cn/n1/2017/0117/c352499-29030443.html。

水平。随着农业绿色生产方式的逐步建立,农业现代化水平的不断提高,城乡居民收入差距会不断缩小,农民消费水平将不断提高。如何引导农民逐步转变落后的生活方式,逐步建立健康、科学、文明的生活新方式,建立勤俭节约、绿色低碳、文明健康的生活和消费模式,成为农业生态文明建设的内容之一。

我国目前已进入消费需求持续增长、消费拉动经济作用明显增强的重要阶段。2015 年 11 月,国务院发布的《国务院关于积极发挥新消费引领作用　加快培育形成新供给新动力的指导意见》,将农村消费作为消费升级重点领域和方向,从健全农产品标准体系、释放农村人口消费潜力、拓展农村消费市场、推进农村绿色消费等方面提出了目标和要求。绿色消费等新型消费形式逐渐被视为具有巨大的发展空间和潜力。2016 年 3 月 1 日,国家发展改革委、中宣部、科技部等十部门出台了《关于促进绿色消费的指导意见》。在促进农村绿色消费方面,提出要"完善农村消费基础设施和销售网络,通过电商平台提供面向农村地区的绿色产品,丰富产品服务种类,拓展绿色产品农村消费市场"。可见,推进建立农村绿色消费模式,不断提高农村消费水平,已经成为发挥新消费引领作用,推动经济发展的新动力。

(三)统筹山水林田湖草系统治理

农业本身就是一个生态系统,尤其要强调系统性和全面性。2013 年 11 月 15 日,习近平总书记在《中共中央关于全面深化改革若干重大问题的决定》中指出:"山水林田湖是一个生命共同体,人的命脉在田,田的命脉在水,水的命脉在山,山的命脉在土,土的命脉在树。"[①]2016 年 1 月 7 日,习近平总书记在推动长江经济带发展座谈会上强调:"长江经济带作为流域经济,涉及水、路、港、岸、产、城和生物、湿地、环境等多个方面,是一个整体,必须全面把握、统筹谋划。"[②]不仅是环境的全要素保护,还应当是社会经济的全要素发展。党的十九大报告中明确指出要统筹山水林

---

① 《习近平谈治国理政》第一卷,外文出版社 2018 年版,第 85 页。
② 中共中央文献研究室编:《习近平关于全面建成小康社会论述摘编》,中央文献出版社 2016 年版,第 57 页。

田湖草系统治理,加大生态系统保护力度,实施重要生态系统保护和修复重大工程,优化生态安全屏障体系。

2016年9月,财政部、国土资源部、环境保护部联合印发了《关于推进山水林田湖生态保护修复工作的通知》,对各地开展山水林田湖生态保护修复提出了明确要求。开展重要山水林田湖草生态保护修复工程试点。陕西黄土高原、京津冀水源涵养区、甘肃祁连山、江西赣州四个地区被列为国家第一批山水林田湖生态保护修复工程试点。2017年8月,中央全面深化改革领导小组第37次会议又将"草"纳入山水林田湖同一个生命共同体。截至2018年年底,财政部、自然资源部、生态环境部已安排基础奖补资金160亿元,组织实施两批次、11个工程试点。试点工程基本涵盖京津冀水源涵养区、西北祁连山、黄土高原、川滇生态屏障,以及东北森林带、南方丘陵山地等生态功能区块。

(四)推动农村人居环境综合整治

生态宜居是乡村振兴战略的内在要求,是农村生态文明建设的重要标准之一。农村人居环境建设应以农民为核心,满足广大农民的生活居住要求,改变农村脏乱差的生活环境,建设一个景色优美、植被茂密、空气清新、水质良好、干净整洁的健康安居之所。

农村生活污水和垃圾治理是推进农村环境整治、改善农村人居环境中的重要内容,是实施乡村振兴战略的重要任务。2015年11月,我国住房和城乡建设部等十部门联合发布的《全面推进农村垃圾治理的指导意见》,是十部门第一次以联合发文形式推动农村垃圾治理工作的开展。2018年1月2日,中央一号文件《中共中央国务院关于实施乡村振兴战略的意见》明确提出,到2020年,农村人居环境明显改善,美丽宜居乡村建设扎实推进;到2035年,农村生态环境根本好转,美丽宜居乡村基本实现;到2050年,乡村全面振兴,农业强、农村美、农民富全面实现。2018年2月5日,《农村人居环境整治三年行动方案》紧随中央一号文件印发,指出要"以建设美丽宜居村庄为导向,以农村垃圾、污水治理和村容村貌提升为主攻方向","加快推进农村人居环境整治,进一步提升农村人居环境水平"。习近平总书记多次强调,"农村环境整治这个事,不管是发达地区还是欠发达地区都要搞,标准可以有高有低,但最起码要给农民一个干净整洁的生活环境"①。李克强总理也专门作出批示强调"改善农村人居环境承载了亿万农民的新期待。各地区、有关部门要从实际出发……有序推进农村人居环境综合整治,加快美丽乡村建设"②。《乡村振兴战略规划(2018—2022 年)》将持续改善农村人居环境作为主要任务之一。

党的十八大以来,习近平总书记在国内考察调研过程中,总是会关注农村厕所改造的问题。总书记在多次讲话中经常强调"民生无小事",厕所改造便是与农村人居环境质量息息相关的一件"大事"。2014 年 12 月,习近平总书记在江苏镇江考察调研时就指出:"厕改是改善农村卫生条件、提高群众生活质量的一项重要工作,在新农村建设中具有标志性。"③在 2016 年 8 月的全国卫生与健康大会上,习近平总书记强调要持续开展城乡环境卫生整洁行动,要在农村来一场"厕所革命"。2017 年 11 月,习近平总书记就旅游系统推进"厕所革命"工作取得的成效作出重要指示。指出要把这项工作作为乡村振兴战略的一项具体工作来推进,努力补齐这块影响群众生活品质的短板。2018 年 12 月,中央农办、农业农村部、国家卫生健康委、住房和城乡建设部、文化和旅游部、国家发展改革委、财政部、生态环境部八部门联合发布《关于推进农村"厕所革命"专项行动的指导意见》。提出"把农村'厕所革命'作为改善农村人居环境、促进民生事业发展的重要举措,进一步增强使命感、责任感和紧迫感,坚持不懈、持续推进,以小厕所促进社会文明大进步"。

在国家政策的引导下,各地纷纷因地制宜地开展了农村人居环境整治行动。其中浙江省成为全国农村人居环境整治的典范。目前,全省农村生活垃圾集中处理建制村全覆盖,卫生厕所覆盖率达 98.6%,规划保留

---

① 《国家发展改革委关于扎实推进农村人居环境整治行动的通知》,中国政府网,http://www.gov.cn/xinwen/2018-03/17/content-5274932.htm。

② 《习近平就改善农村人居环境作出重要指示 李克强就推进这项工作作出批示》,新华网,http://www.xinhuanet.com//politics/2013-10/09/c_117642870.htm。

③ 《民生小事大情怀——记习近平总书记倡导推进"厕所革命"》,新华网,http://www.xinhuanet.com//politics/2017-11/28/c_1122023895.htm。

村生活污水治理覆盖率达 100%，畜禽粪污综合利用、无害化处理率达 97%，村庄净化、绿化、亮化、美化，成为全国农村人居环境整治的典范和标杆。"千万工程"被当地农民群众誉为"继实行家庭联产承包责任制后，党和政府为农民办的最受欢迎、最为受益的一件实事"。2018 年 9 月，浙江"千万工程"获联合国"地球卫士奖"。习近平总书记多次作出重要批示，"浙江'千村示范、万村整治'工程起步早、方向准、成效好，不仅对全国有示范作用，在国际上也得到认可。要深入总结经验，指导督促各地朝着既定目标，持续发力，久久为功，不断谱写美丽中国建设的新篇章"①。

（五）建立农村生态环境保护制度

习近平总书记指出："只有实行最严格的制度、最严密的法治，才能为生态文明建设提供可靠保障。"②农业农村环境保护是乡村振兴战略的内在要求，是坚持人与自然和谐共生、走乡村绿色发展之路、实现乡村生态振兴的重要抓手。要建立归属清晰、权责明确、监管有效的自然资源资产产权制度；以空间规划为基础、以用途管制为主要手段的国土空间开发保护制度；以空间治理和空间结构优化为主要内容，全国统一、相互衔接、分级管理的空间规划体系；覆盖全面、科学规范、管理严格的资源总量管理和全面节约制度；反映市场供求和资源稀缺程度、体现自然价值和代际补偿的资源有偿使用和生态补偿制度；以改善环境质量为导向，监管统一、执法严明、多方参与的环境治理体系；更多运用经济杠杆进行环境治理和生态保护的市场体系；充分反映资源消耗、环境损害、生态效益的生态文明绩效评价考核和责任追究制度。

新时代农业农村环境保护必须探索新的管理思路和手段，不能将农业生产与生态环境保护对立起来，更不能将农民利益与生态环境利益对立起来。农业农村环境保护无论是目标还是行动也都不再是单一领域、单一目标，而是逐渐融合、集成，成为综合性农业农村绿色发展的一部分。

---

① 《不断增强农民的获得感幸福感——浙江 15 年持续推进"千村示范、万村整治"工程纪实》，《人民日报》2018 年 12 月 29 日。

② 《习近平谈治国理政》，外文出版社 2014 年版，第 210 页。

任何生态环境保护手段的设计和实施,都要建立在尊重农民意愿、保护农民利益的基础上。要将绿色导向贯穿于农业发展全过程,实现农业生产与生态环境协调发展。要针对农业农村生态环境问题的复杂性和多样性特征,综合考虑、科学设计、合理实施,采用疏堵结合、以疏为主的手段。在具体的管理措施选择上,要考虑这些措施对产业发展、乡村风气、基层治理、农民生计的影响。深入贯彻"绿水青山就是金山银山"的生态文明理念,要把提升农业农村生态和资源优势转变为经济优势,以绿色优化发展是新时代农业农村环境保护的新思路,其中发展是目标,绿色是手段,优化是实施路径,最终实现生态环境改善和经济发展的良性循环。

第十六章　促进乡村全面振兴

　　党的十九大提出中国特色社会主义进入新时代,我国社会主要矛盾已经转化为人民日益增长的美好生活需要和不平衡不充分的发展之间的矛盾。习近平总书记指出,"从实践看,发展不平衡,最突出的是城乡发展不平衡;发展不充分,最突出的是农村发展不充分"①。如期实现第一个百年奋斗目标并向第二个百年奋斗目标迈进,最艰巨最繁重的任务在农村,最广泛最深厚的基础在农村,最大的潜力和后劲也在农村。决胜全面建成小康社会、开启全面建设社会主义现代化国家新征程,对处理好工农城乡关系、加快推进农业农村现代化提出了新的要求。

　　实施乡村振兴战略,是党中央从党和国家事业全局出发、着眼于实现"两个一百年"奋斗目标、顺应亿万农民对美好生活的向往作出的重大战略决策,是决胜全面建成小康社会、全面建设社会主义现代化国家的重大历史任务,是新时代做好"三农"工作的总抓手。党的十九大提出实施乡村振兴战略,并将这一战略写入党章,标志着我国"三农"发展进入了新的历史阶段,在我国"三农"发展进程中具有划时代的里程碑意义。习近平总书记强调,全党同志务必充分认识实施乡村振兴战略的重大意义,把农业农村优先发展作为现代化建设的一项重大原则,把振兴乡村作为实现中华民族伟大复兴的一个重大历史任务,以更大的决心、更明确的目标、更有力的举措,书写好中华民族伟大复兴的"三农"新篇章。

---

　　①　2018年3月8日,习近平总书记在参加第十三届全国人大第一次会议山东代表团审议时指出:"新时代我国社会主要矛盾的变化,要求我们在继续推动发展的基础上,着力解决好发展不平衡不充分问题。从实践看,发展不平衡,最突出的是城乡发展不平衡;发展不充分,最突出的是农村发展不充分。"

第一节　实施乡村振兴战略的背景和要求

实施乡村振兴战略,是党中央基于改革开放以来的农村改革发展成就、深刻把握我国城乡关系变化特征和现代化建设规律、顺应亿万农民对美好生活的向往作出的重大战略决策,是对"三农"工作一系列方针政策的继承和发展,是着眼于党和国家事业全局对"三农"工作提出的战略部署,是新时代做好"三农"工作的总抓手。

一、实施乡村振兴战略的重要意义

实施乡村振兴战略,是社会主义社会的本质要求,是推进农村改革发展和城乡协调发展的现实需要,是开启全面建设社会主义现代化国家新征程的必然选择。

(一)中国共产党人的历史使命

中国共产党人的初心和使命,就是为中国人民谋幸福,为中华民族谋复兴。在长期的革命和建设进程中,占全国人口绝大多数的农民始终是我们党的基本依靠力量。毛泽东同志在《论人民民主专政》一文中指出:"总结我们的经验,集中到一点,就是工人阶级(经过共产党)领导的以工农联盟为基础的人民民主专政","这就是我们的公式,这就是我们的主要经验,这就是我们的主要纲领"。[①]

中国共产党成立以后,一直把为亿万农民谋幸福作为重要使命。让农民群众有获得感,也是成功建立工农联盟的保证。在新民主主义革命时期,通过领导农民"打土豪、分田地",带领亿万农民求解放,让农民群众有了获得感;在社会主义革命和建设时期,通过领导农民开展互助合作、发展集体经济、改善农民生产生活条件,增强了农民群众的获得感。改革开放以来,通过实行家庭联产承包责任制、发展乡镇企业、促进农民外出就业、废除农业税、改善农村基础设施条件和发展农村社会事业,让

---

① 《毛泽东选集》第四卷,人民出版社 1991 年版,第 1480 页。

农民群众有了更多的获得感。

中国特色社会主义进入新时代，为亿万农民谋幸福，是中国共产党人的初心、使命和重要担当。以亿万农民对美好生活的向往为中心，是党开展农村工作的出发点。习近平总书记强调："我们要牢记亿万农民对革命、建设、改革作出的巨大贡献，把乡村建设好，让亿万农民有更多获得感，充分调动亿万农民的积极性、主动性和创造性。"①实施乡村振兴战略，就是要坚持新发展理念，推动新型工业化、信息化、城镇化、农业现代化同步发展，建立健全城乡融合发展体制机制和政策体系，加快推进农业农村现代化。

（二）促进工农城乡协调发展

工业和农业、城市和乡村是互促互进、共生共存的。能否处理好工农关系、城乡关系，关乎社会主义现代化建设全局。毛泽东同志指出："城乡必须兼顾，必须使城市工作和乡村工作，使工人和农民，使工业和农业，紧密地联系起来。决不可以丢掉乡村，仅顾城市，如果这样想，那是完全错误的。"②邓小平同志说："城市搞得再漂亮，没有农村这一稳定的基础是不行的。"③从世界各国现代化历史来看，实现了现代化的国家，工农城乡关系一般比较协调，形成了良性的互动互促关系。也有一些国家，因为工农城乡关系没有处理好，陷入了"中等收入陷阱"。习近平总书记指出："在现代化进程中，如何处理好工农关系、城乡关系，在一定程度上决定着现代化的成败。"④

新中国成立以后，围绕国家现代化这一总目标，国家对工农关系、城乡关系的把握总体上是正确且富有成效的。即使在人民公社体制下，国家对农业农村的发展也一直是高度重视的，并且在促进农业生产发展、农田水利设施建设、农村社会事业发展等方面取得了一些成绩。但人民公

---

① 中共中央党史和文献研究院编：《习近平关于"三农"工作论述摘编》，中央文献出版社2019年版，第13页。

② 《毛泽东选集》第四卷，人民出版社1991年版，第1427页。

③ 《毛泽东选集》第三卷，人民出版社1991年版，第65页。

④ 《习近平主持中共中央政治局第八次集体学习》，新华网，http://www.xinhuanet.com/politics/leaders/2018-09/22/c_1123470956.htm。

社体制束缚了农民的主动性、积极性和创造性,国家对农业的支持相当有限,农业基础长期得不到应有的加强,农民的收入和生活水平没有得到较快的提高,对经济社会全局的长期发展已经形成了重大制约,这一体制最终不得不解体。

改革开放以来,特别是党的十六大以来,我国在统筹城乡发展上采取了一系列重大举措,城乡经济社会发展一体化的趋势越来越明显。这些年来,我国农业连年丰收、农民连年增收、农村总体和谐稳定。但受长期实行非均衡发展战略、实施城乡二元结构体制的影响,城乡要素合理流动机制还存在缺陷,要素还存在着不平等交换,我国农业农村发展步伐还跟不上工业化、城镇化步伐,"一条腿短、一条腿长"的问题还比较突出。习近平总书记指出:"能否处理好城乡关系,关乎社会主义现代化建设全局。"①城乡融合发展是我国现代化必经的历史阶段。实施乡村振兴战略,就是要站在全局和战略的高度把握和处理工农城乡关系,推动形成工农互促、城乡互补、全面融合、共同繁荣的新型工农城乡关系。

(三)坚持农业农村农民重要地位

现代化是由现代城市和现代乡村共同构成的,没有农村的发展,城镇化就会缺乏根基。习近平总书记指出:"没有农业农村现代化,就没有整个国家现代化"。② 农业是国民经济的基础,在粮食安全、农产品供给、产业培育、市场贡献、生态贡献及其他功能方面具有不可替代的作用。当前,乡村在环境、健康、教育、文化传承等方面的多种功能价值日趋凸显。如期实现第一个百年奋斗目标并向第二个百年奋斗目标迈进,最艰苦最繁重的任务在农村,最广泛最深厚的基础在农村,最大的潜力和后劲也在农村。

不管城镇化发展到什么程度,农村人口还会有相当大的规模,即使城镇化率达到70%,也还有4亿人生活在农村。"小康不小康,关键看老乡"。实现现代化,决不能丢了农村这一头。习近平总书记指出:"城市

---

① 《论坚持全面深化改革》,中央文献出版社2018年版,第395页。
② 中共中央党史和文献研究院编:《习近平关于"三农"工作论述摘编》,中央文献出版社2019年版,第42页。

不可能漫无边际蔓延,城市人口也不可能毫无限制增长。如果只顾一头、不顾另一头,一边是越来越现代化的城市,一边却是越来越萧条的乡村,那也不能算是实现了中华民族的伟大复兴。"①全面建成小康社会,必须打赢脱贫攻坚战、加快农业农村发展,让广大农民同全国人民一道迈入小康社会。基本实现社会主义现代化,大头重头在"三农",必须向农村全面发展进步聚焦发力,推动农业农村农民与国家同步实现全面现代化。把我国建设成社会主义现代化强国,基础在"三农",必须让亿万农民在共同富裕的道路上赶上来,让美丽乡村成为现代化强国的标志、美丽中国的底色。

(四)新时代具备的基础和条件

促进形成工农互促、城乡互补、全面融合、共同繁荣的新型工农城乡关系,是工业化、城镇化、农业现代化发展到一定阶段的必然要求,是国家现代化的重要标志。习近平总书记指出:"我国作为中国共产党领导的社会主义国家,应该有能力、有条件处理好工农关系、城乡关系,顺利推进我国社会主义现代化进程。"②

2018年,我国国内生产总值为90.03万亿元,人均64770元。从产业结构来看,第一产业所占比重下降至7.1%,第二、三产业所占比重合计已经达到92.9%。从城乡结构来看,城镇人口为81347万人,乡村人口为57661万人,常住人口城镇化率达到62.57%。从经济发展基础来看,我国已经具备了相当的实力,加大对农业农村发展的支持。更为重要的是,我国有党的领导的政治优势,有社会主义的制度优势,有亿万农民的创造精神,这些都是我国独特的优势。我们有历史悠久的农耕文明,有旺盛的市场需求,乡村正在成为投资兴业的热土。实施乡村振兴战略有基础、有条件、有需求,必须紧紧抓住这一历史机遇,顺势而为,乘势而上,着力开创"三农"工作新局面。

---

① 中共中央党史和文献研究院编:《习近平关于"三农"工作论述摘编》,中央文献出版社2019年版,第10页。

② 中共中央党史和文献研究院编:《习近平关于"三农"工作论述摘编》,中央文献出版社2019年版,第42页。

二、实施乡村振兴战略的总体部署

为贯彻落实党的十九大精神,部署实施乡村振兴战略,2017年12月召开了历史上规格最高的一次中央农村工作会议,发出了实施乡村振兴战略的动员令,举起了新时代农村改革发展的新旗帜,吹响了乡村振兴的冲锋号。会议讨论通过的2018年中央一号文件《中共中央 国务院关于实施乡村振兴战略的意见》,提出了实施乡村振兴战略的路线图和时间表、指导思想和基本原则、重点任务和重大举措。是谋划新时代乡村振兴的顶层设计,是指导新时代"三农"工作的纲领性文件。

（一）目标任务

党的十九大提出"农业农村现代化"的战略任务,拓展了现代化的内涵和要求。专门提出"农业农村现代化"的战略目标,是把解决好"三农"问题作为全党工作重中之重的体现,也是突出抓重点、补短板、强弱项的具体体现。只有实现了农业农村现代化,社会主义现代化才是完整的、全面的。习近平总书记指出:农业农村现代化是乡村振兴的总目标,要坚持农业现代化和农村现代化一体设计、一并推进,实现农业大国向农业强国跨越。

按照党的十九大提出的决胜全面建成小康社会、分两个阶段实现第二个百年奋斗目标的战略安排,实施乡村振兴战略的目标任务是:到2020年,乡村振兴取得重要进展,制度框架和政策体系基本形成。到2035年,乡村振兴取得决定性进展,农业农村现代化基本实现。到2050年,乡村全面振兴,农业强、农村美、农民富全面实现。

（二）指导思想

2017年,党的十九大提出"实施乡村振兴战略"之后,在不到两年的时间里,党中央、国务院对实施乡村振兴战略作出了一系列部署和安排。召开了中央农村工作会议和乡村振兴战略工作推进会议,印发了中央一号文件和《乡村振兴战略规划(2018—2022年)》。习近平总书记在中央农村工作会议、全国人大会议、中央政治局集体学习等重要场合,对实施乡村振兴战略作出了一系列重要论述。习近平总书记的重要讲话,深刻阐述了实施乡村振兴战略的重大意义,明确提出了坚持走中国特色社会主义乡村振兴道路,明确了实施乡村振兴战略的总目标、总方针、总要求、重点任务和制度保障,强调了实施乡村振兴战略需要处理好的四个重大关系。习近平总书记关于"三农"工作的重要论述,是习近平新时代中国特色社会主义思想的重要组成部分,是新时代做好"三农"工作的行动指南,为实施乡村振兴战略指明了前进方向,提供了根本遵循。

实施乡村振兴战略,要全面贯彻党的十九大精神,以习近平新时代中国特色社会主义思想为指导,加强党对"三农"工作的领导,坚持稳中求进工作总基调,牢固树立新发展理念,落实高质量发展的要求,紧紧围绕统筹推进"五位一体"总体布局和协调推进"四个全面"战略布局,坚持把解决好"三农"问题作为全党工作重中之重,坚持农业农村优先发展,按照产业兴旺、生态宜居、乡风文明、治理有效、生活富裕的总要求,建立健全城乡融合发展体制机制和政策体系,统筹推进农村经济建设、政治建设、文化建设、社会建设、生态文明建设和党的建设,加快推进乡村治理体系和治理能力现代化,加快推进农业农村现代化,走中国特色社会主义乡村振兴道路,让农业成为有奔头的产业,让农民成为有吸引力的职业,让农村成为安居乐业的美丽家园。

(三)基本原则

农民问题,是中国革命和现代化进程中的根本问题。处理好工农城乡关系,是实现革命胜利、社会主义现代化和民族复兴的内在要求。农业是国计民生,农民是执政基础,农村是战略后院。进入21世纪以来,党中央坚持把解决好"三农"问题作为全党工作重中之重,提出了工业反哺农业、城市支持农村的方针,制定了统筹城乡发展的基本方略,明确把建设社会主义新农村作为重大历史任务,不断加大强农惠农富农政策力度,农业基础地位得到显著加强,农村社会事业得到明显改善,统筹城乡发展、城乡关系调整取得重大进展。

总体来看,农业还是"四化同步"发展的短腿,农村还是全面建设现代化的短板。在我国工业化深入发展、城镇化加快推进的背景下,只有把农业农村发展摆到更加优先的位置,才能逐步改变城乡差距过大的局面,才能加快推进农业农村现代化。党的十九大报告提出要坚持农业农村优先发展,这是实施乡村振兴战略的总方针,也是做好"三农"工作的根本遵循。

实施乡村振兴战略,必须坚持以下几个基本原则:一是坚持党管农村工作。坚持和加强党对农村工作的领导,健全党管农村工作领导体制机制,确保党在农村工作中始终总揽全局、协调各方,为乡村振兴提供坚强有力的政治保障。二是坚持农业农村优先发展。把实现乡村振兴作为全党全社会的共同行动,在干部配备上优先考虑,在要素配置上优先满足,在资金投入上优先保障,在公共服务上优先安排,加快补齐农业农村短板。三是坚持农民主体地位。充分尊重农民意愿,切实发挥农民在乡村振兴中的主体作用,调动亿万农民的积极性、主动性、创造性,把维护农民群众根本利益、促进农民共同富裕作为出发点和落脚点,不断提升农民的获得感、幸福感、安全感。四是坚持乡村全面振兴。准确把握乡村振兴的科学内涵,统筹谋划农村经济建设、政治建设、文化建设、社会建设、生态文明建设和党的建设,注重协同性、关联性,整体部署,协调推进。五是坚持城乡融合发展。坚决破除体制机制弊端,使市场在资源配置中起决定性作用,更好地发挥政府作用,推动城乡要素自由流动、平等交换,推动新型工业化、信息化、城镇化、农业现代化同步发展,加快形成工农互促、城乡互补、全面融合、共同繁荣的新型工农城乡关系。六是坚持人与自然和谐共生。牢固树立和践行"绿水青山就是金山银山"的理念,落实以节约优先、保护优先、自然恢复为主的方针,统筹山水林田湖草系统治理,严守生态保护红线,以绿色发展引领乡村振兴。七是坚持因地制宜、循序渐进。科学把握乡村的差异性和发展走势分化特征,做好顶层设计,注重规划先行、突出重点、分类施策、典型引路。既尽力而为,又量力而行,久久为功,扎实推进。

三、走中国特色社会主义乡村振兴道路

习近平总书记指出,实施乡村振兴战略,首先要按规律办事,在我们这样一个拥有13亿多人口的大国,实现乡村振兴是前无古人、后无来者的伟大创举,没有现成的、可照抄照搬的经验,我国乡村振兴的道路怎

走,只能靠我们自己去探索。实施乡村振兴战略,要顺应农民新期盼,立足国情农情,以产业兴旺为重点、生态宜居为关键、乡风文明为保障、治理有效为基础、生活富裕为根本,推动农业全面升级、农村全面进步、农民全面发展,走出一条中国特色社会主义乡村振兴道路。

(一)重塑城乡关系,走城乡融合发展之路

农业强不强、农村美不美、农民富不富,决定着亿万农民的获得感和幸福感,决定着我国全面小康社会的成色和社会主义现代化的质量。现在,我们很多城市确实很华丽、很繁荣,但很多农村地区跟欧洲、日本、美国等相比差距很大。当前,我国发展不平衡不充分问题在乡村最为突出,城乡二元结构是亟待破除的最突出的结构性矛盾。

实现城乡融合发展,加快形成工农互促、城乡互补、全面融合、共同繁荣的新型工农城乡关系,加快建立健全城乡融合发展体制机制和政策体系。推动人才、土地、资本等要素在城乡间双向流动,疏通要素下乡渠道,鼓励引导更多资源下乡投入乡村振兴。要加快补齐农村水利、交通、能源、物流、通信等基础设施短板,促进城乡基础设施互联互通。全面提升农村教育、医疗卫生、社会保障、养老、文化体育等公共服务水平,推进城乡基本公共服务标准统一、制度并轨,实现形式上的普惠向实质上的公平转变,让农民在农村就可以过上城里人的日子。要通过制度保障,让符合条件的农业转移人口在城市落户安居,加快实现基本公共服务常住人口全覆盖,既要让进城的进得放心,也要让留在农村的留得安心,实现城镇与乡村相得益彰。

(二)巩固和完善农村基本经营制度,走共同富裕之路

共同富裕是中国特色社会主义的本质特征和根本要求,也是乡村振兴的必然要求和发展方向。习近平总书记指出:"要把好乡村振兴战略的政治方向,坚持农村土地集体所有制性质,发展新型集体经济,走共同富裕道路。"①乡村振兴,必须坚持农村基本经营制度不动摇,这是实现共

---

① 《习近平主持中共中央政治局第八次集体学习》,新华网,http://www.xinhuanet.com/politics/leaders/2018-09/22/c_1123470956.htm。

同富裕的制度基础。

发展规模经营是农业现代化的必由之路和前进方向,小规模农业经营是很长一段时间内我国农业基本经营形态和基本国情农情。要坚持家庭小农生产为基础与多种形式适度规模经营为引领相协调,在不打破家庭经营格局情况下,以服务规模化弥补经营细碎化的不足,推动农业区域化布局、专业化经营、标准化生产,把小农生产引入现代农业发展轨道。建立符合市场经济要求的集体经济运行新机制,确保集体资产保值增值,确保农民受益,增强集体经济发展活力,增强农村基层党组织的凝聚力和战斗力。

(三)深化农业供给侧结构性改革,走质量兴农之路

当前,我国农业的主要矛盾已由总量不足转变为结构性矛盾,矛盾的主要方面在供给侧。要坚持把中国人的饭碗牢牢端在自己手上,在高标准农田建设、农业机械化、农业科技创新、智慧农业等方面迈出新步伐,夯实农业生产能力基础。要顺应农业发展主要矛盾变化,根据供需结构特征调整农业生产结构,实施质量兴农战略,加快推进农业由增产导向转向提质导向。要加快构建现代农业产业体系、生产体系、经营体系,推进农村一二三产业融合发展,提高农业创新力、竞争力和全要素生产率。要开发农业多种功能,挖掘乡村多种价值,让农村新产业新业态成为农民增收新亮点。

(四)坚持人与自然和谐共生,走乡村绿色发展之路

要以绿色发展引领乡村生态振兴,处理好经济发展和生态环境保护的关系,守住生态红线,把该减的减下来、该退的退出来、该治理的治理到位。统筹山水林田湖草系统治理,加强农村突出环境问题综合治理,建立市场化多元化生态补偿机制,增加农业生态产品和服务供给,大力发展生态产业、绿色产业、循环经济和生态旅游,加快实现从"卖产品"向"卖生态"转变,让更多的老百姓吃上生态饭,让绿水青山真正成为兴村富民的金山银山,实现百姓富、生态美的有机统一。

(五)传承发展提升农耕文明,走乡村文化兴盛之路

习近平总书记指出,"我国农耕文明源远流长、博大精深,是中华优

秀传统文化的根"①。乡村振兴,既要塑形,也要铸魂,要形成文明乡风、良好家风、淳朴民风,焕发文明新气象。坚持物质文明和精神文明一起抓,弘扬和践行社会主义核心价值观,不断提高乡村社会文明程度,让乡村焕发文明新气象。乡村文明是中华民族文明史的主体,要深入挖掘、继承、创新优秀传统乡土文化,让优秀农耕文明在新时代展现其魅力和风采。乡村要有人情味,但不能背人情债,要在传统礼俗和陈规陋习之间划出一道线,告诉群众什么是提倡的、什么是反对的。

(六)创新乡村治理体系,走乡村善治之路

西方国家在二三百年里围绕工业化、城镇化陆续出现的城乡社会问题,在我国集中体现出来了。当前,乡村社会空心化、家庭空巢化、人际关系商品化等问题日益凸显,农村内部大小各类矛盾突出,农村基层社会矛盾处于易发多发期。要树立系统治理、依法治理、综合治理、源头治理理念,加强和创新乡村治理,确保广大农民安居乐业、农村社会安定有序。突出解决乡村社会"散"的问题,建立健全党委领导、政府负责、社会协同、公众参与、法治保障的现代乡村社会治理体制,健全自治、法治、德治相结合的乡村治理体系。基础不牢,地动山摇。坚持固本强基,抓住农村基层组织建设这个"牛鼻子",不断夯实乡村治理的基层基础。

(七)打好精准脱贫攻坚战,走中国特色减贫之路

没有农村的小康,特别是没有贫困地区的小康,就没有全面建成小康社会。乡村振兴,摆脱贫困是前提。打好精准脱贫攻坚战,是全面建成小康社会的标志性战役,是全面建成小康社会重中之重、急中之急的任务,是实施乡村振兴战略的优先任务。全面小康目标能否实现,关键取决于脱贫攻坚战能否打赢,这个底线任务不能打任何折扣,党向全国人民作出的承诺不能打任何折扣。

要贯彻实事求是思想路线,实施精准扶贫、精准脱贫方略,解决好"扶持谁、谁扶持、怎么扶、如何退"的问题。必须坚持发挥各级党委总揽

---

① 《习近平主持中共中央政治局第八次集体学习》,新华网,http://www.xinhuanet.com/politics/leaders/2018-09/22/c_1123470956.htm。

全局、协调各方的作用,落实脱贫攻坚"一把手"负责制,省、市、县、乡、村五级书记一起抓,为脱贫攻坚提供坚强组织和政治保证。构建专项扶贫、行业扶贫、社会扶贫互相补充的大扶贫格局,凝聚各方力量。要按照贫困地区和贫困人口的具体情况,实施发展生产脱贫一批、易地搬迁脱贫一批、生态补偿脱贫一批、发展教育脱贫一批、社会保障兜底一批。脱贫攻坚,精准是要义。要在精准上想办法、出实招、见真效,找到问题根源,增强脱贫措施的实效性,做到扶贫对象精准、项目安排精准、资金使用精准、措施到户精准、因村派人精准、脱贫成效精准。要坚持加大投入,强化资金支持。坚持从严要求,强化责任和监督,促进真抓实干,开展扶贫领域腐败和作风问题专项治理。坚持群众主体,注重扶贫同扶志、扶智相结合,激发内生动力。

第二节　统筹推进乡村全面振兴

习近平总书记指出,乡村振兴具有全面性、整体性、系统性,要统筹推进农村经济建设、政治建设、文化建设、社会建设、生态文明建设和党的建设,促进乡村全面发展。要处理好长期目标和短期目标的关系、顶层设计和基层探索的关系、充分发挥市场决定性作用和更好发挥政府作用的关系、增强群众获得感和适应发展阶段要求的关系,切实增强责任感使命感紧迫感,举全党全国全社会之力,保持定力和韧性,一件事情接着一件事情办,一年接着一年干,久久为功,积小胜为大成,不断开创乡村振兴新局面。

一、以产业兴旺为重点,培育乡村发展新动能

发展是第一要务,农业兴、百业旺,乡村才会有活力。乡村振兴,离不开产业的支撑、经济的繁荣。只有牢牢扭住经济建设这个中心,坚持发展是硬道理、发展是科学发展和高质量发展的战略思想,以供给侧结构性改革为主线,积极转变发展方式、优化经济结构、转换增长动力,加快构建现代农业产业体系、生产体系、经营体系,提高农业创新力、竞争力和全要素

生产率,努力实现农业和农村经济更高质量、更有效率、更可持续的发展,乡村振兴才有足够的物质基础。实施乡村振兴战略,要把产业兴旺摆在首要位置。

(一)实施"藏粮于地、藏粮于技"战略,确保国家粮食安全

我国农业生产能力基础依然薄弱,突出表现在耕地质量保护和提升任务艰巨上,全国耕地一半以上为中低产田,特别是东北黑土地退化严重;农田水利总体水平和发展质量仍然不高;农机产品的可靠性、适用性有待提升,农机农艺融合不够,集成配套的全程机械化技术体系研究有待加强;科技进步贡献率和科研成果转化率分别比发达国家低约 20 个和 30 个百分点。确保重要农产品特别是粮食供给,是实施乡村振兴的首要任务。这两年玉米库存消化较快,目前压库的主要是粳稻,粮食供求关系在发生变化。更要清醒地看到,如果按照影子播种面积计算,我国的农产品种植面积缺口不低于 7 亿亩,相当于国内粮食播种面积的 40%。深入实施"藏粮于地、藏粮于技"战略,在高标准农田建设、农业机械化、农业科技创新、智慧农业等方面迈出新步伐。要确保粮食播种面积稳定在16.5 亿亩,全面完成粮食生产功能区和重要农产品生产保护区划定任务,到2020 年确保建成 8 亿亩高标准农田,提升农业生产物质技术装备水平,巩固和提高粮食综合生产能力。

(二)坚持质量兴农、绿色兴农,实施质量兴农战略

习近平总书记指出,我国农业农村发展已进入新的历史阶段,农业的主要矛盾由总量不足转变为结构性矛盾,突出表现为结构性供过于求和供给不足并存。要推进农业由增产导向转向提质导向,坚持质量兴农、绿色兴农,按照"巩固、增强、提升、畅通"的要求,下足绣花功夫,切实把深化农业供给侧结构性改革往深里做、往细里做,不断提升粮食和整个农业的质量、效益、整体素质。"巩固",就是要巩固农业供给侧结构性改革成果,继续抓好去库存、降成本、补短板,合理把握好玉米去库存节奏,加大稻谷去库存力度,优化种植结构,推进畜牧业提质增效和渔业转型升级,调整优化农业生产力布局。"增强",就是要增强农村微观主体活力,加快培育农业农村发展新动能。"提升",就是要提升农业质量效益和产业

链水平，延伸产业链、提升价值链、打造供应链，不断提高农业质量效益和竞争力。"畅通"，就是要畅通农业产加销各个环节，支持各地改造提升农产品市场流通加工条件，疏通城乡要素双向流动机制，实现城乡资源要素优化配置，提升资源配置效率。

（三）大力开发农业多种功能，推进农村一二三产业融合发展

构建农村产业融合发展体系，是实现农业农村经济高质量发展、农民持续稳定增收、促进城乡融合发展的迫切需要。近年来，农业功能加快拓展，农业产业链不断延伸，农村一二三产业融合发展的势头明显，为农村创新创业开辟了新天地，为农民就业增收打开了新空间。必须以新发展理念为引领，以市场需求为导向，以完善利益联结机制为核心，以制度、技术和商业模式创新为动力，构建产业融合新体系，通过大力开发农业多种功能，延长产业链、提升价值链、打通供应链、完善利益链，实现产业发展和农民增收的双赢。

（四）促进小农户和现代农业发展有机衔接，加快构建新型农业经营体系

发展适度规模经营，推动农业提质增效，是我国农业现代化发展的根本出路。培育新型经营主体，是连接小农户和大市场的重要纽带。突出抓好家庭农场和农民合作社两类新型农业经营主体，促进农民合作社规范提升，培育发展家庭农场，完善"农户+合作社""农户+合作社+工厂或公司""公司+农户"的利益联结机制。要鼓励农民以土地、林权、资金、劳动、技术、产品为纽带，开展多种形式的合作与联合，积极发展生产、供销、信用"三位一体"综合合作，在产前、产中、产后各环节开展多种形式的联合与合作，推进农业生产全程社会化服务。

结合社会主义初级阶段的特点和国情，遵循发展客观规律，坚持因地制宜、分类指导，宜大则大、宜小则小，不搞"一刀切"、不搞强迫命令，在培育新型农业经营主体、鼓励发展适度规模经营的同时，重视和扶持小农生产，将其引入现代农业发展轨道。在新形势下，我国亿万小农户正向着合作化、市场化、开放化的方向转变，要坚持既有政策力度不削弱，完善扶持小农户生产的政策体系,通过现代生产要素注入,推进对小农户生产的改造和提升。

(五)统筹利用好国际国内两个市场、两种资源,构建农业对外开放新格局

当前我国农产品贸易话语权缺失,与农业贸易大国地位不相称。农业海外投资主要集中在附加值不高、技术含量低的劳动密集型行业和传统领域,没有从战略上建立农产品加工、仓储、物流和贸易一体化的全球农产品供应链。要统筹利用好国际国内两个市场、两种资源,建立多元化的进口渠道,提高粮食安全保障能力。实施特色优势农产品出口提升行动,提升农业的国际竞争力。要针对"一带一路"建设和地缘政治考虑,完善农业全球战略布局,明确我国利用国际市场国际资源的发展方向和重点领域,统筹处理与贸易伙伴国关系,兼顾保护国内农业产业安全和农民利益,该进的要主动进,该挡的要坚决挡,该出的要尽力出,最大限度发挥农业贸易在促进农业发展、服务国家对外战略中的作用。

二、以生态宜居为关键,推进农业农村绿色发展

人与自然是生命共同体,建设生态文明是中华民族永续发展的千年大计。习近平总书记指出,坚持农业绿色发展是农业发展观的一场深刻变革,坚持人与自然和谐共生是新时代坚持和发展中国特色社会主义基本方略。在新发展理念中绿色发展是一大理念,在三大攻坚战中污染防治是一大攻坚战。长期以来,农业边际产能过度开发,农业农村领域生态环境欠账问题比较突出。习近平总书记强调,要保持加强生态文明建设的战略定力,探索以生态优先、绿色发展为导向的高质量发展新路子,加大生态系统保护力度,打好污染防治攻坚战。农业农村的现代化是人与自然和谐共生的现代化,保护好农村的宁静、和谐、美丽,是建设美丽中国的应有之义。必须牢固树立"绿水青山就是金山银山"的发展理念,尊重自然、顺应自然、保护自然,坚持农业农村绿色发展。

(一)统筹山水林田湖草系统治理

长期以来,为解决农产品总量不足的矛盾,我国拼资源拼环境拼消

耗,农业发展方式粗放、资源过度开发利用,生态系统已经不堪重负。只有把山水林田湖草作为一个生命共同体,进行统一保护、统一修复,才能同时、同步、系统保护好田、林、土、水等各种自然生态空间,才能扭转农业农村生态系统服务和功能退化的局面。要实施重要生态系统保护和修复工程,健全耕地草原森林河流湖泊休养生息制度,继续加大对水土流失区、地下水漏斗区、土壤重金属污染区的治理力度,分类有序退出超载的边际产能,切实做到该减的减下来,该退的退出来,该治理的治理到位。要坚持底线思维,以国土空间规划为依据,把城镇、农业、生态空间和生态保护红线、永久基本农田保护红线、城镇开发边界作为调整经济结构、规划产业发展、推进城镇化不可逾越的红线。

(二)加强农村突出环境问题综合治理

加强农业面源污染防治,开展农业绿色发展行动,实现投入品减量化、生产清洁化、废弃物资源化、产业模式生态化,加快形成种养结合、生态循环、环境优美的田园生态系统。推进有机肥替代化肥、畜禽粪污处理、农作物秸秆综合利用、废弃农膜回收、病虫害绿色防控。对华北地下水超采、重金属污染耕地、东北黑土地破坏等突出环境问题,加强综合治理。

(三)加大农村生态保护和修复力度

保护生态环境就是保护生产力,改善生态环境就是发展生产力。遵循生态系统的内在机理和规律,坚持自然恢复为主的方针,因地制宜、分类施策,增强针对性、系统性、长效性,加大农业生态系统保护力度。统筹山水林田湖草系统治理,实施重要生态系统保护和修复工程,健全耕地草原森林河流湖泊休养生息制度,分类有序退出超载的边际产能。要继续把农业节水作为方向性、战略性大事来抓,大规模实施农业节水工程,推进农业水价综合改革,加快建立农业合理水价形成机制和节水激励机制。

(四)建立健全生态效益补偿机制

对于环境污染的治理,不但要坚持不欠"新账",还应考虑如何逐步还上"旧账"。构建以绿色生态为导向的政策支持体系,要建立市场化、多元化生态补偿机制,让保护生态环境不吃亏、得到实实在在的利益。落实农业功能区制度,加大重点生态功能区转移支付力度,完善生态保护成效与资金分配挂钩的激励约束机制。鼓励地方在重点生态区位推行商品林赎买制度。健全地区间、流域上下游之间横向生态保护补偿机制,探索建立生态产品购买、森林碳汇等市场化补偿制度。建立长江流域重点水域禁捕和补偿制度。推行生态建设和保护以工代赈的做法,提供更多生态公益岗位。

(五)增加农业生态产品和服务供给

很多地方生态资源丰厚,但"养在深闺人未识",空守着绿水青山这个"金饭碗"受穷。要正确处理开发与保护的关系,运用现代科技和管理手段,将乡村生态优势转化为发展生态经济的优势,提供更多更好的绿色生态产品和服务,促进生态和经济良性循环。加快发展生态产业、绿色产业、循环经济和生态旅游,让更多老百姓吃上生态饭,走出一条发展"美丽经济"的新路子。

三、以乡风文明为保障,焕发乡风文明新气象

乡村振兴既要见物,也要见人。社会主义现代化强国必定是一个文明强国,现代化农村必然是一个高度文明的农村。乡村文明是整个社会文明的重要组成部分,乡村文化具有独特魅力,中华优秀传统文化的根基在乡村。加强乡风文明建设不仅是乡村振兴的内在要求,也是社会文明程度达到新高度、国家文化软实力显著增强、中华文化影响更加广泛深入的要求。

(一)加强农村思想道德建设

加强农村思想道德建设和公共文化建设,以社会主义核心价值观为引领,深入挖掘优秀传统农耕文化蕴含的思想观念、人文精神、道德规范,培育挖掘乡土文化人才,弘扬主旋律和社会正气,培育文明乡风、良好家风、淳朴民风,改善农民精神风貌,提高乡村社会文明程度,焕发乡村文明新气象。深入实施公民道德建设工程,深化群众性精神文明创建活动,引导广大农民自觉践行社会主义核心价值观,树立良好道德风尚,建设幸福家庭、友爱乡村、和谐社会。要推进诚信建设,强化农民的社会责任意识、规则意识、集体意识、主人翁意识,让诚实守信者得到激励,让有违道德者

得到戒束。要从传承中华传统优秀文化、增强发展软实力的战略高度,深入挖掘农耕文化蕴含的优秀思想观念、人文精神、道德规范,发掘、继承、创新和发展优秀乡土文化,保护传承好乡村物质文化和非物质文化遗产,保护乡村文明的原生态,充分发挥其在凝聚人心、教化群众、淳化民风中的重要作用。

(二)传承发展提升农村优秀传统文化

习近平总书记指出:"乡村文明是中华民族文明史的主体,村庄是这种文明的载体,耕读文明是我们的软实力。"[1]以讲仁爱、重民本、守诚信、崇正义、尚和合、求大同等价值观念为内核的民族精神,对于中华民族伟大复兴具有不可替代的作用,也是中国智慧的重要贡献。对农村优秀传统文化,要在保护传承的基础上,创造性转化、创新性发展,不断赋予时代内涵、丰富表现形式。切实保护好优秀农耕文化遗产,划定乡村建设的历史文化保护红线,支持农村地区优秀戏曲曲艺、少数民族文化、民间文化等传承发展。

(三)完善农村公共文化服务体系

农民群众的美好生活需要日益广泛,不仅对物质生活提出了更高要求,也对精神文化生活提出了更高要求。完善农村公共文化服务体系,为农民群众提供更好、更多可供选择的精神文化产品和服务,是增强农民幸福感、获得感的重要方面。要按照有标准、有网络、有内容、有人才的要求,着力补短板、填空缺,完善农村公共文化服务网络,增加农村公共文化产品和服务供给,培养一支懂文化、爱农村、爱农民的文化人才队伍,繁荣和规范农村文化市场。

(四)加强农村移风易俗

随着经济社会的发展,农民的收入不断提高,日子越来越好。但不少地方的农村陈规陋习又泛起,一些地方甚至愈演愈烈。现在一些地方农村"形虽在,神已散",优秀道德规范、公序良俗失效,红白喜事盲目攀比、

---

[1]　中共中央文献研究室编:《十八大以来重要文献选编》(上),中央文献出版社2014年版,第605页。

大操大办等陈规陋习盛行。要旗帜鲜明地反对天价彩礼、反对铺张浪费、反对婚丧大操大办、抵制封建迷信、摒弃陈规陋习,积极培育文明乡风、良好家风、淳朴民风。

四、以治理有效为基础,构建乡村治理新体系

"治理有效"是实现国家治理体系和治理能力现代化的必然要求。习近平总书记指出,要以党的领导统揽全局,创新村民自治的有效实现形式,推动社会治理和服务重心向基层下移。尽可能把资源、服务、管理放到基层,使基层有职有权有物,更好为群众提供精准有效的服务和管理。

(一)加强农村基层党组织建设

火车跑得快,全靠车头带。"村看村、户看户、农民看支部","给钱给物,不如建个好支部"。农村基层党组织是农村各个组织和各项工作的领导核心,是确保党的路线方针政策和决策部署贯彻落实的基础。农村工作千头万绪,抓好农村基层组织建设是关键。贯彻落实《中国共产党农村基层组织工作条例》,要以提升组织力为重点,突出政治功能,把农村基层党组织建设成为宣传党的主张、贯彻党的决定、领导基层治理、团结动员群众、推动改革发展的坚强战斗堡垒。农村政策千万条,最终都得靠基层干部来落实。要加强农村基层党组织带头人队伍和党员队伍建设,培养千千万万名优秀的农村基层党组织书记。整顿软弱涣散农村基层党组织,解决弱化、虚化、边缘化问题,稳妥有序地开展不合格党员处置工作,着力引导农村党员发挥先锋模范作用。全面向贫困村、软弱涣散村、集体经济薄弱村党组织派出第一书记,是实施乡村振兴战略和培养锻炼干部的重要举措,要建立长效工作机制,切实发挥作用。

(二)健全自治、法治、德治相结合的乡村治理体系

习近平总书记指出,"要在实行自治和法治的同时,注重发挥好德治的作用,推动礼仪之邦、优秀传统文化和法治社会建设相辅相成"[①]。要

---

① 《习近平主持中共中央政治局第八次集体学习》,新华网,http://www.xinhuanet.com/politics/leaders/2018-09/22/c_1123470956.htm。

注重现代治理方式与传统治理资源相结合,在依法治理的基础上,重视综合治理、系统治理、源头治理,法、德、礼并用,以法治定分止争,以德治春风化雨,以礼治消化矛盾,以党的领导统揽全局。

一是深化村民自治实践。习近平总书记指出,要以党的领导统揽全局,创新村民自治的有效实现形式,推动社会治理和服务重心向基层下移。注重发挥基层群众性自治组织基础作用,健全完善农村基层治理体系,推动实现党领导下的政府治理和社会调节、居民自治良性互动。推动乡村治理重心下移,尽可能把资源、服务、管理下放到基层。

推动村党组织书记通过选举担任村委会主任,通过多种方式引导农村居民积极参与到乡村治理的具体实践中来。进一步规范村民委员会民主选举程序,完善选举监督体系,健全候选人审核机制。要按照协商于民、协商为民的要求,以扩大有序参与、推进信息公开、加强议事协商、强化权力监督为重点,拓宽协商范围和渠道,丰富协商内容和形式。继续开展以村民小组或自然村为基本单元的村民自治试点工作,探索创新村民自治的有效实现形式。要学习和推广"枫桥模式"等经验,健全矛盾纠纷多元化解机制,做到"小事不出村、大事不出镇、矛盾不上交"。全面建立健全村务监督委员会,推行村级事务阳光工程。发挥自治章程、村规民约的积极作用,积极发挥新乡贤作用。大力培育服务性、公益性、互助性农村社会组织,积极发展农村社会工作和志愿服务。要推动乡村治理重心下移,创新基层管理体制机制,整合优化县乡公共服务和行政审批职责,打造"一门式办理""一站式服务"的综合便民服务平台。

二是要建设法治乡村。"奉法者强则国强,奉法者弱则国弱"。法治是乡村治理的前提和保障,建设法治乡村是推动全面依法治国的必然要求。要加强农村法治宣传教育,完善农村法治服务,引导干部群众遵法学法守法用法,依法表达诉求、解决纠纷、维护权益。要完善法律规范体系,强化法律在维护农民权益、规范市场运行、农业支持保护、生态环境治理、化解农村社会矛盾等方面的权威地位。要增强基层干部法治观念、法治为民意识,将政府涉农各项工作纳入法治化轨道。推动综合执法,充实基层执法力量。

三是要提升乡村德治水平。法律是成文的道德,道德是内心的法律。深入挖掘乡村熟人社会蕴含的道德规范,结合时代要求进行创新,强化道德教化作用,引导农民爱党爱国、向上向善、孝老爱亲、重义守信、勤俭持家。要以培育和践行社会主义核心价值观为引领,深入挖掘"修身齐家治国平天下"的德治思想和"以礼为秩"的礼治传统,因地因村制宜建立农民群众认同、心口相传和共同遵守的道德规范体系。培育富有地方特色和时代精神的新乡贤文化,发挥其在乡村治理中的积极作用。突出思想道德内涵,坚持为民惠民利民,持续深入开展群众性精神文明创建活动。广泛建设"道德银行""爱心超市"等平台,将道德建设从一般口号落实到可见可感可得实惠的实际操作层面。通过群众说事、乡贤论理、榜上亮德、帮教转化,让群众评议群众、让群众教育群众,促进群众自我教育、自我管理。要以信用户、信用村建设为切入点,丰富信用建设内容,形成修身律己、诚信守约的道德风尚。

(三)建设平安乡村

平安是老百姓解决温饱以后的第一需求,是最重要的民生,也是最基本的发展环境。健全完善农村地区人防、物防、技防结合的立体化社会治安防控体系,加强乡镇(街道)和村(社区)治安防控网建设,确保乡村社会充满活力、和谐有序。深入开展扫黑除恶专项斗争,严厉打击农村黑恶势力,把打击黑恶势力犯罪和反腐败、基层"拍蝇"结合起来,把扫黑除恶和加强基层组织建设结合起来,深挖黑恶势力"保护伞"。严厉打击黄赌毒盗拐骗等违法犯罪,对邪教、外部势力干扰渗透活动要有效防范和打击。持续开展农村各类安全隐患治理,防范安全事故发生,提升农民群众的安全感。

五、以生活富裕为根本,提高农村民生保障水平

实现共同富裕是社会主义的本质要求。建设新时代中国特色社会主义,必须坚持以人民为中心的发展思想,不断促进人的全面发展、全体人民共同富裕。让占人口绝大多数的乡村人口从宽裕到更为宽裕再到富裕,是实现现代化的要求。要充分尊重广大农民意愿,调动广大农民积极

性、主动性、创造性,把广大农民对美好生活的向往化为推动乡村振兴的动力,把维护广大农民根本利益、促进广大农民共同富裕作为出发点和落脚点。

(一)打赢打好脱贫攻坚战

这些年来,脱贫攻坚力度之大、规模之广、影响之深前所未有,取得了突破性、决定性进展,谱写了人类反贫困历史新篇章。2012—2018年,现行标准下的农村贫困人口累计减少8000多万,人贫困发生率下降到1.7%。现在距离时间节点只有不到两年的时间,正是减贫攻坚的关键期,必须坚持不懈做好工作,不获全胜、决不收兵。要充分发挥政治优势和制度优势,精锐出战、精准施策,采取更加有力的举措、更加集中的支持、更加精细的工作,坚决打好脱贫攻坚的收官之战。

一是坚定信心不动摇。脱贫攻坚任务依然繁重,剩下的都是贫中之贫、困中之困,都是难啃的硬骨头。越到紧要关头,越要坚定必胜的信心,越要有一鼓作气的决心。

二是咬定目标不放松。坚持焦点不散、靶心不变、力度不减,咬定既定脱贫目标,全面排查解决影响"两不愁三保障"实现的突出问题。在脱贫标准上,既不能脱离实际、拔高标准、吊高胃口,也不能虚假脱贫、降低标准、影响成色。在脱贫攻坚方向上,要确保目标不变、靶心不散,聚力解决绝对贫困问题,聚焦深度贫困地区,推动脱贫攻坚资金、重大工程项目、扶贫政策举措进一步倾斜,加大对非贫困县、贫困村内贫困人口的支持,严格执行贫困县退出标准和程序,确保成果经得起历史的检验。

三是整治问题不手软。把提高脱贫质量放在首位,高度重视和坚决克服"虚假式"脱贫、"算账式"脱贫、"指标式"脱贫、"游走式"脱贫。

四是落实责任不松劲。各级党委和政府要坚决把责任扛在肩上,强化领导体制和工作机制,坚持大扶贫格局,着力抓重点、补短板、强弱项。加强扶贫同扶志扶智相结合,以创办脱贫攻坚"农民夜校""讲习所"等为载体开展扶贫主体教育活动,大力推广以工代赈、生产奖补、劳务补助等帮扶方式,以及以表现换积分、以积分换物品的"爱心公益超市"等自助式帮扶做法,激发贫困人口内生动力,让有劳动能力的人靠自己的双手脱贫。对返贫人口和新发生人口,要及时给予帮扶。贫困县摘帽后,不能马上撤摊子、甩包袱、歇歇脚,要继续完成剩余贫困人口脱贫任务,做到摘帽不摘责任、摘帽不摘政策、摘帽不摘监管。

五是转变作风不懈怠。要把全面从严治党要求贯穿脱贫攻坚全过程,强化作风建设,及时纠正干部作风问题,深化扶贫领域腐败和作风问题专项治理,完善和落实抓党建促脱贫制度机制,加强贫困地区农村基层党组织建设,加强对一线扶贫干部的关爱和保障。

(二)促进农村劳动力转移就业

乡村振兴的出发点和落脚点,是为了让亿万农民生活得更美好,在共同富裕的道路上赶上来、不掉队,在共建共享发展中有更多获得感。习近平总书记明确要求:"增加农民收入,要构建长效政策机制,通过发展农村经济、组织农民外出务工经商、增加农民财产性收入等多种途径,不断缩小城乡居民收入差距,让广大农民尽快富裕起来。"[①]

一是促进农民工多渠道转移就业,提高就业质量。实施就业优先战略和更加积极的就业政策,实行城乡劳动者平等的就业制度,不断改善农村劳动者进城务工环境。要健全覆盖城乡的公共就业服务体系,大规模开展职业技能培训,促进农民工多渠道转移就业,提高就业质量。实施乡村就业创业促进行动,鼓励农民工返乡创业。

二是有序推进农业转移人口市民化,持续推动公共服务均等化。要深化户籍制度改革,促进有条件、有意愿、在城镇有稳定就业和住所的农业转移人口在城镇有序落户,依法平等享受城镇公共服务。对暂不符合落户条件或没有落户意愿又有常住需求的农民工,使他们在流入地居住期间享受与户籍居民同等的基本公共服务。

三是促进乡村经济多元化发展,挖掘农业农村内部就业增收潜力。加快发展现代高效农业,持续增加农民家庭经营性收入。要深度挖掘农业的多种功能,大力培育壮大农村新产业新业态,推动农村一二三产业融

---

① 习近平:《说一千、道一万,增加农民收入是关键》,中央广播电视总台国际在线,http://news.cri.cn/20180621/4347b6e4-94b7-a93a-6295-41ecd051a790.html。

合发展,开辟农民收入增长的新空间。深入推进农村集体产权制度改革,推动资源变资产、资金变股金、村民变股东,盘活农村资源资产,探索农村集体经济新的实现形式和运行机制,确保农民受益。

(三)改善农村基本生产生活条件

与城镇相比,农村的基本生产生活条件还相差很大。现在农村还有500多万人存在饮水安全问题,近1000万人存在饮水氟超标问题;农村动力电还没有实现全覆盖,通组道路、村内道路还很差;农村物流体系发展滞后,配送网点少;农村教育、医疗卫生资源质量不高;农村居民基本养老保险、医疗保险水平与城镇职工养老、医疗保险还有很大的差距。要围绕农民群众最关心最直接最现实的利益问题,一件事情接着一件事情办,一年接着一年干,把乡村建设成为幸福美丽新家园,让农民的获得感、幸福感、安全感更加充实、更有保障、更可持续。

一是推动农村基础设施建设提档升级。要适应农民生活改善和产业发展新要求,推动农村基础设施建设提档升级,完善管护运行机制,推动城乡基础设施互联互通。要把公共基础设施建设的重点放在农村,把公共服务资源更多向农村倾斜,启动实施村庄基础设施建设工程,瞄准农民群众最期盼、农村生产生活最需要的设施精准投入、精准建设,补齐农村公路、供水、供气、环保、电网、物流、信息、广播电视基础设施条件的短板。

二是促进农村社会事业全面发展。全面提升农村教育、医疗卫生、社会保障、养老、文化体育等公共服务水平,在制度接轨的基础上提高农村社会保障标准。优先发展农村教育事业,推进健康乡村建设,统筹城乡社会救助体系,提高农村民生保障水平,在农村幼有所育、学有所教、病有所医、老有所养、住有所居等方面持续取得新进展。要推动社会保障制度城乡统筹并轨,织密兜牢困难群众基本生活的社会安全网。

(四)改善农村人居环境

经过多年的努力,我国农村人居环境状况有了相当大的改观,但是农村脏乱差问题依然十分严重。要切实实施《农村人居环境整治三年行动计划》,以农村垃圾、污水治理和村容村貌提升为主攻方向,力争到2020年全面建成小康社会时,农村脏乱差的面貌得到根本改变,给农民一个干净整洁的生活环境。推进农村人居环境突出问题治理要稳步有序,当前的工作重点是开展村庄清洁行动,推进农村垃圾污水治理和厕所革命。有条件的地方,要尽力而为、量力而行改善村容村貌,建设美丽乡村。

第三节　构建城乡融合发展体制机制

改革是乡村振兴的法宝。习近平总书记指出:"要在资金投入、要素配置、公共服务、干部配备等方面采取有力举措,加快补齐农业农村发展短板,不断缩小城乡差距,让农业成为有奔头的产业,让农民成为有吸引力的职业,让农村成为安居乐业的家园。"①要推进体制机制创新,让农村的资源要素充分利用起来,让广大农民的积极性创造性充分迸发出来,让全社会强农惠农的力量充分汇聚起来,为乡村振兴添活力、强动力、增后劲。

一、强化乡村振兴人才支撑

习近平总书记指出:"人才振兴是乡村振兴的基础,要创新乡村人才工作体制机制,充分激发乡村现有人才活力,把更多城市人才引向乡村创新创业。"②乡村振兴既要留得住绿水青山,还要留得住人才青年。推动乡村人才振兴,要把人力资本开发放在首要位置,在"引"字上做文章,在"育"字上下功夫,在"用"字上出实招,把培育本土人才与引进外来人才相结合,让愿意留在乡村、建设家乡的人留得安心,让愿意上山下乡、回报乡村的人更有信心,激励各类人才在农村的广阔天地大施所能、大展才华、大显身手。

---

① 《习近平主持中共中央政治局第八次集体学习》,新华网,http://www.xinhuanet.com/politics/leaders/2018-09/22/c_1123470956.htm。

② 习近平:《把乡村振兴战略作为新时代"三农"工作总抓手》,新华网,http://www.xinhuanet.com/politics/2019-06/01/c_1124570735.htm。

（一）大力培育农民和农村专业人才

以规范管理、教育培训、政策扶持和激励使用为主要内容,全面建立农民培训制度体系。整省、整市和整县示范推进农民培育工程,加快培养生产经营型、专业技能型和社会服务型农民,逐步实现所有农业县(市、区)全覆盖。加快构建以各类公益性涉农培训机构为主体、多方资源和市场主体共同参与的"一主多元"农民教育培训体系。鼓励各地开展农民职称评定试点,引导符合条件的农民参加城镇职工养老、医疗等社会保障制度,加快建设知识型、技能型、创新型农业经营者队伍。

要着力打造高素质的农村人才队伍,把乡村人才培养纳入各级人才培养计划予以重点支持,创新培养、评价、激励等机制,引导各类人才投身农业农村。加强农村专业人才队伍建设,特别是要扶持培养一批农业职业经理人、经纪人、乡村工匠、文化能人和非遗传承人等。建立县域专业人才统筹使用制度,提高农村专业人才服务保障能力。

（二）加强农村科技人才队伍建设

全面建立高等院校、科研院所等事业单位专业技术人员到乡村和企业挂职、兼职和离岗创新创业制度,保障其在职称评定、工资福利、社会保障等方面的权益。深入实施农业科研杰出人才培养计划和杰出青年农业科学家资助项目。壮大科技特派员队伍,完善科技特派员选派政策,健全科技特派员支持机制。健全种业等领域科研人员以知识产权明晰为基础、以知识价值为导向的分配政策。探索公益性和经营性农技推广融合发展机制,允许农技人员通过提供增值服务合理取酬。

（三）创新乡村人才培育引进使用机制

据农业农村部统计,目前全国返乡下乡"双创"人员已有700多万人,其中80%以上搞的是新产业、新业态、新模式。现在的城里人,往上数三代,大都来自农村,只要有机会,很多人都有回报家乡的愿望。要打破城乡人才资源双向流动的制度藩篱,建立有效激励机制,打好"乡情牌",念好"引才经",打造参与乡村建设的渠道和平台,构建支持引导社会各方面人才参与乡村振兴的政策体系,打通促进人才向农村、向基层一线流动的通道。创新乡村人才培育引进使用机制,包括多方式并举的人力资源开发机制,城乡、区域、校地之间人才培养合作与交流机制,城市医生教师、科技文化人员定期服务乡村机制。要积极引导发挥新乡贤在乡村振兴,特别是在乡村治理中的积极作用。

研究制定和落实金融、财税、用地、基础设施、服务等方面的政策,划好政策底线,明确政策边界,建立有效激励机制,以乡情乡愁为纽带,吸引支持企业家、党政干部、专家学者、医生教师、规划师、建筑师、律师、技能人才等,通过下乡担任志愿者、投资兴业、包村包项目、行医办学、捐资捐物、法律服务等方式服务乡村振兴事业。发挥工会、共青团、妇联、科协、残联等群团组织的优势和力量,发挥各民主党派、工商联、无党派人士等的积极作用,充实乡村振兴力量。

二、强化乡村振兴制度供给

党的十八大以来,农村改革取得新突破,农村承包地"三权分置"取得重大进展,农村集体产权制度改革稳步推进,玉米、大豆、棉花等重要农产品收储制度改革取得实质性成效。城乡一体化迈出新步伐,城乡居民基本医疗和养老制度开始并轨,8000多万农业转移人口成为城镇居民。习近平总书记指出,乡村振兴要靠人才、靠资源,如果乡村人才、土地、资金等要素一直单向流向城市,长期处于"失血""贫血"状态,振兴就是一句空话。要以完善产权制度和要素市场化配置为重点,激活主体、激活要素、激活市场,着力增强改革的系统性、整体性、协同性,在深化农村改革方面"扩面""提速""集成",加快构建城乡融合发展体制机制和政策体系,推动人才、土地、资本等要素在城乡之间双向流动和平等交换,激发乡村振兴内在活力。

(一)巩固和完善农村基本经营制度

农村基本经营制度是党在农村执政的根基,是乡村振兴的制度基础,必须毫不动摇地继续坚持,并不断巩固和完善。落实农村土地承包关系稳定并长久不变政策,衔接落实好第二轮土地承包到期后再延长30年的政策。这一制度安排,使得承包关系从农村改革之初算起稳定长达75年,实现了农村土地承包关系保持稳定并长久不变的初衷,让亿万农民吃上了长效"定心丸",而且在时间节点上与第二个百年奋斗目标相契合,也为下一步制度的进一步演化留下了空间。这一制度是走共同富裕道路的根本依靠,必须不折不扣、不偏不倚地执行。

实行农村承包地"三权分置"制度,落实集体所有权,稳定农户承包权,放活土地经营权,在依法保护集体土地所有权和农户承包权的前提下,平等保护土地经营权。明确土地经营权人有权在合同约定的期限内占有农村土地,自主开展农业生产经营并取得收益的权利,因改善生产条件、提高生产能力获得相应补偿的权利,经承包方同意并向发包方备案,可以用土地经营权设定融资担保的权利,经承包方同意并向发包方备案,可以再流转土地经营权的权利。

要以家庭农场和农民合作社为重点实施新型农业经营主体培育工程,发展多种形式适度规模经营。发挥集体经济组织和社会化服务主体为小农户提供服务的"统"的作用,重塑有统有分、统分结合的双层经营体制。打造由核心龙头企业牵头、农民合作社和家庭农场参与、用服务和收益连成一体的农业产业化联合体,为农业农村发展注入新动能。

工商资本是推动乡村振兴的重要力量。工商资本下乡,乡村有需求,资本有动力,发挥作用有空间,方向是对的。工商企业等社会资本长时间大规模直接租赁土地从事农业生产,对提高农民经营能力的带动作用很有限,也容易亏本。一方面要优化环境,稳定政策预期,引导好、服务好,保持好工商资本下乡的积极性。另一方面,要设立必要的"防火墙",建立社会资本进入农业的风险防范制度,防止跑马圈地、把农民挤出去,防止打擦边球、玩障眼法、钻政策和管理的空子,防止侵害农村集体产权、侵犯农民利益。

(二)深化农村土地制度改革

农村土地制度改革是件大事,要有底线思维,始终坚持农村土地集体所有、不搞私有化,坚持农地农用、防止非农化,坚持保障农民土地权益、不得以退出承包地和宅基地作为农民进城落户的条件。

一是深化征地制度改革。长期以来,城市土地国家所有,农村和城市郊区的土地属于集体所有(法律规定属于国家所有的除外),国家为了公共利益的需要,可以依照法律规定对土地实行征收或者征用并给予补偿。由于征地补偿标准长期偏低,在农村土地转为城市土地的过程中,农民分享到的利益是有限的。要在修改相关法律的基础上,完善配套制度,加快建立城乡统一的建设用地市场。以缩小征地范围、规范征地程序、制定征地补偿标准、建立多元保障机制等为重点,推进征地制度改革,切实维护农民土地权益。平衡好集体经营性建设用地入市过程中的收益分配关系,既要让农民能够合理分享土地增值收益,也要研究探索开展土地增值收益调节金转税费制度。

二是探索建立建设用地保障机制。随着乡村振兴战略的深入实施,农业农村的用地需求也会大量增加。为保障乡村振兴用地,在符合土地利用总体规划前提下,允许县级政府通过村土地利用规划,调整优化村庄用地布局,在县域内开展全域乡村闲置校舍、厂房、废弃地等整治,有效利用农村零星分散的存量建设用地;允许预留部分规划建设用地指标用于单独选址的农业设施和休闲旅游设施等建设。对利用收储农村闲置建设用地发展农村新产业新业态的,给予新增建设用地指标奖励。要加强土地用途监管,坚决遏制"大棚房"等农地非农化乱象。

三是稳慎推进宅基地制度改革。我国农村宅基地制度是长期以来形成的具有中国特色的农民住房保障制度,其主要特征是"集体所有、成员使用、无偿分配、一户一宅",宅基地使用权在本集体经济组织内部有限流转,不能抵押、担保。这一制度对保障农民的基本居住权利,维护农村社会稳定发挥了重要作用。但是农村居民居住和部分经济功能并不能截然分开,盘活闲置状态农房利于农民增收,适度放活宅基地和农民房屋使用权是乡村振兴的现实需要。要适度放活宅基地和农民房屋使用权,吸引资金、技术、人才等要素流向农村,重点支持发展乡村旅游、养老、文化等新产业新业态。实行宅基地所有权、资格权、使用权"三权分置",是农村土地产权制度的重大创新。要稳慎拓展改革试点,丰富试点内容,完善制度设计。加快推进农村宅基地使用权确权登记颁证工作,力争在2020年基本完成。

要沿着落实宅基地集体所有权,保障宅基地农户资格权和农民房屋财产权,适度放活宅基地和农民房屋使用权的思路,有序有度推进这一改革。但这并不是说,农村的土地不要用途管制了,可以自由买卖了。因此,要明确"一个不得、两个严格"的底线,即不得违规违法买卖宅基地,严格实行土地用途管制,严格禁止下乡利用农村宅基地建设别墅大院和私人会馆。建设别墅大院和私人会馆只是举例,违反用途管制的同类性质用地行为也是不允许的。在下一步的改革试点过程中,要探索宅基地"三权分置"的具体实现形式,鼓励各地结合发展乡村旅游、返乡下乡人员创新创业等先行先试,在实践中探索盘活利用农村闲置农房和宅基地、增加农民财产性收入的办法,加快形成可复制、可推广的经验。认真开展宅基地"三权分置"特别是农户资格权的法理研究,为推动宅基地制度改革提供理论和法律支撑。

(三)深入推进农村集体产权制度改革

发展农村集体经济是乡村振兴的有效抓手,也是实现共同富裕的有效途径。农村集体经济组织是特殊经济组织形态,其土地所有权属于本集体的成员集体所有,界限是清晰的。要在坚持农民集体所有制、坚持农民权益不受损、顺应农民意愿的前提下,以全面开展资产清产核资、全面确认农村集体经济组织成员身份、推进经营性资产股份合作制改革、赋予农民集体资产股份权能、发挥农村集体经济组织功能作用、探索壮大集体经济的有效途径等为重点,逐步构建归属清晰、权责明确、保护严格、流转顺畅的中国特色社会主义农村集体产权制度。全面开展农村集体资产清产核资已经基本完成,要做好相关后续工作。

实行经营性资产股份合作制改革是推进农村集体产权制度改革的重点。要扩大集体经营性资产股份合作制改革试点,在尊重农民意愿的前提下,将农村集体经营性资产折股量化到本集体经济组织成员,作为其参加集体收益分配的基本依据。在股权设置方面,应以成员股为主,是否设置集体股由本集体经济组织成员民主讨论决定。在股权管理方面,提倡实行不随人口增减变动而调整的方式。要完善农村集体经济组织治理机制,在涉及成员利益的重大事项上实行民主决策,防止少数人操控。为提高集体资产运行的专业化水平和效率,要探索新的运行机制,有效防范经营风险,在探索农村集体经济有效实现形式上,迈出新的步伐。维护进城落户农民土地承包权、宅基地使用权、集体收益分配权,引导进城落户农民依法自愿有偿转让上述权益。

(四)完善农业支持保护制度

我国农业现代化稳步推进,农业综合生产能力稳步提高,但农业产业竞争力低下,这是农业发展面临的重大挑战。要坚持市场配置农村资源要素与提高农业支持保护效率相统一,坚持市场化改革取向与保护农民利益并重,健全符合国情农情、适应世贸组织规则的农业支持保护体系。以提升农业质量效益和竞争力为目标,强化绿色生态导向,创新完善政策工具和手段,调整改进"黄箱"政策,扩大"绿箱"政策的实施范围和规模,加快建立新型农业支持保护政策体系。深化农产品收储制度和价格形成机制改革,加快培育多元市场购销主体,改革完善中央储备粮管理体制。通过完善拍卖机制、定向销售、包干销售等,消化政策性粮食库存。落实和完善对农民直接补贴制度,提高补贴效能。健全粮食主产区利益补偿机制,让粮食主产区不吃亏。探索开展稻谷、小麦、玉米三大粮食作物完全成本保险和收入保险试点,加快建立多层次农业保险体系。

三、强化乡村振兴投入保障

兵马未动、粮草先行。乡村振兴是党和国家的大战略,要落实乡村振兴战略规划今后五年的重点任务,初步测算需要投资 7 万亿元以上。要健全投入保障制度,创新投融资机制,拓宽筹集资金渠道,加快形成财政优先保障、金融重点倾斜、社会积极参与的多元投入格局。

(一)强化财政投入优先保障

建立健全实施乡村振兴战略财政投入保障制度,公共财政更大力度向"三农"倾斜,大力支持农业生产发展、农村基础设施建设和农村教育、文化、脱贫攻坚、社会保障等民生事业发展,确保财政投入与乡村振兴目标任务相适应,把农业农村优先发展的要求落到实处。

充分发挥财政资金的引导作用,撬动金融和社会资本更多投向乡村振兴。发挥好全国农业信贷担保体系、国家融资担保基金的作用,大力支持普惠金融发展,完善"一事一议"、以奖代补、贷款贴息、基金引导等有效机制。因地制宜、规范有序地推广PPP、政府购买服务等方式,推动建立财政、银行、保险、担保"四位一体"的多元化立体型支农政策体系。

财政投入资金碎片化严重,使用效率不高,是财政支农面临的突出问题。要从预算编制、分配、执行等各个环节着力,省、市、县探索开展不同层级同步推进,鼓励创新模式,加快建立涉农资金统筹整合长效机制。在探索实行"大专项+任务清单"管理的基础上,建立行业内资金整合与行业间资金统筹相互衔接配合的长效机制。在同一行业内,按照涉农专项转移支付和涉农基建投资两大类,对行业内交叉重复的涉农资金予以清理整合,分别设置若干个大专项,允许地方在完成约束性任务的前提下,根据当地实际需要,区分轻重缓急,在同一大专项内调剂使用资金。在不同行业间,要在预算执行环节加大统筹使用力度,进一步明确职责分工和资金用途,推动部门职能调整完善。

(二)拓宽资金筹集渠道

土地出让收益长期"取之于农、主要用之于城",用于农业农村的比例只有30%左右。习近平总书记明确指出,现在到了破解农村的地"自己用不上、用不好"的困局,把土地增值收益更多用于"三农"的时候了。要调整完善土地出让收入使用范围,进一步提高农业农村投入比例。改进耕地占补平衡管理办法,建立高标准农田建设等新增耕地指标和城乡建设用地增减挂钩节余指标跨省域调剂机制,将所得收益通过支出预算全部用于巩固脱贫攻坚成果和支持实施乡村振兴战略。

在规范地方政府举债融资行为、加强风险排查和管控的前提下,创新方式方法,通过调整地方政府债务结构,支持地方政府通过发行一般债券用于支持乡村振兴、脱贫攻坚领域的公益性项目。

(三)推动农村金融机构回归本源

金融是最大的资金来源渠道,也是乡村振兴投入最大潜力所在。要以推动落实好国家开发银行、中国农业发展银行改革方案,推进中国农业银行、中国邮政储蓄银行"三农"金融事业部改革,推动大型商业银行完善普惠金融事业部运行机制,探索农村信用社省联社改革路径,完善村镇银行准入条件,规范监管小贷公司等非存款类放贷组织等为重点,深化涉农金融机构改革,加快建立多层次、广覆盖、可持续、适度竞争、鼓励创新、风险可控的现代农村金融体系。坚持回归农业农村本源,防止脱实向虚倾向,有效运用存款准备金、支农和扶贫再贷款、再贴现等手段,引导金融机构把更多金融资源配置到农村经济社会发展的重点领域和薄弱环节。鼓励符合条件的商业银行发行"三农"金融债券,资金全部用于支持涉农领域企业和项目融资。

支持符合条件的涉农企业通过 IPO 融资、增发融资、再融资等方式在资本市场融资,鼓励已上市涉农企业通过并购重组、定向增发等方式实现整体上市。支持符合条件的涉农企业通过发行短期融资券、中期票据、永续票据、项目收益票据、资产支持票据和社会效应债券等融资工具,扩大直接融资的规模和比重。开展涉农信贷资产证券化,拓宽商业银行"三农"信贷资金来源。

持续推进农业保险扩面、增品、提标,采取以奖代补方式支持地方开展特色农产品保险。支持开展农产品价格指数保险试点,探索建立农产品收入保险制度。

鼓励期货经营机构探索农产品场外期权、农产品期货等经营模式创新,引导培育农业经营主体运用期货、期权套期保值。稳步扩大"保险+期货"试点,探索"订单农业+保险+期货(权)"试点。

(四)充分调动广大农民的投入积极性

乡村振兴最终要靠农民,必须充分调动广大农民的积极性和主动性。要推广"一事一议"、以奖代补等方式,鼓励农民对直接受益的乡村基础设施建设投工投劳,让农民更多参与建设管护。

农民是农业农村发展的根本力量,是乡村振兴的主体。改革开放 40 多年来,农村工作的一条重要经验,就是充分调动农民的积极性、创造性。实施乡村振兴战略,也必须发挥好农民的主体作用和首创精神。现在,一些地方在乡村建设、人居环境整治中,存在农民"局外人""等靠要"的现象,"干部干、农民看""剃头挑子一头热"是不能建成美好家园的。今后既要把政府该干的事情干好、干到位,也要做好群众工作,把农民组织动员起来共同改变乡村面貌。要健全农民参与的引导机制,更多采用事前竞争、事后奖补等政策,引导农民办好自己的事。针对当前乡村建设项目审批程序太多等问题,创新乡村建设管理方式,规范和缩小招投标适用范围,简化审批程序,为农民参与项目建设和运营管理创造条件。

四、强化乡村振兴党的领导

办好农村的事情,实现乡村振兴,关键在党。坚持党管农村工作,是做好"三农"工作的最大政治优势。习近平总书记强调:"实施乡村振兴战略,各级党委和党组织必须加强领导,汇聚起全党上下、社会各方的强大力量。"①

(一)加强党对农村工作的领导

党管农村工作,既是优良传统,也是突出的政治优势。通过贯彻落实《中国共产党农村工作条例》,加强党对农村工作的全面领导,巩固党在农村的执政基础,确保新时代农村工作始终保持正确政治方向。各级党委、政府要坚持把解决好"三农"问题作为全党工作的重中之重,坚持农业农村优先发展,坚持多予少取放活,把"三农"工作扛在肩上、抓在手上,推动城乡融合发展,集中精力做好脱贫攻坚工作,走共同富裕道路。要切实改变"三农"工作"说起来重要、干起来次要、忙起来不要"的局面,在干部配备、要素配置、资金投入、公共服务等方面切实把"优先"发展的要求体现出来。

(二)健全乡村振兴领导体制和工作机制

健全党委统一领导、政府负责、党委农村工作部门统筹协调的农村工作领导体制,建立实施乡村振兴战略领导责任制,党政一把手是第一责任人,省、市、县、乡、村五级书记抓乡村振兴。实行"中央统筹、省负总责、市县抓落实"的工作机制;各部门要按照部门职责,加强工作指导,强化资源要素支持和制度供给,做好协同配合,形成乡村振兴工作合力;各省(自治区、直辖市)党委和政府每年要向中央报告推进实施乡村振兴战略进展情况;建立市县党政领导班子和领导干部推进乡村振兴战略的实绩

---

① 习近平:《把乡村振兴战略作为新时代"三农"工作总抓好》,新华网,http://www.xinhuanet.com/politics/2019-06-01/c_1124570735.htm。

考核制度,将考核结果作为选拔任用领导干部的重要依据。各个省份普遍已经成立了实施乡村振兴战略领导小组,一般由党委书记、省长任双组长或党委书记任组长。各地要普遍创新工作机制,建立领导小组会议制度、报告制度、台账制度、督查制度、实绩考核制度等,跟踪监测规划任务和政策实施效果。

(三)加强"三农"工作队伍建设

各级党委和政府主要领导干部要懂"三农"工作、会抓"三农"工作,分管领导要真正成为"三农"工作的行家里手。要制定并实施培训计划,全面提升"三农"干部队伍的能力和水平。打硬仗还是要有过硬的干部队伍,要优先把优秀干部充实到"三农"战线,优先把精锐力量充实到基层战斗一线,优先把熟悉"三农"工作的干部充实到地方各级党政班子,建立健全"三农"工作干部队伍培养、配备、管理、使用机制,打造一支能打硬仗、敢打硬仗的"三农"干部队伍。要把到农村一线锻炼作为培养干部的重要途径,注重提拔使用实绩优秀的"三农"干部。

(四)强化乡村振兴规划引领

习近平总书记指出,"要坚持以实干促振兴,遵循乡村发展规律,规划先行,分类推进,加大投入,扎实苦干,推动乡村振兴不断取得新成效"[1]。党中央、国务院印发的《乡村振兴战略规划(2018—2022年)》,明确了今后5年实施乡村振兴战略的政策框架,提出了22项具体指标,部署了82项重大工程、重大计划、重大行动,这是今后5年的总体施工图。各部门编制的乡村振兴地方规划和专项规划或方案已经陆续出台,各地也都出台了省级、市级、县级乡村振兴战略规划。

村庄规划不到位、不科学,是乡村振兴规划的盲点和弱点,可能造成巨大的人力物力财力浪费。要遵循村庄演变规律,运用历史思维、辩证思维、底线思维,对于哪些村保留、哪些村整治、哪些村缩减、哪些村做大,都要经过科学论证,做到分类指导、因村制宜、精准施策。以县为单位编制

---

① 《习近平对实施乡村振兴战略作出重要指示强调 把实施乡村振兴战略摆在优先位置 让乡村振兴成为全党全社会的共同行动》,《新华每日电讯》2018年7月6日。

或修编村庄布局规划和建设规划,分类明确集聚提升村、城郊融合村、特色保护村、搬迁撤并村的建设任务,力争 2019 年年底基本完成村庄分类,到 2020 年年底有条件的村实现村庄规划应编尽编。要防止违背农民意愿,大搞合村并组、撤村并居、集中上楼,打乱传统村庄边界,使村民共同生产、共同生活、共同组织的基础逐渐丧失,造成基层政权、基层组织离农民越来越远,侵蚀村民自治基础。

(五)强化乡村振兴法治保障

2018 年中央一号文件提出,要抓紧研究制定乡村振兴法的有关工作,把行之有效的乡村振兴政策法定化,充分发挥立法在乡村振兴中的保障和推动作用。要及时修改和废止不适用的法律法规,为实施乡村振兴战略提供良好的环境。各地要从本地乡村发展实际需要出发,制定促进乡村振兴的地方性法规、地方政府规章,为实施乡村振兴战略提供法治保障。

参考文献

一、著作

1. 崔传义:《中国农民流动就业与现代化》,山西经济出版社 2017 年版。

2. 陈吉元、韩俊等:《人口大国的农业增长》,上海远东出版社 1996 年版。

3. 陈锡文、罗丹、张征:《中国农村改革 40 年》,人民出版社 2018 年版。

4. 陈锡文、赵阳、陈剑波、罗丹:《中国农村制度变迁 60 年》,人民出版社 2009 年版。

5. 蔡守秋主编:《环境政策学》,科学出版社 2009 年版。

6.. 成致平主编:《中国物价五十年(1949—1998)》,中国物价出版社 1998 年版。

7. 戴相龙主编:《领导干部金融知识读本》,中国金融出版社 2014 年版。

8.《当代中国》丛书编辑部:《当代中国对外贸易》上册,当代中国出版社 1992 年版。

9. 杜润生:《杜润生文集(1980—1998)》,山西经济出版社 1998 年版。

10. [美]杜赞奇:《文化、权力与国家——1900—1942 年的华北农村》,王福明译,江苏人民出版社 2018 年版。

11. 费孝通:《乡土中国 生育制度》,北京大学出版社 1998 年版。

12. 方言主编:《转型发展期的农业政策研究》,中国经济出版社 2017 年版。

13. 方言:《完善农业支持保护政策体系研究》,载《中国农业供给侧改革》,清华大学出版社 2017 年版。

14. 方言等:《农业投入概念研究》,载《现代农业与新农村建设》,中国财政经济出版社 2010 版。

15. 方言:《认真落实粮食政策,确保国家粮食安全》,《宏观经济管理》2015 年第 2 期。

16. 方言:《深化改革,加快推进农业现代化》,《中国经济导报》2018 年 11 月 1 日。

17. 国务院研究室课题组编:《中国农民工调研报告》,中国言实出版社 2006 年版。

18. 国家统计局编:《伟大的十年》,人民出版社 1959 年版。

19. 国务院发展研究中心农村经济研究部:《集体所有制下的产权重构》,中国发展出版社 2015 年版。

20. 胡锦涛:《坚定不移沿着中国特色社会主义道路前进 为全面建成小康社会而奋斗——在中国共产党第十八次全国代表大会上的报告》,人民出版社 2012 年版。

21. 黄延信主编:《农村集体产权制度改革实践与探索》,中国农业出版社 2016 年版。

22. [美]黄宗智:《过去和现在:中国民事法律实践的探索》,法律出版社 2009 年版。

23. 胡绳主编:《中国共产党的七十年》,中共党史出版社 1991 年版。

24. 黄希源主编:《中国近代农业经济史》,河南人民出版社 1986 年版。

25. 刘文璞等:《中国农业的社会主义道路再认识》,中国社会科学出版社 1987 年版。

26. 罗平汉:《农村人民公社史》,福建人民出版社 2003 年版。

27. 农业部农村经济体制与经营管理司、农业部农村合作经济经营管理总站编:《〈中共中央国务院关于稳步推进农村集体产权制度改革的意见〉学习手册》,人民出版社 2017 年版。

28. 农业部农村经济体制与经营管理司编:《农村土地承包工作手册》,中国农业出版社 2009 年版。

29. 农业部农村经济体制与经营管理司、农业部农村合作经济经营管理总站、中国农村合作经济管理学会编著:《中国农村经营管理 50 年》,中国农业科技出版社 2000 年版。

30. 农业部农业政策研究会:《毛泽东与中国农业——专家学者纪念毛泽东诞辰 100 周年》,新华出版社 1995 年版。

31. 农业部科技教育司、中国农业生态环境保护协会编:《中国农业环境保护大事记》,中国农业科技出版社 2000 年版。

32. 农业出版社编:《中国农业大事记(1949—1980 年)》,农业出版社 1982 年版。

33. 农业农村部国际合作司、农业农村部对外经济合作中心编著:《中国农业对外投资合作分析报告(2018 年度)》,农业出版社 2018 年版。

34. 秦晖:《传统十论——本土社会的制度、文化及其变革》,复旦大学出版 2003 年版。

35. 全国人大财政经济委员会办公室、国家发展和改革委员会发展规划司编:《建国以来国民经济和社会发展五年计划重要文件汇编》,中国民主法制出版社 2008 年版。

36. 苏星:《我国农业的社会主义改造》,人民出版社 1980 年版。

37. 宋洪远主编:《近代以来中国农村变迁史论》第三、四卷,清华大学出版社 2019 年版。

38. 宋洪远:《大国根基——中国农村改革 40 年》,广东经济出版社 2018 年版。

39. 宋洪远主编:《中国农村改革三十年》,中国农业出版社 2008 年版。

40. 王景新:《中国农村土地制度的世纪变革》,中国经济出版社 2001 年版。

41. 王耕今等编:《乡村三十年》,农村读物出版社1989年版。

42. 汪小亚:《农村金融体制改革研究》,中国金融出版社2009年版。

43. 汪小亚等:《农村金融改革:重点领域和基本途径》,中国金融出版社2014年版。

44. 温铁军:《中国农村基本经济制度研究——"三农"问题的世纪反思》,中国经济出版社2000年版。

45. 徐勇:《乡村治理的中国根基与变迁》,中国社会科学出版社2018年版。

46. 习近平:《决胜全面建成小康社会 夺取新时代中国特色社会主义伟大胜利——在中国共产党第十九次全国代表大会上的报告》,人民出版社2017年版。

47. 臧雷振:《国家治理:研究方法与理论建构》,社会科学文献出版社2016年版。

48.《中共中央国务院关于"三农"工作的一号文件汇编(1982—2014)》,人民出版社2014年版。

49. 中共中央党史和文献研究院编:《习近平关于"三农"工作论述摘编》,中央文献出版社2019年版。

50. 张静:《基层政权——乡村制度诸问题》,浙江人民出版社2000年版。

51. [美]张仲礼:《中国绅士——关于其在19世纪中国社会中作用的研究》,李荣昌译,上海社会科学院出版社1991年版。

52. 中华人民共和国农业农村部:《2018中国农业农村发展报告》,中国农业出版社2019年版。

53. 张陆彪主编:《中国农业科学院国际合作50年》上卷,中国农业出版社2007年版。

54. 曾培炎主编:《中国投资建设50年》,中国计划出版社1999年版。

55. 中国人民银行农村金融服务研究小组编:《中国农村金融服务报告2008》,中国金融出版社2009年版。

56. 中国人民银行农村金融服务研究小组编:《中国农村金融服务报

告 2010》,中国金融出版社 2011 年版。

57. 中国人民银行农村金融服务研究小组编:《中国农村金融服务报告 2012》,中国金融出版社 2013 年版。

58. 中国人民银行农村金融服务研究小组编:《中国农村金融服务报告 2014》,中国金融出版社 2015 年版。

59. 中国人民银行农村金融服务研究小组编:《中国农村金融服务报告 2016》,中国金融出版社 2017 年版。

60. 中国银行保险监督管理委员会编:《中国普惠金融发展报告》,中国金融出版社 2018 年版。

61. 中华人民共和国农业部政策法规司、中华人民共和国国家统计局农村司:《中国农村 40 年》,中原农民出版社 1989 年版。

二、报刊文献

1. 蔡洪波:《新时代农村支付环境建设》,《中国金融》2018 年第 18 期。

2. 陈秧分、王国刚、孙炜琳:《乡村振兴战略中的农业地位与农业发展》,《农业经济问题》2018 年第 1 期。

3. 陈懿:《对完善中国农村环境法制的建议》,《世界环境》2008 年第 5 期。

4. 戴相龙:《农村金融改革与发展》,《农业经济与社会》1988 年第 2 期。

5. 杜志雄、金书秦:《中国农业政策新目标的形成与实现》,《东岳论丛》2016 年第 2 期。

6. 邓大才:《利益、制度与有效自治:一种尝试的解释框架——以农村集体资产股份权能改革为研究对象》,《东南学术》2018 年第 6 期。

7. 狄金华、钟涨宝:《从主体到规则的转向——中国传统农村的基层治理研究》,《社会学研究》2014 年第 5 期。

8. 董文兵:《从十个中央一号文件看 30 年农村改革》,《中国石油大学学报(社会科学版)》2008 年第 6 期。

9.高俊才:《统筹兼顾改革创新加快推进中国特色农业现代化——学习 2014 年中央 1 号文件体会》,《中国经贸导刊》2014 年第 6 期。

10.高军峰:《1949—1978 年新中国工农业发展方针的历史演变》,《毛泽东思想研究》2011 年第 2 期。

11.高怀友、陈勇:《中国农业环境保护工作现状》,《中国环境管理》1999 年第 3 期。

12.郭士勤、蒋天中:《农业环境污染及其危害》,《农业环境科学学报》1981 年试刊。

13.姜丽明:《中国农村金融体系的改革与发展》,《中国金融》2010 年第 22 期。

14.景跃进:《中国农村基层治理的逻辑转换——国家与乡村社会关系的再思考》,《治理研究》2018 年第 1 期。

15.钟欣:《盘活集体资产 增添发展活力 让广大农民共享改革发展成果》,《农民日报》2017 年 1 月 4 日。

16.韩俊等:《完善制度,规范路径,树立农村集体产权制度改革样板》,《政策与改革参考》2018 年 12 月。

17.韩俊:《关于农村集体经济与合作经济的若干理论和政策问题》,《中国农村经济》1998 年第 12 期。

18.韩鹏云:《国家整合乡村的运行逻辑与路径重塑》,《南京农业大学学报(社会科学版)》2018 年第 4 期。

19.韩冬梅、刘静、金书秦:《中国农业农村环境保护政策四十年回顾与展望》,《环境与可持续发展》2019 年第 2 期。

20.韩冬梅、金书秦:《中国农业农村环境保护政策分析》,《经济研究参考》2013 年第 43 期。

21.贺雪峰:《积极分子——观察中国农村的一个视角》,《文史博览》2006 年第 2 期。

22.黄家亮:《中国乡村秩序的百年变迁与治理转型——以纠纷解决机制为中心的讨论》,《华南师范大学学报(社会科学版)》2018 年第

6期。

23. 刘毅华:《我国耕地数量变化研究的回顾——进展及问题》,《土壤》2003年第3期。

24. 刘玉凯:《加强农村环境保护工作》,《农村生态环境》1994年第3期。

25. 梁枫:《新时代中国农村生态文明建设研究》,河北大学2019年博士学位论文。

26. 刘国光:《论中国农村的可持续发展》,《中国农村经济》1999年第11期。

27. 李海鸥:《从10个中央1号文件看中国农村改革》,《投资北京》2008年第7期。

28. 马奇:《中国农业对外交往与合作(1949—1974)》,《国际政治研究》2010年第2期。

29. 平若媛:《建国后农村土地制度的变革》,首都师范大学2000年硕士学位论文。

30. 强世功:《中国宪法中的不成文宪法——理解中国宪法的新视角》,《开放时代》2009年第12期。

31. 宋洪远:《实现粮食供求平衡 保障国家粮食安全》,《南京农业大学学报(社会科学版)》2016年第4期。

32. 苏杨、马宙宙:《我国农村现代化进程中的环境污染问题及对策研究》,《中国人口·资源与环境》2006年第2期。

33. 陶思明:《浅论农村生态环境的主要问题及其保护对策》,《上海环境科学》1996年第10期。

34. 唐德富:《谈谈生态农业的生态设计》,《农村生态环境》1988年第3期。

35. 仝志辉:《村委会和村集体经济组织应否分设——基于健全乡村治理体系的分析》,《华南师范大学学报(社会科学版)》2018年第6期。

36. 汪小亚、唐诗:《农信社的前世今生》,《中国金融》2018年第18期。

37. 吴云:《土壤环境管理政策存在的问题与改进建议》,《安徽科技》2018 年第 10 期。

38. 王西琴、李蕊舟、李兆捷:《我国农村环境政策变迁:回顾、挑战与展望》,《现代管理科学》2015 年第 10 期。

39. 肖远企:《银行业监管制度框架的构建》,《中国金融》2018 年第 16 期。

40. 肖捷:《终结"皇粮"历史改革亲历》,《财政文学》2015 年第 7 期。

41. 肖滨、方木欢:《寻求村民自治中的"三元统一"——基于广东省村民自治新形式的分析》,《政治学研究》2016 年第 3 期。

42. 徐勇:《"接点政治":农村群体性事件的县域分析——一个分析框架及以若干个案为例》,《华中师范大学学报(人文社会科学版)》2009 年第 6 期。

43. 徐勇:《县域统筹是实现科学发展的重要支点》,《文史博览(理论)》2011 年第 12 期。

44. 徐忠、程恩江:《利率政策、农村金融机构行为与农村信贷短缺》,《金融研究》2004 年第 12 期。

45. 易纲:《健全体制机制,完善扶持政策,扎实推进农村信用社改革取得新进展》,《中国农村信用合作》2009 年第 4 期。

46. 叶兴庆:《准确把握农村集体产权制度改革的方法论》,《中国发展观察》2015 年第 2 期。

47. 赵阳:《深入推进新一轮农村改革》,《中国发展观察》2019 年第 Z1 期。

48. 赵阳等:《全力推进,狠抓落实,农村集体产权制度改革成效初显》,《政策与改革参考》2018 年 12 月。

49. 张振、于海龙:《中国农业对外合作 70 年:回顾与展望》,《中国农村研究》2019 年第 12 期。

50. 张庆忠:《马克思主义的合作制理论与中国农业合作制的实践》,《中国农村经济》1991 年第 10 期。

51. 张红宇:《关于农村集体产权制度改革的若干问题》,《农村经营管理》2015 年第 8 期。

52. 张晓山等:《关于农村集体产权制度改革的几个理论与政策问题》,《中国农村经济》2015 年第 2 期。

53. 张厚安:《乡政村治——中国特色的农村政治模式》,《政策》1996年第 8 期。

54. 张凤荣、安萍莉、王军艳等:《耕地分等中的土壤质量指标体系与分等方法》,《资源科学》2002 年第 2 期。

55. 张壬午、冯宇澄、王洪庆、董维荣:《论具有中国特色的生态农业——我国生态农业与国外替代农业的比较》,《农业现代化研究》1989年第 3 期。

56. 张士功、邱建军、陈佑启、唐华俊:《1949 年以来我国耕地资源的时空变化研究》,《科技导报》2006 年第 4 期。

57. 曾庆捷:《乡村中的国家与社会关系:理论范式与实践》,《南开学报(哲学社会科学版)》2018 年第 3 期。

58. 朱章玉、李道棠、俞佩金等:《实践中的一种城郊农业生态工程模式》,《城市环境与城市生态》1988 年第 3 期。

59. 朱兆良、孙波等:《我国农业面源污染的控制政策和措施》,《科技导报》2005 年第 4 期。

60. 路明:《我国农村环境污染现状与防治对策》,《农业环境与发展》2008 年第 3 期。

61. 周小平:《农村环境保护与生态农业》,《农业现代化研究》1986年第 6 期。

62. 周雪光:《权威体制与有效治理:当代中国国家治理的制度逻辑》,《开放时代》2011 年第 10 期。

63. 周飞舟:《从汲取型政权到"悬浮型"政权——税费改革对国家与农民关系之影响》,《社会学研究》2006 年第 3 期。

64. 朱丕荣:《开放十年来中国农业的对外交往与合作》,《世界农业》1990 年第 6 期。

65. 张维宸:《组建"自然资源部"的来龙去脉》,《中国矿业报》2018

年 3 月 19 日。

66. 张陆彪:《坚持两个统筹不断提高农业对外开放水平》,《农民日报》2018 年 12 月 29 日。

67. 驻法国经商参处:《粮农组织总干事盛赞中国对南南合作计划的贡献》,商务部网站,http://www. mofcom. gov. cn/articleli/jyjl/m/201707/20170702607299.shtml。

68.《我国农业用水总量实现零增长五年新增高效节水灌溉面积 1 亿亩》,新华网,http://www. xinhuanet. com//politics/2017 - 10/07/c_1121766932.htm。

三、文件及其他

1.《中共中央关于建国以来党的若干历史问题的决议》,1981 年 6 月 27 日。

2.《国务院关于进一步完善退耕还林政策措施的若干意见》(国发〔2002〕10 号)。

3.《国务院办公厅关于完善退耕还林粮食补助办法的通知》(国办发〔2004〕34 号)。

4.《国务院关于当前稳定农业发展促进农民增收的意见》(国发〔2009〕25 号)。

5.《全国新增 1000 亿斤粮食生产能力规划(2009—2020 年)》(国办发〔2009〕47 号)。

6.《国务院办公厅关于开展 2011 年全国粮食稳定增产行动的意见》(国办发〔2011〕13 号)。

7.《国务院关于促进牧区又好又快发展的若干意见》(国发〔2011〕17 号)。

8.《中共中央关于全面深化改革若干重大问题的决定》,2013 年 11 月 12 日。

9.《关于印发新一轮退耕还林还草总体方案的通知》(发改西部〔2014〕1772 号)。

10.《水利部印发关于深化水利改革的指导意见》，水利部网站，http://www.mwr.gov.cn/ztpd/2014ztbd/shggxspm/bsyq/201408/t20140804_572441.html。

11.《农业环境突出问题治理总体规划（2014—2018年）》（发改农经〔2015〕110号）。

12.《中共中央国务院关于完善产权保护制度依法保护产权的意见》（中发〔2016〕28号）。

13.《关于下达2017年度退耕还林还草任务的通知》（发改西部〔2017〕1088号）。

14.《关于核减基本农田保护面积扩大新一轮退耕还林还草规模的请示》（发改西部〔2017〕262号）。

15.《水利部关于印发〈深化农田水利改革的指导意见〉的通知》，水利部网站，http://www.mwr.gov.cn/zw/tzgg/tzgs/201802/t20180227_1031508.html。

16.《关于开展三大粮食作物完全成本保险和收入保险试点工作的通知》（财金〔2018〕93号）。

后　记

　　为庆祝和纪念新中国成立 70 周年,人民出版社邀请国内经济领域一流专家组织编写一套涵盖面广、权威性高、学术性强、概括性好的《新中国经济发展 70 年丛书》。《新中国 70 年农村发展与制度变迁》是本套丛书的一部,内容以新中国 70 年农业农村经济发展取得的成就为主线,系统回顾发展与改革历程,认真总结发展与改革经验,深入分析发展与改革趋势。

　　本书凝结了集体智慧,撰写者来自中央农村工作领导小组办公室、农业农村部、国家发展改革委、财政部、国务院扶贫开发领导小组办公室、国务院发展研究中心等多个单位。各章的撰写者是:

　　总　论　谱写新时代农业农村现代化新篇章:韩俊;

　　第一章　粮食安全与现代农业发展:魏百刚;

　　第二章　农村居民收入和生活消费:王有捐;

　　第三章　农村扶贫开发和脱贫攻坚:苏国霞;

　　第四章　农村土地制度改革:赵阳;

　　第五章　农业经营制度变革:张天佐;

　　第六章　农村集体产权制度改革:赵鲲;

　　第七章　乡村治理机制变迁:王晓莉;

　　第八章　农产品市场流通体制变迁:马凯、张振;

　　第九章　扩大农业对外开放:张陆彪;

　　第十章　农业支持保护制度变迁:方言;

　　第十一章　农村税费改革与公共财政覆盖农村:屈霞;

　　第十二章　农村金融体制改革与金融服务创新:汪小亚;

第十三章　乡镇企业与乡村非农产业发展:宗锦耀;

第十四章　农村劳动力转移就业与农民工市民化:金三林;

第十五章　农村生态环境保护与生态文明建设:金书秦;

第十六章　促进乡村全面振兴:罗丹。

本书由韩俊审定,宋洪远统稿。祝卫东、江文胜、吴晓佳、陈春良、杨洁梅、张振、孙昊等同志参与了相关章节的修改、完善。在编写过程中,人民出版社等单位给予了大力支持。在此,谨对所有给予本书编写工作帮助、支持的单位和同志表示衷心的感谢。由于水平有限,书中难免有疏漏和错误之处,敬请广大读者对本书提出宝贵意见。

编　者

2019 年 9 月

统　　筹:李春生
策划编辑:郑海燕
责任编辑:郑海燕　李甜甜
封面设计:吴燕妮
责任校对:吴容华

图书在版编目(CIP)数据

新中国70年农村发展与制度变迁/韩俊 主编. —北京:人民出版社,2019.10
　(2020.4 重印)
(新中国经济发展70年丛书)
ISBN 978－7－01－021265－4

Ⅰ.①新…　Ⅱ.①韩…　Ⅲ.①农村经济发展-研究-中国　Ⅳ.①F32

中国版本图书馆 CIP 数据核字(2019)第 195007 号

新中国70年农村发展与制度变迁
XINZHONGGUO 70 NIAN NONGCUN FAZHAN YU ZHIDU BIANQIAN

韩　俊 主编　宋洪远 副主编

人民出版社 出版发行
(100706　北京市东城区隆福寺街 99 号)

北京中科印刷有限公司印刷　新华书店经销

2019 年 10 月第 1 版　2020 年 4 月北京第 2 次印刷
开本:710 毫米×1000 毫米 1/16　印张:27
字数:386 千字

ISBN 978－7－01－021265－4　定价:110.00 元

邮购地址 100706　北京市东城区隆福寺街 99 号
人民东方图书销售中心　电话 (010)65250042　65289539

楼继伟 刘尚希 著 　　　　　　　　　　杨伟民 等 著

江小涓 著 　　　　韩俊 主编 宋洪远 副主编 　　　　宋晓梧 主编 邢伟 副主编

蔡昉 都阳 杨开忠 等 著 　　　　中共中央党校（国家行政学院）
经济学教研部 著